오문성 교수의
TAX 이슈&톡

오문성 교수의 TAX 이슈&톡

2024년 3월 25일 초판 인쇄
2024년 3월 28일 초판 발행

지 은 이 | 오문성
발 행 인 | 이희태
발 행 처 | 삼일인포마인
등록번호 | 1995.6.26.제3－633호
주　　소 | 서울특별시 용산구 한강대로 273 용산빌딩 4층
전　　화 | 02)3489－3100
팩　　스 | 02)3489－3141
가　　격 | 27,000원

ISBN　979-11-6784-245-9　03320

오문성 교수의
TAX
이슈&톡

오문성 지음

SAMIL | 삼일인포마인

머리말

　오랜 기간 조세에 대한 관심을 가져왔다. 1987년 공인회계사 자격을 취득한 이후 막연히 가졌던 조세에 대한 관심은 법학, 행정학 등 관련분야 박사과정을 거치면서 더욱 구체화되었고 급기야 뜻이 같은 교수님들과 한국조세정책학회를 창립하면서 조세정책에 대한 관심으로 모이게 되었다.

　공인회계사와 교수라는 직업을 거치면서 납세자가 겪는 세금에 대한 억울함에 대하여 많은 고민을 했고, 교육을 통하여 후진을 양성하는 데 근 30년을 보낸 필자에게 바람직한 조세정책에 대한 방향을 제시해 보는 작업은 정말 마음 설레는 일이었다. 이후 제시한 방안이 정책에 반영되는 것을 보면서 마음 한편으로 뿌듯한 기분을 느끼기도 했다.

　바람직한 조세정책이란 어떤 모습일까? 이런 고민은 글로도 쓰여지고 세미나에서 직접 발표하기도 하면서 이에 대한 확신을 쌓아왔다. 이 책에 있는 글들은 필자가 2014년부터 2023년 말까지 국가미래연구원과 조세일보, 중앙일보, 서울경제, 매일경제, 이데일리 등 각 언론사에 기고했던 글들을 주제별, 시기별로 모아 놓은 것이다. 대부분은 조세정책과 관련된 글이고 조세와 관련한 중요한 이슈에 대하여는 필자가 주장한 기사도 일부 실었다. 몇 개의 글은 조세정책과는 관련이 없지만 필자가 관심을 가지고 있는 암호자산 관련 글도 있고 어떤 글은 다양한 사회현상에 대해 일정 시기에 불현듯 일어나는 마음을 주체하지 못해 글로 옮긴 것도 있다. 이 책의 마지막 부분(9장)에는 윤석열정부의 지역균형발전의 핵심모델인 기회발전특구(ODZ)에 대한 기본개념과 그 철학 그리고 재정분권에 대하여 이데일리에 연재했던 내용을 실었다. 그러므로 이 책에 담긴 글들은 필자가 10년간 관심을 가졌던 분야에 대한 총체적인 생각의 모음이라고 할 수 있다.

　조세는 정부와 지방자치단체가 사용할 재원을 마련하는 것이 첫 번째 목적이지만 이외에도 정책적 목적을 가미하여 정책집행자가 제시하는 방향을 제시하기 위한 목적으로도 사용한다. 이 경우 정책집행자가 그 방향을 잘못 정하거나 잘못된 수단을 사용하면 어떤 면에서는 자본주의 경제의 근간을 흔들고 납세자에게는 엄청난 고통을 주면서도 소기의 목적을 달성하지 못할 수도 있다. 그러므로 조세정책 입안자의 머릿속에는 조세정책만이 만능이라는 생각보다는 종합적인 상황을 고려하고 납세자의 현금동원능력 등을 고려한 공정과 상식에 맞는 건전한 조세철학이 자리잡고 있어야 한다. 필자의 조세정책관련 글들은 그 어느 시기에도 이러한 생각을 그 바탕에 깔고 있다.

10년간 기고한 글들을 정리하며 우리나라의 경제환경에 맞는 조세정책에 대하여 다시 한번 생각해보는 기회를 가졌다. 각 글에 글을 쓴 시기를 기재한 것은 시간이 경과하여 관련 세법이 개정된 경우도 있고 이미 상황이 바뀐 경우도 있기 때문이다. 조세에 대하여 문외한인 독자들도 쉽게 이해하도록 써보려고 노력했지만 다시 보니 쉽지 않은 부분도 있어서 그런 글은 제외했다. 독자들이 쉽고 편안하게 읽어주셨으면 하는 마음 간절하다.

이 책이 나오는 과정에 여러분들의 도움을 받았다. 이 글들이 주로 실렸던 국가미래연구원의 김광두 원장님과 조세일보의 황춘섭 대표님께 깊은 감사의 말씀을 전하고 싶다. 주장글에 대하여 항상 주장할 수 있는 터전을 제공하신 분들이어서 정말 고맙다는 말씀을 드리고 싶다. 특히 김광두 원장님께서는 시의적절한 이슈를 선정하는 데도 큰 도움을 주셨다. 그리고 이 책의 출판단계에서 삼일인포마인의 이희태 대표이사님과 임연혁 차장님을 비롯한 많은 직원들의 도움을 받았다. 감사의 말씀을 드린다. 그리고 본인의 업무도 바쁘면서도 저자의 옆에서 항상 글을 읽어주고 코멘트를 마다하지 않았던 인생의 반려자, 홍승현 박사에게도 항상 고맙고 사랑한다는 말을 지면을 빌어서 전하고 싶다.

2024년 3월 20일
저자 오문성

차 례

Part 7 **세법개정안 평가** ··· **187**

Part 8 **기타** ·· **207**

Part 1
소득세 및
부가가치세

01 '서민증세' 그 의미의 가벼움에 대하여

최근 서민증세라는 용어처럼 자주 등장하는 단어도 드문 것 같다.

담배 값 인상을 통한 담배관련 세금, 주민세, 자동차세의 인상은 서민증세라는 용어를 더욱 인기 있는(?) 용어로 만들어 놓았다. 하지만 시민증세라는 개념에 대해 깊이 있게 생각하지 않고 가볍게 사용하기에는 왠지 석연치 않은 점이 한둘이 아니다.

첫째, 서민증세라는 용어는 마치 증세가 이루어지면 서민만 세금부담이 증가되는 듯한 인상을 준다. 서민들을 불쾌하게 만드는 것은 당연한 이치다. 증세는 서민뿐만 아니라 부자들에게도 세금을 증가시키는데도 말이다. 부자감세라는 용어도 마찬가지다. 마치 감세가 부자에게만 이루어지는 듯한 부자감세라는 말은 서민들에게는 유쾌하게 느껴지지 않을 것이다. 하지만 이러한 용어의 느낌은 합리적인 사고를 하는 납세자라면 당연히 그런 뜻이 아님은 쉽게 알 수 있을 것이어서 그리 심각하게 생각하지는 않는다.

둘째, 앞에서 언급한 내용에 대한 의미의 오류를 수정하고 나면 서민증세는 현실적으로 납득할 수 있는 수준의 정의(定義)가 이루어질 수 있다. 서민증세는 서민들에게 상대적으로 더 많은 세금을 부담하게 하는 것이라고 이해할 수 있다.

그렇다면 상대적으로 더 많은 세금부담이라는 의미는 무엇인가?

세금은 크게 (1)소득이 많은 자에게 더 높은 세율을 적용하는 누진세율구조를 가진 세목(우리나라의 소득세, 법인세 등)과 (2)소득과 관계없이 동일한 세율이나 세액을 적용하는 세목(우리나라의 부가가치세 등)으로 분류된다.

일반적으로 (1)의 방법을 통해 증세를 하게 되면 서민증세라는 비판은 나오지 않는다. 소득이 많은 개인이나 법인에게 더 높은 세율을 적용하여 더 많은 세금을 징수하기 때문이다. 하지만 (2)의 방법을 통해 증세를 하게 되면 누진세율이 적용되지 않는다고 하여 서민증세라는 비판을 면치 못한다.

소득과 관계없이 동일한 세율이나 세액을 부담하는 세목을 올리기만 하면 서민증세라는 비판을 받게 된다면 정치권은 이를 올리자는 주장 자체를 꺼려할 것이다. 선거에서 불리하게 작용한다고 생각하기 때문이다. 그렇다면 부가가치세와 같은 세목은 어떤 시기에 세율 조정을 해야 하는가?

이에 대한 일반적인 해결방법은 누진세율구조를 가지고 있는 소득세 등의 세목을 통해 먼저 증세를 하고 그 다음 순서로 부가가치세, 담배소비세 등의 간접세 형태의 세율을 올리는 것이 합당하다는 것이다.

그렇다면 (1)형태의 누진세율구조를 가지고 있는 세목을 어느 정도 인상하고 나서 (2)의 형태를 가진 세금을 인상하여야 하느냐의 문제도 고민하여야 하는데 이러한 결정을 함에 있어서 기준을 제시하기도 쉬운 문제가 아니다.

셋째, 어떤 상황을 서민증세나, 부자감세의 상황으로 볼 수 있는가의 문제를 좀 더 깊이 생각해보자. 이해를 돕기 위해 단순한 가정을 해본다. 사회구성원의 20%는 부자이고 80%는 서민일 때 부자는 소득과 관련하여 80%의 세 부담을 하고 있고 서민은 20%를 부담하고 있다고 가정하자. 조세를 감면해주는 정책을 통하여 그 감면액의 60%가 부자에게 혜택이 가고 40%가 서민에게 혜택이 돌아갔다고 했을 때 이 상황을 부자감세라는 말로 표현하는 것이 적절한가?

높은 세율을 적용받고 있는 부자계층은 세금의 감면 시에도 그 혜택의 절대액 측면에서 큰 것이 일반적이다. 그런데 단순히 감면액의 반 이상인 60%의 혜택이 부자에게 갔다고 해서 부자감세라고 말하는 것이 바람직한지를 생각해 보아야 한다.

정부의 조세정책은 모든 계층을 다 만족시킬 수는 없다. 조세는 정부나 지방자치단체가 집행할 지출예산을 염두에 두고 징수계획을 짜게 된다. 하지만 이러한 과정에서 조세저항을 줄이는 것도 매우 중요한 일이다. 어떤 세목을 통하여 어떤 시기에 징수해야 할 것인가는 총조세나 GDP에서 당해 세목이 차지하는 비중, 그 시기의 경기상황, 국제적인 추세, 당해 세목의 본질적인 성격 등 많은 변수들을 종합적으로 고려하여 결정하는 것이다.

서민증세, 부자감세 등의 용어는 마치 증세나 감세가 서민이나 부자 어느 한편에만 이루어지는 듯한 인상을 주는 오류를 내포하고 있다. 하지만 이런 근본적인 문제를 뛰어넘어 일상생활에서 사용되는 의미를 인정한다 하더라도 그 사용에 있어서 분석적인 측면을 간과하는 것은 오해의 소지가 크다.

동일한 액수의 조세부담을 단지 상대적으로 서민에게 더 많이 부담하게 한다고 해서 서민증세라고 하는 것이 적절한가, 또 세금 절감의 절대금액 중 상대적으로 더 많은 부분이 부자에게 간다고 해서 기존에 훨씬 많이 부담하고 있던 것은 고려하지 않은 채 부자감세라는 용어를 사용하는 것은 옳은 일인가, 좀 더 깊이 생각해 볼 일이다. 이런 용어들을 가볍게 사용하는 것은 실체적 진실에 접근하기보다 오해만 증폭시키는 결과를 가져오는 것은 아닌지 걱정스럽다. 어차피 복지증세가 필요하다면 애매모호한 개념의 서민증세냐, 아니냐의 논쟁보다는 복지세(가칭)등 목적세의 신설을 통해서 거두어진 세금의 혜택이 확실히 서민들에게 돌아갈 수 있게 하는 것이 현실적인 대안이 될 수 있을 것 같다.

(2014.10.23. 국가미래연구원)

02 "간주임대료"의 종말(終末)을 고(告)하다

현행 소득세법 제25조 제1항은 임대인이 임차인에게 부동산을 대여하고 전세보증금을 받은 경우 동법 시행령 제53조 제3항에서 규정한 바에 따라 계산한 금액을 사업소득의 총수입금액에 산입하게 하고 있다. 이를 강학상 "간주임대료"라고 부른다. 간주임대료는 부동산 임대시장에서 전세와 월세라고 하는 임대형태 차이에 따른 과세의 불공평을 해소하기 위하여 세법에서 규정하고 있는 내용이라고 할 수 있다. 실제 적용에는 전세보증금을 받았다고 모두 과세되는 것은 아니고 여러 가지 복잡한 요건과 내용이 있지만 이해를 돕기 위하여 쉬운 예를 하나 들고자 한다. 매월 50만 원의 월세를 받는 임대인(A)에게는 1년간 600만 원의 임대와 관련한 수입이 발생하여 이에 과세가 이루어진다고 가정하자. 그런데 월세를 받지 않고 8,000만 원의 전세보증금을 받은 임대인(B)이 있다면 B에게는 원칙적으로 과세를 할 수 없다. 왜냐하면 B가 받은 8,000만 원은 B의 임대료수입이 아니라 임차인에게 돌려줘야 할 의무가 있는 B의 채무이기 때문이다. 하지만 B가 월세의 대체적인 방법으로 전세를 선택할 수 있는 것은 보증금을 받음으로 인하여 당연히 경제적인 이익이 존재하기 때문이다. B는 전세보증금을 받아서 금융기관에 예치하는 방법이나 회사채를 취득함으로써 이자소득을 얻을 수도 있고 기존에 부담하던 채무를 상환함으로써 지출하던 이자비용의 규모를 줄여 경제적 이익을 향유할 수도 있다. 그런데 월세에만 과세하고 전세보증금의 운용수익에 과세하지 않는다면 과세형평에 어긋난다고 하여 모든 경우는 아니지만 요건을 설정하여 제한적으로 과세하는 규정을 세법에 두고 있다. 즉, 간주임대료는 임대인이 보증금을 받음으로 인하여 실제로 임대료수입이 없어도 보증금을 최소한 정기예금이자율 정도로 운용하고 있다고 간주하여 과세하겠다는 개념이다. 조세법에 규정하고 있는 간주임대료에 관한 산식을 가장 단순하게 표시해 보면

> "(보증금 × 정기예금이자율) − (금융수익)"이다.

이 산식의 의미를 보면 보증금을 최소한 정기예금이자율 정도로 운용하는 것으로 가정하고 여기에서 만약 보증금을 운용하여 벌어들인 금융수익이 있다면 차감하라는 것이다. 금융수익을 차감하는 이유는 금융수익이 발생했을 경우 이미 소득세 등이 과세되어서 그 부분이 수입금액에 포함된다면 이중과세가 되기 때문이다. 그러므로 금융수익에서 정기예금이자율을 초과하는 수익을 발생시켜 정상적으로 세금을 부담하였다면 추가로 간주임대료와 관련하여 과세할 소득은 없게 된다.

이 산식은 일면(一面) 매우 합리적으로 보이기도 한다. 하지만 이 산식의 의미를 자세히 살펴보면 꼭 그런 것만도 아니다. 만약 임대인이 보증금을 운용하여 발생한 이자소득이나 기타의 금융소득에 대하여 정상적으로 세무신고를 하였다면 이중과세의 문제를 해결하기 위하여 차감될 것이다. 그리고 기존에 부담하고 있던 채무를 변제하였다면 임대인은 기존에 지출되던 이자비용이 지출되지 않음으로 해서 실제소득이 늘겠지만 확정되지 않은 이러한 소득에 대하여 정기예금이자율 정도의 수익을 얻고 있다고 간주하여 과세하겠다는 것은 일반적인 과세논리상 무리가 있다고 보아야 한다.

즉, 실제 발생한 금융소득이 정기예금으로 운용한 것보다 미달할 때 그 차이금액에 대하여 과세한다는 것 자체가 전세와 월세의 과세형평에만 몰두한 나머지 확정된 소득에 대하여 과세한다는 기본적인 과세원칙을 위배하고 있는 문제점을 내포하고 있는 것이다.

이러한 문제점을 안고 있는 간주임대료제도가 자연스럽게 사라질 수도 있다는 생각이 든다. 왜냐하면 최근 한국의 부동산임대시장은 전세에서 월세로의 빠른 전환이 이루어지고 있기 때문이다.

처음부터 전세라는 부동산임대형태는 해외에서 흔히 볼 수 있는 일반적인 제도가 아니었다. 주택을 포함한 건물을 신축할 수 있는 국토의 면적이 좁고, 그러다 보니 국민들의 부동산소유에 대한 집착이 강했던 관계로 한국에서는 오랫동안 부동산은 인플레이션을 커버하고도 훨씬 높은 수익률을 안겨주던 매력적인 투자의 대상이었다. 이러한 환경이 거액의 전세자금을 끼고 무리하여 주택을 취득하는 것을 일반적 취득형태로 정착시키게 된 것이다.

전세제도는 실질적으로 임차인이 임대인에게 무이자로 거액의 자금을 융자해 주는 제도이다. 임대인의 경우 전세자금을 끼고 취득 후 임차인에게 전세금을 상환하지 못하면 임대인이 부동산을 취득하고도 소유부동산은 계속적으로 임차인이 이용할 수밖에 없는 기이한 현상이 발생한다.

외국에서 보기 힘든 전세제도가 유독 한국에서 오랜 기간 버텨왔던 것은 한국민의 부동산 가격상승에 대한 기대가 남달랐고 이제껏 그 기대를 저버린 적이 없다는 것과 금리가 지금처럼 저금리가 아니어서 나름대로 운용처가 있었기 때문이다. 최근까지 금리가 급격히 낮아지기 전까지는 금리는 낮아져도 12%의 전월세전환율이 오랜 기간 하방경직성을 지키고 있었다. 즉, 전세금 1억 원을 월세로 전환할 경우 월 100만 원의 월세로 전환되고 있었던 것이다.

하지만 저금리가 만성화되고 부동산시장의 상승 기대보다는 하강의 위험을 대비하고 있는 분위기에서는 더 이상 전세제도는 정상적인 임대제도로서의 역할을 하기 힘들게 되었다.

경제현상은 물 흐르듯 자연스럽게 흘러가게 마련이다. 만성화된 저금리는 임대인의 보증금으로 인한 운용수익을 극도로 낮추어 놓았고 적정기대수익을 맞추기 위하여는 급격한 보증금인상이나 월세로의 전환은 불가피한 현상이라고 보아야 한다. 급격한 보증금 인상은 임차인에게는 목돈마련의 어려움을 가져오고 이로 인하여 증가된 전세보증금대출은 가계부채의 증가를 가져왔다. 임대인은 보증금 인상으로도 적정수익을 얻을 수 없다 보니 월세로 전환하기를 희망하게 되고 이로 인하여 증가된 월세의 공급물량은 전월세전환율을 점점 떨어지게 하여 결국 시장은 합리적인 전월세전환율을 찾아가게 할 것이다.

현시기에 전세에서 월세로의 빠른 전환은 시장의 자연스러운 현상이다. 그러므로 정부는 장기적으로 효과가 없는 전세대책을 세우는데 매달리기보다는 월세의 안정적인 정착을 위한 정책수립에 최선을 다하는 것이 현명하다고 생각한다.

(2014.11.24. 국가미래연구원)

03 연말정산 파문에서 배우는 교훈

최근 연말정산 문제로 세간이 시끄럽다. 2013년에 결정된 내용인데도 '13월의 세금폭탄'이라고 불리며 봉급생활자 불만이 커지자 최경환 부총리 겸 기획재정부 장관이 관련 브리핑을 하고 그 다음날 긴급 당정협의까지 했다. 당정협의 내용은 소득세법 개정(안)을 4월

국회에서 처리하고 지난해 소득에 대한 연말정산에도 소급 적용하겠다는 것이다.

이번 연말정산 사태는 크게 3가지로 정리할 수 있다. 2013년 소득세법 개정 때 소득세가 일정부분 증가할 것으로 알려졌음에도 잠잠했던 납세자들이 근로소득 연말정산을 하는 시점이 되자 사태의 심각성을 깨닫게 된 것이다. 또한 총급여 5,500만 원 이하 근로자의 세부담이 줄지 않는다는 정부 예측과 달리 일부는 세금을 더 내게 되는 상황이 되자 정부의 정확하지 못한 세수추계에 불만이 표출됐다. 이와 함께 소득세를 올리면서 왜 법인세를 올리지 않느냐는 봉급생활자의 상대적 박탈감은 '서민증세'라는 비난과 함께 연말정산 문제를 뜨겁게 달궜다.

그러나 이 세 가지를 따지고 보면 그리 큰 문제는 아니다. 첫 번째는 인간의 일반적 심리로 이해할 수 있다. 세금을 많이 낼 것으로 예상했지만 실제로 세금을 더 많이 내게 되자 그 충격이 큰 것이다.

두 번째 문제는 세수추계와 관련된 부분으로 납세자 입장에선 불만이 클 수 있다. 세금을 추가로 납부할 것이 없다고 생각하던 납세자가 예측과 달리 더 납부할 경우 정부의 정확하지 못한 추계를 비난할 수 있다. 그러나 이 부분은 세수추계가 원천적으로 잘못됐다기보다는 평균적인 상황을 가정하다 보니 납세자의 개별적 상황이 달라 발생한 문제다. 결코 정부를 비난할 일은 아니다.

마지막의 경우에도 어느 세목을 어느 정도 인상해 세수를 충당할 것인가는 정책 결정의 문제로 전문가들 사이에서도 의견이 분분하다.

그렇다고 '연말정산 폭탄'이라며 분노하는 납세자들에게 간이세액표 개정이나 소득세분납을 추진하겠다는 정부 발언은 납세자 불만을 진정시키는데 전혀 효과가 없다. 이는 징수세액 총액에 영향을 주는 내용이 아니기 때문이다.

납세자가 원한다면 세금을 미리 많이 거두고 연말정산 때 많이 돌려줄 수 있는 구조의 간이세액표 개정을 추진하겠다는 말에 '조삼모사(朝三暮四)'가 한 때 검색순위 1위가 됐으니 가히 국민들 정서를 알만하다.

특히 2015년 세법을 개정해 2014년 연말정산에 소급적용하겠다는 당정협약은 우리나라 세법적용에서 유래가 없는 일이다. 납세자에게 유리한 소급이라서 입법을 추진하지 못할 바는 아니지만 이러한 선례를 남겨 앞으로 비슷한 상황이 발생할 때 돌아올 후유증이 우려된다.

위에서 제기한 연말정산과 관련한 문제의 핵심은 '증세 없는 복지'다. 그러나 '증세 없는 복지'는 불가능하다. 세율을 올리지 않더라도 납세자가 부담하는 세액이 증가한다면 증세라고 말해야 한다. 정부가 복지라는 선(善)을 추진하기 위해 증세를 하면서도 증세를 증세라고 인정하지 않아 비난받는 것도 안타깝다. 올해는 '증세 없는 복지'가 아니라 '증세 있는 복지'를 전제로 한 논의가 활성화되기를 기원해 본다.

(2015.1.27. 이데일리/복멱칼럼)

04 상위계층 과세 문제 있나? - 누진세율 구조를 중심으로 -

개인이 벌어들인 소득에 대하여 세금을 부과하는 방법을 세율차원에서 분류해 보면 이론적으로는 3가지 방법이 있을 수 있다. 첫째는 모든 소득구간에 대하여 동일한 금액을 부과하는 방법이며, 둘째는 동일한 세율을 적용하는 방법(단일세율)이고, 셋째는 소득이 많을수록 높은 세율을 적용하는 방법(누진세율)이다. 하지만 현대 조세제도는 첫째와 둘째의 방법을 개인소득세 분야에서 전혀 받아들이지 않는다. 왜냐하면 조세의 소득재분배 기능을 고려하기 때문이다. 우리 헌법재판소는 토지초과이득세법 제10조 등 위헌소원에서 단일비례세율의 경우 소득 차이가 나는 납세자들 간에 실질적인 평등을 저해한다고 하였다(92헌바49 결정). 우리 헌법 제11조의 평등도 기계적·획일적 평등이 아니고 배분적·실질적 평등을 규정한 것이다. 그러므로 개인소득에 대하여 누진세율을 적용하는 것은 소득재분배기능을 고려하여 소득이 많을수록 높은 세율을 적용하는 것이므로 합헌이라는 점에 대하여 이견이 있을 수는 없다.

누진세율 구조의 구체적 입안단계에서는 소득의 단계를 나누고, 그 단계에 맞는 세율을 정하는 것이 핵심이다. 필자는 개인소득세에 적용하는 누진세율과 관련한 몇 가지 생각을 정리해 보고자 한다.

첫째, 최저세율과 최고세율 관련 문제이다. 누진세율을 적용하지 않고 단일세율을 적용하더라도 소득이 많은 자는 금액기준으로 많은 세금을 납부할 수밖에 없다. 하지만 누진세율은 소득이 많은 자에게 같은 세율이 아니라 더 높은 세율을 적용함으로써 단일세율을 적용할 때보다 더 많은 세액을 납부하게 하는 것이다. 그러므로 누진세율의 적용은 소득이

많은 자에게 단계적으로 단일세율을 초과하는 세율을 적용하는 것이 그 최소한이고 그 최대한은 입법재량으로 정해진다. 하지만 최고세율은 납세자가 실질적으로 받아들일 수 있는 수인(受忍)의 한계는 당연히 있다. 최고세율을 정하는 것이 입법재량이라고 하여 90%의 최고세율을 정한다면 이는 개인소득자의 근로의욕을 저하시키고 자본주의의 근간을 유지하는 사유재산제도 자체에 치명적 도전이 되기 때문이다.

과세표준구간		세율	산출세액(과세표준 × 세율 − 누진공제액)	
초과	이하		과세표준 × 세율	− 누진공제액
−	12,000,000	6%	과세표준 × 6%	−
12,000,000	46,000,000	15%	과세표준 × 15%	− 1,080,000
46,000,000	88,000,000	24%	과세표준 × 24%	− 5,220,000
88,000,000	150,000,000	35%	과세표준 × 35%	− 14,900,000
150,000,000		38%	과세표준 × 38%	− 19,400,000

둘째, 소득단계는 몇 단계로 운영할 것이며 세율간의 격차는 어느 정도 낼 것인가? 우리나라의 경우 1979년에는 과세표준 60만 원 이하인 경우 8%를 적용하고 8,400만 원을 초과하는 경우에는 70%를 적용하는 총 17단계의 세율구조를 가지고 있었으나 현재는 과세표준 1천200만 원 이하의 경우에 적용하는 6%의 최저세율부터 1억 5천만 원을 초과하는 경우에 적용하는 38%의 최고세율까지 5단계(6%/ 15%/ 24%/ 35%/ 38%)의 세율을 규정하고 있다. 미국의 경우는 독신(single), 부부합산신고(married couples filing jointly), 부부별도신고(married couples filing separately), 미혼으로서 부양가족 있는 세대주(head of household)로 나누어 신고하는데 각각의 경우 소득구간이 다르고 최고세율이 적용되는 구간도 $413,200/ $464,850/ $232,425/ $439,000 이상으로 다양하다. 세율은 총 7단계(10%/ 15%/ 25%/ 28%/ 33%/ 35%/ 39.6%)로 구성되어 있다. 세율의 격차를 보면 한국의 경우 9%/ 9%/ 11%/ 3%이며 미국의 경우는 5%/ 10%/ 3%/ 5%/ 2%/ 4.6%이다. 각국의 소득세율은 우리의 예상대로 최저세율과 최고세율이 모두 다르며 그 단계도 천차만별이다. 이렇게 당연한 얘기를 장황하게 언급하고 있는 것은 누진세율의 실제적용은 국가마다 다르고 같은 동일한 국가 내에서도 시기별로 다르다는 것을 말하기 위함이다. 다만, 국가와 시간의 다름에도 변하지 않는 철칙이 있다면 소득이 많은 자에게 더 높은 세율을 적용한다는 것이다.

셋째, 그렇다면 어느 정도의 세율격차를 벌이는 것이 소득의 재분배에 기여한다고 할 수 있는가? 이론적으로는 누진세율을 통하여 소득재분배효과가 있다고 하려면 세금을 부과하기 전의 소득의 차이보다 세금을 부과한 후의 소득의 차이가 줄어들어야 할 것이다. 그렇다면 소득의 차이가 줄어든다고 하는 것은 구체적으로 무엇을 의미하는가? 누진세율을 적용하는 한 세금을 부과한 후의 소득의 차이가 세금을 부과하기 전의 소득의 차이보다 클 수는 없다. 하지만 누진세율의 적용이 세율변경 후 전체 소득세 중 고소득자가 부담하는 세액의 비중이 증가된다거나 고소득자일수록 소득세율의 증가율이 높아져야 한다는 것을 의미하는 것은 아니다. 우리나라의 경우 1979년의 최고세율은 70%였으며 2015년 현재의 최고세율은 38%로서 거의 50%의 세율인하가 이루어졌다. 이 과정에서 수퍼리치(super rich)라고 불리우는 초상위층 부자들은 세율이 인하되었으며 중산층은 세율이 인상되었고 하위 90%의 서민은 변동이 거의 없다는 최근 통계자료를 누진세율의 소득재분배기능에 문제가 있다는 증거로 사용하는 것은 무리이다.

결론적으로 누진세율의 적용은 단일세율을 적용하는 경우보다 당연히 소득재분배기능에 있어서 우월하지만 그 구체적 적용에 있어서 소득의 단계를 나누고, 그 단계에 맞는 세율을 정하는 것은 모두를 만족시킬 수 있는 문제는 아니다. 누진세율 구조에서 소득이 많을수록 높은 세율을 적용하는 것은 소득재분배를 고려한 기본적인 틀이다. 그러므로 이 제도하에서는 소수의 고소득자가 다수의 저소득자에 비하여 절대적으로 많은 소득세를 부담하게 되어 있다. 하지만 누진세율의 적용이 세율변경 후 전체 소득세 중 고소득자가 부담하는 세액의 비중이 증가된다거나 고소득자일수록 기간별 세율의 증가율이 높아야 한다는 주장은 누진세제의 본질적인 측면을 오도(誤導)하는 주장이라고 생각한다.

(2015.5.28. 국가미래연구원)

05 기부활성화를 위한 세법개정이 진짜 필요한 이유는?

2014년 소득세법 개정 내용 중 기부금에 대한 세제혜택을 소득공제방식에서 세액공제방식으로 개정하는 내용이 포함되어 있었다. 이는 정부가 소득공제방식보다는 세액공제방식이 고소득자의 세금부담이 저소득자와 비교하여 상대적으로 유리한 측면을 줄일 수 있다는 순수한 논리에서 시작된 것이었다. 하지만 이러한 개정은 기부라는 행위가 대부분 고소득자에게서 이루어진다는 점 때문에 기부행위의 위축이라는 사회현상을 낳았다. 최근 기부금의 확연한 감소현상은 기부를 주로 하는 계층인 고소득자의 기부행위가 감소한 것에 기인하며 이는 세법개정과 관련하여 고소득자의 세제혜택이 상대적으로 더 크게 줄어들어 이의

결과로 기부행위가 위축되었다는 주장이 힘을 얻고 있는 듯하다. 대표적인 법정기부금단체인 사회복지공동모금회의 자료에 의하면 근로소득자인 정기기부자의 기부액은 2011년부터 급증해 2014년 1월부터 9월까지의 기부액은 86억 5천만 원이었지만, 기부금에 대한 세제혜택방식이 소득공제에서 세액공제로 변경된 후로는 2015년 1월부터 9월까지 71억 5천만 원으로 전년동기 대비 15억 원이 줄었고, 한국재정학회는 세법개정으로 인하여 한해 세입이 3,057억 원 정도 증가하지만 기부총액은 2조 376억 원 감소할 것이라는 전망을 내놓고 있다. 필자는 이러한 수치에 대하여 개인적으로 검증절차를 거치지도 않았고 기부금 감소의 원인이 전적으로 세법개정에만 기인한다고 할 수 없기 때문에 조심스럽기는 하지만 최근 기부행위의 현저한 위축의 원인이 세법개정과 밀접한 관련이 있다고 하는 것은 부인할 수 없을 것이다.

조세법이 업무와 직접 관련 없는 비용에 대하여 소득세법상 필요경비나 법인세법상 손금(損金)으로 인정하지 않는 것이 원칙이지만, 유독 기부금에 대하여 이를 인정하는 이유는 기부금이 가지고 있는 공익성을 인정하고 있기 때문이다. 조세법은 기부한 금액 전부를 필요경비나 손금으로 인정하지 않고 일정한도(限度)를 두고 있는데 공익성의 크기에 따라 기부금의 한도도 차등적으로 정하고 있고 구체적인 계산방법은 소득세법이나 법인세법에서 규정하고 있다.

기부금을 받아 활동하는 단체는 대부분 NGO(비정부단체: non-governmental organization)라고 불리우고 있는데 현대사회에서의 NGO는 정부의 기능을 일부 분담하고 있으며 이러한 기능 중 일부는 정부가 제도권에서 하기 힘든 업무를 분담하고 있는 경우도 있다. 유사한 개념으로 조세법에서는 영리추구를 주목적으로 하는 영리법인과 대응시켜 NPO(비영리법인: non-profit organization)이라고 말하기도 하지만 NGO가 정치적 색깔을 일부 띠는 것을 제외하면 NPO와 크게 다른 것은 없다. 이러한 NGO와 NPO(이하 'NPO'로 통칭하기로 한다)는 영리를 추구하는 것이 주목적은 아니기 때문에 결국 기부금의 많고 적음이 NPO의 왕성한 활동의 원동력이라고 할 수 있다.

기부는 소득이 많은 자가 자발적으로 벌어들인 소득의 일부를 사회에 환원함으로써 가진 자의 사회적 책임(Noblesse Oblige)을 다하는 것으로, 한 사회의 기부행위의 많고 적음은 그 사회의 성숙도를 측정하는 지표로 사용되기도 한다. 앞에서도 언급하였지만 기부금을 받아서 운영하는 NPO의 활동은 정부의 활동과 상호 보완적인 측면이 많아 기부금이 줄어들어 NPO의 활동이 위축된다면 결국은 장기적으로 정부가 그 재원을 마련하기 위하여 증세(增

稅)를 하여 그러한 활동에 직접 뛰어 들어야 할 상황에 직면하게 될 수도 있다.

이러한 논리로 본다면 세법개정은 어떤 측면에서라도 기부행위를 위축시키는 방향으로 개정이 이루어져서는 안된다. 정부가 세법개정시 소득공제를 세액공제로 개정한 것이 저소득자에게 상대적으로 더 큰 세제혜택을 주기 위한 것은 백분 이해하지만 이러한 과정에서 기부금이 감소한 현상이 벌어졌다면 이 부분에 대한 개선은 조속하게 이루어져야 할 것이다. 구체적인 방법이 소득공제로의 환원이든, 프랑스처럼 세액공제율을 인상하든지 하는 것은 구체적인 시뮬레이션을 통해서 결정할 문제이기는 하지만 말이다. 개인적인 필자의 생각으로는 세액공제율을 인상하기 보다는 소득공제로의 환원이 더욱 바람직하다는 생각은 든다. 왜냐하면 기부금의 문제는 결국 소득이 많은 층에서 이루어지기 때문에 소득이 많은 자들의 조세법적 동기유발효과는 소득공제가 더 크다고 생각하기 때문이다.

세법은 여러 가지 역할을 수행한다. 국가나 지방자치단체가 사용해야 할 주된 재원을 마련한다는 가장 근본적인 기능으로부터 소득재분배, 경기에 대한 조정, 심지어는 비영리법인의 바람직하지 못한 행위의 규제 등 그야말로 다양하며 일정부분 매우 효과적일 수 있다. 하지만 명의신탁증여의제와 같이 세법이 담당해야 할 기능을 뛰어넘은 입법 행위는 지양(止揚)해야 하며, 바람직한 입법이라고 생각하여 입법하였지만 그러한 입법으로 인하여 예기치 않은 바람직하지 못한 사회현상이 벌어진다면 이에 대하여는 신속한 궤도 수정이 필요하다.

소득공제를 세액공제로 개정한 것이 세수의 증가와 저소득자에 대한 배려로 시작된 것이라고 하지만, 기부금 분야에서 근로소득자인 정기기부자의 숫자와 모금액이 줄고 결국 기부금으로 인한 세법개정으로 인하여 세입이 3,057억 원 정도 증가하고 기부총액은 2조 376억 원 감소할 것이라는 전망이 합리적 추정이라고 한다면, 기부금이 줄어드는 현상을 다시 돌린다는 측면에서 세법개정이 추진되어야 하겠으나 장기적인 세입세출수지를 고려하더라도 NPO활동의 위축은 결국 정부가 짊어져야 할 부담을 증가시킨다는 점이 정부가 기부행위 활성화를 위한 세법개정을 조속하게 추진해야 하는 더 큰 이유가 아닌가 하고 생각해 본다.

(2015.11.5. 국가미래연구원)

06 종교인 과세에 관한 법리적 검토

2015년 12월 소득세법 개정으로 2018년 1월부터 종교인 과세가 이루어지도록 예정되어 있다. 하지만 시행을 4개월도 채 안 남긴 지금까지도 종교인 과세에 대한 논란은 끊일 줄을 모른다. 1968년 이낙선 초대 국세청장이 성직자에게도 갑종근로소득세를 부과하겠다고 한 시점으로 거슬러 올라가면 근 반세기가 지났다.

이 정도의 오랜 시간이 지났는데도 종교인 과세에 대하여 결론이 잘 나지 않는 이유는 무엇일까?

우리나라의 종교인 과세제도에 대하여 법리적 검토를 해 보면 종교인 과세에 대한 근본적인 문제점을 확인할 수 있다. 종교인 과세는 정확히 말하면 종교인소득에 대한 과세다. 종교인소득은 종교 관련 종사자가 종교의식을 집행하는 등 종교 관련 종사자로서의 활동과 관련하여 종교단체로부터 받은 소득이라고 정의하고 있다(소득세법 제21조 제1항 제26호).

종교인은 불교에서는 승려, 개신교는 목사, 천주교는 신부, 수녀 등이 종교인의 범위에 속한다. 만약 종교인에게 소득이 발생하여 과세하여야 한다면 이는 개인의 소득에 대하여 과세하는 세목인 소득세법에서 규정하고 있는 내용으로 과세할 수밖에 없다.

소득세는 법인세와 그 과세구조가 상이하다. 소득세는 원칙적으로 소득세법에서 규정하고 있는 소득의 종류에 대해서만 과세하고 규정하고 있지 않은 소득에 대하여는 과세하지 않는 소득원천설의 논리가 지배하고 있다. 소액주주가 유가증권시장이나 코스닥시장을 통하여 거래하는 주식에 대하여는 양도차익이 발생해도 그 소득에 대하여 과세하지 않는 이유가 소득세법상 과세대상소득으로 규정이 되지 않았기 때문이다. 이러한 논리가 종교인소득에 대하여 과세할 수 없다는 주장을 하는데 많이 사용되고 있다.

종교인소득은 소득세법상 과세한다는 규정이 없기 때문에 과세할 수 없다는 주장이 이것이다. 우리나라 소득세법은 개인소득에 대하여 그 과세대상소득의 종류를 제한적으로 열거하고 있다. 즉, 개인소득을 종합소득, 퇴직소득, 양도소득으로 구분하고 종합소득은 이자소득, 배당소득, 사업소득, 근로소득, 기타소득, 연금소득으로 구분하고 있다. 이러한 구조를 가져온 것은 열거하고 있지 않은 소득에 대하여는 과세하지 말라는 이유에서이다. 하지만 소득세법이 과세대상으로 열거하고 있는 소득의 종류는 그 소득의 성격에 따라 분류를 하고 있는 것이고 특정직업군에 대하여 따로 규정하고 있는 것은 아니다.

예를 들면, 근로소득에 대하여 규정하고 있는 소득세법 제20조 제1항은 제1호 내지 제5호에서 "근로를 제공함으로써 받는 봉급·급료·보수·세비·임금·상여·수당과 이와 유사한 성질의 급여와 법인의 주주총회·사원총회 또는 이에 준하는 의결기관의 결의에 따라 상여로 받는 소득 등"을 근로소득으로 규정하고 있다. 이는 어떤 직업군이든 이러한 성격의 소득이 발생하면 근로소득으로 과세한다는 것이지, 변호사, 공인회계사, 의사 등 서로 다른 직업군에 따라 다르게 과세한다는 내용을 담고 있는 것은 아니다.

그러므로 2015년 12월 15일 신설된 소득세법 제21조 제1항 제26호에서 규정하고 있는 종교인소득은 그 내용을 따로 신설한 것이 현 소득세법의 일관된 과세논리를 흔들어 놓은 측면이 있다. 그리고 논리를 양보하여 과세근거가 없어서 기존의 소득세법의 틀 안에서 과세할 수 없었다는 주장을 받아들인다고 한다면 종교인 중에서도 지금까지 소득세를 자진납부한 경우는 민법 제741조에 규정하고 있는 부당이득 즉, 법률상 원인 없이 타인의 재산 또는 노무로 인하여 이익을 얻은 것이므로 납세자의 입장에서는 부당이득반환청구의 문제를 생각해 볼 수 있다.

그러므로 종교인 과세에 대하여 소득세법상 과세근거가 없어 과세할 수 없다는 주장은 기존의 소득세법의 과세구조상 받아들이기 어렵고 설령 받아들인다고 하더라도 자진납부한 종교인의 세금은 부당이득의 문제를 발생시키므로 자기모순에 빠지는 주장일 수밖에 없다.

1992년 월간 목회지에 게재되었던 한명수 당시 창훈대교회 담임목사와 기독교윤리실천운동의 손봉호 서울대 교수 간의 지상토론이 공개토론으로 이어지며 종교인 과세에 대한 논란이 있었을 때 국세청은 성직자의 과세문제에 대하여 강제징수할 의사는 없고 성직자의 자율에 맡기겠다는 입장을 공식적으로 밝힌 것은 성직자의 과세가 법적근거가 없다는 주장이 객관적이지 않다는 반증이 된다.

종교인 과세는 종교인 과세에 대한 내용을 특별히 소득세법에 규정하지 않더라도 충분히 과세할 수 있는 근거를 가지고 있었으며 과세에 대한 구체적인 방법도 규정하고 있었다. 이런 상황임에도 불구하고 오랜 기간 과세하지 못했던 것은 일부 종교인의 납세의식 부재와 선거를 의식하는 정치권의 눈치보기가 교묘히 합쳐진 결과라는 생각을 지울 수가 없다.

(2017.11.16. 불교닷컴/조세칼럼)

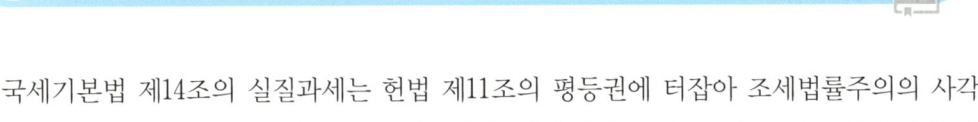

07 부가가치세와 실질과세

국세기본법 제14조의 실질과세는 헌법 제11조의 평등권에 터잡아 조세법률주의의 사각지대를 메우고 있는 조세법의 중요한 원칙이다. 실질과세는 형식보다 실질을 중요하게 생각한다는 면에서 납세자 간 공평성을 고려하여 조세법률주의를 약화시키더라도 경제적 실질 개념을 적용해야 한다는 것이다.

하지만 실질과세의 남용은 조세법률주의를 형해화(形骸化)시켜 납세자의 예측가능성을 현저히 낮추는 문제점을 가지고 있다. 만약 납세자가 세법에 규정되어 있지 않은 상황을 교묘하게 이용하여 조세포탈을 시도한다면 과세관청은 실질과세라는 수단을 적용하여 과세하려 할 것이고 이에 대하여 납세자는 세법에 근거규정이 없음을 이유로 그 부당함을 토로할 것이다. 이러한 다툼은 결국 행정심판기구나 법원의 판단에 의하여 납세자 또는 과세관청의 주장이 옳음을 확인받게 된다. 결과적으로 납세자가 이기면 과세관청이 실질과세를 무리하게 적용하여 세법에 근거도 없는 과세가 이루어진 것이며, 과세관청이 이기면 세법에 구체적 규정은 없지만 납세자의 공평이라는 가치를 보호하기 위하여 실질과세가 적절히 적용된 경우로 보는 것이다.

실질과세의 적용은 많은 경우에서 과세관청에게 유리한 주장의 근거를 제공하지만 납세자의 측면에서 실질과세를 적용하는 것이 유리한 경우도 있으므로 실질과세의 적용이 반드시 과세관청이나 납세자의 한 측에게 유리하다고 볼 수는 없다. 부가가치세제에서 사실과 다른 세금계산서를 받은 자에 대한 매입세액불공제라는 세법상 불이익은 향후 관련법 개정 시 납세자측면에서 실질과세를 주장해 봄직한 대목이다.

우리나라의 부가가치세제에서 세금계산서는 그 운영이 정상적으로 기능하지 않으면 부가가치세제가 실패한다고 할 만큼 중요한 요소이다. 세금계산서는 재화나 용역을 공급하는 사업자가 공급받는 자에게서 부가가치세를 거래징수하였다는 사실을 입증하고 공급받는 측에서는 세금계산서에 적혀진 부가가치세액을 공제받기 위한 증빙이 된다.

그러므로 세금계산서를 발급받지 않은 경우는 물론이고 세금계산서의 필요적 기재사항이 법에서 정한 요건과 다르게 적한 소위 "사실과 다른 세금계산서"도 부가가치세법에서 규정한 몇 가지 경우를 제외하고는 원칙적으로 매입세액공제를 받지 못한다. 부가가치세제의 근본을 이루고 있는 과세 논리는 비교적 간단하다. 과세사업자는 매입세액을 공제해 주고 매출세액을 거래징수하게 한다. 매출세액을 거래징수할 의무가 없는 면세사업자는 매입세액을 공제해 주지 않는다. 면세사업자에게 매입세액공제를 해주지 않는 이유는 매출세액을 거래징수해 오지 않기 때문이다. 폐업시 남아있는 재고에 대하여 공급의제로 보아 부가가치세를 과세하는 것은 매출세액을 거래징수해 올 것으로 예상하여 매입세액을 미리 공제해 주었지만 폐업을 하게 되어 매출세액을 거래징수해 올 가능성이 없어졌으므로 남아있는 재고의 시가에 부가가치세율을 곱하여 그 금액을 부가가치세로 납부하게 하는 것이다. 그러므로 부가가치세 매입세액을 공제해주는 경우는 원칙적으로 매출세액을 거래징수해 오는 것과 밀접한 관계가 있다.

그런데 사실과 다른 세금계산서의 경우는 공급받는 측에서 매입 시 부가가치세를 부담했지만 세금계산서에 기재하는 거래의 당사자나 거래의 시기 등이 거래 사실과 상이하여 매입세액공제를 받지 못하는 경우가 된다.

납세자가 세법이 정한 의무를 위반하였을 때 가산세 등의 부과를 통하여 세제의 합리적 운영을 담보할 필요가 있다. 하지만 세법이 납세자에게 의무의 위반에 상응하지 않는 과도한 페널티를 부담시키는 것은 납세자 측면에서 수긍하기 힘들다. 공급자가 매출세액을 거래징수한 거래에 대하여 사실과 다른 세금계산서라는 이유로 공급받는 자에게서 매입세액을 공제해 주지 않는 것은 설득력이 약하다. 거래 사실이 확인되면 매입세액공제는 해주되 질서위반행위에 상응한 가산세를 부과하는 것이 세법이 추구하는 실질과세개념에 부합된다고 생각한다.

(2019.10.8. IB토마토/오문성의 Tax Talk)

Part 2

법인세

법인세 증세논의와 실효세율

최근 세법개정과 관련하여 늘어나는 복지재정을 메꾸려면 결국 법인세율을 인상하자는 논의가 지금도 계속되고 있다. 이러한 논의의 중심에는 국세의 세목(稅目) 중 법인세의 세율이 정권이 교체되어 오는 동안 일관성 있게 인하되어 왔고 그렇게 인하한 효과가 국가경제에 크게 도움이 되지 않았다는 비판적 시각이 한 몫을 하고 있다. 그러나 아직까지 이러한 요구에 대하여 정부는 법인세율 인상이 가져올 기업경쟁력 약화와 이로 인한 경기활성화에 부정적인 효과로 말미암아 법인세율을 인상한다고 하더라도 반드시 법인세 세수가 증가되지 않을 수 있기 때문에 이 시기에 구사할 적절한 조세정책이 아니라고 난색을 표하고 있다. 정부는 법인세 세율을 올리기보다는 공제·감면 등 기존에 법인에 부여하던 조세혜택을 줄여 재원을 마련하겠다고 했다.

만약 법인세를 통하여 증세를 하려면 두 가지 방법을 통하여 그 목적을 달성할 수 있다. 그 첫째는 법인세의 명목세율을 높이는 방법이고, 또 하나의 방법은 명목세율을 그대로 유지하되 실효세율을 높일 수 있는 방법을 강구하는 것이다. 명목세율은 우리가 일반적으로 세율이라는 용어 앞에 아무런 수식 어구를 붙이지 않으면 명목세율이 되는데 우리나라 법인세법 제55조 제1항에 의하면 법인세율은 과세표준이 2억 원 이하인 경우 10%, 2억 원 초과 200억 원 이하인 경우는 20%, 200억 원 초과의 경우에는 22%의 세율이 적용되는 3단계 초과누진세율 구조로 이루어져 있다.

예를 들면 A법인의 과세표준이 700억 원이라고 가정하자. 과세표준은 산출세액을 계산하는 바로 직전 단계의 수치를 말하므로 과세표준에 세율을 곱하면 산출세액이 계산되어진다. 초과누진세율 구조 하에서는 단계별로 세율을 적용하므로 과세표준이 700억 원인 경우 법인세 산출세액이 154억 원(700억 원 × 22%)이 되는 것이 아니고 149.8억 원(2억 원 × 10% +198억 원 × 20% +500억 원 × 22%)으로 계산되어 진다. 그 다음 단계는 공제·감면 세액이 있는 경우 산출세액에서 공제·감면세액을 차감하여 실제로 납부할 세액을 계산하게 된다. 위의 예에서 만약 감면이나 공제세액이 없다면 A기업은 149.8억 원의 법인세를 부담하게 되겠지만 만약 공제·감면으로 인하여 감소되는 세액이 39.8억 원이 있다면 실제 납부법인세액은 110억 원이 된다. 여기에서 명목세율은 과세표준에 형식적으로 적용되는 세율을 말하고 실효세율은 공제나 감면으로 인하여 감소되는 세액을 고려한 세율을 말한다. 위의 경우 명목세율을 가중평균(weighted average) 방법으로 산출해 본다면 21.4%(149.8억 원/700억

원)가 되고 공제·감면되는 세액을 고려하여 실효세율을 고려한다면 15.71%(110억 원/700억 원)가 된다.

위의 사례에서 법인 A의 법인세 명목세율은 21.4%이지만 실효세율은 15.71%로서 5.69% 차이가 난다. 실제 각국의 법인세율을 기준으로 명목세율과 실효세율의 차이를 언급할 때는 일반적으로 법인세의 최고세율(위에서는 22%)과 공제·감면세액을 고려한 실효세율(위의 경우 15.71%)을 비교하는 것이 일반적이다. 왜냐하면 OECD국가 중 67%의 국가가 법인세 단일세율을 유지하고 있으며 단일세율이 아니라 하더라도 각 기업의 과세표준의 크기에 따라 달리 적용되는 초과누진세율의 적용 자료를 구하기는 용이하지 않기 때문이다. OECD자료에 의하면 2012년 기준 주요국가 법인세 실효세율은 미국 22.2%/ 일본 22.1%/ 캐나다 24.3%/ 영국 25.1%/ 한국 16.8%로서 다른 나라에 비하여 우리나라의 법인세 실효세율이 비교적 낮다고 알려져 있다. 각 국가 간 법인의 법인세 부담은 명목세율보다는 실효세율로 비교하는 것이 합리적이고 만약 어떤 국가의 법인세 명목세율과 실효세율의 차이가 크다고 한다면 그것은 산출세액과 실제 납부할 세액과의 차이를 유발하는 공제나 감면, 즉 조세지출의 비중이 크기 때문에 발생하는 현상이다.

우리나라의 경우 법인세의 공제·감면관련 사항은 대부분 조세특례제한법(이하 조특법)에서 규정하고 있는데 일몰(日沒)규정을 두고 있는 것이 일반적이다. 일몰규정이란 공제나 감면의 효과가 일정시기에 끝나게 되어 있는 규정을 말하고 일몰시기가 되면 관련 세법규정의 효력을 계속 존속시킬지, 폐지할지를 판단하여 존속하는 것으로 결정되면 다시 일몰시한을 연장하게 된다. 예를 들면 법인사업자 또는 개인사업자의 R&D(연구개발)활동을 지원하기 위하여 조특법 제10조 제1항은 "내국인이 각 과세연도에 연구·인력개발비가 있는 경우에는 ~(중략)~ 법인세에서 공제한다. 이 경우 제1호 및 제2호는 2015년 12월 31일까지 발생한 해당 연구·인력개발비에 대해서만 적용한다."고 규정하여 본 규정의 일몰시기가 2015년 12월 31일임을 규정하고 있는데 전형적인 일몰규정의 모습이다. 그러므로 위 규정은 2015년 12월 31일이 일몰시기가 되지만 이러한 일몰규정들은 여러 가지 이유로 자동 연장되는 것이 관행이었다.

법인세와 관련하여 현재의 상황은 야당 측에서는 법인세의 명목세율을 올리자는 주장이고 정부 측에서는 현재 법인세율을 올리는 것보다는 공제·감면 세액을 줄여 실효세율을 올리자는 주장으로 요약된다. 야당 측에서는 법인세율의 인상은 내용으로 보면 절대적인 법인세율의 인상이 아니고 계속 인하되어온 법인세율을 환원한다는 차원에서 인상을 주장하고 있으며, 인상을 반대하는 정부 측의 주장은 글로벌 환경에서 국내기업의 경쟁력 약화와 국내 경제 환경이 어렵다는 측면을 주된 이유로 들고 있다. 이렇게 대립되고 있는 주장 간에 타협 가능한 영역이 있다면 먼저 실효법인세율을 올리는 방법에 대하여 생각해 볼 수 있다. 즉, 기존에 조세지출혜택을 부여하고 있던 공제·감면을 과감하게 줄여 법인이 실제로 부담하는 실효법인세율을 높이자는 것이며, 이러한 정책은 현 박근혜 정부의 초기부터 명목세율을 인상하는 것을 지양하고 공제·감면을 줄여 재원을 마련하겠다는 주장과도 일치한다. 공제·감면을 줄이는 것도 법인에게는 실질적인 법인세의 증세로 받아들여질 수밖에 없다. 하지만 실효법인세율을 높이기 위하여 공제·감면을 줄이는 것은 명목 법인세율을 인상하는 것과 비교하여 몇 가지 점에서 큰 차이가 있다. 명목세율을 인상하는 것은 모든 법인에 대하여 추가로 법인세 부담을 증가시키는 것이지만, 공제·감면을 줄이는 것은 추가적인 법인세를 부담시키는 것은 아니고 기존에 이로 인한 조세혜택을 향유하던 기업만을 대상으로 부여하던 조세혜택을 줄인다는 점에서 차이가 나며, 공제·감면 혜택 중 연구개발지원의 비중이 상대적으로 높기 때문에 이러한 혜택의 수혜자가 대기업에 몰려 있는 것을 감안하면 상대적으로 실효세율의 증가가 중소기업보다는 대기업의 부담을 늘린다는 차원에서 사회적 합의를 도출하기가 용이하다는 것이다. 현재의 경제상황을 고려할 때, 법인세의 명목세율을 올리는 것은 어려운 일이다. 그렇다면 현 정부의 일관된 정책방향인 공제나 감면을 줄여 세수를 확보하는 것이 대안이 될 수 있다. 하지만 주던 혜택을 줄이는 것도 말처럼 쉬운 일은 아니다. 지금까지는 일몰규정이 대부분 연장되는 것이 관행이었다면 이제부터는 불요불급(不要不急)한 세제지원에 대하여는 과감하게 폐지하는 것이 관행이 되어야 한다. 이 시점에 정부의 강력한 정책 추진의지가 필요한 이유이다.

(2015.9.3. 국가미래연구원)

02 분식(粉飾)회계, 기업에게 좋은 소식인가? 나쁜 소식인가?

분식(粉飾)이란 분(粉)을 발라 단장을 한다는 본래의 의미를 가지고 있다. 회계분야에서 분식회계는 실제와 다르게 이익을 부풀리거나, 이익을 줄이는 행위 모두를 말하지만 사회적으로 문제가 되는 회계분식은 이익을 부풀리는 방향의 분식이므로 이익을 부풀리는 분식에 대하여 그 논의를 한정하려고 한다. 회계에서 이익을 부풀려 그 기업의 가치를 매력적으

로 보이게 하는 분식회계와 분을 발라 단장한다는 본래의 의미와는 당연히 실제와 다르게 보이게 한다는 점에서 같은 맥락으로 이해할 수 있다.

기업의 최고경영자는 그 기업의 당기순이익의 공시와 관련하여 두 가지의 상반된 방향의 유혹을 느끼곤 한다. 예를 들면 은행에서 대출을 받고자 하는 경우, 새로운 주주의 영입 시, 자본시장에서 자사의 주식가격을 올리고 싶은 경우는 이익을 많이 내고자 하고, 과세관청에 세금을 납부할 때는 납부하는 세액을 줄이기 위해 이익을 한 푼이라도 줄이고 싶어 하는 의도가 있을 수 있다. 회계에서 산출되는 이익을 기준으로 과세하지 않고 세무조정이라는 과정을 통하여 과세소득을 도출하여 과세하기는 하지만 이익이 많이 나는 기업이 세금을 많이 낼 개연성은 당연히 높다. 만약 어떤 기업이 이익을 부풀리는 회계분식을 하였다면 결국 그 기업의 재무제표를 믿고 돈을 빌려준 채권자나, 회사의 주식을 사들인 투자자는 엄청난 손실을 보기 때문에 회계분식은 사회에 미치는 악영향이 지대한 일종의 회계사기(accounting fraud)라고 할 수 있다. 그러므로 회계분식은 「상법」, 「형법」, 「주식회사의 외부감사에 관한 법률」 등에서 이러한 행위를 규제하는 관련 규정을 두고 있다.

미국의 대표적인 회계분식사건인 엔론(Enron)사건과 관련하여 휴스턴 지방법원은 제프리 스킬링 전 CEO에게 징역 14년의 중형과 벌금 1,800만 달러, 별도로 민사상의 책임을 물었다. 이렇게 회계분식에 대하여 중형을 선고하는 이유는 회계분식이 사회에 미치는 악영향이 한 두사람에게 국한된 것이 아니라 수백 명, 경우에 따라서는 이보다 훨씬 더 많은 피해자를 낳아서 그 파장으로 인한 악영향이 상상할 수 없을 만큼 크기 때문이다.

우리대법원(2006.1.26. 선고 2005두6300 판결)은 분식회계를 행한 납세의무자인 대우전자(원고)가 분식회계가 적발된 이후 법인세의 부과처분을 취소해 달라는 소송에서 원심이 분식결산한 기업회계서류를 기초로 하여 법인세 과세표준과 세액을 결정한 이 사건 각 부과처분은 거래의 실질에 부합하지 않는 것이어서 위법하다고 판단한 원심판결에 대하여 실질과세원칙에 관한 법리오해 등의 위법이 없다고 판단하였다. 그리고 납세의무자가 분식회계를 행하고 그로 인하여 법인세를 과다 납부한 후 분식회계가 적발되자 법인세를 부과 취소해 달라는 행위에 대하여 납세의무자의 신의성실을 문제 삼은 과세관청(피고)의 주장에 대하여도 납세의무자에게 신의성실의 원칙을 적용하기 위해서는 객관적으로 모순되는 행태가 존재하고, 그 행태가 납세의무자의 심한 배신행위에 기인하였으며, 그에 기하여 야기된 과세관청의 신뢰가 보호받을 가치가 있는 것이어야 할 것인바, 과세관청이 실지조사권을 가지고 있고, 경우에 따라서 그 실질을 조사하여 과세하여야 할 의무가 있으며, 납세의무자가 분식결산을 하고 이에 따라 과다하게 법인세를 신고, 납부하였다가 그 과다 납부한 세액에 대하여 취소소송을 제기하여 다툰다는 사정만으로 신의성실의 원칙에 위반될 정도로 심한 배신행위를 하였다고 볼 수는 없는 것이고, 과세관청이 분식결산에 따른 법인세 신고를 그대로 믿고 과세하였다고 하더라도 이를 보호받을 가치가 있는 신뢰라고 할 수 없다고 하여 원고의 손을 들어주었다.

납세자가 회계분식을 통하여 이익을 부풀려 놓고 회계분식이 적발되면 과세관청에 대하여 세금을 돌려달라고 경정청구를 하는 경우 과세관청이 이러한 주장을 배척하기 위하여는 국세기본법 제15조에 규정되어 있는 신의성실의 원칙을 근거로 할 수 있다. 국세기본법 제15조는 "납세자가 그 의무를 이행할 때에는 신의에 따라 성실하게 하여야 한다. 세무공무원이 직무를 수행할 때에도 또한 같다"라고 하여 납세자와 과세관청의 신의성실의 원칙을 규정하고 있다. 하지만 납세자가 신의성실의 원칙을 지키지 않을 경우는 납세자에 대하여 여러 가지 제재수단이 존재하는 것이 일반적이라는 것을 감안하면 이 원칙은 과세관청의 경우에 문제 삼는 경우가 대부분이었던 것이 사실이고 납세자의 신의성실을 문제 삼은 경우는 상대적으로 적다고 할 수 있다. 납세자의 신의성실에 대하여 우리 대법원(1999.11.26. 선고 98두17688 판결)은 "객관적으로 모순되는 행태가 존재하고, 그 행태가 납세의무자의 심한 배신행위에 기인하였으며, 그에 기하여 야기된 과세관청의 신뢰가 보호받을 가치가 있는 것이어야 한다"라는 요건을 들고 있다. 대법원이 제시한 기준을 바탕으로 회계분식이 납세자의 신의성실에 위배되는지에 대하여 검토해 보면 대법원 판결의 내용은 몇 가지 점에서 비판을 받을 여지가 있다.

첫째, 회계분식이라는 납세자의 행동이 객관적으로 모순되는 행태라고 볼 여지가 있는가이다. 일반적으로 납세자들은 세무보고의 목적으로는 과세이익을 줄이려고 하는 행태를 보이는 것이 일반적이다. 하지만 회계분식은 세무보고의 목적에 부합되지 않는 행동을 해서라도 다른 목적을 달성하려고 하는 납세자의 의도된 행위이다. 그러므로 납세자가 회계분식이 적발되기 전에 이익을 부풀려 신고한 행위와 적발된 후 부풀린 이익이 실제이익이 아니라고 주장하는 행태는 객관적으로 모순되는 행태라고 할 수 있을 것이다.

둘째, 객관적으로 모순되는 행태가 납세자의 심한 배신행위에 기인했는지에 대한 것이다. 회계분식은 일반적인 납세자가 세금을 줄이기 위하여 과세소득을 줄이거나 가공경비를 계상하는 것과 그 방향성이 틀리다. 세금을 더 내더라도 세무목적 이외의 다른 목적을 달성하기 위하여 세금을 더 납부했다고 볼 수 있다. 어찌보면 이 요건을 적용함에 있어서 심한

배신행위의 상대방이 과세관청이 아니기 때문에 문제가 되지 않는다고 판단할 수도 있다. 회계분식의 실질적인 큰 피해는 과세관청이 아닌 채권자와 투자자이기 때문이다. 과세관청은 국민들로 하여금 세금을 징수하는 국가기관이다. 그러므로 심한 배신행위는 과세관청에 직접적인 배신행위를 하지 않았다 하더라도 채권자와 투자자에게 심한 배신행위를 했다면 과세관청에 대한 배신행위로 보아야 한다.

셋째, 그에 기하여 야기된 과세관청의 신뢰가 보호받을 만한 가치가 있는 것인가의 판단도 중요한 요소이다. 과세관청이 실지조사권을 가지고 있고 경우에 따라서 그 실질을 조사하여 과세하여야 할 의무가 있다는 점에 있어서는 이해가 되지만 법인세가 원칙적으로 정부가 부과결정하는 세목이 아닌, 신고납부세목 이어서 납세의무자의 신고에 의해 납부의무가 확정되므로 납세의무자의 착오나 실수가 아닌 명백한 분식결산의 의도로 이익을 부풀려 세금을 많이 납부한 경우까지 과세관청이 실지조사를 통하여 세금을 줄여주어야 한다는 의무가 있다고 판단하는 것은 지나친 면이 있다고 할 수 있다. 착오로 인하여 세금을 과다 납부한 경우 경정청구제도를 통하여 납세자는 구제받을 수 있다. 착오로 인하여 과다납부한 세금에 대하여 과세관청의 신뢰가 보호받을 이유는 없다. 하지만 착오가 아니고 명백한 의도를 가지고 세금을 과다하게 납부하였고 그 목적이 사회적으로 엄청난 해악을 끼침에도 불구하고 과세관청의 신뢰가 보호받을 이유가 없다고 해서 세금을 환급해 주어야 한다는 논리는 이해하기 힘들다. 마지막으로, 신의성실의 원칙은 대법원 판결에서도 설시했듯이 합법성을 희생하여서라도 구체적 신뢰보호의 필요성이 인정되는 경우에 한하여 적용된다. 이 내용은 실제로는 세법규정상 정당한 주장이나, 신뢰보호의 원칙상 그 예외를 인정하고 있다고 할 수 있다. 납세의무자가 분식회계를 통하여 이익을 부풀려 소기의 목적을 달성하고 난 후 분식회계가 적발되어 이익의 감소를 반영하여 세금을 줄여달라고 하는 주장은 실제이익을 기준으로 세금을 돌려달라는 것이기 때문에 일면 그 주장의 정당성에 대하여 수긍할 수 있을지도 모른다. 하지만 분식회계행위의 결과로 많은 피해자를 양산하는 중차대한 사회적 범죄행위라는 것을 고려한다면 위에서 제기한 여러 가지 문제점을 종합적으로 검토하고 나서도 세금을 환급해 주어야 한다는 논리는 정당화되기 힘들다.

현행 「법인세법」 제66조 제2항 제4호는 "내국법인이 「자본시장과 금융투자업에 관한 법률」 제159조에 따른 사업보고서 및 「주식회사의 외부감사에 관한 법률」 제8조에 따른 감사보고서를 제출할 때 수익 또는 자산을 과다 계상하거나 손비 또는 부채를 과소 계상하는 등 사실과 다른 회계처리를 함으로 인하여 그 내국법인, 그 감사인 또는 그에 소속된 공인회계사가 대통령령으로 정하는 경고·주의 등의 조치를 받은 경우로서 과세표준 및 세액을 과다하게 계상하여 「국세기본법」 제45조의 2에 따라 경정을 청구한 경우 그 법인의 각 사업연도의 소득에 대한 법인세의 과세표준과 세액을 경정한다"고 하여 회계분식과 관련한 세액의 경정을 명문화하고 있다. 구체적인 방법으로 「법인세법」 제58조의 3 제1항에서 "내국법인이 제66조 제2항 제4호에 따른 경정(更正)을 받은 경우에는 그 경정일이 속하는 사업연도의 개시일부터 5년 이내에 끝나는 각 사업연도의 법인세액에서 과다 납부한 세액을 차례로 공제한다"라고 규정하고 있으며 「법인세법」 제72조의 2는 "납세지 관할 세무서장 또는 관할 지방국세청장은 제66조 제2항 제4호에 따른 경정을 할 때 제58조의 3 및 제59조에 따라 세액공제한 후 남은 금액이 있으면 환급금과 환급가산금을 즉시 지급하여야 한다"라고 하여 결국 분식회계와 관련하여 납부한 세금의 경정청구가 들어오는 경우 5년간 세액공제하고 그래도 남은 금액이 있다면 환급금과 환급가산금을 즉시 지급하게 규정되어 있는 것이다. 일반적인 환급이 「국세기본법」 제51조 제6항에 따라 국세환급금의 결정을 한 날부터 30일 내에 납세자에게 지급하는 반면 분식회계로 인하여 경고·주의 등의 조치를 받은 경우는 5년간 세액공제하고 나머지는 일시에 환급한다는 차이를 두는 정도로 분식회계에 대한 조세법상의 제재규정을 두고 있는 듯하다.

건전한 자본시장의 육성이 국민경제에 미치는 중요성은 아무리 강조해도 지나치지 않으며 이러한 중심에는 회계의 투명성이 자리 잡고 있다. 분식회계는 회계의 투명성에 치명적인 악영향을 미치며 이는 수많은 채권자와 투자자에게 피해를 준다. 미국경제에서 엔론사태가 미친영향은 미국경제 전체의 신용도에 영향을 줄만큼 지대하였다. 회계분식은 어떠한 경우라도 용납되어서는 안되며 이를 규제하는 법적, 제도적 장치가 완벽하게 갖추어져야 한다. 어느 기업이 분식회계한 것이 세상에 알려지면 그 기업이 법적측면에서 책임을 져야 하는 나쁜 소식(bad news)과 세금을 환급받을 수 있는 좋은 소식(good news)이 함께 오는 상황에서는 기업의 분식회계라는 범죄행위가 근절되기는 쉽지 않으리라는 생각을 해 본다. 세법은 정책적인 목적에서 다양한 기능을 가지고 있다. 회계분식의 근절도 세법이 행해야 할 긍정적인 기능의 하나라고 생각한다. 이러한 점에서 납세의무자의 신의성실을 문제 삼지 않은 대법원 판결은 재고될 여지가 있으며, 현행 법인세법의 규정도 바람직한 방향으로 개선되어야 한다.

(2015.12.25. 국가미래연구원)

03 구글세(Google tax)와 상생(相生)

구골(Googol)은 천문학적 숫자를 의미한다. 구체적으로는 10의 100제곱을 지칭한다. 웹검색, 클라우드 컴퓨팅, 광고를 주된 사업영역으로 하는 미국의 다국적 회사인 구글(Google)의 이름은 이 구골(Googol)에서 나왔다. 그런데 최근 이 회사의 이름인 구글(Google)에 조세(tax)를 붙여 구글세(Google tax)라는 용어를 심심찮게 언론에서 보게 된다.

구글(Google)에 조세를 붙여서 만들어진 구글세(Google tax)라는 용어는 조세라는 용어가 붙어있기는 하지만 내용으로 보면 조세와 컨텐츠이용료라는 두 가지 성격을 모두 포함하고 있다. 구글세의 연원(淵源)을 살펴보면 구글이 검색엔진으로서 자료검색 등을 통하여 광고수익을 올리지만 뉴스기사 등 자료를 제공하는 각 지역 언론사 등에게 컨텐츠이용료를 지불하지 않고 있어서 컨텐츠 사용에 대한 저작권료를 받아야 한다는 측면(저작권료 측면)과 구글같은 다국적IT기업이 세율이 높은 국가의 소득을 낮은 국가로 이전하여 조세를 회피하는 것에 따른 세금을 부과하는 것(조세회피 측면)이 구글세라는 명목에 포함되어 있다.

저작권료 측면의 구글세의 경우 뉴스기사 등을 제공하는 언론사 등이 기사를 무료로 제공받는 구글에게 그 컨텐츠 이용료를 달라는 것인데 구글 측에서는 구글사이트를 통하여 뉴스기사를 탑재하는 것은 그러한 컨텐츠를 제공하는 언론사의 트래픽(traffic)을 늘리는데 기여하게 되고 트래픽증가는 해당 언론사의 광고수익에 긍정적으로 영향을 미치기 때문에 언론사에서 구글 측에 저작권료를 지불해 달라고 하는 것은 부당하다는 주장을 하고 있다. 실제로 2014년 10월 저작권료 성격의 구글세를 징수하는 법안을 통과시킨 스페인에서 구글은 현지시각 2014년 12월 16일 오후 8시 30분을 기점으로 뉴스서비스를 중지하였는데 이로 인하여 언론사의 트래픽이 평균 50% 감소하자 구글세 법안을 추진했던 스페인신문발행인협회(AEDE)가 발벗고 나서 정부에 재검토를 요구하는 촌극이 벌어지기도 하였다.

다음으로 조세회피 측면의 구글세는 구글과 같은 다국적기업 예를 들면, 애플, 아마존, 스타벅스, 페이스북 같은 기업이 이전가격(Transfer price)의 조작 등을 통하여 법인세율이 높은 국가의 소득을 낮은 국가의 소득으로 이전하여 전체적인 세금부담을 낮추는 부분에 대한 대응세제의 문제이다. 구글의 조세회피행위는 "더블 아이리시 위드 더치 샌드위치(Double Irish with a Dutch Sandwich)"로 불리는데 미국의 모법인(母法人) 구글이 지적재산권을 아일랜드 자회사에 이전하여 법인세율이 높은 미국의 과세를 회피하고, 아일랜드 세제를 이용하여 소득을 법인세가 과세되지 않는 버뮤다로 이전시켜 조세를 회피하는 방법으로 애플이 처음 사용하였던 방법이다. 이 방법은 다국적IT기업들의 전형적인 조세회피방법으로 이용되고 있다. 최근 터키에서 열린 G20정상회의에서는 이러한 다국적기업의 조세회피행위에 대응하기 위한 "소득이전을 통한 세원잠식(BEPS: Base Erosion and Profit Shifting)의 최종보고서를 승인했다. OECD에 의하면 BEPS로 인한 회원국의 세수손실이 1,000~2,400억 달러 수준으로 상당하고, 국제사회에서의 다국적기업의 조세회피에 대한 규제는 몇몇 국가의 대응만으로는 불가능하여 공동으로 대응해야 한다는 공감대가 형성되었기 때문에 G20 회의의 의제로서 다루어진 것이다.

구글세가 포함하고 있는 두 가지 내용인 저작권료와 소득 이전을 통한 조세회피의 문제 중 전자(前者)의 문제는 검색엔진이라는 사업의 특성에서 파생된 문제여서 아주 오래된 문제라고는 볼 수 없으나 후자(後者)의 문제인 조세회피의 문제는 최근에 새로이 대두된 문제가 아니고 국제조세에서는 전통적인 화두이다. 구글세에 포함되어 있는 이 두 가지 성격의 문제를 단기간에 해결하기는 그리 쉽지 않아 보인다. 첫 번째 문제인 저작권료에 대한 문제부터 살펴보면 해당 국가에서 뉴스기사를 제공하는 언론사와 이러한 기사를 탑재하고 광고수익을 얻는 구글간에는 분명 양자(兩者) 모두 비즈니스상의 이익이 존재한다. 즉, 언론사의 트래픽증가라는 이익과 구글의 광고수입 등의 증가는 양측이 얻을 수 있는 이익이며, 만약 구글이 사업철수를 한다면 사업철수로 인한 이익감소와 해당 언론사의 트래픽감소라는 불이익이 같이 발생하게 된다. 그러므로 어느 한쪽이 일방적인 이익을 향유하는 것이라고 볼 수 없다. 우리나라의 경우 다음(Daum : 현재는 카카오로 사명변경)이나 네이버(Naver)는 기사제공에 따른 대가를 컨텐츠이용료라는 명목으로 지급하고 있으나 그 계약조건이 다양하다. 그러므로 국내기업의 경우는 이용료를 내고 있고 구글같은 외국법인은 아직 안내고 있어서 역차별이라는 말도 나오고 있다. 스페인의 경우 현지에서 구글과 같은 기능을 하는 회사가 발달되어 있지 않은 반면, 우리나라는 네이버(Naver)나 다음(Daum)과 같은 회사가 있어 만약 스페인의 경우처럼 구글이 검색엔진사업을 철수하더라도 한국 언론사의 트래픽감소의 정도가 스페인의 그것보다 훨씬 작을 수 있기 때문이다. 이러한 각 국가 간의 상황의 차이는 구글과 현지 언론사의 협상에 분명히 영향을 미칠 것이다.

두 번째의 문제는 다국적기업의 소득이전을 통한 과세기반잠식에 대응하는 문제이다. 이 문제는 각국의 법인세율이 다양하고 외국기업의 유치 등을 포함한 처한 상황이 다르기 때문에 각국이 공동대응하는 것이 말처럼 쉽지 않다. 현재 이 문제는 첫 단계로 G20이 다국적기업으로부터 각국가 별로 벌어들인 소득과 세금에 대한 내용이 담겨져 있는 보고서를 제

출발아 공유하는 것을 시발점으로 과세환경의 투명성을 제고하는데 맞추어져 있다. 소득이전을 통한 세원잠식의 문제도 공동대응 하겠다는 G20정상들의 합의가 원론적으로 이루어지기는 했으나 이문제도 어떻게 상황이 진행될지는 두고 볼 일이다. 국제사회에서 각 국가 간의 문제는 당연히 국익이 우선될 수밖에 없기 때문이다.

이 세상의 모든 비즈니스에는 공짜가 없으며, 한 측에서 일방적으로 계속되는 불합리한 상황을 감내할 수도 없다. 구글이 현지 언론사의 기사를 계속 무료로 이용하는 것도 비정상적 상황이며, IT업종의 소득이전이 기타의 업종에 비하여 훨씬 수월하다는 이유로 고법인세율의 소득을 저법인세율의 국가로 이전하여 부담세액을 비정상적으로 적게 부담하는 것도 계속 방치할 수는 없다. 국내 검색엔진인 네이버가 언론사 등에 컨텐츠 사용료를 내고 있는 입장에서 구글이 동일한 성격의 사용료를 내지 않고 계속 버티기는 힘들 것이며 국가 간 국익의 문제도 일방적인 희생은 계속되는 것이 비정상이다. 최근 구글이 영국의 파이낸셜타임즈를 포함한 8개 유럽언론사와 제휴를 맺고 유럽언론의 디지털화 사업을 촉진하는 사업에 3년간 1억 5,000만 유로(약 1,740억 원)을 투자한다고 한 것은 이와 무관치 않다. 기업이든 국가든 적절한 배분을 전제로 한 상생(相生)의 실천은 지속가능성의 측면에서 필수적인 요소이다.

(2016.1.12. 국가미래연구원)

04 대기업 사내유보금의 실체

최근 현대중공업 노동조합이 회사의 사내유보금 12조 원을 활용하면 인력에 대한 구조조정이 필요 없다는 주장을 하고 있다. 그리고 '재벌사내유보금환수운동본부'에서는 재벌의 사내유보금을 환수해 노동자·서민의 생존을 위해 사용해야 한다고 주장하기도 한다. 현 정부의 제2기 경제팀이 경기활성화를 위하여 사내유보금에 법인세를 과세하겠다는 의지를 보이던 2014년 7월에도 사내유보금이 대체 무엇인지에 대한 국민적 관심은 매우 높았었다. 하지만 최근에 각종 단체들이 사용하고 있는 사내유보금이라는 용어를 보면서 아직도 일부 이해관계자들은 사내유보금의 실체에 대하여 많은 오해를 하고 있는 것 같아 이에 대한 정확한 의미를 한번은 짚고 넘어가야겠다고 생각하고 있었다. 필자는 사내유보금이라는 용어의 개념을 잘못 이해함으로써 벌어지는 사회적 이해관계의 상충을 조금이라도 덜어보고자 사내유보금의 실체에 대하여 접근해 보고자 한다.

회계학 측면에서 자본은 자본금, 자본잉여금, 이익잉여금, 기타자본으로 분류할 수 있다. 자본잉여금은 기업이익과는 무관한 성격으로서 주주가 불입한 부분 중 주식발행가액이 액면가액을 초과하는 부분인 주식발행초과금, 주식의 감자시 발생하는 감자차익, 자기주식을 취득원가 보다 높은 가액에서 처분하여 발생하는 자기주식처분이익 등으로 구성되어 있으며, 이익잉여금은 기업의 이익에서 법인세를 부담하고 난 후의 순이익 중 사외유출된 배당을 차감한 부분을 매기 누적해서 적립해 둔 것을 말한다.

최근 논란이 되고 있는 사내유보금이라는 용어는 학술적인 용어는 아니다. 본래 사내유보라는 사전(辭典)적 의미에는 자본잉여금과 이익잉여금을 모두 포함한다. 기업의 재무건전성을 나타내는 유보율 계산식이 [(자본잉여금+이익잉여금)/자본금]으로 이루어지는 것을 보더라도 사내유보금의 범위에 자본잉여금과 이익잉여금이 모두 포함되는 것을 볼 수 있다. 하지만 최근에 사용되고 있는 사내유보금이라는 용어는 이익잉여금을 의미한다고 보아야 한다. 왜냐하면 사내유보금 논란은 대기업이 벌어들인 이익을 배당과 임금인상, 투자에 사용하지 않는다는 비판을 받으면서 촉발되었기 때문이다. 그러므로 이하에서는 그 개념자체가 애매모호한 사내유보금이라는 용어보다는 이익잉여금이라는 용어로 대체하려고 한다.

이익잉여금과 관련된 오해 중 하나는 기업이 투자를 안 해서 이익잉여금이 많이 쌓여 있다는 주장이다. 재무제표의 구성요소 중 하나인 재무상태표(예전의 대차대조표)의 구성을 보면 오른쪽(대변)에는 부채와 자본이 위치하고 왼쪽(차변)에는 자산이 위치한다. 재무상태표를 자금의 조달과 운용이라는 측면에서 설명해 보면 오른쪽에 위치하고 있는 부채와 자본은 자금의 원천이며, 왼쪽에 있는 자산은 자금의 운용을 보여주고 있다.

예를 들면

재무상태표

자산	8,000	부채	3,000
현금	1,500		
재고자산	1,500	자본금	1,500
매출채권	700	이익잉여금	3,500
기계장치	4,300		

위의 재무상태표는 채권자로부터 3,000을 빌리고 주주로부터 1,500을 출자받아 발생한 이익 3,500으로 현금 1,500, 재고자산 1,500, 매출채권 700, 기계장치 4,300으로 운용하고 있다는 내용을 표시하고 있는 것이다.

이때 만약 기계장치에 1,000을 투자한다면 재무상태표에 어떤 변화가 있는지 살펴본다.

재무상태표

자산	8,000	부채	3,000
현금	500		
재고자산	1,500	자본금	1,500
매출채권	700	이익잉여금	3,500
기계장치	5,300		

자산 중 현금은 1,500에서 500으로 잔액이 감소하고 기계장치는 4,300에서 5,300으로 증가한 것을 볼 수 있다. 결국 투자를 하더라도 이익잉여금의 잔액은 3,500으로 동일하므로 투자를 한다고 해서 이익잉여금의 잔액은 변하지 않는다. 이익잉여금 잔액을 줄이는 것은 당기순손실이 발생하거나 배당이 이루어졌을 때 감소하는 것으로 이익잉여금이 감소하지 않는 것이 기업이 투자를 하지 않기 때문이라는 논리는 옳지 않다. 왜냐하면 결국 투자는 현금으로 하는 것이고 현금의 감소와 이익잉여금의 감소는 배당을 제외하고는 관련성이 없기 때문이다.

이익잉여금에 대한 또 하나의 가장 큰 오해는 이익잉여금 전체가 현금이라고 생각하는데 있다. 이익잉여금을 단순하게 정의하면 기업이 벌어들인 당기순이익을 매기 누적한 것인데 기업의 당기순이익 전체가 현금이 아닌 것처럼 당기순이익을 누적한 이익잉여금도 전체가 현금은 아니다. 이익잉여금 금액 중 현금으로 배당하지 않고 법정적립금이나 임의적립금으로 적립한다는 의미는 각각에 상응하는 금액이 현금으로 보유되고 있다는 의미가 아니고 배당이 제한된다는 의미이다.

그 의미를 이해하기 위하여 다음과 같은 예를 들 수 있다. A기업에 100억 원과 그 이자를 5년 후에 받기로 하고(원금과 이자금액을 합해서 110억 원이라고 가정) 자금을 빌려주는 채권자는 A기업이 5년 후에 상환할 수 있는 자금을 미리 확보하라는 차원에서 자금을 빌려주는 시점에 매년 발생하는 당기순이익 중 20억 원과 그 1년 치 이자에 해당하는 2억 원을 임의적립금인 "감채적립금"으로 적립하기를 요구하고 대여계약서에 조건으로 부기하였다. 이 대여약정에 따라 A기업은 매년 당기순이익 중 22억 원을 감채적립금으로 적립하여 5년 후

상환시점에 감채적립금이 110억 원이 적립되어 있다고 가정한다. 이렇게 감채적립금이 110억 원이 적립되어 있다면 A기업은 110억 원의 상환자금이 마련된 것인가? 결론은 감채적립금 110억 원을 쌓아둔 것과 110억 원의 현금이 마련되어 있는 것과는 완전히 별개의 상황이라는 것이다. 감채적립금을 110억 원 적립한 것의 의미는 이익잉여금 중에서 110억 원만큼 배당을 못하게 제한하였다는 의미일 뿐이다. 그렇다면 110억 원의 현금이 상환시점에 확실히 존재하기 위해서는 감채적립금을 매기 22억 원 적립하는 동시에 금융기관에 매년 현금 22억 원을 예금구좌에 예치하였어야 한다. 채권자가 A기업으로부터 확실히 상환받기 위해서는 매기 22억 원의 감채적립금 적립과 동시에 22억 원의 감채기금을 금융기관에 예치할 것을 동시에 요구했었어야 한다. 이 예에서 명백하게 보여지는 것처럼 이익잉여금의 적립 그 자체가 현금이 아니라는 것은 너무나 명백한 사실이다. 현대중공업의 경우 금융감독원 전자공시시스템(DART)에서 공시하고 있는 2015년 12월 31일 별도기준 재무상태표상 이익잉여금은 11조 3,869억 원인데 이중 현금 및 현금성자산은 1조 3,322억 원이고, 단기금융상품은 1,497억 원이다. 그러므로 이익잉여금에서 현금 및 현금성자산이 차지하고 있는 비중은 11.6%이고 단기금융상품까지 고려하더라도 13% 정도밖에 되지 않는다. 이익잉여금과 관련하여 현금 및 현금성자산과 단기금융상품까지를 고려하더라도 2015년 말 기준 가용자금은 이익잉여금 총액인 11조 3,869억 원이 아니고 1조 4,819억 원이다.

이상에서 살펴본 바와 같이 현재 논란이 되고 있는 사내유보금에 대한 논란은 크게 보면 사내유보금의 회계적 개념인 이익잉여금이 현금이라는 생각에서 비롯된 것이다. 사내유보금논란과 관련하여 회계원리 강의시간에 종종 드는 예가 생각났다. 어느 기업의 회계부장이 당기순이익이 10억 원이 발생했다고 대표이사에게 보고했더니 그 대표이사가 10억 원이 들어있는 은행통장을 보여달라고 하여 이를 어떻게 설명해야 할지 난감했다는 이야기다. 사내유보금이 15조 원이 있으면 통장에 현금잔액이 15조 원 있는 것으로 착각하고 있는 건 아닌지 궁금해진다.

(2016.5.10. 국가미래연구원)

05 법인세율 인상 신중히 검토해야

최근 한 언론사의 조사에 의하면 20대 국회의원 당선자의 절반 정도가 법인세율 인상에 찬성하고 있다고 한다. 그리고 '더불어민주당'과 '국민의당'을 중심으로 법인세 인상 주장이 나오고 있어 법인세 인상과 관련한 이슈가 한동안 논란이 될 전망이다.

법인세는 증세의 언급이 있을 때마다 정치권에서 제일 먼저 등장하는 세목이다. 법인세를 통하여 증세를 주장하는 측의 논리는 법인세율이 정권이 교체되어 오는 동안 일관성 있게 인하되어 왔고 그렇게 인하한 효과가 국가경제에 큰 도움이 되지 않았다는 비판적 시각에서 시작된다. 그래서 현재 법인세율을 올리려는 것은 '법인세율 인상'이 아니고 '법인세율의 정상화'라는 주장을 하고 있다. 법인세율을 올리는 것이 법인세율 인상이든, 정상화이든 법인세율을 올리는 것을 통하여 세원을 확보하는 것이 현재시점에서 필요한가에 대하여 검토해 볼 필요가 있다.

정부가 어차피 세수를 증가시키겠다고 생각을 하게 되면, 어느 세목을 통하여 세수를 확보할 것인가 하는 문제는 중요한 문제이다. 이는 세수증대에 적용할 세목의 우선순위를 결정하는 문제이다. 국세를 통하여 세수를 증대한다면 결국 법인세, 소득세, 부가가치세라는 주요세목이 그 대상이 될 수밖에 없다. 그렇다면 최근 정치권에서 흘러나오고 있는 법인세율 인상론이 현재의 시점에서 소득세와 부가가치세를 통한 증세보다 우선순위 측면에서 합리적인지에 대하여 검토해 보는 것이 필요하다.

법인세는 법인의 소득이 그 과세대상이 된다. 법인의 소득은 경기의 영향을 직접적으로 받으며 외국기업이 한국에 진출하는 경우 외국기업의 국내원천소득에 대하여는 우리나라의 법인세율이 적용되게 된다. 법인세율을 다른 기타의 국가에 비하여 현저히 낮게 유지하거나 원천적으로 면제함으로써 외국기업을 유치하고자 하는 국가나 지역인 조세피난처(tax haven)를 보면 법인세 인상이나 인하가 당해 국가의 기업에만 영향을 미치는 것이 아니라 외국기업의 당해국가 진출 여부에 밀접한 관련이 있음을 알 수 있다.

OECD의 평균법인세율은 1985년 43.4%에서 2015년 23.2%로 총 20.2%p 인하되었고 2000년대의 국가 간 자본유치 경쟁으로 세계 각국의 법인세율 인하추세는 계속되고 있다. 우리나라의 법인세율도 1990년대 초 30%대에서 2011년에는 22%로 계속 인하해온 것도 법인세 인하의 세계적인 추세와 무관치 않다.

그렇다면 OECD에 속해 있는 대부분의 국가들이 법인세를 계속 인하해오고 있는 이유는 무엇인가?

첫째, 이러한 법인세 인하의 세계적인 추세는 법인세가 소득세나 부가가치세와 다른 성격을 지니고 있다는 생각이 그 뿌리에 자리 잡고 있다. 법인이 벌어들인 소득에 대하여 법인세를 부과하고 난 나머지 부분을 법인주주나 개인주주에게 배당을 하는 경우 이중과세조정을 해주는 제도는 법인의 소득이 최종적으로 개인의 소득으로 귀착하기 때문이며 이는 결국 법인세와 소득세의 이중과세를 인정하는 결과이다. 법인세가 차지하는 세수가 막대하므로 법인세를 폐지하지는 당연히 못하지만 거두어들이는 세수가 재정지출에 사용하고도 남는 상황이 된다면 가장 먼저 폐지를 고려해 볼 수 있는 세목이 법인세일 것이다. 하지만 현실적으로 법인세를 폐지하고 다른 세목으로 부족한 재원을 충당하는 것은 불가능하므로 이러한 논의는 법인세 인하를 하는 생각의 단초를 제공할지언정 현실성은 없다고 생각한다.

둘째, 법인세는 국내외 기업의 무한경쟁이 이루어지는 작금의 경제상황에서 내국법인의 경쟁력에 직접적인 영향을 미치는 것은 물론이고 내국법인과 외국법인 모두 해당 국가에 입지할 유인을 제공한다. 최근 미국기업들이 미국의 높은 법인세율을 피하기 위해 본사를 아일랜드로 옮겨서 미국 정치권의 맹비난을 받고 있다. 하지만 해당 기업은 기업의 생존전략이라는 측면에서 불가피하다고 주장하기도 한다. 이처럼 법인세율이 상대적으로 높은 국가는 내국법인이 해당 국가를 떠나는 이유를 제공하고 외국법인이 해당 국가에 진출하기를 꺼려하는 이유를 제공하기도 하므로 세계적인 인하추세에 역행하여 법인세율을 인상하는 것은 그리 쉬운 의사결정이 아니다.

셋째, 법인세율 인상의 결과가 반드시 세수를 증가시킨다는 보장이 없다. 법인세율 인상은 중·장기적으로 내국기업이 생산하는 제품의 원가상승과 이로 인한 가격 경쟁력에 부정적으로 작용하여 기업경쟁력을 저하시키고 외국기업의 국내진출에도 부정적으로 작용하게 된다. 미국·독일을 비롯한 비교적 법인세율을 높게 유지하는 국가들은 나름대로 외국기업 유치에 어려움이 없는 국가이다. 법인세율 인상으로 인하여 내국기업의 경쟁력이 저하되고 외국기업의 국내진출이 어려워진다면 이는 분명 법인세 세수의 감소를 초래하여, 법인세율 인상이 법인세 세수의 증가로 이어지지 않을 수 있는 것이다.

이러한 이유에서 대부분의 OECD국가들은 법인세를 유지하거나 인하하고 있으며 법인세를 인상한 국가는 그리스나 포르투갈 등 재정위기를 겪고 있는 국가들이다.

필자는 현재의 늘어나는 재정지출에 대응하는 세수를 법인세율 인상을 통하여 달성하는 것에 대하여는 위에서 언급한 이유로 신중해야 한다는 입장이다. 다만, 내국법인의 명목세율과 실효세율의 차이가 큰 문제는 조세지출의 혜택을 줄임으로써 시정하는 것은 필요하리라고 생각한다.

이상에서 살펴본 바와 같이 법인세율 인상이 신중해야 되고 현실적으로 인상이 어려움에도 불구하고 정치권의 법인세 인상논의가 계속되고 있는 이유는 무엇인가? 인하해온 법인세를 다시 환원해야 한다는 생각도 있겠지만 법인세를 제외한 소득세와 부가가치세 인상을 주장하는 것은 표를 의식하는 정치인의 입장에서는 쉽지 않다는 것도 한몫을 하고 있는 것 같다. 소득세나 부가가치세는 그 납세자들이 바로 유권자이기 때문이다.

정치인들 사이에는 법인세를 제외한 소득세와 부가가치세 인상에 대한 언급은 그 언급을 한 정치인 본인이나 그 정치인이 속한 정당에 치명적이라는 이야기가 공공연하게 회자되고 있다. 소득세나 부가가치세는 그 납세자들이 바로 유권자이기 때문에 선거가 다가올수록 더욱 언급하기 힘들게 된다는 것이다.

최근 조세재정연구원, 금융연구원, 국회예산정책처의 등의 연구결과에 따르면 대부분 소득세와 부가가치세를 통하여 늘어나는 재정지출에 대한 재원을 확보하기를 권고하고 있다. 특히 부가가치세는 1997년 도입한 이래 한 번도 인상하지 않은 10%의 세율을 그대로 유지하고 있고, 2012년 기준 GDP대비 부가가치세 비율이 4.3%(OECD평균: 6.6%)로 OECD 34개국 가운데 28위, 총 조세 대비로는 17.2%(OECD평균: 19.5%)로 25위로 모두 낮은 수준이다.

세원을 확보하기 위하여 활용할 세목으로 정치권은 법인세를 주장하고 있고 연구기관들은 법인세보다 부가가치세와 소득세를 주장하고 있는 셈이다. 필자의 생각으로는 위에서 언급한 몇 가지 이유로 법인세보다 부가가치세가 그 대상이 되어야 한다고 본다. 부가가치세가 간접세이기 때문에 소득에 역진적이라는 비판은 거두어진 부가가치세를 소득배분에 긍정적인 방향으로 지출함으로써 충분히 그 약점을 극복할 수 있다. 부가가치세에 대하여도 세율의 인상 전에 면세부문을 축소하거나 해당 재화나 용역의 성격에 따라 차별적인 부가가치세율의 적용 등을 먼저 고려해야 한다. 법인세 분야도 명목세율과 실효세율의 괴리를 줄이기 위한 재정지출의 축소가 선행되어야 한다.

최근 OECD는 '2016년 한국경제보고서'에서 올해 한국의 GDP성장률을 작년 11월에 전망한 3.1%에서 2.7%로 하향 조정했으며, 국책연구기관인 KDI도 5월 24일 내놓은 '2016년 상반기 경제전망'에서 올해 GDP성장률을 작년 12월에 제시한 3.0%에서 2.6%로 내려잡았다. 국가미래연구원은 최근 발표한 '2016년 경제전망보고서'에서 작년 12월에 예측한 2.6%에서 2.3%로 내려잡는 등 국내외 연구기관의 성장률 하향조정이 줄을 잇고 있다.

향후 한국경제가 매우 어려울 것으로 예상되는 대목이다. 이러한 시기에 법인세율 인상은 어려운 경제상황을 더욱 어렵게 만들 수 있다. 법인세율의 인상은 현재 시점에서 재정지출에 사용할 재원의 확보 방법 중 가장 마지막 수단으로 고려되는 것이 바람직하다.

(2016.6.9. 조세금융신문)

6 개선보다는 증세에 가까운 초과유보소득 간주배당금 과세

올해 세법개정 안에 포함된 법인의 초과유보소득 간주배당금 과세안(이하 간주배당 과세안)에 대한 반대 여론이 만만치 않다. 간주배당안은 최대주주 및 특수관계자가 80% 이상 지분을 보유한 법인(이하 개인 유사법인)을 대상으로 조세특례제한법에서 정한 적정유보소득을 초과한 유보소득에 대하여 주주에게 배당한 것으로 간주하여 배당소득세를 과세하겠다는 것이다. 정부가 설명하는 도입배경은 법인세율보다 상대적으로 높은 소득세율을 피하기 위하여 1인주주 법인을 포함한 개인유사법인을 설립하여 배당을 하지 않고 사내유보를 통해 소득세부담을 회피하는 것을 방지하여 개인유사법인과 개인사업자 간 세부담 형평성을 제고하겠다는 것이다. 향후에 간주배당금을 실제로 배당하면 간주배당에 속하여 과세되었던 부분은 배당소득에서 제외하여 중복과세문제를 해결하고 단지, 과다유보를 방지하여 과세시기만 앞당기는 효과만 있다고 설명하고 있다.

하지만 간주배당 과세안은 몇 가지 중요한 문제점을 내포하고 있다.

첫째, 사업을 하는 납세자 측에서 기업의 형태를 법인과 개인 중 무엇으로 할지는 적용되는 세율의 높낮이에 의해서만 판단하는 것은 아니다. 기업이 성장해 가는 과정에서 개인기업으로 시작했다가 규모가 커지면 기업의 신용도 문제 등으로 법인기업으로 형태를 변경하기도 하고, 소규모로 사업하는 시기부터 법인의 형태로 시작하기도 한다. 법인기업과 개인기업 형태의 선호는 납세자가 사업을 용이하게 하기 위한 선택의 관점에서 보아야지 단지 법인세율은 낮고 소득세율이 높아서 법인기업을 선택한다는 것은 경도(傾倒)된 생각이다. 법인의 경우 법인세율이 낮다고 하더라도 주주에게 다시 배당소득세를 부과하기에 단순하

게 비교할 것도 아니다. 그리고 개인 배당소득세에 대하여 이중과세조정 메커니즘이 있더라도 완벽한 이중과세의 조정이 아니라서 법인형태의 선택이 세율이 낮아서만은 아니라는 것은 분명하다.

둘째, 납세자 측에서 발생한 이익을 배당할지 사내에 유보할 지는 경영상 판단의 영역이다. 유보소득 또는 유보금이라는 용어는 세법상 용어가 아니어서 굳이 회계적 용어로 바꾼다면 배당과 관련해서는 이익잉여금이 된다. 회계상 이익잉여금도 법정적립금 등은 배당할수 없다. 배당은 잉여금의 처분을 통하여 이루어지지만 잉여금의 자본금전입인 무상주를 제외하면 그 실질적 재원은 현금이다. 배당가능한 이익잉여금이 많다고 하더라도 그 자체가 현금이 아니어서 배당하기 힘든 경우도 있다. 배당의 실질적 재원이 현금인데도 현금보유액에 대한 판단도 없이 적정유보소득을 초과하는 유보소득에 대하여 과세하겠다는 것은 현금이 없어서 배당을 못하더라도 간주배당에 대한 소득세는 부담하라는 것과 마찬가지이다. 설령 배당가능한 현금을 보유 중이라고 하더라도 배당여부에 대한 경영상의 판단을 세법이 강제한다는 측면에서 문제가 있다.

셋째, 간주배당 과세안은 형태는 법인이나 최대주주 및 특수관계자가 80% 이상 지분을 보유하는 개인유사법인을 그 대상으로 하고 있다. 그러므로 대상법인의 극단적인 형태는 1인주주 법인이라고 할 수 있다. 1인주주 법인은 우리 상법에서도 인정하는 기업구조로서 납세자가 법인의 형태를 선택한 것이다. 이를 두고 배당을 하지 않고 사내유보를 하는 것이 높은 소득세율을 회피하고 법인세율을 적용받겠다는 나쁜(?)의도로 간주한 셈이다. 그래서 법에서 임의로 정한 적정유보소득을 초과한 부분을 배당으로 간주하여 과세하겠다는 것은 상황을 너무 편협하게 보는 것이다.

이번 간주배당 과세안은 개인유사법인에 대하여 적용을 하지만 이러한 과세 형태가 전혀 낯설지는 않다. 왜냐하면 유사한 제도가 우리세법에 존재한 적이 있기 때문이다. 예전에 우리세법의 지상(紙上)배당 과세제도와 적용기업의 범위는 다르지만 적정유보소득을 초과하는 유보소득에 대하여 배당으로 간주하는 과세방법이 동일하다. 이 정책은 제도적 불합리성으로 폐지되었다. 2020년 개정안에 나타난 간주배당 과세안은 조세제도의 합리적 개선이라는 측면보다는 증세 목적에 더 가까워 보인다. 이러한 평가는 나 혼자만의 생각은 아닐 것이다.

(2020.9.20. 고대신문)

07 바이든 정부의 법인세, 어떻게 봐야 하나?

최근 바이든 정부의 법인세 개편논의는 트럼프가 낮추었던 법인세율을 인상하는데서 시작한다. 트럼프는 정권초기에 8단계의 누진세율로서 최고세율이 35%이던 법인세율을 한단계의 세율로 변경하고 21%의 세율로 낮추었다. 그 명분은 법인세율이 높아 해외로 나갔던 미국기업의 국내 유턴이었다. 법인소득은 그 성격이 최종소득이 아니고 결국 법인주주나 개인주주에게 배당이 되므로 법인소득에 대하여 누진세율구조를 적용하는 것은 적합치 않다. 이런 이유로 OECD 총 37개 국가 중 33개국이 단일세율구조를 유지하고 있다. 그리고 기업의 법인세 부담을 줄여주는 것이 법인의 국제경쟁력에 도움이 된다는 생각에서 법인세율의 인하는 세계적인 추세였다. 이러한 논리의 틀에서 본다면 트럼프가 법인세율을 단일세율로 변경하고 그 세율도 낮추었던 것은 전세계적인 법인세율의 변화추세에 동참했던 것이라고 할 수 있다.

이번 바이든 정부의 법인세율 인상에는 코로나19로 인하여 소진된 재원보충이 그 이유가 되었고 이러한 상황은 전세계 각국이 다르지 않다. 바이든 정부의 법인세정책을 크게 두 가지로 분류해 보면 하나는 미국의 법인세율 인상에 따라 발생할 수 있는 미국기업의 이탈을 방지하기 위하여 국제적 최저한세(global minimum tax)를 정하자는 것이고, 또 하나는 고정사업장(PE) 개념으로 과세하기 힘들어 국가간 과세권 배분의 문제에 주력하였던 구글, 아마존, 페이스북 등의 IT기업에 대한 과세문제를 일정규모 이상의 소비자 대상업종으로까지 그 범위를 확대하자는 주장이었다. 아래에서 이러한 주장의 의미에 대하여 살펴보기로 한다.

첫째, 바이든 정부가 제안한 최저한 세율 21%는 최근 주요7개국 협의체(G7)에서 15%로 정하기로 합의했다고 한다. 국제조세에 있어서 법인세의 최저한 세율을 정하는 문제는 조세피난처(tax haven)대응세제 정도이지 그 이상의 법인세에 대한 국제공조는 없었다. 조세피난처란 조세를 부과하지 않거나 법인의 실제 부담세액이 일정수준 이하인 국가 또는 지역을 말한다. 기업은 조세피난처를 통하여 세금을 절약할 수 있지만 국적을 떠나 조세피난처에 회사를 설립한 경우 본국측면에서는 조세의 일실을 속수무책으로 당할 수밖에 없다. 이러한 문제점이 조세피난처 대응세제의 필요성이다. 이처럼 조세피난처 대응세제는 한국가의 이해관계에서 도출된 것이 아니고 국제조세분야에서 특정국가가 법인세율을 너무 낮게 운영하여 타 국가의 법인세징수의 어려움을 주는 상황에서 이를 타개하기 위한 방법으로 도출된 것이어서 이번 바이든 정부의 국제간최저한세율의 개념과는 차이가 있다. 이번

바이든 정부의 최저한세 도입에 대한 논의는 미국이 법인세율을 21%에서 28%로 인상을 추진하는 과정에서 미국기업의 외국이탈을 우려하여 최저세율을 21%로 제안한 것이라 이는 결국 미국의 법인세율 인상에 타국도 동조하라는 의미로 읽혀진다.

둘째, 본래 디지털세는 대형IT기업에 대한 구글세(google tax)에서 시작한 것이다. 구글세는 구글이나 애플 등의 기업이 소위 "Double Irish with Dutch Sandwich"등의 방법을 통하여 세금을 줄이는 것에 대응하기 위하여 세금을 부과한 것이 구글세의 시작이었다. 하지만 구글세라고 부르는 영역에는 세금(A형)뿐만 아니라 컨텐츠 이용료(B형)가 혼재되어 있었다. IT기업의 특성으로 법인세율이 낮은 국가에 근거지(서버)를 둠으로써 절약하는 세금에 대응하는 세금을 부과하기 힘들어 프랑스는 결국 매출액의 3%에 상당하는 세금을 부과하는 형식을 취하였다. 이는 매출액의 3%를 소득의 대용치(proxy)로 보았기 때문이다. 이처럼 구글세에 있어서 A형 세금을 디지털세(DST)라고 부르고 컨텐츠이용료인 B형을 스니팻세(snippet tax)라고 부른다. 스니팻세는 구글이 탑재하는 기사등을 생산하는 언론사에게 구글이 지불해야 하는 컨텐츠이용료로서 조세가 그 용어에 붙어있으나 그 성격은 조세가 아니라 컨텐츠 사용료다.

IT기업의 특성으로 나타난 A형 구글세 즉, 디지털세는 바이든이 도입을 주장하는 디지털세와는 그 성격이 다르다. 바이든 정부는 디지털서비스업종 뿐만 아니라 글로벌 총 매출액기준 일정액을 초과하는 소비자대상업종 등 기타업종에도 디지털세를 적용하자는 것이다. 하지만 이러한 과세방법은 애당초 구글세를 도입하려는 명분을 생각해 보면 완전히 그 성격이 바뀌었다고 할 수 있다. 한 마디로 말하면 바이든의 디지털세는 구글세의 "물귀신 작전"이라고 할 수 있다. 구글세의 대상이 되는 대형 IT기업을 가장 많이 보유하고 있는 국가는 미국이다. 구글, 아마존, 애플, 페이스북 등이 모두 미국기업이다. 명분에 의하여 도입된 구글세의 대상이 되는 기업 중 미국기업이 많다고 해서 명분도 맞지 않는 대형 소비자 대상기업에 대하여 디지털세를 같이 도입하자는 미국의 논리는 구글세 도입을 위한 기존의 국제조세분야의 논리와 전혀 맞지 않다.

이번 국제조세분야의 법인세 논쟁은 바이든 정부의 미국우선주의에서 시작되었다는 점에서 국제조세분야의 논리에서 벗어나 있다. 바이든 정부의 세수를 늘리기 위한 수단으로서 법인세를 선택했고 법인세율을 21%에서 28%로 올리다 보니 법인세율이 낮은 국가로 미국기업의 이전할 가능성을 줄이기 위해 국제적 최저한 세율을 21%로 하자고 제안했고 다국적 IT기업의 조세회피에 대응하기 위한 세제로서의 구글세의 적용대상이 미국기업이 많다 보니 프랑스의 디지털세에 대응하여 개별적으로 무역보복을 하는 것보다는 차라리 디지털세의 대상 업종을 넓혀서 미국기업의 세수손실을 희석하겠다는 것이다.

최근 미국의 헤리티지 재단은 트럼프 정부의 법인세 인하에 이어 바이든 정부가 법인세를 인상하는 것은 미국의 국내총생산의 감소와 일자리의 감소로 이어질 것이라고 경고했다. 남의 나라인 미국에까지 법인세율 인상이 경제에 미치는 부정적인 영향에 대하여 필자가 훈수를 둘 이유는 없다. 하지만 미국이 법인세를 올린다고 하여 바이든 정부가 국제적 최저한 세율을 높이자고 제안한 것이나 구글세의 대상이 되는 IT기업 중 미국기업이 많다고 하여 논리에도 맞지 않는 기타업종으로 그 범위를 넓히자고 하는 미국의 태도는 결국 국제조세분야의 논의가 각 국가 간의 공정한 명분보다 자국우선주의 기준에 너무 기우는 것 같아 우려스럽다.

국세조세분야의 논의에 자국우선주의가 너무 많이 개입되면 그 명분은 사라지고, 국가간 실질적 합의는 힘들다. 국가 간의 이해관계가 대립되는 국제조세분야가 명분만으로 그 운용이 힘들기는 하지만 그래도 큰 원칙은 살아있어야 각국의 명분있는 합의를 끌어낼 수 있다고 생각한다.

(2021.6.21. 국가미래연구원)

Part 3

상속세 및 증여세

'일감몰아주기' 과세 적합한가

헌법 제119조 제2항에 근거를 둔 '경제민주화'는 시장의 효율성을 원칙으로 하지만 각 경제주체의 공정한 경쟁을 유지하기 위해 국가의 개입이 필요하다고 규정한다. 이런 관점에서 보면 최근에 논란이 되고 있는 대기업의 일감몰아주기 과세는 경제민주화와 관련한 핵심 사안으로 간주할 수 있다. '일감몰아주기'를 쉬운 말로 설명하면 특정기업(A)이 특수관계가 있는 기업(B)에 일감을 몰아주어 B기업의 주주가 이익을 향유하는 것을 말한다. 일감을 몰아주는 것을 가격과 수량의 문제로 나누어 설명하면 수량의 문제이고 수량을 몰아주는 것이 반드시 B기업에 유리하다고는 할 수 없다. 수량을 몰아주지만 가격을 원가보다 낮게 한다면 B기업은 점점 적자가 커질 것이기 때문이다. 따라서 일감몰아주기는 당연히 건당 거래이익이 있고 특수관계가 존재하기 때문에 대량구매가 일어난다는 것을 전제하고 있다.

일반적인 기업은 거래이익을 수반하는 매출물량의 확보를 위해 비즈니스 시장에서 치열하게 품질개선과 영업에 나선다.

이 같은 활동은 그 기업에 생사의 갈림길이나 마찬가지다. 그러나 어떤 기업은 조직만 설립해 두면 특별한 활동 없이도 대량수주를 받는다. 소위 '땅 짚고 헤엄치기'의 이익창출이다. 그 이유가 매입 기업과의 특수관계 때문이라면 그러한 혜택을 보지 못하는 기업 입장에서는 '공정한 사회'라고 보기 어려울 것이다.

특수관계만을 이유로 일감을 몰아주는 것 자체가 장기적으로는 수혜기업의 경쟁력을 약화시켜 사회 전체적인 비용 증가와 파이의 감소로 연결될 수 있다. 설령 이 같은 폐해를 고려하지 않더라도 개인을 포함한 모든 경제주체는 사회가 공정하지 못하다고 생각할 것이며 의욕 자체가 상실된 가운데 부의 양극화를 증폭시키게 된다.

일감몰아주기 과세는 '상생'의 논리다. 일감몰아주기에 대한 과세는 상속세 및 증여세법(제45조의 3)에 규정돼 있다. 우리 상속세 및 증여세법은 2004년에 완전포괄주의 과세원칙을 도입한 바 있고 일감몰아주기에 대해서는 구체적인 계산 규정도 가지고 있다. 일부 개선할 점이 없는 것은 아니지만 조세법률주의 측면에서도 현행법상 과세하는 데는 문제가 없다.

일감몰아주기 과세에 대한 정당성이 경제민주화의 핵심인 상생의 논리인 점을 감안한다면 대기업들은 이제라도 자발적으로 거래 관행을 개선하는 데 적극 나서주길 바란다.

(2013.5.22. 매일경제/이슈토론)

02 세법, 오지랖도 넓다

과세관청이 세법을 통하여 납세자에게 세금을 부담시키는 것은 정부가 지출하여야 할 재원을 마련한다는 기본적인 생각 이외에 누진세제를 통한 소득재분배, 경기의 침체와 과열현상에 대응하는 기능, 사회적으로 바람직하지 못한 소비를 억제하는 기능, 기부금에 대한 세제혜택을 부여함으로써 기부문화의 활성화, 비영리법인의 바람직하지 못한 행위(1950년대 미국 브라운대학의 소수민족 차별정책에 대한 세제규제)에 대하여 세제를 통하여 규제하는 등 그 기능이 정말 다양하다.

이렇게 다양한 조세의 기능에도 불구하고 우리 「상속세 및 증여세법」(이하 "「상증세법」")제45조의 2(명의신탁재산의 증여의제)는 조세법 분야에서 조세의 기능이 너무 확장된 사례로 보고 있다.

현행 「상증세법」 제45조의 2 제1항 본문은 권리의 이전이나 그 행사에 등기 등이 필요한 재산(토지와 건물은 제외)의 실제소유자와 명의자가 다른 경우에는 「국세기본법」 제14조에 따른 실질과세원칙에도 불구하고 명의자가 실제소유자로부터 증여받은 것으로 보아 증여세를 과세한다고 규정하고 있다. 다만 이 경우에도 조세회피의 목적이 없는 경우에는 제외된다.

실제사례를 들어보면 A는 B의 이름을 빌려 주식을 10억 원만큼 취득하는데 이 경우 실제소유자는 A이고 명의자는 B가 된다. A가 B의 명의를 빌려 주식을 취득한 이유는 1) 조세를 회피하려는 경우와, 2) 조세를 회피하려는 목적 이외의 목적으로 명의신탁을 하게 되었는데 결과적으로 조세회피가 된 경우, 3) 조세를 회피하려는 목적 이외의 목적으로 명의신탁을 하게 되었는데 결과적으로도 조세회피가 되지 않은 경우의 3가지 중 하나라고 가정해보자

우리세법은 당해 규정에서 언급하고 있는 조세회피목적을 조세회피의도가 없더라도 결과적으로 조세회피가 이루어지는 것을 포함하고 있어 의도는 고려하지 않는다.

「상증세법」 제45조의 2 제1항의 규정을 적용해 보면 1)의 경우는 조세회피의 목적이 있으므로 B가 A에게서 10억 원의 증여를 받은 것으로 간주하여 B에게 증여세를 부과하고 2)의 경우 조세회피목적 이외의 목적으로 명의신탁을 하였지만 결국 조세회피가 이루어져 B가 A에게서 10억 원의 증여를 받은 것으로 간주하여 B에게 증여세를 부과하고 3)의 경우

는 조세를 회피하려는 목적 이외의 목적으로 명의신탁을 하게 되었고 결과적으로도 조세회피가 이루어지지 않았으므로 B에게 증여세가 부과되지 않게 된다.

만약 「상증세법」에 이 규정이 없다면 거래의 귀속이 명의(名義)일 뿐이고 사실상 귀속되는 자가 따로 있을 때에는 사실상 귀속되는 자를 납세의무자로 하여 세법을 적용한다는 「국세기본법」 제14조의 실질과세원칙이 적용되어 실제로 A가 B에게 증여한 것이 아니므로 증여세를 과세할 근거가 세법상 존재하지 않아 과세할 수 없게 됨에도 「국세기본법」 제14조를 배제하면서까지 증여로 간주하겠다는 강력한 입장을 보이고 있는 것이다.

우리 「상증세법」 제45조의 2가 세법적용의 가장 기본적 원칙인 국세기본법 제14조의 실질과세원칙을 배제하면서까지 무리하게 증여로 간주하겠다는 규정을 두고 있는 이유는 무엇일까? 위에서 사례로 언급한 거래의 경우 명의신탁자인 A가 실질적인 소유자이지만 형식적으로는 명의수탁자인 B가 소유자가 된다. 만약 과세관청이 B의 소유인 주식이 A의 자금으로 취득된 사실을 인지하게 된다면 B에게 증여세를 부과하게 될 것이다. 이때 B는 A에게 증여받은 것이 아니고 A에게 명의만을 빌려준 것이므로 증여세를 부과함은 부당하다고 주장하게 될 것이다. 이 경우 과세관청은 이 거래의 실질이 증여인지, 명의신탁인지를 분간하기 어렵게 된다. 이처럼 A와 B의 명의신탁거래를 통하여 증여세를 포함한 기타의 세목에 대한 조세회피가 널리 자행되고 있어서 과세관청은 명의신탁에 대하여 일단 증여로 의제하고 조세회피의 목적 없이 명의신탁을 한 경우는 예외적으로 증여세를 부과하지 않는 내용의 입법을 하게 된 것이다.

결국 우리 세법은 명의신탁을 통하여 이루어지는 조세회피를 막기 위하여 증여세라는 도구를 사용하고 있는 것이다. 그런데 이는 여러 가지 합리적이지 못한 점을 내포하고 있다.

그런 측면의 한 가지 예를 들자면, 실제 대법원은 원심판결을 파기환송하면서 조세회피의 목적 없이(실제 사건에서는 코스닥시장 등록 시 필요한 지분분산요건을 충족시키기 위하여) 법령상의 제한이나 기타 이와 유사한 부득이한 사정으로 인하여 이루어진 명의신탁의 경우에서 결과적으로 주식의 명의신탁으로 인하여 감소된 양도소득세액이 250,000원의 소액이었음에도 조세회피가 이루어 진 것에 착안하여 863,267,440원의 증여세를 부과하는 것이 정당하다는 판시(대법원 2004.12.23. 선고 2003두13649 판결)를 한 바 있다.

위에서 언급한 판례의 경우 주식의 경우에도 토지와 건물의 경우처럼 명의신탁을 과징금 등으로 규제하고 만약 명의신탁을 통하여 이루어진 양도소득세가 250,000원이라면 양도소득세(가산세 포함)를 부과하면 될 것을 양도소득세와는 전혀 관련 없는 거액의 증여세를 부

과하고 있는 우리 세법은 과징금 등이 해야 할 역할을 조세가 하겠다고 나섰으니 너무 오지 랖이 넓다는 생각이 든다.

「상증세법」 제45조의 2에서 규정하고 있는 명의신탁증여의제규정은 1974년 12월에 신설되어 오랜 기간 우리의 납세환경을 지배해왔으나 위의 대법원판례에서 본 것과 같은 불합리한 사유로 이로 인한 조세불복사례는 끊이질 않았다. 명의신탁관계에서 증여세의 과세구조를 고수하다 보니 명의신탁의 원인제공자인 명의신탁자보다는 명의수탁자에게 1차적인 증여세납부책임을 지우는 등의 현 제도상의 사소한 개선보다 조세의 기능을 고려한 보다 근본적인 개선이 필요하다.

위의 대법원판례의 사건처럼 조세회피의 목적 없이 법령상의 제한이나 기타 이와 유사한 부득이한 사정으로 인하여 이루어진 명의신탁의 경우에서 결과적으로 소액의 소득세회피가 이루어졌다고 해서 거액의 증여세를 부과하는 것은 전혀 관련 없는 세목에 전혀 관련 없는 금액을 부과하는 것이니 세법의 오지랖이 이 정도면 과히 넓다고 할 수 있지 않을까?

(2015.1.21. 국가미래연구원)

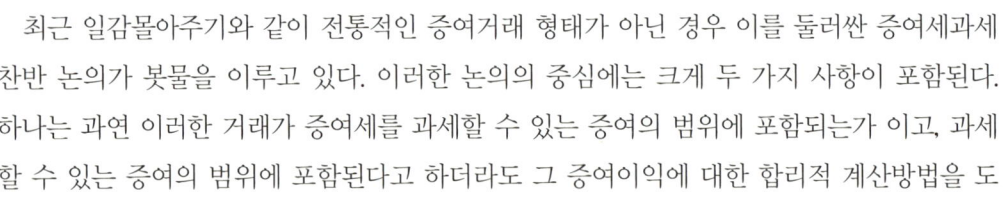

03 상속세 및 증여세법상 완전포괄증여 개념에 의한 과세의 정당성

최근 일감몰아주기와 같이 전통적인 증여거래 형태가 아닌 경우 이를 둘러싼 증여세과세 찬반 논의가 봇물을 이루고 있다. 이러한 논의의 중심에는 크게 두 가지 사항이 포함된다. 하나는 과연 이러한 거래가 증여세를 과세할 수 있는 증여의 범위에 포함되는가 이고, 과세할 수 있는 증여의 범위에 포함된다고 하더라도 그 증여이익에 대한 합리적 계산방법을 도출할 수 있는가의 문제가 또 하나의 핵심적인 쟁점이다.

증여의 개념 및 그 범위는 그 법이 시행되는 시대상황에서 요구하는 조세정책의 방향을 전제로 한 사회 구성원들 간의 합의에 의하여 결정될 것이며 합리적 계산 기준에 관련된 분야도 측정기술과 측정에 대한 학문적 진보에 의존한 사회적 합의를 통하여 이루어진다고 할 수 있다. 형식논리에만 치중하게 되면 증여세는 상속세 및 증여세법(이하 "상증세법")이 정하고 있는 증여의 범위에 포섭되는 거래이고 증여이익의 계산에 대하여 상증세법에 법정되어 있다면 과세하는데 어려움이 없을 것이다. 하지만 실질과세를 포함한 공평 과세를 지향한다는 측면에서 보면 편법증여와 우회증여가 만연한 현실에서 이러한 증여의 형태를 일일이 상증세법에 구체적으로 기술하기 힘들어 완전포괄증여의 개념을 도입하는 것이 조세정의의 관점에서 지지되고 있으며, 다만 증여이익의 계산방법에 있어서 객관적이고 합리적인 계산방법이 존재해야 한다는 절대 절명의 과제가 기다리고 있을 뿐이다. 최근 문제되고 있는 일감몰아주기나, 영리법인의 우회증여를 볼 때 증여이익이 존재하는 것에 대하여는 공감대가 형성되어 있지만 증여이익에 대한 합리적 측정이 어렵다는 점에서 사회 구성원들 간의 이견이 존재하고 있다.

그렇다면 먼저 증여의 개념에 대하여 살펴보자. 우리가 일반적으로 생각하는 증여와 우리나라 상증세법이 확장한 증여의 개념을 비교하기 위해 두 가지 사례를 들고자 한다. (1) 아버지 F는 27세 아들인 S에게 20억 원의 현금을 증여한다. (2) 비상장회사인 A회사의 최대주주인 아버지 F는 27세 아들인 S에게 주식을 양도한 이후 3년 되는 해에 그 주식이 상장이 되어 아들 S는 법에서 정한 현저한 이익을 얻게 된다.

(1)과 (2)의 경우는 우리 상증세법상 증여세를 과세할 수 있는 증여의 범위에 포함된다. (1)의 경우는 우리가 일반적으로 알고 있는 무상증여의 범위와 일치하지만 (2)의 경우 상장을 통한 현저한 이익은 전통적인 증여계약에 의한 증여이익에는 포함되지 않는다. A회사의 최대주주인 아버지 F는 아들 S에게 주식을 양도하여 양도소득세를 적법하게 납부하였으나 3년 후 그 주식이 상장되면서 상증세법에서 정하고 있는 현저한 이익을 아들 S가 향유하는 경우 우리 상증세법은 증여세를 부과하겠다는 것이다.

우리 상증세법 제2조 제3항의 완전포괄주의 증여개념이 도입되기 전에는 증여개념에 대한 정의(定義) 자체가 없었다. 상증세법상 정의가 없었기 때문에 그 시절에는 민법 제554조의 증여개념을 빌려와서 사용하였다고 보아야 한다. 우리 민법 제554조는 "당사자 일방이 무상으로 재산을 상대방에 수여하는 의사를 표시하고 상대방이 이를 승낙함으로써 그 효력이 생긴다"고 규정하여 무상증여계약을 전제로 하는 증여개념을 정의하였고 이러한 개념이 우리가 알고 있는 전통적인 증여개념이다. 하지만 이러한 개념으로 과세하게 되면 증여의 범위가 너무 좁아 법에서 규정하지 않은 변칙증여의 경우 과세할 수 없다는 문제점을 인식해 결국 증여의제조항과 증여추정조항을 운용하게 된다. 증여의제조항은 민법상 증여개념에 포함되지 않더라도 상증세법에 따로 열거하고 있는 내용은 과세하겠다는 것으로 "한정적 열거"의 성격을 띠고 있었다. 이러한 운용방법은 조세법률주의의 큰 틀을 깨지 않으면서도 상증세법에서 규정하고 있는 변칙증여에 대하여 과세할 수 있는 장점을 가지고

있었다. 하지만 이 방법으로도 법에 규정하지 않은 방법으로 교묘히 피해가는 변칙증여의 경우에는 과세하지 못하는 한계가 있었다.

2003년 12월 30일 도입된 우리 상증세법 제2조 제3항은 "증여란 그 행위 또는 거래의 명칭·형식·목적 등과 관계없이 경제적 가치를 계산할 수 있는 유형·무형의 재산을 직접 또는 간접적인 방법으로 타인에게 무상으로 이전[현저히 저렴한 대가를 받고 이전(移轉)하는 경우를 포함]하는 것 또는 기여에 의하여 타인의 재산 가치를 증가시키는 것을 말한다"라고 규정하고 있다. 양쪽 개념을 비교해 보면 민법상 규정하고 있는 증여개념에 비하여 상증세법 제2조 제3항의 증여개념은 그 범위에 있어서 비교도 못할 만큼 넓다. 전통적인 무상계약인 증여로부터 경제적 가치를 계산할 수 있는 유형·무형의 재산을 직접 또는 간접적인 방법으로 타인에게 무상으로 이전[현저히 저렴한 대가를 받고 이전(移轉)하는 경우를 포함]하는 것 또는 기여에 의하여 타인의 재산 가치를 증가시키는 것이라는 증여 개념의 변화는 이전까지의 과세방법으로는 공평과세의 이념을 실현할 수 없다는 입법자의 인식이 있은 결과라고 보아야 한다. 조세법률주의 원칙에 입각하여 상증세법에 규정되어 있는 증여의 유형만을 과세하는 방법으로는 법률규정을 벗어난 변칙증여에 대하여 과세할 수 없었으므로 공평과세의 이념을 실현시키는데 역부족일 수밖에 없었다. 이러한 상황에서 고안된 완전포괄주의 증여개념은 조세법률주의와의 근본적인 충돌을 감수하더라도 공평과세의 정상화를 이루겠다는 입법자의 강력한 의지를 보여주고 있다고 생각한다.

현금 또는 부동산으로만 증여하던 시절에 앞에서 예로 든 상장이익으로 증여하는 상황을 예측하기는 힘들었을 것이다. 그러므로 이러한 시대적 상황변화는 전통적인 증여개념에서 완전포괄주의 증여개념으로 증여의 개념을 확장시키는 것이 필요하게 만들었다. 하지만 증여의 개념이 확장된 만큼 증여이익의 합리적 계산방법을 산출하는 것도 힘들어지는 것이 현실적 문제이다. 증여자가 현금을 수증자에게 증여하는 상황은 증여이익을 산출하는 것이 매우 단순하지만, 상장이익, 일감몰아주기, 영리법인을 통한 우회증여 등은 그 증여이익을 계산하기가 쉽지 않다. 하지만 현금증여를 제외한 상장이익, 일감몰아주기, 영리법인을 통한 우회증여 등의 경우 우리 상증세법이 규정하고 있는 증여개념의 범위에서 판단할 때 증여이익이 존재한다는 사실을 부인하기는 힘들다. 복잡한 형태의 변칙증여의 경우 현금증여의 경우와 같이 사회구성원의 100%가 지지하는 증여이익의 도출방법을 모색하는 것이 불가능할 수도 있다. 현금증여 등의 방식에 의한 객관적 증여이익 형태가 존재하지 않는다고 해서 증여이익에 대하여 과세를 포기할 수는 없다. 증여이익이 존재하는 한 증여이익의 합리적 계산방법의 도출에 있어서 사회구성원의 100% 지지를 못 받는다고 하더라도 합리적 계산방법을 도출하기 위한 노력이 계속되고 이를 근거로 과세하는 것에 주력하는 것만이 조세법이 지향하는 공평과세이념을 충실히 이행하는 것이라고 생각한다.

(2015.8.18. 국가미래연구원)

04 상속세 폐지 후 자본이득세로 과세해야

현행 상속·증여세법이 납세자에게 과도한 부담을 지우고 있다는 우려가 지속적으로 제기되고 있는 가운데, 상속세를 폐지하는 대신 자본이득세로 과세하는 방법이 논리적으로 우월하다는 주장이 제기됐다.

당장 상속세를 폐지한다는 것 자체가 국민정서에 맞지 않을 수 있어 시간을 두고 해결할 문제이지만, 우선 단기적으로 피상속인의 유산에 초점을 맞춰 과세하는 유산세제도를 취득과세형태로 전환할 필요가 있다는 설명이다.

오문성 한양여대 세무회계학과 교수는 13일 조세일보(www.joseilbo.com)와 새누리당 강석훈 의원, 새정치민주연합 윤호중 의원 주최로 국회의원회관에서 열린 '경기활성화를 위한 세제개편 토론회'에 참석, 이 같은 주장을 내놨다.

"자본이득세로 과세, '이중과세' 논란 해법"

오 교수는 이날 "우리나라의 상속증여세율은 최고세율이 50%로 OECD국가 중 높은 편에 속하고 전체세수에서 차지하는 비중은 1% 남짓하지만 소득재 분배의 상징적인 의미가 크므로 과세하고 있는 상황"이라고 말했다.

오 교수는 그러면서 "장기적으로 상속세를 폐지하고 대신 자본이득세로 과세하는 방법은 피상속인이 자산을 취득한 후 발생한 실현이익에 대해서만 과세한다는 점에서 논리적으로 우월"하다고 밝혔다. 상속세 반대 근거의 가장 큰 이유인 이중과세 논쟁에서 자유로울 수 있다는 것이다.

오 교수는 또 "단기적으로는 피상속인의 유산에 초점을 맞추어 과세하는 유산세제도는 실제 세금을 부담하는 상속인의 응능부담이라는 측면에서 맞지 않아 취득과세 형태로 전환하고 가업상속공제제도의 합리적인 개선이 함께 이뤄져야 한다"고 주장했다.

"완전포괄주의 조항, 과잉과세 우려"

아울러 오 교수는 현행 상증세법의 문제점으로 자의적인 해석에 따른 과잉과세 문제를 꼽았다. 완전포괄주의를 채택하고 있는 상속세 및 증여세법 제2조 제3항의 규정에 과세관청의 자의적인 해석이 개입될 여지가 있다는 주장이다.

현행 상증세법 제2조 제3항에 따르면 '증여'란 그 행위 또는 거래의 명칭·형식·목적 등과 관계 없이 경제적 가치를 계산할 수 있는 유형·무형의 재산을 직접 또는 간접적인 방법으로 타인에게 무상으로 이전(현저히 저렴한 대가로 이전하는 경우를 포함한다)하는 것 또는 기여에 의해 타인의 재산 가치를 증가시키는 것을 말한다.

오 교수는 이에 "상증세법 제2조 제3항에 의해 증여의 개념을 대폭 확장해 놓았지만 증여 예시 규정의 요건이 완전히 만족되지 않는 상황에서 증여세를 과세하려고 할 때 증여세를 과세하기 위한 계산 근거규정으로 준용하려고 한다면 납세자 측에서 법적안정성과 예측가능성이 침해될 여지가 있다"고 지적했다.

그는 이어 "경제적 가치를 계산할 수 있는 유형·무형의 재산과 재산가치 증가분이 증여재산가액인데 증여 재산가액의 합리적 계산방법을 산정하기 쉽지 않다"며 "특히 상증세법에서는 시가산정이 어려운 경우에 대비해 보충적 평가방법을 규정하고 있으나, 그것은 재산의 평가에 관한 것이고 재산가치 증가분에 대한 산정규정은 아니다"라고 말했다.

"비현실적 조항, 예시규정 구체화해 자의성 축소"

오 교수는 또 상증세법 제42조 제4항에 대해 비현실적 조항이라며 계산방법을 구체화해 자의성을 축소시켜야 한다고 주장했다.

상증세법 제42조 제4항은 타인의 기여에 의한 재산가치 증가에 대한 예시적인 규정.

그는 이에 대한 문제점으로 "취득일부터 재산가치 증가 사유일까지의 상승된 가치인 미실현 이익에 대해 과세하는 것"이라며 "1차적으로 최초 증여의 확정 이후 다시 2차적으로 새로운 사유, 바로 미실현가치의 증가에 대해 다시 확정해 과세하는 것"이라고 설명했다.

그는 그러면서 "최초 증여일부터 5년이 경과하면 더 이상 증여세를 과세하지 못하게 되기 때문에 가치 증가의 속도에 따라 과세여부가 결정된다"고 지적했다.

오 교수는 이에 대한 개선방안으로 예시규정의 확장과 명확화를 제안했다.

그는 "현행 상증세법 제2조 제3항에서는 완전포괄주의를 규정하고 있으며, 상증법 제33

조 내지 제42조에서는 개별 예시규정이 동시에 존재하고 있다"며 "예시규정을 시행령 등 하위법령에서 구체화하고, 그 대상을 확대하며 계산방법을 세부적으로 구체화해 적용상의 자의성을 축소시켜야 한다"고 주장했다.

"피상속인 계속 경영 요건, 7년이 적절"

한편, 오 교수는 이날 가업상속 공제제도의 문제점과 개선방안을 논하기도 했다. 가업상속 공제제도는 지난해 세법개정을 통해 정부가 세제혜택을 확대하려다, 국회의 반발로 무산된 바 있다.

오 교수는 "가업상속공제는 원활한 가업상속을 지원한다는 측면과 일반납세자와의 형평성에 문제를 야기하는 측면이 있다"고 말문을 열었다.

이어 "하지만 기업활동이 국가경쟁력의 척도인 현재의 경제환경에서 현재의 가업상속공제 제도하에서는 경영권 유지를 위한 가업상속공제의 확대는 불가피한 상황으로 보여진다"고 말했다.

이에 오 교수는 "피상속인 요건 중 피상속인이 10년 이상 계속해 경영해야 하는 조건은 기간을 7년 정도로 완화할 필요가 있다"고 주장했다. 지나친 고용 유지규정은 기업의 적절한 구조조정을 어렵게 할 수 있으므로 완화할 필요가 있다는 것.

그는 이어 "가업자산의 처분제한 규정은 경영의 판단에 따른 사업다각화 등 변화되는 경제 상황에 따른 능동적인 대처를 어렵게 할 수 있으므로 완화할 필요성이 있다"고 덧붙였다.

아울러 장기적 측면으로는 "다른 상속재산과의 과세 형평성을 위해서는 공제제도 보다는 과세 유예제도를 도입하는 것이 바람직하다"고 전했다.

유예 후 가업자산 처분 시 처분비율에 따라 상속세를 납부하도록 하거나, 10년 혹은 20년 등 장기에 걸쳐 상속세를 납부할 수 있도록 해야 한다는 것이 오 교수의 주장이다.

(2015.10.13. 조세일보/경기활성화를 위한 세제개편토론회 기사)

05 논란 여지 남긴 상증세 완전포괄주의 판결

우리 상속세 및 증여세법(이하 상증세법)은 초기 민법상의 증여개념을 차용해서 증여세를 과세하는 것만으로는 공평과세의 이념을 실현하기 힘들다고 판단하고 '증여의제조항'을 도입해 증여세 과세범위를 넓히기 시작했고, 사후약방문식의 대응으로는 미흡함을 느껴 급기야는 완전포괄주의 증여개념을 2003년 12월에 도입하게 된다.

완전포괄주의 증여개념은 과세권자가 과세대상을 일일이 세법에 규정하는 대신 본래 의도한 과세대상 뿐만 아니라 이와 경제적 실질이 동일 또는 유사한 거래·행위에 대하여도 증여세를 과세할 수 있도록 하는 것이 그 입법취지라고 할 수 있다.

그러므로 예전의 증여의제조항이 '한정적 열거'의 성격을 띠었다면 현재의 계산규정은 '예시적 열거'의 성격을 지니고 있다고 보아야 한다.

그럼에도 불구하고 종전의 증여의제조항의 법적 표현형식을 현재의 계산규정이 대부분 그대로 가져오다 보니 제2조 제3항의 증여개념과 제33조 내지 제42조의 열거규정과의 관계가 항상 문제가 되었다.

그러한 문제의 전형적인 모습은 제33조 내지 제42조에서 규정하는 요건과 유사하지만 완전히 일치하지는 않는 거래에 대하여 과세관청이 과세하게 되면, 납세자측은 그 과세근거가 없어 과세가 부당하다고 반발하고, 과세관청은 제2조 제3항을 독자적인 과세근거로 삼아 과세했다고 반박하는 것이 가장 빈번한 조세불복의 모습이었다.

그러나 최근 대법원에서 상증세법의 완전포괄주의 적용과 관련해 판시한 내용은 기존의 대법원 판례와 대립되는 해석의 여지를 남기고 있어 이에 대한 검토가 필요해 보인다.

대법원은 판결문에서 "납세자의 예측가능성 등을 보장하기 위하여 개별가액산정규정이 특정한 유형의 거래·행위를 규율하면서 그 중 일정한 거래·행위만을 증여세 과세대상으로 한정하고 그 과세범위도 제한적으로 규정함으로써 증여세 과세의 범위와 한계를 설정한 것으로 볼 수 있는 경우에는, 개별가액산정규정에서 규율하고 있는 거래·행위 중 증여세 과세대상이나 과세범위에서 제외된 거래·행위가 '법 제2조 제3항의 증여의 개념에 들어맞더라도' 그에 대한 증여세를 과세할 수 없다고 할 것이다"(대법원 2013두13266 판결)라고 밝혔다.

이 판결에서 대법원은 우선 "개별가액산정 규정에서 규율하고 있는 거래·행위 중 증여세 과세대상이나 과세범위에서 제외된 거래·행위가 법 제2조 제3항의 증여의 개념에 들어맞더라도 그에 대한 증여세를 과세할 수 없다고 할 것이다"라고 밝힘으로써 열거규정의 요건에 완전히(100%) 부합되지 않는 거래·행위 중 제2조 제3항의 증여개념에 부합되는 거래가 있음을 전제하고 이러한 거래에 대하여 증여세를 과세할 수 없다는 것을 명백하게 한 것이다.

내법원은 또 "원칙적으로 어떤 거래·행위가 법 제2조 제3항에서 규정한 증여의 개념에 해당하는 경우에는 같은 조 제1항에 의하여 증여세의 과세가 가능하다고 보아야 한다"라고 하여 제2조 제3항이 완전포괄주의 하에서 증여세 과세의 독자적인 근거조항이 된다는 것을 재확인했다.

그러므로 대법원 판결 내용을 중심으로 제2조 제3항과 열거규정(제33조 내지 제42조)과의 관계를 정리해 보면 다음과 같다.

첫째, 제33조 내지 제42조에서 규정하고 있는 열거조항의 요건을 완전히 충족시키는 거래의 경우는 제33조 내지 제42조의 관련조항으로 과세할 수 있다.

둘째, 제33조 내지 제42조에서 규정하고 있는 요건과 유사하지만 완전히 일치하지 못하는 거래가 제2조 제3항의 증여개념에 포섭되는 경우는 제33조 내지 제42조에 완전히 부합되지 않으므로 제33조 내지 제42조의 규정으로 과세할 수 없고 제2조 제3항으로도 과세할 수 없다.

그러므로 제2조 제3항의 증여개념에 포섭되는 경우이지만 증여세를 과세할 수 없게 된다.

셋째, 제33조 내지 제42조의 요건과는 완전히 독립된 상황으로 제2조 제3항의 증여개념에 포섭되는 경우는 제2조 제3항을 독자적인 과세근거로 과세할 수 있다.

따라서 대법원 판결 내용을 살펴보면, 제33조 내지 제42조에서 규정하고 있는 요건과 유사하지만 완전히 일치하지 않는 거래와 제33조 내지 제42조의 요건과는 완전히 독립된 상황의 거래가 제2조 제3항의 증여개념에 포섭되는 경우, 전자의 거래가 과세의 필요성이 후자에 비하여 더 높은데도 불구하고 과세의 가능성 측면에서는 더 낮아지는(실제로는 과세되지 않음)점이 논리적으로 이해하기 힘들다.

그리고 열거규정을 구법상 증여의제규정처럼 정해진 요건을 완전히 갖추는 경우에만 과세하는 한정적 열거규정으로 보고 있는 대상판결이 "과세권자가 과세대상을 일일이 세법에 규정하는 대신 본래 의도한 과세대상 뿐만 아니라 이와 경제적 실질이 동일 또는 유사한

거래·행위에 대하여도 증여세를 과세하겠다"는 제2조 제3항의 입법취지를 퇴색시키는 것은 아닌지도 의심스럽다.

결론적으로 지난해 10월 대법원 판결은 제2조 제3항과 열거규정의 관계에 관하여 대법원의 입장을 처음으로 밝힌 것으로 과세대상을 구체화하였다는 점에서 의미가 있지만, 상증세 완전포괄주의 증여의 입법취지와 기존의 대법원 판례와 대립되는 면이 있어서 앞으로 과세행정과 세법개정에 어떤 영향을 미칠지 주목된다.

(2016.2.5. 조세일보 특별기고/대법원 판례평석)

06 가업상속공제, 어디로 가야하나?

상속세는 국세 중 가장 논란이 많은 세목이다. 피상속인이 생전에 벌어들인 소득에 대하여 소득세를 부담하고 난 나머지 금액을 대상으로 상속이 이루어지는데도 소득세의 최고세율보다 더 높은 상속세 최고세율이 기다리고 있다. 이중과세의 논란에서 벗어날 수 없는 이유이다. 그런데 또 한편에서는 부의 대물림에 제동을 거는 긍정적인 기능이 있어 상속세의 폐지나 완화를 반대하고 있다.

이렇게 상속세에 대한 근본적인 문제에 대하여 논란이 있기도 하지만 최근 각종 학회에서 열리는 세미나의 단골주제인 가업(家業)상속공제에 대하여는 상속세의 근본적인 문제까지 건드리지 않더라도 생각할 문제가 내재되어 있기는 하다. 필자가 가업을 굳이 한자로 표시한 이유는 한자(漢字)인 가(家)자의 폐쇄적인 의미가 가업상속공제의 가야 될 방향을 가로막고 있다는 생각이 들기 때문이다. 가업이라는 용어 때문에 업종의 변경을 힘들게 하고, 상대적으로 규모가 작은 중소기업이나 중견기업에만 적용된다는 생각이 들기 때문이다. 가업(家業)이라는 용어는 그 혜택을 보지 못하는 납세자 입장에서 상속세가 남의 집 사업을 유지하는 것까지 고려해야 하는지에 대한 심리적 거부감이 들게 한다.

하지만 여기에서 가(家)의 의미는 집안이라는 의미보다는 기업을 끌고 나가는 핵심적인 의사결정권한(경영권)이라는 의미로 보아야 한다. 현대기업의 일반적인 형태인 주식회사의 경우, 주식수로 대변되는 경영권의 안정은 기업이 순항하기에 충분하지는 않지만 필요한 요건이라고 할 수 있다. 경영권이 안정되어 있다고 그 기업이 반드시 순항할 수는 없지만 경영권이 안정되지 않은 기업이 시장에서 좋은 성과를 내기는 힘들다.

효율적인 경영을 하지 못하는 대주주는 경제학적 적자생존의 원리에 따라 더 나은 대주주에게로 경영권을 이전하는 것이 사회전체적인 효용의 증가에 기여할 수 있다. 하지만 단지 상속이라는 절차를 거치는 과정에서 경영권의 불안정을 겪는 것은 결코 바람직한 현상은 아니다.

가업상속공제가 보호하려는 법익은 집안사람들의 가업영속 그 자체가 아니라 경영을 잘해오는 대주주의 경영권을 보호하여 상속이라는 과정이 경영권의 불안을 조성하는 것을 방지하고 더 나아가 경영권의 안정이 궁극적으로 바람직한 기업의 영속성을 보장하고 조직에 속한 피고용인 등의 안녕(安寧)을 저해하는 것을 막으려는 것이라고 보아야 한다.

우리 세법이 가업상속공제라는 제도를 유지함으로써 얻고자 하는 것을 단도직입(單刀直入)적으로 표현하자면 상속이라는 절차를 거치면서 원하지 않는 지분의 감소를 초래하지 않으려는 것이라고 보아야 한다. 이러한 생각이 상속세과세대상재산에서 피상속인의 경영기간의 장단(長短)에 따라 일정금액을 차감하여 세액을 줄여주고 있는 것이다.

가업상속공제라는 방법은 지분감소를 방지하기 위한 불완전한 방법 중의 하나일 뿐이다. 가업상속과 관련하여 어느 방법을 선택할 것이냐의 문제는 가업상속의 혜택을 향유하는 측에서는 상속이라는 절차를 거치는 것만으로 경영권이 침해되는 것을 보호해 주고 가업상속의 혜택과는 거리가 먼 일반납세자의 경우에는 조세부담의 불공평이라는 불편한 감정을 최소화 할 수 있는 방법을 채택하는 것이 상책(上策)으로 생각된다.

필자는 구체적인 방법의 실현가능성(feasibility)를 고려하여 단기, 장기 대책을 제시해 보고자 한다.

단기적으로는 가업상속공제의 구체적 방법의 문제점을 개선하여 사용하여야 한다.

첫째, 현행 상증세법상 가업상속공제의 대상이 되는 가업의 규모는 중소기업과 중견기업이지만 대기업의 경우도 예외를 둘 필요는 없다. 가업상속공제의 기본취지는 피상속인의 사망으로 인하여 상속인들이 상속세를 납부하는 과정에서 경영권을 지키기 위한 지분증권이나 개인기업의 경우 고유사업을 영위하는 데 필요한 자산을 처분함으로써 경영권의 보호가 이루어지지 않는 것을 보호하기 위함이다. 이러한 목적에서 시작된 가업상속공제의 입법취지로 볼 때 가업의 규모를 고려하여 차별적 적용을 하는 것에 합리성을 찾기 힘들다. 이처럼 상속세 납부로 인한 지분자산의 감소, 이로 인하여 경영권 보호가 되지 않는 문제는

중소기업, 중견기업, 대기업 등 기업 규모로 차별할 성격이 아니다.

둘째, 피상속인 및 상속인의 요건에서 문제점은 경영권의 징표로 대표이사직을 요건으로 하고 있다는 점이다. 가업상속공제는 가업의 경영권을 보호하겠다는 취지에서 시작하였으므로 개인기업의 경우는 상속세 납부에 사업에 고유한 재산을 처분함으로 인하여 실질적으로 가업을 영속적으로 할 수 없게 하는 점을 막아주고, 법인기업의 경우는 상속세 납부로 인하여 지분재산의 감소로 이어지는 것을 막아주는 것이기 때문에 대표이사직을 요건으로 하는 것은 경직화된 규정이다. 피상속인과 상속인에 대한 대표이사 요건은 이사직을 전제로 한 최대주주 요건으로 대체하는 것이 합리적이다.

셋째, 사후관리 요건이 너무 엄격하여 가업상속공제에 대한 실무상 활용도가 낮으므로 그 문턱을 낮추는 작업이 필요하다. 병역, 질병, 취학의 사유, 업종변경, 고용과 관련한 사후관리 요건이 현실적으로 맞추기 힘들다는 의견에 귀를 기울일 필요가 있다. 해당 상속인이 가업에 종사하지 아니하게 된 경우의 정당한 사유를 상속인이 법률에 따른 병역의무의 이행, 질병의 요양 등을 부득이한 사유에 해당하는 경우라고 규정하고 있는데 이는 현실을 고려하지 않은 점이 있다. 실무적으로는 기업환경의 급격한 변화로 인한 도산의 경우, 해당 상속인이 가업에 종사할 수 없는 환경에 처해있고 그 이유가 불가항력적인 성격이 있음에도 상증세령과 상증세칙이 규정하고 있는 3가지 경우 즉, 병역, 질병, 취학의 경우에 속하지 않는다고 하여 추징하는 것으로 해석하고 있는 실정이다. 하지만 정상적인 경영과정에서 도산하였음에도 불구하고 대표이사직을 수행하지 못하였다는 이유로 세금을 추징하는 것은 가혹한 처사라고 생각한다. 가업의 주된 업종을 변경하면 해당 상속인이 가업에 종사하지 아니하게 된 경우로 본다. 기업의 업종변경도 기업이 계속기업으로서의 가치를 보존하기 위한 자구책이다. 업종변경은 그 법인의 고유의 경영의사결정이라고 보아야 하므로 업종을 변경하더라도 기업이 존속하여 활동한다는 것은 가업을 승계하였다고 보아야 한다. 고용과 관련하여 고용유지 요건을 고용인원 수로 규정하는 것도 각 개별기업의 고용정책에 대하여 탄력성을 저해하는 것이라 바람직하지 못하다. 고용인원 수보다 인건비총액으로 규정하는 것이 합리적이며 그것도 각 사업연도 고용조건을 규정하는 것보다는 누적 고용유지 조건으로 규정하는 것이 합리적이다.

하지만 단기적 개선방안은 현재 있는 가업상속공제를 전제로 하여 이에 대한 개선점을 제시한 것에 불과하다. 장기적이고 근본적인 개선방안은 과세이연제도를 활용하는 것이다.

가업상속공제의 장기적 개선방향은 가업상속공제의 수혜자와 비수혜자의 여건을 고려하여 중립적인 관점에서 이루어져야 한다.

　수혜자는 현행 가업상속공제의 혜택이 크지 않고 실무적으로 상속인 요건, 피상속인 요건, 사후관리 요건이 엄격해서 실제로 혜택을 보기 어렵고 설사 혜택을 보았다고 하더라도 이후 사후관리 요건이 엄격하여 실제 적용 후 사후관리요건에 위배되어 추징당하는 사례가 많으므로 미래가 불확실하다는 이유로 가업상속공제 적용을 쉽게 받지 않으려는 경향이 있다.

　반면 비수혜자는 가업상속대상재산도 상속세가 부과되어야 하는 데 이중 일부분을 가업상속공제 해주는 것은 납세자 간 공평성을 침해하여 가업상속공제는 폐지해야 한다는 주장을 하기도 한다.

　가업상속공제의 수혜자와 비수혜자의 여건을 고려하여 중립적인 관점에서 과세방법을 선택하는 것은 결국 가업상속공제대상재산에 대하여 과세이연의 방법을 선택하는 것이다.

　과세이연의 방법이 현행 가업상속공제의 방법에 비하여 모든 납세자를 설득시키기에 우수한 이유는 과세이연은 세금을 일부 감면해 주는 방법이 아니라 경영권과 관련한 자산에 대하여는 해당자산 처분 시까지 과세를 미루어주는 방법이므로 결국 과세이연세제의 적용을 받는 납세자나 그렇지 않은 납세자가 납부해야 하는 세액은 동일하여 수혜자 간 비수혜자 간의 불공평을 해소할 수 있기 때문이다.

(2019.5.13. 조세일보/오문성의 Tax Issue)

07 비영리법인과 증여세, 무엇이 문제인가?

　최근에 언론을 통하여 알려진 백범(白凡)김구 선생 집안의 기부는 일반인이 들었을 때 이해하기 쉽지 않은 면이 있다. 사건의 진상은 이렇다. 한 신문에 의하면 김구 선생의 둘째 아들인 김신(2016년 사망) 전(前) 공군참모총장이 생전에 해외대학에 42억 여원을 기부하였더니 국세청에서 약 27억 원의 상속세와 증여세를 납부하라는 고지서를 보냈다는 내용이다.

　이러한 사건이 신문에 보도되고 관심을 받는 이유는 일반인들의 사회통념과 괴리가 있기 때문이다. 공익목적으로 기부를 했는데 기부자가 기부한 금액의 64%에 해당하는 상속세와 증여세를 또 납부해야 한다는 사실이 억울하게 보여서이다. 이러한 결과를 미리 알았더라

면 누가 기부를 하겠는가라는 얘기다.

비영리법인과 증여세 문제는 언제나 상식선에서 이해하기 어려운 분야로 회자되고 있어 이 부분에 대한 오해와 진실을 알아보고 문제에 대한 해결방법은 무엇인지에 대하여 살펴볼 필요가 있다.

이 문제에 접근하기 위해서는 먼저 현행 상속세 및 증여세법(이하 상증세법)상 증여세의 과세가 어떻게 이루어지는지를 알아야 한다. 왜냐하면 우리가 목도하는 구체적 증여세 과세사건이 상증세법에 부합되는지를 판단해보고 만약 부합되지 않는다면 과세관청의 과잉과세가 될 것이고 부합된다면 적법한 과세가 될 것이기 때문이다. 그 다음에는 적법한 과세라고 하더라도 그러한 세법규정이 불합리한 점이 있다면 입법개선을 통하여 공익을 목적으로 하는 기부행위를 위축시키는 불합리한 점을 바로 잡는 것이 중요한 포인트가 된다.

증여세는 증여자가 수증자에게 증여한 경우 수증자가 받은 증여재산가액의 시가를 기준으로 수증자에게 부과하는 세금이다. 증여세는 증여자도 자연인이고 수증자도 자연인인 경우가 대부분이지만 어떤 경우는 수증자가 법인인 경우도 있다. 수증자가 영리법인인인 경우는 영리법인에게 자산수증이익이 발생하여 법인세가 과세되기 때문에 증여세는 과세되지 않는다. 하지만 수증자가 비영리법인인 경우는 상증세법이 정하는 공익법인이 아니라면 증여세를 부담해야 한다. 하지만 법에서 정하는 몇 가지의 경우는 수증자가 납부할 증여세를 증여자가 연대하여 납부할 의무가 있다. 대부분 수증자의 증여세 납부능력이 의심될 때이다.

그렇다면 김구 선생 집안의 기부문제를 현행법 규정에 맞게 과세가 이루어졌는지를 살펴보자. 김구 선생의 아들인 김신이 외국의 대학에 기부한 것은 수증자가 비거주자인 경우로서, 수증자가 비거주자인 경우 상증세법 제4조의 2 제6항 제3호에 의하여 수증자가 납부할 증여세를 증여자인 김신이 연대하여 납부할 의무가 있다. 외국의 대학에서 사실상 증여세를 징수하는 것은 불가능하므로 증여자인 김신에게 증여세를 부과하는 것은 현행법상 당연하다.

그리고 김신이 외국대학에 기부한 것이 상속개시일 전 5년 이내에 이루어졌다면 상증세법 제13조 제1항 제2호에 의하여 증여재산가액이 상속재산가액에 가산되고 상증세법 제28조에 의하여 증여재산공제를 해주는 구조로 되어 있다. 이상에서 살펴본 것처럼 본 사건은 현행 상증세법 규정하에서는 특별히 잘못된 과세라고 보기 힘들다. 필자가 사실관계에 대하여 자세히 보지 못하여 추가적인 변수가 없다는 전제하에서 그렇다.

하지만 이러한 판단은 현행법 하에서의 판단이고 일반인들이 비영리법인에 기부하는 경우 증여세의 문제는 상식선에서 이해하지 못할 측면이 분명히 존재한다. 이번 사건처럼 외국이기는 하지만 교육기관인 대학에 기부하였을 때 증여자에게 증여세가 나오는 경우 등이다. 이런 규정은 증여자가 상증세법상 공익법인이 아닌 비영리법인에게 기부를 하는 경우 그 공익성을 인정하지 않으려는 입법자의 의도와 수증자가 증여세를 납부하지 못하는 경우 증여자에게 연대납세의무를 부담시키는 현행 규정의 복합적인 산물인 것이다. 문제는 편법 증여를 방지하려는 법규정을 엄격하게 운영하는 것이 기부문화를 위축시킬 수 있다는 점이다.

그러므로 비영리법인 관련 현행 상증세법 규정들이 기부문화 활성화에 부정적인 영향을 미치는 내용이 없는지에 대한 근본적인 검토와 입법개선이 필요하다. 수증자가 비영리법인인 경우 증여자가 연대납세의무를 지는 과정에서 순수한 기부행위의 공익성을 훼손하는 억울한 상황은 없는지에 대하여 살펴보고 그 개선책을 마련하는 것도 탈세를 방지하려고 꾸준히 노력하는 입법자의 노력만큼이나 중요한 일임을 잊지 말아야 한다. 그리고 납세자 입장에서는 이러한 입법개선이 이루어지기 전까지는 선량한 의도를 가지는 기부가 엄격한 세법규정에 의하여 황당한 금액의 증여세를 추가로 부담하지 않도록 세무전문가의 자문을 받은 후 기부를 실행에 옮기는 현명함이 필요하다.

(2019.10.22. 국가미래연구원)

08 공평한 상속과 효율적 기업승계

상속세 및 증여세(이하 상증세)는 개인에게 부과되는 조세이다. 예외적으로 비영리법인에게 자산수증이익이 생겼을 때 증여세가 부과되기는 하지만 이것도 자연스러운 것은 아니어서 최근에 법인세로 그 세목을 변경하겠다는 말도 나온다. 하지만 상증세의 납세의무자는 원칙적으로 자연인이다.

이러한 관점에서 볼 때 상증세에서 과세대상자산이 많은 자에게 주는 혜택은 항상 논란이 되어왔다. 공익성이 없다고 생각되는 개인과 관련한 세목에서 가진 자에 대한 세제혜택은 "부자감세"의 측면에서 비판받을 수 있기 때문이다. 하지만 상속이라는 사건이 기업의 영속성과 관련될 때는 완전히 사적(私的)인 영역이라고만 말할 수는 없다.

다른 이유 없이 단지 상속을 거치면서 기업의 지배구조가 변경되는 것을 두려워하는 경제 환경은 결코 바람직하지 않다. 기업이 고유한 사업 분야에서 실패하여 도산하거나 경영을 더 잘할 수 있는 대주주로 변경되는 것은 너무나 당연한 이치다. 하지만 잘 경영되고 있는 기업이 상속만으로 기업의 지배구조가 변경되는 것은 당사자인 주주나 사회 전체적으로 모두 바람직한 상황이 아니다. 이러한 부정적인 측면 때문에 독일, 일본 등 각국의 세제는 원만한 기업승계를 위한 지원제도가 존재하고 있다.

작년에는 유난히도 기업승계와 관련한 세미나 등 학회활동이 많았다. 어려운 경제 환경 하에서 기업승계와 관련한 세제지원제도가 경제환경에 또 하나의 장애물이 된다는 것을 인지하여 정치적으로는 여·야당 모두 그 완화 분위기에 동의하기 시작했다.

이러한 분위기에 편승하여 제도의 구체적인 측면에서 바람직한 방향의 개정도 이루어졌다. 가업상속공제 이후 사후관리기간을 10년에서 7년으로 단축한다든지, 중견기업이 유지해야 하는 고용조건을 "10년 통산 정규직근로자의 120%"에서 "7년 통산 정규직근로자의 100%"로 완화하고 정규직근로자의 인원기준 뿐만 아니라 총급여액기준을 사용할 수 있도록 한 것이나, 업종변경도 소분류 내에서의 업종변경을 중분류 내에서 허용하고 중분류 외의 변경도 평가심의위원회의 심의를 거치면 가능하게 한 것 등이 바람직한 방향의 개정으로 평가되고 있다. 하지만 이러한 개정으로 현행 상증세법이 지니고 있는 기업승계의 문제점이 모두 개선되었다고 볼 수는 없다.

가업상속공제가 보호하려는 법익은 집안사람들의 가업영속 그 자체가 아니라 경영을 잘 해오는 대주주의 경영권을 보호하여 상속이라는 과정이 경영권의 불안을 조성하는 것을 방지하고, 더 나아가 경영권의 안정이 궁극적으로 바람직한 기업의 영속성을 보장하고 조직에 속한 피고용인 등의 고용환경을 저해하는 것을 막으려는 것이라고 보아야 한다.

결국 가업상속과 관련한 세제의 입안은 두 가지를 고려하여야 그 논란의 결말을 볼 수 있다.

첫째는 가업상속에 대하여 세제지원을 보는 측(이하 A그룹)과 보지 못하는 일반인(이하 B그룹)과의 상속재산간 공평의 문제를 해결하여야 한다.

둘째는 상속이라는 사건만으로 기업의 지배구조에 영향을 주는 것을 막아야 한다. 현재의 가업상속제도를 손질하여 둘째에서 언급하는 목적을 달성하는 방향으로 가는 것은 지분자산등의 상속재산을 기타자산과 차별한다는 B그룹의 A그룹에 대한 비난을 영원히 잠재울 수 없다.

그렇다고 가업상속대상자산에 대하여 일반 상속재산과 똑같은 세제상 대우를 해준다면 기업의 지배구조에 영향을 주고 기업의 영속성에 문제가 생기게 되는데 이러한 현상은 당사자인 A그룹뿐만 아니라 사회전체에 마이너스가 된다.

상속재산에 대한 과세공평과 기업지배구조의 안정이라는 두 마리 토끼를 잡는 방법은 하나밖에 없다. 상속재산 중 기업의 영속성에 직접 영향을 주는 주식 등의 재산에 대하여는 그 재산을 처분할 때까지 상속세 과세이연을 시키는 것이다. 과세이연방법은 A그룹과 B그룹 모두 반대할 이유가 없다.

과세이연은 세금을 전부 면제하거나 일부 면제하는 방법이 아니어서 B그룹의 과세공평에 대한 불만을 야기하지 않는다. A그룹이 기업의 경영권을 행사하기 위하여 처분하지 않는 지분자산 등에까지도 상속재산임을 이유로 상속세 납부를 위한 처분을 강요하는 명분은 과세이연을 허용하고 자분자산을 팔 때까지 상속세 납부를 이연해 주는 명분보다 크지 않다.

지분자산을 처분하지 않고서도 상속세를 납부할 수 있는 능력이 있는 상속인에게는 과세이연의 혜택을 주지 않는다면 이 논리는 더욱 강화될 수 있다. 현명하고 합리적인 세제의 선택은 이해관계인의 불만을 최소화시키고 사회적 합의를 도출할 수 있다.

(2020.5.25. 국가미래연구원)

09 상속세 세율부터 구조까지 전면개편해야

우리나라의 현행 상속세 과세체계(유산과세)를 '유산취득세' 방식으로 개편하고, 세율은 소득세 수준보다 낮출 필요가 있다는 전문가들의 주장이 줄기차게 제기되고 있다. 상속인이 각자 물려받은 재산에 대한 상속세율을 적용하지 않고 상속재산 전체에 누진세율을 적용하는 게 세법이론상 문제가 있기 때문이다.

특히 경제협력개발기구(OECD) 최고 수준의 상속세율을 합리적으로 낮춰야 한다는 주장도 지속적으로 나온다. 상속세가 소득세의 보완세제라는 측면에서 소득세율보다 더 높은 것은 불합리하다는 것이다.

상속세가 불합리하고 비정상적이라는 지적은 오랫동안 조세학계에서 제기된 문제다. 우리나라 조세법학의 거목이며 상증세법 전문가로 불리는 서울시립대 세무학과의 최명근 교수(작고)는 30여 년 전부터 상속세법의 문제점을 지적했다.

오문성 한국조세정책학회장은 21일 조세일보(www.joseilbo.com)와 한국조세정책학회가 공동주최로 연 '비정상적인 상속세제 이대로 둘 것인가?'라는 정책토론회에 참석, 주제발표를 통해 상속세제 개선안을 제시했다.

현재 상속세는 피상속인(상속재산, 유산세)을, 증여세는 수증인(취득재산가액, 유산취득세)을 근거로 세금이 부과된다. 동일 목적의 과세체계(세율 동일)를 갖고 있음에도, 과세방식이 다르면서 세부담은 차이를 보인다.

상속세제를 운영하는 OECD 21개국 중 16개국이 유산취득 과세체계를 택하고 있고 한국과 미국, 영국 등 5개국만이 유산과세 방식이다.

오 학회장은 "상속세제를 유산과세구조에서 유산취득과세구조로 바꿔야 한다"고 밝혔다. 유산취득세는 상속재산 총액이 아닌 유산 분배 후 상속인별 분할재산에 과세표준(세금을 매기는 기준금액)을 적용해 상속세를 매기는 구조다. 이어 "유산취득과세 구조로 변경되면 상속세 과세가액 계산방법이나 사전 증여재산 등의 범위, 상속공제 등에 대한 조정은 논리에 맞게 이루어져야 할 것"이라고 말했다.

세율이 높다는 점도 문제다. 최고세율만 따졌을 땐 OECD 회원국 중 일본(55%) 다음으로 높다. 최대주주가 보유한 주식에 경영권 프리미엄을 매기면 60%로, OECD 국가 중 최고 수준이다.

오 학회장은 상속세율에 대해 소득세 수준보다 낮게 인하해야 한다고 주문했다. 그는 "이중과세라는 개념을 끌고 오지 않더라도 소득세의 세율보다 더 높은 세율을 적용하는 것은 불합리하다"며 "상속세를 과세한다고 하더라도 소득세의 최고세율보다 낮은 세율을 적용하는 것이 논리에 맞으며, 대체로 최고세율의 수준은 30% 정도가 적당할 것"이라고 말했다.

영국, 아일랜드, 벨기에, 독일, 칠레, 네덜란드 등 OECD 국가 중 14개국이 소득세율을 상속세율보다 높게 가져가고 있다. 캐나다(상속세 폐지 1971년), 호주(1979년), 뉴질랜드(1992년), 포르투갈(2004년), 스웨덴(2005년), 노르웨이(2014년) 등 13개국에선 상속세를 없앴다.

오 학회장은 "장기적으로 현행 상속세제를 통해 세금을 징수하기보다는 자본이득과세 방법을 통해 과세하는 것이 바람직하다"고 말했다. 예컨대, 피상속인이 생전에 부동산을

100원에 취득한 이후 사망 시기에 부동산 가격이 70원이 됐다고 치자. 현행은 시가인 70원에 대해 과세하는 구조다. 하지만 자본이득세일 땐 취득가액인 100원으로 상속을 받고, 그 이후 부동산을 처분할 시점에 시가가 250원이라면 150원이 과세대상이 된다. 과세대상가액이 60원이 됐다면 자본손실이 발생하기에 과세되지 않는다.

"최대주주 할증과세 폐지해야 한다"

최대주주 주식에 할증해 상속세를 가산하는 현행 제도에 대해선 폐지해야 한다고 주문했다.

오 학회장은 "우리나라의 경우 상속세의 최고세율이 타국에 비해 절대적으로 높은 뿐더러 최대주주 할증과세까지 적용되면 상속세의 세율이 60%까지 상승하는 기이현상이 벌어진다"며 "상속세 최고세율을 30%로 인하하고 최대주주 할증은 폐지되어야 한다"고 말했다.

할증세율은 2000년부터 최대주주 등의 지분율에 따라 차등 적용되기 시작했으며, 당시 최대주주 등의 지분이 50% 이하일 땐 20%를, 50% 초과하면 30%를 할증하도록 했다. 중소기업의 부담이 지나치다는 지적에 따라 2003년엔 중소기업의 할증률을 절반(20%→10%, 30%→15%)으로 조정했고, 2019년 말 세법개정을 통해 정부는 지분율에 따른 차등적용을 없애고, 일반기업은 20%·중소기업은 0%(할증평가 대상에서 제외)의 할증률이 일괄 적용되고 있다.

"대기업 차별 안 돼…가업승계제도 적용대상 확장해야"

가업승계에 따른 상속공제를 받을 수 있는 대상 범위를 넓혀야 한다는 목소리다. 창업주의 가업을 자식이 원활하게 물려받을 수 있도록 세제로서 뒷받침해 주는 제도인데, 중소·중견기업에 대해서만 적용하는 이유가 명확하지 않기 때문이다. 오 학회장은 "가업상속공제제도의 취지를 살려 원활한 기업승계제도로 운영해 중소·중견기업뿐만 아니라 대기업으로까지 그 적용대상을 확장해야 한다"고 말했다.

가업상속공제를 받을 수 있는 요건의 문턱이 높다는 문제도 있다. 현재 이 공제는 중소기업 또는 중견기업(매출액 3,000억 원 미만)으로서 피상속인이 10년 이상 경영한 기업에 적용하고 있다. 오 학회장은 "상속세 과세대상이 되는 경제적 가치가 있는 재산이라는 측면에서 보면 상속세가 과세되어야 하지만, 경영권행사 또는 실제 사업을 수행함에 있어서 반드시 보유해야 하기 때문에 처분이 어렵다는 측면을 본다면 그 처분이 이루어질 때까지 이 재산적 가치에 해당하는 부분에 대해 과세시기를 조절해 주는 것이 합리적"이라고 말했다.

이에 "기업의 경영에 꼭 필요해 처분에 제한이 있는 재산은 처분시까지 과세를 이연해야

하며, 이 제도가 정착되기 전에는 연부연납기간을 최대한 연장해 주는 등의 납부방법을 선택할 수 있게 해줘야 한다"고 말했다. 가업이란 용어를 고쳐야 한다고도 했다. 오 학회장은 "현행법의 내용으로만 볼 때 가업이라는 용어가 주는 이미지에 걸맞는 회사규모에 사용하기가 적절하지 않다"며 "기업상속공제나 기업승계공제의 용어가 적절하다"고 말했다.

증여세 완전포괄주의와 관련해선 "현재 시점에서는 증여세 완전포괄주의의 위헌성 문제에 너무 집착하기보다는 납세자의 예측가능성을 높이기 위한 노력을 계속해야 하고, 완전포괄주의라는 명분으로 납세자의 예측가능성이 전혀 고려되지 않는 방향의 과세가 이루어지는 것을 경계해야 한다"고 말했다.

(2021.7.21. 조세일보/상속증여세제개선토론회 기사)

10 상속세의 공정과 효율

상속세(相續稅)는 피상속인의 사망으로 인하여 발생하는 세금이다. 그렇다면 인간의 사망으로 인하여 세금을 부과하는 것은 어떤 의미를 가지는가? 사람들이 살아가는 일반적 모습으로는 사람이 사망하면 문상을 가고 부조를 하는 것이 상례인데 유독 세금분야에서는 사망으로 인하여 상속세가 부과된다고 생각하니 부조는 못 할지언정 세금을 부과하는 것이 야박하다는 생각도 든다. 하지만 세금의 문제를 감성의 문제로 몰아갈 것은 아니다. 왜냐하면 세금은 정부입장에서 사용할 재원을 마련하는 것이다 보니 과세명분만 생기면 과세할 수밖에 없다. 그렇다면 과세명분으로 돌아가서 상속세의 근본적 성격을 알아보자.

상속세는 "부(富)의 재분배를 통한 구조적 불평등 해소"라는 명분을 가지고 있다. 쉽게 말해 부자아빠를 둔 자녀가 가난한 아빠를 둔 자녀보다 부의 축적 시작점에서 월등히 앞에서 출발하는 것을 공정하지 못하게 본다는 얘기다. 이러한 논리가 상속세의 시발점이다.

상속세는 자연인의 사망으로 인하여 결국은 상속인이 세금을 납부하게 된다. 자연인과 관련된 세목이라는 점에서 전통적으로 공정(公正)에 초점이 맞추어져 왔다. 개인과 관련된 소득세는 공정에, 법인과 관련된 법인세는 효율(效率)에 치중한 세목이다. 그래서 소득세는 모든 국가가 누진세율을 채택하고 있고, 법인세는 단일세율을 채택하는 나라가 많다. 상속세가 개인과 관련된 세목이라는 점에서는 부인할 수 없지만 경우에 따라서 상속세는 법인과의 관련성을 부인할 수 없는 양면성을 가지고 있다.

가업상속공제라는 상속세의 공제제도가 이러한 상황을 반영한다. 상속세 납세의무자 중 대부분은 기업과의 관련성이 없다. 하지만 기업을 경영하는 개인사업자나 경영권을 행사할 정도의 지분을 보유하고 있던 대주주가 사망했을 경우는 상황이 다르다. 왜냐하면 개인사업자나 대주주가 보유하고 있는 사업에 필요한 핵심자산이나 경영권과 관련한 지분은 대부분 사업을 접기 전까지는 처분을 할 수 없음에도 불구하고 이 부분에 대한 상속세는 바로 부과되기 때문이다.

쉽게 말해 핵심자산이나 지분을 팔수 없음에도 이 부분에 대하여 부과된 상속세는 결국 납세의무자가 무리한 자금동원으로 고통을 받거나 극단으로 가게 되면 사업중단까지 고려해야 하는 상황이 되기 때문이다.

혹자는 개인이 납세의무자인 상속세 분야에서 기업의 상황을 고려하는 것이 적절하지 않다는 주장을 하기도 한다. 대주주가 상속세를 납부하기 힘들어 경영권에 영향을 줄 정도이면 다른 대주주가 기업을 인수하여 경영을 잘하면 된다는 것이다. 필자도 기업의 적자생존(適者生存)에 대하여 부정하는 것이 아니다. 잘못된 경영으로 그 기업이 사회에서 도태당하고 대주주가 바뀌는 것은 바람직한 구조조정이지만 사실상 기업을 접기 전에는 처분할 수도 없는 대주주지분에 대한 상속세를 부과함으로써 기업의 상황을 어렵게 만드는 것은 지양해야 한다는 것이다.

전통적으로 상속세가 개인과 관련한 세목이라는 점에 착안하여 공정이라는 가치에 집중했다면 이제는 공정과 효율이라는 두 가지 가치를 함께 추구해야 한다. 최근 거론되는 상속세율인하, 가업상속공제와 관련한 규제 완화, 상속세를 자본이득세로 대체하자는 논의 등은 이러한 맥락에서 이루어지고 있는 것이다.

(2021.7.27. 국가미래연구원)

11 상속재산의 처분자유, 제한해야 하나?

최근 헌법재판소는 유류분제도의 위헌성을 놓고 공개변론의 장을 열었다. 유류분이란 피상속인의 유언과 관계없이 특정 상속인이 보장받는 일정 비율의 상속재산을 말한다. 다시

말하면 피상속인이 살아생전에 유언장을 통하여 상속재산을 상속인 중의 한 명에게 몰아준다든지, 모든 상속재산을 공익법인에 기부한다는 내용을 미리 작성해 놓았다고 하더라도 일정 부분의 재산을 각각의 상속인에게 남겨두어야 한다는 것이다. 우리 민법 제1112조는 상속인의 유류분에 대하여 피상속인의 직계비속과 배우자는 그 법정상속분의 2분의 1, 직계존속과 형제자매는 3분의 1을 남겨두라고 규정하고 있다.

예를 들면, 아버지가 돌아가시고 상속인이 어머니와 아들과 딸이 있다고 가정해 보자. 아버지는 유언장을 남겼는데 유언장 내용에는 자기의 상속재산을 아들에게 모두 상속하겠다는 내용을 적어 놓았다. 이 경우 유언장 내용대로 상속재산을 분배한다면 아들은 100%, 배우자와 딸은 0%를 상속 받게 된다. 이는 평생을 같이 살아온 배우자나 딸의 상속기대권에는 전혀 부응하지 않게 되어 불만이 생길 것이다. 하지만 우리 민법의 유류분제도는 배우자와 딸에게 각각 법정상속분인 3/7과 2/7의 50%인 3/14, 2/14의 유류분을 남겨줌으로써 만약 아들이 아버지의 유언대로 상속재산을 전부 가져갔다면 배우자와 딸은 아들에게 유류분 반환소송을 통하여 유류분에 못 미치는 부분을 청구할 수 있다. 아버지의 의도는 아들에게 14/14, 배우자와 딸에게는 0/14의 상속재산을 분배하는 것이었지만 유류분제도는 아들에게서 5/14를 가져와 배우자와 딸에게 3/14과 2/14의 상속재산을 확보하게 해준다.

그렇다면 아무리 배우자와 딸이라고 하더라도 피상속인의 재산을 피상속인의 의도대로 처분하지 못하게 함으로써 유류분이 보호하는 법익은 무엇인가? 현행 민법의 유류분은 1977년 도입된 제도로서 도입 취지는 공동 상속인들 간 편중된 상속재산의 분배를 막자는 것이었다. 제도를 처음 도입할 때의 시대 분위기는 출가한 딸에 대하여 '출가외인'이라는 명분으로 상속을 안 하려고 했고, 집안의 제사를 책임지던 장남에게 많은 상속재산을 남겨주겠다는 분위기가 팽배하던 시절이었다. 그래서 아들이 아닌 딸에게는 상속재산이 거의 분배되지 않았고 장남이 아닌 차남이나 삼남의 경우 장남이 아니라는 이유로 상속재산이 적게 돌아가는 것이 일반적이었다. 이러한 상황에서는 법정 상속분의 1/2이라도 확보하게 해 주는 것은 상속인들 간 상속재산의 공평한 분배라는 차원에서 나름대로 이유가 있었다. 그리고 전통적인 농경사회에서는 가족 전체가 같이 농사를 지어 가족이 같이 모은 집안의 재산이라는 "가산(家産)" 개념이 받아들여져 가산의 형성에 같이 노력한 가족 구성원들의 상속지분을 피상속인이 마음대로 처분하는데 일정한 제약을 두는 것이 자연스러웠다.

하지만 시대환경이 많이 바뀌었다. 대가족에서 핵가족이 되고 가족구성원들의 재산축적은 분가된 각 가장과 그 배우자의 노력으로 이루어진다. 핵가족하에서 형제들은 접촉하는 시간도 줄어들고 각각의 종사하는 직장의 위치에 따라 거주환경이 결정되어 가족 공동체의 식도 많이 없어 진 것도 사실이다. 이러한 환경의 변화는 장남이 제사를 지내야 한다는 생각도 옅어졌으며 아들과 딸에 대한 차별도 일반적이지 않다. 이러한 변화를 고려하면 피상속인의 의도대로 상속이 이루어지지 않고 법에서 정한 대로 일정 부분의 상속재산의 처분을 제한하는 것이 정당한가에 대하여 심각하게 생각해 볼 시기가 되었다. 이러한 것이 최근 헌법재판소의 유류분 위헌판단의 필요성에 대한 불을 지폈다.

피상속인을 봉양하기는커녕 생전에 부모자식의 인연을 끊고 살았던 자식의 유류분을 인정해 주어야 하는지, 피상속인이 생전에 모은 재산을 상속인이 아닌 공익법인에 기부하겠다는 뜻을 법이 참견을 해야 하는지, 이런 이유가 아니라 하더라도 피상속인이 판단하기에 상속인들 간의 재산분배를 이렇게 해야겠다고 생각한 것이 있는데도 불구하고 사망 후 국가가 이에 대한 조정에 직접 개입하는 것이 어떤 명분으로 정당화 될 수 있는지에 대한 논의가 시작된 것이다.

비교법적으로 보면 대륙법계와 영미법계 국가의 유류분 제도에 대한 내용에 확연한 차이가 난다. 우리와 같이 강한 유류분제도는 독일, 프랑스 등 대륙법계 국가의 특징이며 유류분제도의 존재 의미에 대하여 약하게 보고 있는 국가가 영미법계 국가이다.

어느 쪽 논리가 맞고 틀리고의 문제는 아니지만 시대 상황에 맞는 제도를 운용하는 것이 합리적이라는 생각은 든다. 유류분제도를 찬성하는 측에서는 피상속인의 상속재산의 처분 자유를 제한하더라도 상속인의 편중된 상속재산분배는 바람직하지 않다는 생각을 가진 것이고 반대하는 측에서는 상속재산도 피상속인의 소유재산이라면 상속재산의 처분권에 대한 제한에 대하여 상속인의 생존권보호가 현재 시점에 특별한 명분이 될 수 없다는 것이다.

결국 유류분 위헌 판단의 요체는 민법 제1112조부터 제1118조에서 규정하는 유류분의 내용이 재산권 보장이라는 헌법 제23조에 위배되는지를 판단하는데 있다. 유족의 생존권보호라는 가치가 피상속인의 상속재산 처분권을 제한할 만큼 큰 의미가 있는지가 관건이다.

유류분은 상속이라는 사회문화적 시스템 하에서 상속인 간 재산분할에 영향을 미친다. 그러므로 결국 돈의 문제로 귀착되기 때문에 이해관계자들의 이해상충이 첨예하여 법 개정 방향에 대한 합의를 구하기도 용이하지 않다. 하지만 가족단위로 재산이 증식되는 상황에서 이에 대한 기여 가능성이 매우 높은 배우자는 별개로 하더라도 재산증식 기여의 개연성이 낮은 자식이나 형제자매에게까지 유류분을 남겨두라고 하는 것은 논리에 맞지 않을 뿐더러 가족의 일에 정부가 지나친 개입을 하는 것이다. 상속재산도 피상속인의 소유권이라

는 강력한 물권의 영역에 있는 한 가장 중요한 것은 피상속인이 상속재산에 대하여 어떻게 처분할 것인지에 대한 생각이지 현재의 상황에 맞지 않는 상속인의 생존권보호라는 가치가 아니다. 소유권자인 피상속인이 가지는 의도대로 처분하지 못하게 하는 것이 유류분제도가 내포하고 있는 본질적 위헌요소라는 생각을 해본다.

(2023.6.5. 국가미래연구원)

12 상속세 및 증여세의 근본적 문제점과 그 해결방안

상속세 및 증여세(이하 상증세)는 2개의 세목이지만 한 개의 세법전에 규정하고 있다. 이는 두 세목이 서로 보완적인 성격을 가지고 있기 때문이다. 자연인이 사망하는 경우에 "사망한 자연인(피상속인)"이 상속시점에 남긴 상속세 과세대상 재산에 대하여 상속인이 상속세를 부담한다. 만약 피상속인이 생전에 상속인에게 미리 증여를 하였다면 증여세를 내게 되지만 사전증여로 인하여 상속시점의 재산은 감소되어 상속세는 줄어들기 때문에 보완적인 성격이 있다고 하는 것이다.

상증세는 그 과세대상인 재산이 피상속인이나 증여자의 재산으로 형성되는 과정에서 이미 소득세 등을 부담하였다는 점에서 이중과세 논란을 피하기 어렵다. 작고하신 아버지가 남긴 상속재산이나 아버지가 자녀 등에게 증여하는 재산은 이미 과세된 재산으로서 이러한 재산에 대하여 과세를 한다면 이는 그 사회구성원의 합의에 의하여 상속인이나 수증자가 받는 재산에 대하여 세금을 부과함으로써 부의 균형을 맞추려는 목적을 가지고 있기는 하다.

하지만 최근 많은 국가들이 이러한 사회적 합의에 대한 생각의 변화가 생기기 시작했다. OECD국가 중 많은 국가가 상속세를 폐지하고 증여세가 비과세되는 공제한도를 늘여 사실상 상속세와 증여세라는 독립적인 세목이 아닌 자본이득세 등 기존의 세목구조에서 과세하려는 움직임이 확연히 감지되고 있다. 그러므로 상속세라는 세목이 없어진다는 것이 대체적인 세목으로도 과세되지 않는다는 의미는 아니라는 것을 확실히 해둘 필요가 있다.

간단한 예를 들어 보자. 상속세가 존치하고 있는 우리나라의 경우와 상속세를 폐지하고 자본이득세(우리의 경우 양도소득세)로 과세하고 있는 캐나다 등의 과세방법의 차이를 보고자 한다. 피상속인 A는 사망 당시 시가 30억 원의 부동산을 보유하고 있었으며 이 부동산은

15년 전 5억 원에 취득하였다. 그리고 나머지 자산은 현금 1억 원을 보유하고 있다고 가정한다. 이 경우 우리나라는 상속세 과세대상 재산에 시가 30억 원의 부동산과, 현금 1억 원이 포함되지만 캐나다의 경우 현금은 포함되지 않고 부동산의 경우 15년 전 취득시 부동산의 가액인 5억 원을 상속인이 승계한다. 이후 상속인이 40억 원에 매도하였다면 매도가액 40억 원과 취득가액 5억 원을 차감한 금액인 35억 원을 자본이득세의 과세대상으로 보게 된다. 캐나다의 경우 현금상속이나 현금증여의 경우 상속세나 증여세가 없고 부동산을 증여하는 경우 매각으로 간주되어 자본이득세(우리의 경우 양도소득세)를 부과하게 된다.

상속세나 증여세는 이미 과세된 소득으로 형성된 재산을 상속인이나 수증자에게 이전하면서 또 과세하는 세목이기 때문에 시간이 지날수록 그 과세명분이 옅어질 것이다. 상속세나 증여세의 과세대상이 되는 재산의 형태는 크게 보면 현금, 부동산, 금융자산 등으로 구분되는데 상속세나 증여세가 폐지되더라도 부동산이나 금융자산의 경우 상속인이 승계하는 취득가액을 피상속인의 취득가액으로 가져가는 시스템에서는 그 차익에 대한 과세는 기존의 과세구조 하에서도 충분히 과세할 수 있으므로 결국 문제가 되는 것은 현금뿐이다. 하지만 상속세나 증여세를 회피하기 위하여 보유재산의 포트폴리오를 현금으로만 구성하는 것은 현실적으로 용이하지 않다. 왜냐하면 현금 그 자체는 비수익성자산이라 중간 중간에 부동산이나 금융자산을 거칠 수밖에 없으므로 이러한 구조에서는 부동산이나 금융자산에서 발생하는 재산적 가치의 증가분은 과세될 수밖에 없다. 이러한 생각이 상속세를 자본이득세로 대체하고 증여세를 존치하더라도 비과세 한도를 늘림으로써 상속이나 증여세가 경제활동에 미치는 영향을 최소화 하고 있는 것이다.

상증세의 문제는 과도기적으로는 최고세율을 소득세율 이하인 30% 정도로 조정하고 유산세구조를 유산취득세구조로 바꾸며, 가업상속공제나 최대주주 할증과세에 대한 문제점을 개선하고, 연부연납제도를 납세자편의주의적으로 개선하는 것이 될 것이다. 하지만 이러한 노력도 상증세의 근본적인 문제를 해결하는 데는 역부족이다. 상증세의 근본적 문제해결은 상속세나 증여세를 자본이득세라는 합리적 구조로 완전히 바꾸고 증여세의 비과세 한도도 미국의 경우처럼 대폭 인상하여 상증세가 국민경제에 미치는 불편함을 제거해 주는 것이다. 이러한 선택은 장기적으로 세수의 측면에서도 상증세로 인한 세수의 감소부분보다 상증세의 타세목으로의 전환 또는 완화로 인한 경제활성화로 소득세, 법인세 등의 다른 세목의 증가부분이 더 커질 것이기 때문에 많은 국가들이 이러한 추세를 따르는 것이라고 생각한다.

(2023.7.4. 국가미래연구원)

13   기업흔드는 상속세 소득세율보다 낮게 장기론 자본이득세로

우리나라의 현행 상속세 과세체계(유산과세)를 '유산취득세' 방식으로 개편하고, 세율은 소득세 수준보다 낮출 필요가 있다는 주장이 나왔다. 상속인이 각자 물려받은 재산에 대해 과세를 하지 않고, 상속재산 전체에 누진세율을 적용하는 게 세법이론상 문제가 있다는 이유에서다. 여기에 상속세가 소득세의 보완세제라는 측면에서 소득세율보다 더 높은 것은 불합리하다는 것이다. 장기적으로는 자본이득세를 도입하면서 과세체계를 전면 손질해야 한다는 목소리도 나온다.

19일 조세일보가 주최한 '기업경쟁력 강화·납세환경 개선을 위한 세제개선' 토론회에서 오문성 한국조세정책학회장(한양여대 교수)은 발제문을 통해 "최근 상속과정에서 기업의 지분자산을 처분할 수 없어 상속세를 내기 위한 자금이 부족해 어려움을 겪는 상황을 목도한 국민들이 청와대에 국민청원을 하는 등 과도한 상속세를 줄여주어야 한다는 것과 상속세 과세대상자산의 성격에 따라 상속세 과세방법이 달라야 한다는 생각도 퍼지고 있다"고 말했다.

서울 여의도 한경협회관에서 열린 이번 토론회에서 오 교수는 제 2세션 '기업승계 및 상속세 정상화 방안'을 주제로 발제를 진행했다.

우리나라 상속세는 '살인적인 세율'이라는 지적이 많다. 최고세율(50%, 명목세율)은 경제협력개발기구(OECD) 회원국 중 일본(55%)에 이어 두 번째로 높고, 주식 가격에 20%를 가산해서 과세(최대주주 주식 할증평가)되면 세율은 60%까지 치솟는다.

상속세율이 소득세율보다 높은 부분도 불합리하다는 지적이 적지 않다. 오 학회장은 "상속세는 생전에 이미 소득세 등을 부담하고 난 후의 재원 그 자체(현금)이거나 그것을 재원으로 취득한 자산으로서 이중과세라는 개념을 끌고 오지 않더라도 소득세의 세율보다 더 높은 세율을 적용하는 것은 불합리하다"고 말했다. 그러면서 "초괴세율의 수준은 35% 정도가 적당할 것으로 생각된다"고 말했다.

현재 상속세는 피상속인(상속재산, 유산세)을, 증여세는 수증인(취득재산가액, 유산취득세)을 근거로 세금이 부과된다. 동일 목적의 과세체계(세율 동일)를 갖고 있음에도, 과세방식이 다르면서 세부담은 차이를 보인다. 2021년 기준, 상속세를 부과하는 경제협력개발기구(OECD) 23개국 중 한국·미국·영국·덴마크 등 4개국을 제외한 19개 국가가 취득과세형

방식을 채택하고 있다.

오 학회장은 "유산과세구조에서 유산취득과세 구조로 바꾸어야 한다"며 "장기적으로는 현행 상속세제도를 통해 세금을 징수하기보다는 자본이득과세 방법을 통해 과세하는 것이 바람직하다"고 말했다. 예컨대, 피상속인이 생전에 부동산을 100원에 취득한 이후 사망 시기에 부동산 가격이 70원이 됐다고 치자. 현행대로면 시가인 70원에 대해 과세하는 구조다. 하지만 자본이득세일 땐 취득가액인 100원으로 상속을 받고, 그 이후 부동산을 처분할 시점에 시가가 250원이라면 150원이 과세대상이 된다. 과세대상가액이 60원이 됐다면 자본손실이 발생하기에 과세되지 않는다.

"최대주주 할증과세 폐지해야 한다"

최대주주 주식에 할증해 상속세를 가산하는 현행 제도에 대해선 폐지해야 한다고 주문했다. 오 학회장은 "영국·독일·일본 등 주요국은 최대주주에 대한 할증평가제도가 존재하지 않는다"며 "미국은 할증·할인평가제도가 존재하지만, 개별사안별로 할인이나 할증평가를 하기 때문에 우리 방식의 최대주주에 대한 할증평가제도는 아니다"라고 말했다. 그러면서 "최대주주 할증은 폐지 또는 각 사안별로 합리적 평가방법을 통해 해결해야 한다"고 말했다.

할증세율은 2000년부터 최대주주 등의 지분율에 따라 차등 적용되기 시작했으며, 당시 최대주주 등의 지분이 50% 이하일 땐 20%를, 50% 초과하면 30%를 할증하도록 했다. 중소기업의 부담이 지나치다는 지적에 따라 2003년엔 중소기업의 할증률을 절반(20%→10%, 30%→15%)으로 조정했고, 2019년 말 세법개정이 이루어지면서 일반기업은 20%·중소기업은 0%(할증평가 대상에서 제외)의 할증률이 일괄 적용되고 있다.

"가업상속공제, 대기업 차별할 이유 없다"

가업승계에 따른 상속공제를 받을 수 있는 대상 범위를 넓혀야 한단 목소리다. 창업주의 가업을 자식이 원활하게 물려받을 수 있도록 세제로서 뒷받침해 주는 제도인데, 중소·중견기업에 대해서만 적용하는 이유가 명확하지 않기 때문이다. 오 학회장은 "가업상속공제제도의 취지를 살려 원활한 기업승계제도로 운영해 중소·중견기업뿐만 아니라 대기업으로까지 그 적용대상을 확장해야 한다"고 말했다.

가업상속공제를 받을 수 있는 요건의 문턱이 높다는 점도 문제다. 오 학회장은 "가업상속공제에 대한 요건이 너무 까다로워 사후관리하는 과정에서 추징하는 사례가 많은 부분은

합리적으로 개선되어야 한다"고 말했다. 올해 정부의 세법개정안엔 가업상속·승계 사후관리 요건 중 업종변경 허용범위를 '현 표준산업분류상 중분류에서 대분류 내'로 넓힌 내용이 담겼다. 가업상속공제라는 용어도 기업상속공제나 기업승계공제로 바꿀 것을 주문했다. 오학회장은 또 "기업의 경영에 꼭 필요해 처분에 제한이 있는 재산은 처분시까지 과세를 이연해야 한다"고도 했다.

(2023.9.19. 조세일보/기업납세환경개선토론회 기사)

Part 4

부동산 관련

종합부동산세와 재산세의 이중과세조정

최근 대법원은 종합부동산세와 재산세의 이중과세와 관련하여 과세관청이 승소한 원심판결을 파기하고 사건을 ○○고등법원에 환송하였다(본 소송은 25개 납세자가 원고, 과세관청을 피고로 하는 소송으로서 이하에서는 원고와 피고로 줄여서 약칭함). 이는 현행 종합부동산세법 시행규칙 별지 제3호 서식상의 계산방법에 따라 종합부동산세와 재산세의 이중과세를 조정한다면 2009년 이후 국세청이 징수한 종합부동산세의 일부가 공제되지 않았다는 판결이어서 만약 대법원의 판결내용대로 확정된다면 현재 소송의 원고로 참여하고 있는 25개 회사의 경우는 물론이고 유사불복 건이 이어질 것으로 예상된다.

그렇다면 본 소송에서 원고와 피고간 핵심쟁점은 무엇인가? 먼저 종합부동산세와 재산세의 성격에 대하여 알아보기로 하자. 종합부동산세(이하 종부세로 약칭함)는 2005년에 도입된 국세로서 종부세법 제1조는 "고액의 부동산 보유자에 대하여 부과하여 부동산보유에 대한 조세부담의 형평성을 제고하고, 부동산의 가격안정을 도모함으로써 지방재정의 균형발전과 국민경제의 건전한 발전에 이바지함을 목적으로 한다"고 규정하고 있다. 그러므로 종부세의 납세의무자는 주택과 토지분 재산세의 납세의무자로서 공시가격을 합산한 공시가액이 일정금액을 초과하는 자가 그 납세의무자가 된다. 반면 지방세인 재산세는 지방세법 제105조에 의하면 토지, 건축물, 주택, 항공기 및 선박을 과세대상으로 함으로써 종부세에 비하여 과세대상이 상대적으로 넓고 재산세가 부과되는 토지와 주택이라 하더라도 일정금액을 초과하지 않는다면, 재산세는 부과되더라도 종부세는 부과되지 않는다는 점에서 구별되며, 재산세가 지방세법상 재산세 부분에서 규정하는 재산에 대하여 일반적으로 과세되는 성격을 지니고 있다면 종부세는 주택과 토지의 보유자로서 일정금액을 초과하는 자에게만 과세된다는 점에서 차이가 있다. 다시 말하면 종합부동산세의 납세의무자는 반드시 재산세의 납세의무자이지만 재산세의 납세의무자가 모두 종부세의 납세의무자는 아니다. 이러다 보니 종부세의 납세의무자는 재산의 보유세라는 동일한 성격의 재산세를 부담하게 되므로 종부세 도입 초기부터 이중과세의 문제가 제기되어 이를 조정해 주고 있었고, 2008년 12월 종부세법 제8조 제1항이 개정되면서 주택의 경우 과세표준을 주택의 공시가격을 합산한 가액이 일정금액(1세대 1주택자의 경우는 9억 원, 그 외의 경우는 6억 원)을 초과하는 경우 부동산시장의 동향과 재정 여건 등을 고려하여 60~100%의 범위에서 시행령으로 정하는 공정시장가액비율을 곱한 금액으로 한다고 하였고 시행령 제2조의 4 제1항에서는 공정시장가액비

율을 80%를 규정하여 적용하게 된다.

참고로 종부세 도입초기에도 2005년 12월 31일 법 개정시 "연도별 적용비율"이라는 개념을 신설하여 주택의 경우 2006년에는 70%, 2007년에는 80%, 2009년에는 90%를 과세표준금액에 곱하는 등 세부담 완화와 관련한 완충적 규정이 존재했었다. 하지만 이 규정은 "연도별 적용비율"이 과세표준의 개념에 포함되어 있지 않고 매년 일정률을 인상하여 급기야는 100%를 적용하겠다는 경과규정으로서 현행 공정시장가액비율이 과세표준 자체에 포함되는 것과는 차이가 있다. 즉, 구 법상으로는 세액계산이 [(공시가격-과세기준금액) × 세율 × 연도별 적용비율]으로 이루어지지만 현행법상으로는 [(공시가격-과세기준금액) × 공정시장가액비율 × 세율]로 이루어지므로 구법상의 과세표준은 (공시가액-과세기준금액)이고 현행법상의 과세표준은 (공시가액-과세기준금액) × 공정시장가액비율이 되는 것이 차이점이라고 할 수 있다.

이렇게 과세표준 개념에 포함되지 않는 "연도별 적용비율"을 폐지하고 과세표준의 개념에 포함되는 80%의 "공정시장가액비율"을 적용하는 것으로 개정하다 보니 재산세와의 이중과세조정과 관련한 규정은 종부세법 시행령 제4조의 2에서 개정 전에는 "주택분 과세기준금액을 초과하는 분"을 2009년 2월 "주택분 과세표준"으로 개정하게 되었다. 여기까지가 본 소송관련 법규정에 대한 개정내용이다. 지금까지의 설명이 본 글을 읽는 독자에게는 어렵다고 느낄 수 있다고 생각하면서도 이러한 진행상황을 언급할 수밖에 없는 이유는 지금부터 필자가 예를 들것에 대한 사전지식으로 필요한 부분이기 때문이다.

예제

(1) 2009년 2월 개정 전: 연도별 적용비율이 적용되던 시기

가정 홍길동은 공시가격이 20억 원인 주택을 보유하고 있고 6억 원을 초과하는 금액에 대하여 종부세를 부담한다. 종부세의 세율은 1%이고 재산세의 세율은 0.4%이다.

주택분 연도별 적용비율을 주택분 현행 공정시장가액비율인 80%로 일치시키기 위하여 2007년도를 가정한다.

- 원고(25개 기업)의 주장
  재산세: 20억 원 × 0.4% = 8,000,000원
  종부세: [(20억 원-6억 원)] × 1% × 80%(연도별 적용비율) = 11,200,000원
          과세표준은 (20억 원-6억 원)임.

종부세에 포함된 재산세 이중과세부분 공제

: (20억 원−6억 원)×0.4%×100%=5,600,000원

그러므로 종부세 납부할 금액: 11,200,000원−5,600,000원=5,600,000원

재산세와 종부세의 총액=8,000,000원+5,600,000원=13,600,000원

- 피고(과세관청)의 주장

재산세: 20억 원×0.4%=8,000,000원

종부세: (20억 원−6억 원)×1%×80%(연도별 적용비율)=11,200,000원

　　　　과세표준은 (20억 원−6억 원)임

종부세에 포함된 재산세 이중과세부분 공제

: (20억 원−6억 원)×0.4%×100%=5,600,000원

그러므로 종부세 납부할 금액: 11,200,000원−5,600,000=5,600,000원

재산세와 종부세의 총액: 8,000,000원+5,600,000원=13,600,0000원

피고의 원고의 이중과세조정금액은 5,600,000원으로 동일함.

(2) 2009년 2월 개정 후: 연도별 적용비율을 폐지하고 공정시장가액비율이 도입된 후

가정 홍길동은 공시가격이 20억 원인 주택을 보유하고 있고 6억 원을 초과하는 금액에 대하여 종부세를 부담한다. 종부세의 공정시장가액비율은 80%이고, 재산세의 공정시장가액비율은 60%이다. 종부세의 세율은 1%이고 재산세의 세율은 0.4%이다.

- 원고(25개 기업)의 주장

재산세: 20억 원×60%×0.4%=4,800,000원

종부세: (20억 원−6억 원)×80%(공정시장가액비율)×1%=11,200,000원

　　　　과세표준은 (20억 원−6억 원)×80%(공정시장가액비율)임.

종부세에 포함된 재산세 이중과세부분 공제

: (20억 원−6억 원)×100%×60%×0.4%=3,360,000원

그러므로 종부세 납부할 금액: 11,200,000원−3,360,000원=7,840,000원

재산세와 종부세의 총액=4,800,000원+7,840,000원=12,640,000원

- 피고(과세관청)의 주장

재산세: 20억 원×60%×0.4%=4,800,000원

종부세: (20억 원−6억 원)×80%(공정시장가액비율)×1%=11,200,000원

　　　　과세표준은 (20억 원−6억 원)×80%(공정시장가액비율)임.

종부세에 포함된 재산세 이중과세부분 공제

: (20억 원－6억 원)×80%×60%×0.4%＝2,688,000원

그러므로 종부세 납부할 금액: 11,200,000원－2,688,000원＝8,512,000원

재산세와 종부세의 총액＝4,800,000원＋8,512,000원＝13,312,000원

차이금액: (20억 원－6억 원)×(1－80%)×60%×0.4%＝672,000원

원고의 주장은 이중과세의 조정금액으로 3,360,000원을 차감하여 주어야 한다는 것이고 피고의 주장은 2,688,000원을 차감하여 주어야 한다는 것으로서 결국 원고의 주장을 받아들인 대법원의 주장이 정당하다면 국세청이 672,000원만큼 과대 징수하여 이 금액만큼을 환급하여야 한다는 것이다.

위에서 2009년 2월 개정 전과 후의 사례를 보면 결국 원고(25개 기업)와 피고(과세관청)의 주장의 다름은 종부세의 과세표준계산에 공정시장가액비율 80%가 도입되면서부터라고 볼 수 있다.

이 부분에서 몇 가지 분석해야 할 요소가 존재한다.

첫째, 종부세법 제8조 제1항에서 80%의 공정시장가액비율이 도입되면서 종부세법 시행령 제4조의 2의 문구가 "주택분 과세기준금액을 초과하는 분"을 "주택분 과세표준"으로 개정하게 되었는데 이러한 개정이 내용적인 측면에서 합리적인가 하는 문제와 80%를 곱한다는 의미가 주택분과세준이라고 문구를 개정하여 그 의미가 잘 전달되는가 하는 문제도 검토해 보아야 한다. 전자의 문제는 공정시장가액이 80%가 도입된 상태에서 이중과세의 조정 시에 예전대로 100%를 그대로 적용하는 것과 80%를 적용하는 것 중 어느 것이 합리적인가 하는 문제를 살피는 것이고 후자의 문제는 만약 전자가 합리적이라면 그 의미가 잘 전달되는가의 문제와 합리적이지 않다고 하더라도 시행령에서 의미하는 바와 시행규칙 별지 제3호 서식에서 자세히 규정하고 있는 것이 같은 의미로 해석되는지의 문제를 살피는 것이라고 할 수 있다.

위의 사례를 보게 되면 2009년 2월 개정 전의 사례에서는 연도별 적용비율이 우연히 현행 공정시장가액비율과 일치하는 80%가 적용되어 그 세액이 현행 세액과 일치하더라도 그 성격은 확연히 다름을 인식해야 한다. 연도별 적용비율을 적용하던 시기에는 과세표준이 (공시가격－과세기준금액) 그 자체가 되며 연도별 적용비율은 과세표준을 적용하여 나온 세액단계에서 적용되던 비율이며, 현행 공정시장가액비율은 과세표준이 [(공시가격－과세기준금액)×공정시장가액비율]로 정의됨으로써 과세표준에 포함되는 것이 다르다.

연도별 적용비율이 80%로 적용되었을 때는 원고의 주장내용이나, 과세관청의 방법대로 하더라도 이중과세의 조정 시에 100%를 적용함으로써 차이가 발생하지 않는다. 이는 이 시기에 종부세와 재산세의 이중과세조정 시에 입법자의 재량으로 100% 모두를 차감해 주는 시행령 규정이 존재하였기 때문이다. 반면, 2009년 개정 후에는 연도별 적용비율 규정을 폐지하고 과세표준계산시에 포함되는 공정시장가액비율 80%를 적용하면서 그에 대응하는 시행령 개정이 이루어지게 되어 원고와 피고 간에 이견이 생긴 것이다. 원고 측 주장은 연도별 적용기준 80%를 적용하는 것이나, 공정시장가액비율 80%를 적용하는 것이나 그 금액에 있어서 차이가 없는데도 이중과세조정금액을 줄였다는 주장이고 피고는 연도별 적용비율은 과도기적 규정이며 점차적으로 100%로 인상하는 것으로 법으로 규정했던 것이어서 이론적으로는 매년 이중과세조정을 연도별로 차등하게 적용해 주어야 되지만 입법자의 재량으로 100%를 차감해 주고 있었고, 이후 2009년 2월의 공정시장가액비율은 과세표준자체를 줄여주는 비율로 과세표준을 줄여서 종부세액이 줄어들었기 때문에 그에 상응하는 비율로 이중과세조정금액도 줄어들어야 한다는 논리이다. 필자가 생각하건데 2009년 2월 이전에 적용하던 방법은 과세표준을 (공시가격－과세기준금액)으로 보고 종부세 도입초기에 세부담의 충격을 줄이기 위한 완충적 성격의 비율로서 연도별 조정비율을 도입하여 차츰 100%로 만들려고 했던 것이고, 이에 반해 현행 공정시장가액비율은 과세표준자체를 줄여주었기 때문에 이중과세조정 시에도 그 금액을 줄여야 한다는 논리로서 2009년 2월 개정 전에 적용하던 연도별 적용비율은 차츰 100%를 도입하려고 했기 때문에 입법자의 재량으로 이중과세를 조정할 때도 100%를 다해주는 것으로 규정한 것이고, 2009년 이후에는 공정시장가액비율자체를 과세표준에 포함시킴으로써 종부세액을 줄였기 때문에 이에 대응하여 이중과세조정금액을 줄이려는 것으로 논리적으로도 이해할 수 있고 이러한 논리적 구성을 시행령에서 받아(시행령에서 과세표준의 개념에 공정시장가액비율을 적용한 후를 규정) 시행규칙에서 규정하였으므로 법체계의 문제도 없다고 할 수 있어 과세관청의 주장이 설득력이 있다는 생각이 든다.

또 다른 문제는 종부세법 시행규칙 별지 제3호 서식에 계산하는 구체적인 방법을 적시하고 있는데 이것이 시행령에서 위임하지 않은 내용인가를 검토해 볼 필요가 있다. 피고(과세관청)의 주장은 종부세의 과세표준계산에 80%의 공정시장가액비율이 적용되면서부터 이중과세조정의 문제에서도 그 논리적 정합성을 유지하기 위하여 종부세법 시행령 제4조의2에서 "주택분 과세기준금액을 초과하는 분"을 "주택분 과세표준"으로 개정하게 되었다는 주장이다. 즉, 주택분 과세기준금액을 초과하는 분은 100%를 의미하기 때문에 시행령으로

정하는 80%를 적용하기 위하여 주택분 과세표준이라는 용어로 변경되었다는 의미이다. 위에서 살펴보았듯이 종부세법 제8조 【과세표준】 제1항은 "주택에 대한 종합부동산세의 과세표준은 납세의무자별로 주택의 공시가격을 합산한 금액[과세기준일 현재 세대원 중 1인이 해당 주택을 단독으로 소유한 경우로서 대통령령으로 정하는 1세대 1주택자(이하 "1세대 1주택자"라 한다)의 경우에는 그 합산한 금액에서 3억 원을 공제한 금액]에서 6억 원을 공제한 금액에 부동산 시장의 동향과 재정 여건 등을 고려하여 100분의 60부터 100분의 100까지의 범위에서 대통령령으로 정하는 공정시장가액비율(80%)을 곱한 금액으로 한다"고 규정함으로써 80%를 곱한 금액을 과세표준으로 정의하고 있으므로 80%를 적용하기 위하여 용어를 "주택분 과세기준금액을 초과하는 분"을 "주택분 과세표준"으로 개정하게 되었다는 주장은 이해 못할 바 아니다. 시행규칙에 있는 서식의 구체적 계산방법에 80%를 곱하는 부분은 과세표준자체가 공정시장가액비율을 포함하게 되었으므로 이를 설명하는 부분이지 위임을 받아야 할 성격이 아니기 때문에 시행령에서 위임하지 않은 내용을 시행규칙에 규정하여 위임입법의 한계를 일탈하였다는 비판은 이해하기 힘들다.

둘째로, 이중과세의 문제에 있어서 반드시 이중과세되는 부분을 100% 모두 제거해야만 하는 지를 검토해 볼 필요가 있다. 현재 우리 세법상 이중과세 조정제도는 종부세와 재산세의 이중과세조정만 있는 것은 아니다. 배당소득에 있어서 법인주주의 경우 수입배당금 익금불산입제도와 개인주주의 경우 그로스업(gross-up)제도가 우리 세법상 존재하고 있다. 수입배당금 익금불산입의 경우도 피투자 법인이 비상장법인이고 투자 법인의 지분비율이 100%인 경우처럼 특수한 경우를 제외하고는 투자법인의 출자비율의 범위에 따라 입법자의 재량으로 이중과세를 조정해 주고 있으며, 소득세법상 개인주주의 그로스업(gross-up)제도에 있어서도 현행 법인세율이 3단계(10%/ 20%/ 22%) 초과 누진세율 구조로 이루어져 있지만 입법자의 재량으로 가장 낮은 세율인 10%를 기준으로 귀속법인세를 계산하여 이중과세를 조정하고 있다. 외국의 사례를 보더라도 이중과세의 조정에 대한 문제는 각국의 조세정책에 따라 달리 정하고 있는 것을 보면 이중과세의 조정이 입법자의 재량의 범위에 속한다는 논리를 부정하기는 힘들다고 생각한다. 이처럼 이중과세의 조정은 조세정책상 선택의 문제로서 우리 헌법재판소에서도 이중과세를 100% 완전하게 조정을 해주는 것이 헌법의 명문이나 해석상 그러한 의무를 도출해 낼 수 없다는 결정을 내린바 있다(헌재 2003헌가11, 2006.3.30.).

현재 종부세와 재산세의 이중과세의 조정문제와 관련한 소송은 1심에서는 납세자의 주장이 받아들여졌고, 2심에서는 과세관청의 주장이 받아들여졌으며, 대법원에서는 원심의 판결을 뒤집어 고등법원에 파기환송한 상태이다. 이 소송과 관련하여 여러 가지 측면의 분석이 가능하지만 제일 핵심이 되는 쟁점이 계산산식의 합리성처럼 보이는 측면도 있다. 계산산식의 합리성에서 원고의 주장은 이중과세조정 측면에서 그 조정이 완전하게 이루어지지 않았다는 것이고 피고의 주장은 대법원의 판결대로 된다면 종부세가 과세되지 않은 부분까지도 환급되어 과대환급이라는 주장이다. 이 문제에 대하여는 위에서 사례를 통하여 깊이 있게 분석해 보았으므로 추가적인 언급은 불필요해 보이고 그 문제보다도 더욱 중요한 문제는 이중과세의 문제가 반드시 100% 완벽하게 이루어줘야 하는 것은 아니며 이 부분에 대하여 논리적 정합성이 인정되는 한 입법자의 재량에 의존한다고 하는 것은 조세법상 존재하는 다양한 유형의 이중과세조정방법을 통하여 충분히 그 합리성을 찾을 수 있다. 만약 개인주주의 경우 법인이 지급하는 배당소득에 대하여 완벽하게 이중과세를 조정한다는 것은 이 부분에 한해서는 법인세의 폐지논리와 일치한다는 것과 다름 아니다. 하지만 종부세와 재산세의 이중과세방지를 위한 합리적 방법을 골똘히 생각하기에 앞서 먼저 드는 생각은 종부세가 현실적인 세목으로 탄생한 것 자체가 엄청난 무리수를 두었음에 그 원죄(原罪)가 있다는 생각을 지울 수가 없다.

(2015.10.22. 국가미래연구원)

02 정부의 보유세 인상논의 어떻게 볼 것인가?

　정부는 부동산 경기가 과열되었다는 판단하에 보유세 인상을 준비하고 있다. 보유세 인상은 1세대 다주택자의 투기를 막자는 의도에서 구상된 것이다. 작년에 개정되어 올해 1월과 4월에 시행되는 재건축초과이익환수제나 양도소득세 강화가 예정되어 있음에도 시장은 정부가 의도한 대로 가지 않고 있다고 생각하고 있다. 이에 마지막 카드로 나온 것이 보유세 개편 논의이다.

　보유세는 거래세와 달리 현실적인 양도차익이 존재하지 않아도, 그 대상자산의 보유만으로 과세되기 때문에 보유세 인상은 거래세 인상에 비하여 시장의 충격이 더 크다. 그러므로 보유세를 인상할 때는 더욱 그 정책의 목표그룹을 정조준할 필요가 있다.

　보유세 개편의 직접적인 타깃(target)은 1세대 다주택자이다. 보유세를 올린다는 것은 1

세대가 보유하는 주택 수를 줄이고 이로 인하여 주택공급을 늘이겠다는 정부의 의도이다. 이것도 종합부동산세(이하 종부세)를 조정하겠다는 것은 고액자산가에게 집중한다는 뜻이므로 지금까지의 핀셋증세와 궤를 같이한다.

정책의 시행은 정확한 정책목표의 실현과 함께 정책의 부작용을 최소화하여야 한다. 최근 보유세 인상 논의는 정부가 공언하고 있는 것처럼 1세대 다주택자를 겨냥하고 있다. 가장 유력한 안은 종부세 과세표준 산식의 공정시장가액비율을 80%에서 100%로 올리는 안이라고 한다. 주택의 경우 종부세 과세표준은 납세의무자별로 주택의 공시가격을 합산한 금액에서 6억 원을 차감한 금액에 공정시장가액비율인 80%를 곱하여 계산한다. 단, 단독명의 1세대 1주택의 경우는 3억 원을 추가로 차감하여 계산하므로 도합 9억 원이 차감되는 셈이다. 3억 원의 추가 차감이유는 부부가 공동명의로 주택을 취득하고 그 지분을 동일하게 한다면 공시가격이 12억 원까지는 종부세가 과세되지 않는 점을 고려하여 추가 차감규정을 둔 것이다. 종부세액의 인상을 통하여 정부가 달성하려고 목표가 1세대 다주택자에게 세제상의 불리함을 주어 보유주택 수를 줄이려고 하는데 있다면 종부세인상 안의 내용에 1세대 1주택자에 대한 안전장치는 당연히 두어야 한다. 즉, 종부세의 인상이 이루어지더라도 1세대 1주택자에게는 종부세의 추가적인 부담이 없어야 한다는 의미이다.

국세인 종부세가 처음 도입될 당시 지방세인 재산세와 별도로 존재하여야 하느냐의 문제와 그 세액이 가중하다는 점이 조세저항의 주요 이유였다. 이러한 논의는 종부세의 세율인하, 부부합산 위헌판결, 공정시장가액 비율도입 등 종부세의 세액 경감으로 이어졌고 최근에는 종부세가 재산세로 다시 통합되지 않을까 하는 조심스런 예측이 나오기도 했다. 하지만 정부는 부동산 가격인상의 분위기를 잠재우고자 하는 정책의 선택과정에서 대출규제, 거래세 강화, 재건축 초과이익환수제의 시행 등에 이어 마지막 카드로 종부세에 다시 중요한 역할을 기대하고 있는 듯하다.

부동산 가격은 등락을 거듭하면서도 장기적인 시계열하에서는 오르는 것이 당연하다. 이는 인플레이션을 헷지(hedge)하는 자산의 성격으로 말미암은 것이다. 그리고 수요와 공급, 교육환경을 비롯한 그 지역의 거주환경 등이 가격 상승의 또 다른 원인이다. 이렇게 여러 가지 원인으로 부동산 가격이 형성된다는 전제에서 본다면 현재의 정부정책은 엇박자를 내고 있는 측면도 있다. 예컨대 강남의 부동산 가격인상을 억제하기 위하여 종부세를 인상하겠다고 하면서도 외고나 자사고를 폐지하는 정책을 같이 내놓고 있다. 교육적인 측면의 공과(功過)와는 별개로 부동산의 가격인상을 억제한다는 측면에서는 엇박자가 분명하다. 왜냐하면 외고나 자사고를 폐지하는 상황에서는 자연스럽게 교육환경이 좋다고 생각하는 강남으로의 거주지 이전을 원하는 부모들의 주택 대기수요가 있을 것이며 이러한 현상은 강남 소재 주택가격 상승에 긍정적으로 작용할 것이기 때문이다.

전통적으로 우리의 부동산 관련 세제는 "부동산 불패"라는 말이 대변하듯이 부동산 가격의 계속적인 상승과 이러한 차익을 누리기 위한 투기자를 규제하려는 목적으로 입안된 측면이 있다. 이런 시각은 소득세 중에서도 양도소득세를 항상 별도로 분류하여 과세하고, 세율도 기본세율과는 완전히 다른, 상황에 따른 복잡한 세율구조를 가지게 하였다. 하지만 지금 부동산 시장은 예전처럼 계속적으로 인플레이션율을 초과하는 이득을 담보하는 시장은 아니다. 그러므로 정부는 부동산세제의 입안 시 부동산 경기를 보는 근본적 시각이 맞는지, 정책결정에 있어서 지역에 따라 부동산 가격이 다름에 따른 차이를 인정하지 못하는 획일화의 문제는 없는지, 여러 가지 요인이 결합되어 발현되는 부동산가격을 세금만으로 통제할 수 있다는 생각이 시장상황의 왜곡을 가져오는 것은 아닌지 등을 항상 고민하여야 한다.

(2018.1.14. 국가미래연구원)

03 종부세법 개정, 부동산가격 현실화와 부담세액의 적정화

최근 종합부동산세(이하 종부세라 함)제의 개정은 부동산 가격을 안정시키려는 정부의 세제개편 마지막 카드로 생각된다. 보유세로 불리는 재산세와 종부세는 재산의 보유 그 자체가 과세의 대상이라서 양도차익이 발생해야 부담하는 양도소득세와는 그 성격이 확연히 다르다. 부동산 가격안정과 관련하여 정부가 사용할 수 있는 세제카드 중 마지막으로 사용한 것도 그러한 이유에서이다.

조세법과 조세정책을 연구하는 학자로서 필자는 세제가 부동산 가격을 근본적으로 통제할 수 있느냐에 대한 근본적인 의문을 가지고 있다. 하지만 우리나라가 전통적으로 부동산 가격의 안정을 위하여 세제를 빈번하게 사용한 것을 상기해 볼 때 이 문제부터 거론하게 되면 논의가 너무 장황해져서 결국에는 당면문제에 대한 구체적인 해결방안 모색에는 소홀해질 것 같아 현행의 제도하에서 문제점과 개선방안을 생각해 보는 것이 현실적이라는 생각을 해본다.

종부세와 관련하여 지난 6월 22일 재정개혁특별위원회가 제안한 4가지 안중에서 정부가

선택한 세 번째 안을 당초 안으로 9월 13일에 국토교통부와 기획재정부가 합동으로 내놓은 안을 수정안으로 하여 이에 대한 법리적, 정책적 측면에서 잘한 점과 미흡한 점을 언급하려고 한다. 9월 13일 대책은 종부세만의 문제가 아닌 금융조건, 주택공급의 문제까지 고려하여 정책의 범위가 넓어졌지만 종부세 측면에서는 각 단계에서 세율을 인상하는 조건 등 특별히 과세논리가 변경된 것은 없으므로 실제적으로는 당초 안의 내용을 중심으로 검토하였다.

이번 개정안에서 잘한 점으로 생각되는 것은 첫째, 1세대 3주택 이상 보유자에 대하여 세제상의 불이익을 주는 점이다. 1세대 3주택 이상 보유자는 최근의 상황에서는 거주의 목적보다는 투기목적이 있는 것으로 생각되므로 이에 대한 세제상의 불이익을 주어 부동산이 시장에 매물로 나와야 한다는 정부의 정책의중을 시장에 보내는 것이 나름대로 의미가 있다고 본다.

둘째로는 대부분 사업용 토지인 별도합산토지에 대하여 종합합산토지와는 다르게 추가적인 세율인상을 하지 않은 것은 사업용 토지와 비사업용 토지의 합리적인 차별이라고 생각된다. 하지만 몇 가지 점에 대하여는 아쉬운 점이 느껴진다. 그 중에서도 종부세의 세액을 증가시키는 여러 가지 요인을 한꺼번에 올리겠다는 생각에 대하여는 정책의 효과를 빨리 보겠다는 조급함이 느껴져 걱정스러운 측면이 있다.

종부세액은 공시가격, 공정시장가액비율, 세율이 인상되면 증가된다. 이중 가장 우려되는 부분은 공시가격의 인상부분이다. 공시가격은 89년 이전의 보상기준가격으로 사용하는 건설부의 기준시가, 지방세의 기준가격으로 사용하는 내무부의 시가표준액, 국세의 기준가격으로 사용하는 국세청의 기준시가를 통합한 것으로서 세제를 관장하는 기획재정부의 소관이 아니고 국토교통부의 소관이라 세제의 입법과는 직접적인 연관성이 없다. 공시가격은 재산세나 종부세 등 보유세의 세액 산정에만 영향을 주는 것이 아니라 여러 종류의 준조세 등의 부담액에도 영향을 주기 때문에 그 현실화에 신중을 기할 필요가 있다.

공시가격의 근본적인 문제는 현실화의 문제라기보다는 각 유형별(지역별, 종류별 등) 부동산의 형평의 문제이다. 그리고 공정시장가액비율의 도입은 처음에는 종부세 부담액이 너무 커서 이를 줄여주려는 의도에서 시작되었는데 최근 분위기는 공정시장가액비율이 시가반영에 부정적이라는 비판을 받고 있다. 공시가격과 공정시장가액비율은 비록 세율은 아니더라도 종부세 과세표준의 산식에 포함되어 있는 요소로서 모두 현실화의 요청을 받고 있는 상황이다.

무릇 조세는 세법전(稅法典)에 있는 각각의 세목의 계산규정에 의하여 계산되어진 세액을 납세자가 부담한다. 일반적으로 세율을 곱하기 직전의 단계에 있는 숫자를 과세표준이라고 명명하여 결국 과세표준에 세율을 곱하면 산출세액이 계산되고 이 산출세액에서 몇 가지의 가감항목(세액공제, 세액감면 등을 차감하고 가산세 등을 가산)을 조정하여 실제 납부할 세액이 정해진다. 그리고 어느 세목이든 과세표준에 세율을 곱하여 나온 숫자가 부담할 세액의 1차적 기준금액이 된다.

과세표준을 구성하는 요소가 여러 항목으로 구성될 경우 그 항목 하나하나는 산출세액에 영향을 미치게 된다. 종부세의 경우 주택에 대한 종부세의 과세표준은 그 주택의 공시가격, 공정시장가액비율에 영향을 받는다. 그리고 최종적으로 세율의 영향을 받아 산출세액이 확정된다.

그러므로 종부세의 산출세액에 영향을 미치는 요소는 공시가격, 공정시장가액비율, 세율, 총 3개의 항목이다. 이 상황에서 궁극적인 목표는 산출세액이 납세자의 응능부담에 적합한가이지 중간요소인 공시가격이나 공정시장가액비율의 현실화가 아니다. 우리가 지금까지 공시가격이나 공정시장가액비율을 통하여 시가와의 관계에서 간극을 유지하였던 것도 같은 이유에서이다. 소득이 많고, 재산이 많은 자가 많은 세금을 부담하는 것은 조세정의에 부합된다.

하지만 어느 정도 수준의 세금부담이 적절한가는 입법자가 항상 첫 번째로 생각해 보아야 할 화두이다. 조세저항은 부담할 세액의 절대적 크기에 의하여 유발되기도 하지만 급격한 세부담의 증가도 조세저항을 일으킨다. 과세표준에 세율을 적용한 금액에 대한 적정성이 과세표준에 포함되어 있는 중간항목의 현실화보다 우선적으로 검토해야 할 내용이다.

(2018.10.10. 국가미래연구원)

04 주택관련 조세정책에 퇴로(退路)가 없다.

수 차례의 주택 가격 안정화 정책에도 불구하고 주택 시장이 안정기미를 보이지 않자 정부는 다시 종합부동산세(이하 종부세)와 양도소득세(이하 양도세), 취득세 등 주택과 관련한 모든 세금의 인상을 내용으로 하는 7.10. 주택시장 안정대책(이하 7.10대책)을 내놓았다. 이번 정부 들어 23번째 부동산 대책이다. 박근혜 정부때 주택가격을 올리기 위해서 여러 가지

수요확대정책을 사용한 것과 비교하면 격세지감(隔世之感)이다.

역대정권의 부동산 정책은 정도의 차이는 있지만 규제와 완화를 반복하였던 것이 사실이다. 노무현 정부때는 폭등한 집값을 잡기 위해 종부세와 주택담보대출비율(LTV), 총부채상환비율(DTI)을 도입하였으며, 공공임대주택 150만 가구를 건설하여 공급을 확대하였다. 이명박 정부는 미국의 서브프라임모기지 사태로 촉발된 경제위기로 주택가격이 하락하자 강남3구를 제외한 주택 투기지역과 투기과열지구를 해제하였으며 종부세, 양도세 등 부동산 관련 세금부담을 완화하였다. 박근혜 정부 역시 침체된 주택시장을 살리고자 부동산관련세제 완화, 주택담보대출 요건 완화 등 돈빌려서 집을 사라는 정책을 폈다. 이렇게 규제와 완화를 반복하였던 주택시장은 문재인 정부 들어 집값이 폭등하여 이렇게 현 정부 들어 23번째 정책까지 나오게 된 것이다.

부동산은 공유수면을 매립하는 등의 특별한 경우가 아니면 그 공급량을 증가시킬 수 없으며 특히 사람이 거주하는 주택의 경우 토지를 기반으로 하고 그 선호지역이 확실한 상황이라 공급량을 늘리는 것 자체가 더더욱 힘들다. 이런 성격으로 말미암아 거주가 가능한 땅이 절대적으로 좁은 우리나라의 경우 부동산을 소유하겠다는 애착은 거의 종교적 믿음에 비견될만큼 강력하다. 이러한 부동산의 특징과 우리나라 상황의 특수성은 타국의 부동산에 비하여 더욱 강력한 투자수단으로 활용되었던 것이 사실이다.

이러한 점을 고려하면 부동산 관련 정부의 정책은 부동산 가격의 인상을 절대적으로 막는 것이 아니고 안정적인 상승을 유지할 수 있게 그 정책적 기조를 펴나가야 한다. 특정시기에 부동산 가격의 폭락과 폭등은 모두 사회적 문제를 발생시킨다. 폭락은 부동산을 보유하고 있는 경제주체에게 자산가치의 급속한 감소와 부동산을 담보로 대출을 한 금융기관의 부실화로 이어지며, 폭등은 경제주체의 빈부격차를 벌이고 새로 경제활동을 시작하는 젊은 세대의 삶의 의욕을 감소시키는 해악을 끼친다. 그러므로 역대정권은 부동산 시장을 통제하기 위하여 부단히도 노력을 해왔다. 우리나라 부동산 관련 세제의 대표격인 양도세제가 누더기처럼 그때그때 휘둘렸던 것이 이를 방증(傍證)한다.

현 정부의 23번째 부동산 정책의 핵심은 다주택 보유자에 대한 압박이다. 다주택 보유자가 정부의 이번정책으로 인하여 다주택 보유를 더 이상 견디지 못하고 1세대 1주택을 제외한 주택을 시장에 내어놓게 하는 것이 목적이다. 이러한 목적에 부합되기 위하여는 그 목적에 정확하게 맞는 정책을 구사하여야 한다.

첫째, 1세대 1주택 보유자와 1세대 다주택 보유자에게 적용하는 조세정책이 확실하게 차별적이어야 한다. 1세대 1주택자에 대한 양도세제의 혜택을 없애자는 의견과 소위 말하는 똑똑한 한 채에 대하여 차별적인 대우를 주장하는 혹자의 주장도 있으나 이것도 정책입안자의 정책 선택의 문제로서 지금까지 우리나라 세제가 1세대 1주택에 대하여 국민의 주거안정을 위한다는 측면을 강조하여 세제혜택을 준점에 대하여 필자는 그 논리에 공감하고 있다. 하지만 또 다른 측면에서 세수가 많이 모자란다면 1세대 1주택의 세제혜택을 줄인다고 하더라도 군이 반대할 이유도 없다. 하지만 1세대 1주택의 경우 주어진 세제혜택의 환수는 그 우선순위에 있어서 차선 내지 차차선이라는 생각이다. 이러한 점에서 7.10대책은 비교적 이 부분의 고려를 잘하고 있지만 향후에도 이러한 부분의 정책적 고려는 1세대 1주택자에 대하여 세제혜택을 환수하는 강력한 정책적 변화가 없는 한 지속되어야 한다.

둘째, 이번 7.10대책은 종부세를 포함하여 양도세와 심지어는 취득세까지 모두 인상하여 정책의 목적이 다주택자의 초과물량 출회인지, 증세 그 자체인지에 대하여 그 목적을 의심케 한다. 만약 다주택자의 초과물량을 시장에 내놓게 하는 것이 주목적이라면 양도세와 취득세의 인상은 그 정책목적에 부합된다고 볼 수 없다. 양도세의 경우 매물 유도를 위하여 내년 종부세 부과일인 2021.6.1.까지 그 시행을 유예하고 있고, 2년 미만의 양도차익과 규제지역의 다주택자 양도세 중과세율을 인상하여 제한적이기는 하지만 종부세를 인상하면서 양도세를 같이 인상한다는 것 자체가 관련정책의 일관성 측면에서 문제가 있다. 보유세를 인상하여 매도할 것을 종용하면서 양도세인상을 동시에 하는 것은 보유하지 않고 양도를 생각하는 현재 보유자의 퇴로를 막는다는 점에서 논리모순적 측면이 있다.

1세대 다주택자의 매물출회를 기대하면서 취득세 부분을 건드린 것도 생뚱맞다. 보유세 강화를 통하여 초과주택의 매각을 압박하면서 매각주체의 양도세를 강화하여 그 퇴로를 막고, 그 이후단계에서 발생하는 취득세율을 인상하는 것은 7.10대책이 기대하는 다주택자의 매물출회에 긍정적 효과와 부정적 효과를 혼재시킨다는 생각이 든다. 정책이 시장에 보내는 의미는 간명하여야 한다. 보유세를 올리면서 양도세까지 같이 인상하고 취득세까지 건드리는 것은 정책이 시장에 보내는 메시지의 명확성을 훼손시킨다.

정부가 보는 현재의 부동산 시장상황은 다급하고 당황스럽기까지 하여 정부의 새로운 정책이 바라는 방향으로 시장이 신속하게 반응해 주기를 기대하고 있을 것이다. 하지만 현재의 부동산 관련 정책이 23번째임을 생각해 본다면 다급하다고 하여 한시적인 정책을 급하게 내어놓는 것은 더욱 시장상황을 어렵게 만들 수 있다.

부동산정책은 모든 국민들의 최대의 관심사이다. 부동산 정책을 통하여 국민들의 생각에

편가르기 상황이 벌어지기도 한다. 새로운 정책이 나올 때마다 국민들의 마음속에는 나와의 관련성을 통하여 무관심, 지지, 저항이 갈려지는 측면도 있다. 부동산 관련정책을 통하여 부동산을 정책의 목적대로 해 보려는 생각은 그 어느 역대 정권에도 있었다. 하지만 시장은 그 방향대로 반드시 간 것은 아니다. 부동산 시장에 그때그때 민감하게 반응하는 정책수립보다는 장기적인 안목을 가진 논리적이고 안정적인 조세정책을 포함한 부동산 정책의 수립 및 이행이 보다 절실하다.

(2020.7.12. 국가미래연구원)

 05　현행 종부세법상 부부공동명의, 득인가?, 실인가?

　부부공동명의는 무거운 종합부동산세(이하 종부세)를 줄이는데 도움이 되는 것으로 알려져 있다. 그런데 최근 고령자세액공제와 맞물리면서 부부공동명의가 종부세 적용 시 불리하다는 볼멘소리가 나오고 있다. 최근 불거진 주택에 대한 종부세의 문제는 부부공동명의가 종부세 부담 시 항상 유리하지는 않다는 점을 보여준다.

　주택에 대한 종부세는 자연인의 경우 납세의무자별로 6억 원을 공제하는데 과세기준일 현재 세대원 중 1인이 해당 주택을 단독으로 소유한 경우로서 대통령령으로 정하는 1세대 1주택자의 경우는 3억 원을 추가로 공제하므로 도합 9억 원을 공제한다.

　문제는 여기에서 시작된다. 혼인생활을 영위하고 있는 부부의 경우 사실상의 공유관계가 형성되는데 세금을 줄이는 목적과 부부간 실질적인 공유관계를 형식적으로 맞춘다는 의미에서 공동명의를 선호하는 부부는 점점 늘고 있다. 이런 의미에서 부부 중 한 사람의 명의로 주택을 소유하는 것보다는 공동명의로 소유하는 것이 종부세법상 9억 원이 아닌 12억 원을 공제해주므로 세부담상 유리한 측면이 있다.

　그런데 종부세법상 고령자세액공제와 장기보유자세액공제는 1세대 1주택에 한하여 적용되고 종부세법 시행령 제2조의 3 제1항에서 "대통령령으로 정하는 1세대 1주택자"란 소득세법상 거주자로서 세대원 중 1명만이 주택분 재산세 과세대상인 1주택만을 소유한 경우라고 정의함으로써 부부가 공동명의로 주택을 소유하게 되면 세대원 중 1명만이 주택분 재산세 과세대상인 1주택을 소유하는 경우가 아니므로 고령자세액공제와 장기보유자 세액공제가 배제된다.

정리하면 현행 종부세법상 1인 명의의 주택은 과세표준 계산 시 공시가격 9억 원을 공제하여 공동명의의 경우 12억 원을 공제하는 것보다 불리하지만 세액공제인 고령자공제와 장기보유자공제의 요건에 해당된다면 세액공제의 혜택을 받을 수 있는 것은 공동명의로 하는 것보다 유리하다. 즉, 공동명의의 주택은 공시가격 12억 원을 공제하여 유리하지만 고령자공제와 장기보유자공제를 받을 수 없는 것은 불리한 점이다.

여기까지가 현행 세법이다. 결국 최근 문제는 공동명의주택의 경우 12억 원을 차감하고 세액공제를 적용받지 못한 세액(A)이 1인 명의의 경우 9억 원을 공제하고 세액공제를 받은 경우의 세액(B)과 비교하여 A금액이 B금액보다 큰 경우가 생긴 것이 화근이다.

그렇다면 세액공제 규정은 2008년 12월 26일 개정 시에 도입된 것인데 왜 지금에야 문제가 되었을까? 1인 명의로 된 주택은 9억 원이 초과하면 종부세에 해당하지만 공동명의의 주택은 12억 원이 초과해야 종부세에 해당되므로 납세의무자별로 주택의 공시가격을 합산한 금액이 9억 원 초과 12억 원 이하인 경우는 공동명의로 종부세 과세를 피해갈 수 있었다. 하지만 최근 공시가격의 상승은 예전에 12억 원 이하여서 종부세 부담을 피해가던 공동명의 납세의무자에게 12억 원을 초과하게 하여 종부세 부담을 피해갈 수 없게 만들었다.

지금까지는 1인 명의의 경우 종부세 산출세액에서 고령자공제 등 세액공제는 세액을 차감해 주는 항목이라 불만이 있을 수 없었고 공동명의의 경우는 12억 원을 공제하여 대부분 종부세를 전혀 내지 않거나, 내더라도 세금을 내는 부분이 크지 않아 문제가 크게 보이지 않았다.

하지만 이제 공시가격이 많이 오르다 보니 공동명의라 하더라도 납부할 세액이 커지고 고령자의 현금 동원능력에 대한 배려차원에서 최근 고령자공제율을 각 단계별로 10%p를 높이다 보니 고령자공제를 받을 수 있는 요건에 해당하는 납세자가 부부공동명의를 해 놓은 경우 공동명의로 인한 혜택을 받고도 1세대 1주택의 요건에 맞지 않아 세액공제를 받지 못하는 상황이 되다 보니 결국 세액이 역전되는 상황이 생긴 것이다.

지금 공동명의로 인한 불이익에 대하여 불만을 토로하는 그룹은 지금까지 공동명의로 인하여 혜택을 보았던 그룹이다. 고령자공제와 장기보유공제는 모든 납세자에게 공히 적용되는 상황이 아니다. 즉 고령자공제는 만 60세 이상이고 장기보유공제는 보유기간이 최소한 5년 이상이 되어야 한다.

공동명의로 인한 종부세의 혜택은 공동명의를 한 시점 이후부터 바로 주어지지만, 세액공제의 경우는 그 조건을 만족하는 자에게만 혜택이 주어져서 12억 원을 공제해 주는 유리함에 바로 세액공제를 안 해주는 불리함을 매칭시켜 불합리하다는 주장을 하는 것에 문제가 전혀 없는 것은 아니다.

하지만 부부공동명의의 사회적 수요는 절세 전략뿐만 아니라 부부가 가정공동체로서 공동재산을 형성해가는 것에 대한 실질과 형식을 부합시킨다는 점에서 최근 부부문화로 정착하고 있는 것을 고려한다면 부부공동명의로 인한 어떠한 세제상 불이익도 시정해 주어야 한다. 특히 현재와 같이 인구가 감소하는 대한민국의 상황에서 혼인을 통한 공동명의에 세제상 불이익을 주는 것은 더욱이 문제가 있다.

구체적으로 세법 적용 시 불합리한 부분이 있다면 합리적 방법을 강구하면 된다. 예를 들면 고령자공제의 경우 배우자의 한편이 고령자이고 다른 한편이 고령자가 아닌 경우 고령자공제를 전액 해 줄 것인지, 아니면 고령자에 해당하는 부부한편의 지분만큼만 해 줄 것인지에 대한 결정은 그 다음 일이다.

(2020.9.8. 국가미래연구원)

06 1세대 1주택 세제혜택의 명분과 실제

1세대 1주택에 대하여 세제상 혜택을 주는 것은 납세자에게는 매우 익숙하다. 그래서 납세자들은 주택 보유상황을 세법에서 정하는 1세대 1주택의 범주에 포함되도록 하기 위하여 노력(?)한다. 1세대가 1주택을 보유한다는 의미로 읽혀지는 1세대 1주택은 세법상 규정을 읽어보면 그리 간단하지 않다.

'1세대 1주택'을 문언적으로 정의하면 1세대가 1주택을 보유하고 있는 경우를 말한다. 세대(世帶)는 공동으로 가족생활을 하는 단위를 말하기 때문에 1세대 1주택은 공동으로 가족생활을 하는 한 단위가 1주택을 보유하는 것으로 정의하면 된다.

하지만 소득세법에서 정의하는 '1세대 1주택'은 원칙적으로 양도소득세가 비과세되는 혜택을 주기 때문에 이보다 훨씬 까다로운 기준을 가지고 있다. 소득세법 시행령 제154조 제1항에서 규정하고 있는 '1세대 1주택'은 "1세대가 양도일 현재 국내에 1주택을 보유하고 있는 경우로서 해당 주택의 보유기간이 2년 이상인 것"을 말하며, "취득 당시에 조정대상지역에 있는 주택의 경우에는 보유기간 2년 이상 요건 이외에 거주기간이 2년 이상인 추가적인 요건도 충족"해야 한다.

하지만 예외적으로 보유기간이나 거주기간의 제한을 받지 않는 경우는 따로 규정하고 있다. 그리고 1세대에 관하여는 소득세법 제88조 제6호에서 거주자 및 그 배우자*^{주1)}가 그들과 같은 주소 또는 거소에서 생계를 같이 하는 자*^{주2)}와 함께 구성하는 가족단위를 말한다고 규정하고 있고, 배우자가 사망하거나 이혼한 경우 등은 예외적으로 배우자가 없어도 1세대로 보고 있다.

* 주1) 법률상 이혼을 하였으나 생계를 같이 하는 등 사실상 이혼한 것으로 보기 어려운 관계에 있는 사람을 포함한다.

* 주2) 거주자 및 그 배우자의 직계존비속(그 배우자를 포함) 및 형제자매를 말하며, 취학, 질병의 요양, 근무상 또는 사업상의 형편으로 본래의 주소 또는 거소에서 일시 퇴거한 사람을 포함한다.

이처럼 문언상 1세대 1주택의 의미와 소득세법상 양도소득세가 비과세되는 혜택이 부여되는 1세대 1주택의 의미는 차이가 크다.

그렇다면 우리 세법이 오랜 기간 동안 1세대 1주택에 관하여 양도소득세 비과세혜택을 준 이유는 무엇인가? 혹자(或者)는 1세대 1주택의 경우에도 양도차익이 발생한 경우 소득이 발생하였으므로 양도소득세를 과세하여야 한다는 주장을 하기도 한다. 소득이 있다면 모두 과세하여야 한다는 것으로 일단 일리가 있다.

하지만 전통적으로 우리 세법이 1세대 1주택에 대하여 양도소득세를 비과세 한 것은 나름의 이유가 있었다. 주택은 인간 생활에 꼭 필요한 의식주(衣食住) 중 주(住)요소로서 주택에 거주하기 위해서는 임차를 하거나 소유할 수밖에 없다. 주거의 안정을 위해서는 궁극적으로 주택을 소유하여야 하므로 1주택을 소유하는 것은 삶의 필수적 요소이다.

그리고 일정한 주택에 살다보면 다른 주택으로의 이전도 필요한 상황이 될 수 있는데, 만약 1세대 1주택에 양도소득세를 부과한다면 양도대금에서 양도소득세를 차감한 후의 금액으로는 양도 전의 가격과 같은 가격대의 주택을 대체취득 함에 어려움이 있을 수 있고, 이는 헌법 제14조에서 규정하는 거주이전의 자유를 실질적으로 침해할 수 있어 지금껏 과세하지 않았다.

그런데 현재 시행되고 있는 부동산 조세정책에서 1세대 1주택은 기존의 혜택을 준다는 기조를 유지하면서도 어떤 부분은 그 방향성이 의심되는 부분이 있는데 이에 대한 몇 가지

이슈를 살펴보고자 한다.

첫째는 고가주택에 관한 것이다. 고가주택은 실지거래가액이 9억 원을 초과하는 주택을 말하며 1세대 1주택이라 하더라도 9억 원 초과 부분은 과세한다. 실지거래가액이 9억 원을 초과하는 경우 과세하는 규정은 2008년 10월 7일 개정된 내용으로 개정된 지 12년이나 되었다. 며칠 전 뉴스에 의하면 서울 소재 아파트 중 반 이상이 9억 원 이상이라고 한다. 고가주택이 몰려있는 서울 강남지역을 대상으로 하면 이 비율은 더욱 높아질 것이다. 12년 전 주택가격과 지금의 주택가격을 비교한다면 실지거래가액이 9억 원 이상인 주택을 지금까지 고가주택의 기준으로 사용하는 것은 문제가 있다고 생각한다.

둘째는 정부가 투기의 대상으로 보고 있는 조정대상지역 주택의 경우, 1세대 1주택의 일반적인 요건인 2년 이상 보유요건 이외에 2년 이상 거주요건도 있다. 하지만 1세대 1주택의 경우에도 굳이 2년 거주요건을 고집하는 것이 합리적인 명분이 있는지도 의문시된다.

소득세법 제154조에서 규정하는 1세대 1주택의 요건을 그 연혁으로 살펴보면 예전에는 보유기간이 3년 이상이고 서울특별시, 과천시 및 「택지개발촉진법」 제3조에 따라 택지개발 예정지구로 지정·고시된 분당·일산·평촌·산본·중동 신도시지역에 소재하는 주택의 경우에는 해당 주택의 보유기간이 3년 이상 요건 이외에 보유기간 중 거주기간이 2년 이상이라는 요건이 추가로 존재하고 있었다. 그러나 2011년 6월 3일 개정 시 거주기간 2년은 삭제되었다가 2017년 9월 19일 개정 시 취득 당시 조정지역에 있는 주택의 경우는 다시 거주기간 2년이 추가적으로 들어오게 된 것이다.

거주기간 요건이 문제되는 이유는 우리 국민들의 일반적인 주택구입형태에 기인한다. 주택은 우리국민들이 보유하는 자산 중 평균적으로 가장 고가의 자산이다. KB국민은행 자료에 의하면 소득을 모두 저축하고 소득과 동일한 분위가격의 주택을 구입한다고 가정할 때 2020년 9월 기준 소득 분위 하위 20% 소득자는 19년이 걸리고, 상위 20% 소득자라고 하더라도 15.5년이 소요된다고 한다.

이러한 통계는 국민들이 자기자금으로 주택을 구입하는 것이 얼마나 어려운지를 보여주고 있다. 이러한 상황에서 주택을 구입하기 위해서는 은행에서 대출을 받거나 전세자금을 이용한 구입 이외에는 특별한 방법이 없다. 만약 자기자금으로 주택을 구입하려는 계획을 세웠다면 소득을 통하여 자금이 모이는 속도보다 주택의 가격상승 속도가 더 빨라 주택의 취득은 생전에 불가능할 수도 있다.

주택가격의 가파른 상승을 따라잡기 위해서는 한시라도 빨리 주택을 소유해야 한다는 생각에 사로잡힌 국민들의 주택취득 형태는 결국 전세자금과 은행대출을 이용한 취득이 하나의 대안이 될 수 있고 이렇게 취득한 주택은 전세자금과 대출금을 반환하지 않고는 실질적으로 입주해서 살 수 없는 상황이 된다.

이러한 상황을 투기라고 볼 수 있는가? 실제 거주하지 않는 1세대 1주택에 대하여 거주기간을 채우지 못했다고 해서 비과세혜택을 주지 말아야 한다는 주장은 이 부분에서 투기 성격이 아닌 서민들의 주택취득형태를 투기로 보겠다는 것이어서 문제가 있다.

국민들의 생활에서 1세대 1주택의 보유는 투기목적이라고 볼 수 없고 설사 소유하고 바로 거주를 못하더라도 주택가격의 상승속도가 소득을 저축하여 목돈을 형성하는 속도보다 빠른 상황에서 1세대 1주택의 경우라면 사회적으로 비난할 명분이 크지 않다고 생각한다.

셋째, 양도소득세뿐만 아니라 보유세인 재산세와 종합부동산세의 경우도 생각해 볼 문제가 있다. 재산세의 경우는 재산의 보유에 부과하는 세목으로 특별히 1세대 1주택이라고 하더라도 혜택을 줄 명분이 없다. 하지만 종합부동산세는 재산세와는 그 과세에 대한 입법취지가 다르다. 고액의 부동산 보유자에 대하여 부동산 보유에 대한 조세부담의 공평성을 제고하고, 부동산의 가격안정을 도모한다는 목적이 있으므로 1세대 1주택자의 보호는 필요하다. 1세대 1주택자는 주택투기를 통하여 시장을 교란하는 세력이라고 볼 수 없기 때문이다. 종합부동산세의 경우에 1세대 1주택의 경우 까지도 세율을 인상하는 것은 1세대 1주택에 대하여 보호하여야 한다는 생각과는 부합되지 않는다.

1세대 1주택에 대한 세제 혜택은 국가의 조세정책의 일환으로 정해질 문제이기는 하지만 나름의 명분이 있고 이러한 명분을 우리 세법도 인정하고 있다. 만약 1세대 1주택에 대한 세제 혜택을 주는 쪽으로 기울어졌다면 세제 혜택에 대한 일관성은 필요하다. 1세대 1주택에 혜택을 준다고 하면서 슬그머니 이에 대한 효과를 약화시키는 정책을 선택하는 것은 바람직하지 않다.

투기를 막겠다는 목적으로 1세대 다주택자에 대한 세 부담을 증가시키는 의도라면 1세대 1주택자에 대한 세제혜택은 확실하게 부여하는 것이 시장에 대하여 강력한 정책방향을 제시하는 것이다.

(2021.1.26. 국가미래연구원)

07 자본시장의 내부자거래와 LH직원의 투기행위

최근 발생한 한국토지주택공사(이하 LH) 직원 들의 광명·시흥지구 사전투기는 미공개정보를 이용하여 내부자가 사적이익을 추구하였다는 점에서 주식시장의 내부자거래와 그 성격이 유사하다. 주식시장에서 내부자거래(insider trading)는 기업의 임직원이나 주요주주 등이 해당 기업의 중요한 미공개 정보를 이용하여 주식을 매매함으로써 일반투자자에 비하여 유리한 상황에서 거래하는 중대한 범죄행위이다.

자본시장과 금융투자업에 관한 법률(이하 자본시장법) 제174조 제1항에 의하면 그 기업과 관련한 임직원, 주요주주 등 미공개 중요정보를 알게 된 자와 이들로부터 미공개 주요정보를 받은 자가 상장법인 등의 업무와 관련한 투자자의 투자판단에 중대한 영향을 미칠 수 있는 미공개 중요정보를 특정증권 등의 매매, 그 밖의 거래에 이용하거나 타인에게 이용하게 하여서는 아니 된다고 규정하고 있으며, 동법 제175조 제1항은 이를 위반한 자에 대하여 해당 특정증권 등의 매매, 그 밖의 거래를 한 자가 그 매매, 그 밖의 거래와 관련하여 입은 손해를 배상할 책임을 진다고 규정하고 있다.

그리고 동법 제443조 제1항 제1호는 위의 규정을 위반하여 상장법인의 업무 등과 관련된 미공개 중요정보를 특정증권 등의 매매, 그 밖의 거래에 이용하거나 타인에게 이용하게 한 자는 1년 이상의 유기징역, 또는 그 위반행위로 얻은 이익 또는 회피한 손실액의 3배 이상 5배 이하에 상당하는 벌금에 처하고 다만, 그 위반행위로 얻은 이익 또는 회피한 손실액이 없거나 산정하기 곤란한 경우 또는 그 위반행위로 얻은 이익 또는 회피한 손실액의 5배에 해당하는 금액이 5억 원 이하인 경우에는 벌금의 상한액을 5억 원으로 한다고 규정하고 있다.

이와 함께 미공개 중요정보를 실제로 거래에 사용하였는지를 입증하기 곤란한 점을 고려하여 동법 제172조를 규정하고 있다. 동 조항은 미공개 중요정보를 알 수 있다고 생각되는 법으로 정하는 내부자(임직원 및 주요주주)가 특정증권을 매수한 후 6개월 이내에 매도하거나 특정증권 등을 매도한 후 6개월 이내에 매수하여 이익을 얻은 경우 그 법인은 그 내부자에게 그 이익(단기매매차익)을 그 법인에게 반환할 것을 청구할 수 있게 하는 내용을 담고 있다.

그러므로 이 조항은 내부자가 6월 이내의 기간에 자기회사의 주식을 거래하여 차익이 발생한다는 형식적인 요건만 성립되면 미공개 중요정보를 실제로 이용하지 않았다는 반증을 허용하지 않는 엄격한 내용이라고 할 수 있다. 이처럼 자본시장의 내부자거래에 대한 관련자들의 법적 책임은 매우 무겁다. 미국에서 발생한 내부자거래의 경우 살인죄의 평균형량보다 높은 형량을 구형하는 경우가 있는 것을 보면 내부자거래에 대한 사회의 인식을 알만하다.

투자자에게 시장의 공정성은 투자의사결정을 함에 있어서 매우 중요하다. 공정하지 못한 시장에 참여하는 투자자는 공정하지 못한 규칙을 보유하고 있는 시합에 참여하는 운동선수와 같다. 공정하지 못한 시장은 시장의 신뢰를 훼손하고 시장의 신뢰 저하는 건강한 투자환경을 조성하지 못해 결국 자원의 효율적 분배에 실패하게 된다. 이러한 점이 자본시장법에서 내부자거래에 대하여 중한 책임을 묻고 있는 이유이다.

그러므로 자본시장의 내부자거래는 일찍이 범죄행위로 인식되고 있으며 이에 대한 책임에 대하여 중하게 묻는 사회적 분위기가 자리 잡았다. 하지만 부동산관련 내부자거래는 자본시장법의 내부자거래와 비교하여 그 내용을 세밀하게 규정하지도 않고 관련 법 조항을 적용하더라도 그 법적 책임이 상대적으로 가벼워 아직까지도 범죄라는 의식이 약한 것 같다.

이번 LH사건은 묵묵히 성실하게 살아온 일반인들에게 큰 충격을 주고 있다. 부동산에 있어서 확실한 개발정보를 미리 알고 주변 토지를 사들인 투자자는 매매차익을 남기는 것이 땅 짚고 헤엄치기다. 반면 청약예금에 가입하고 순위를 기다려서 로또 같은 당첨을 기다리는 일반국민 입장에서는 딴 세상에 살고 있는 것 같아 우울증에 걸릴 판이다.

자본시장의 내부자거래에 비하여 부동산시장의 내부자거래가 그 법적 책임이 가벼운 것도 이러한 상황을 촉발하게 된 것에 일조(一助)했다. 부동산 시장에서 내부자가 미공개 정보를 이용한 경우 이에 대한 법적책임을 물을 수 있는 근거법의 내용을 찾아보면 그것이 느껴진다. 관련 법 규정은 크게 두 가지다.

첫째는 부패방지 및 국민권익위원회의 설치와 운영에 관한 법률(이하 부패방지법) 제7조의 2가 그 근거가 된다.

부패방지법 제7조의 2에서는 "공직자는 업무처리 중 알게 된 비밀을 이용하여 재물 또는 재산상의 이익을 취득하거나 제3자로 하여금 취득하게 하여서는 아니 된다"고 규정하고 있다.

이 조항에서 LH는 자본금 40조 원 전액을 정부가 출자한 공기업으로서 공직유관단체에 속하기 때문에 동법 제2조 제3호 나목에 의하여 공사의 임직원은 공직자에 속하고 광명·

시흥지구 사전투기에 이용된 개발정보는 정황상 업무처리 중 알게 된 비밀을 이용하여 재물 또는 재산상의 이익을 취득하거나 제3자로 하여금 취득하였다는 요건을 만족시킬 개연성이 높다고 본다.

동법 제86조는 업무상 비밀이용의 죄에 대한 책임에 대하여 규정하고 있는데 "7년 이하의 징역 또는 7천만 원 이하의 벌금에 처하고 징역과 벌금은 이를 병과할 수 있으며 죄로 인하여 취득한 재물 또는 재산상의 이익은 이를 몰수 또는 추징한다"고 규정하고 있다.

둘째는 공공주택특별법(이하 공특법) 제9조 제2항이 근거가 될 수 있다.

공특법 제9조 제2항은 "특정 기관 또는 업체에 종사하였거나 종사하는 자는 업무처리 중 알게 된 주택지구 지정 또는 지정 제안과 관련한 정보를 주택지구 지정 또는 지정 제안 목적 외로 사용하거나 타인에게 제공 또는 누설해서는 아니 된다"고 규정하고 있는데 특정기관 또는 업체는 국토교통부, 주택지구의 지정을 제안하거나 제안하려고 하는 공공주택사업자, 관련법에 따라 협의하는 관계 중앙행정기관, 관할 지방자치단체, 지방공사 등 관계기관, 공공주택사업자가 주택지구의 지정 제안 또는 지정에 필요한 조사, 관계서류 작성 등을 위하여 용역 계약을 체결한 업체이다.

LH는 주택지구의 지정을 제안하거나 제안하려고 하는 공공주택사업자에 속하기 때문에 본 공사의 임직원이 본 조항을 위배하여 업무처리 중 알게 된 주택지구 지정 또는 지정 제안과 관련한 정보를 주택지구 지정 또는 지정 제안 목적 외로 사용하거나 타인에게 제공 또는 누설하는 경우는 공특법 제57조 제1항에 의하여 5년 이하의 징역 또는 5천만 원 이하의 벌금에 처할 수 있다.

이번 LH직원들이 사전투기에 이용한 정보가 부패방지법에서 말하는 비밀, 공특법에서 말하는 관련정보로 판단이 된다면 관련조항의 적용을 통하여 처벌 할 수 있다. 하지만 구체적인 판단의 문제에 들어가서는 정보의 입수시기, 관련 부동산의 취득시기를 고려하여 미공개 정보인지 등 그 정보를 이용한 거래였는지는 판단하여 보아야 하지만 현재 알려진 정황으로는 미공개 중요정보를 이용한 내부자거래의 개연성이 매우 높은 것으로 보인다.

부동산 내부자거래에 대하여 그 책임을 묻는 근거법률의 내용을 살펴보면 자본시장의 내부자거래와 그 성격은 유사하고 그 거래의 구성면에서 적극성이 자본시장의 그것보다 상대적으로 더욱 큼에도 불구하고 책임을 묻는 면은 미미한 것으로 보인다.

자본시장에서의 내부자거래가 자본시장의 신뢰를 추락시키는 중대범죄이듯이 이번 LH

직원들의 주택지구 고시 전 사전투기는 문재인 정부가 초기부터 강조해 왔던 공정사회를 뿌리부터 송두리째 흔들어 놓은 중대범죄 사건이다.

정부는 이번 사건을 계기로 부동산 유관기관의 불공정행위를 근절할 수 있는 법 규정을 정비하여야 한다. 내부자거래 등 경제사범의 재발방지는 범죄를 통하여 얻은 소득에 비하여 과하리만큼 큰 금액의 환수가 최소한의 재발방지 방법이다. 왜냐하면 재산적 이익을 노리는 범죄행위에 대하여 재산적 이익의 몇 배에 해당하는 이익의 환수만큼 확실한 처벌은 없다.

부동산의 내부자거래에 관한 몰수 및 추징에 대하여는 부패방지법 제86조를 적용할 수는 있으나 몰수추징가액이 사회에 끼친 해악에 비하여 경미하다는 생각이 든다. 자본시장의 내부자거래에서 환수하는 정도의 금액 즉, 부당이득금액의 3배에서 5배 정도의 금액을 환수하고 미공개 주요정보를 받은 자에 대하여도 그 책임을 물으며 오이밭에서 신을 고쳐 신으려는 마음이 생기지 않는 법을 하루 빨리 제정되는 것이 필요하다. 이것만이 처벌받아도 범죄를 통하여 얻은 이익은 남아있어서 걱정할 것 없다는 범죄자의 마음의 평정심을 깰 수 있기에 말이다.

(2021.3.16. 국가미래연구원)

08 과도한 종부세 부담, 이제라도 대폭 낮춰야

종합부동산세(종부세)가 논란이 되는 이유는 부과 기준을 잘못 운용해 납세자에게 지나친 부담을 지우기 때문이다. 그러나 더 큰 문제는 종부세 도입 명분이 잘못됐다는 점이다. '국세와 지방세의 조정 등에 관한 법률' 제4조는 "국가와 지방자치단체는 이 법에서 규정한 것을 제외하고는 과세물건(課稅物件)이 중복되는 어떠한 명목의 세법(稅法)도 제정하여서는 아니된다"고 규정한다. 그런데 종부세 과세 대상은 지방세 세목인 재산세 과세 대상과 완전히 겹친다.

정부는 2005년 종부세 도입 당시 위 조항을 의식해 종부세를 같은 법 제2조의 국세로 신설했다. 이러한 입법은 형식적 측면에서는 문제가 없지만 제4조가 담고 있는 '국세와 지방세에 새로운 세목을 신설할 때 이중과세의 성격이 있는 것은 신설하지 말라'는 실질적 의미

를 퇴색시킨 입법 형태다. 나아가 법인세·소득세 등 일반 내국세는 징수액의 19.24%를 지방교부세 재원으로 사용하지만, 종부세의 경우 100% 지방교부세 재원으로 사용되므로 종부세와 지방세는 재원 성격도 실질적으로 다르지 않다. 종부세는 재산세와 동일한 과세 대상에 부과되고 재원 용도도 동일해 실질적 지방세 범주에 속하는 세목임에도 제4조를 회피하기 위해 국세 세목으로 신설하고 어색한 이중과세 조정을 해준다는 점에서 조세법 측면에서 논리가 닿지 않는다.

양도소득세의 경우 양도차익이 크면 부담하는 세액이 크더라도 그 거래로 인해 발생한 현금 범위 내이므로 납부 세금을 빌려 납부하는 상황은 발생하지 않는다. 하지만 보유세에 대해 고율 세액을 부과한다면 얘기는 달라진다. 정부가 부과하는 보유세 부담액이 과도하다면 부담할 세액으로 인해 돈을 빌리는 상황까지 벌어져 가렴주구(苛斂誅求)라는 비판을 받을 수 있다.

종부세는 공시가격에 공정시장가액 비율을 곱하고 여기에 세율을 곱하는 구조로 돼 있다. 공시가격은 국토교통부가 정하고, 공정시장가액 비율과 세율은 각각 종부세법 시행령과 종부세법에 규정돼 있다. 문재인 정부는 종부세 계산 항목 중 공시가격과 공정시장가액 비율은 현실화하고, 세율은 인상했다. 결과적으로 3가지 항목이 모두 올랐다.

공시가격이 여태껏 부동산 가격의 60~70%를 유지한 것은 부동산 가격 성격상 정확한 시가를 추적하기 힘들뿐더러 시세에 근접하는 공시가격을 적용하는 게 상황에 따라 시가를 추월할 수 있고, 산출세액이 납세자 부담을 과도하게 증가시키기 때문에 이를 암묵적으로 고려한 것이다. 또 공시가액은 재산세·종부세 등 보유세 세액 산정에만 영향을 주는 게 아니라 건강보험료 등 다양한 준조세 부담액에도 영향을 주기 때문에 보유세를 높이기 위해 공시가격을 조정한다는 논리는 타당하지 않다. 공정시장가액 비율은 종부세 도입시기에 종부세 부담이 너무 커서 조세저항이 강력해지자 이를 무마하기 위해 1보다 작은 숫자를 곱해 세 부담을 줄여주려고 했다. 그러나 현 정부는 과도한 세 부담을 줄여주려고 도입했던 비율을 이제는 시가를 100% 반영시키려는 목적으로 사용하고 있다.

현 정부는 종부세법 개정 시 공시가격, 공정시장가액 비율, 세율의 3가지 요소를 곱해 산출된 금액이 과도한지에 대한 고려를 먼저 해야 했다. 최종 산출액이 납세자에게 적정한 부담이 되는지에 대해 관심을 가지기보다 처음부터 목적에 부합되지 않은 공시가액이나 공정시장가액 비율의 현실화에만 관심을 가진 것이 패착이다. 단기적으로는 종부세 부담을 과도하지 않은 수준으로 대폭 낮추고 장기적으로는 국세인 종부세를 지방세인 재산세에 편입하는 것이 합리적 대안이다.

(2021.5.17. 중앙일보/리셋코리아)

09 세금정책만으로 집값 잡을 수 없어

"세법을 단순화하고, 납세자의 능력에 맞게 과세하는 '응능부담(ability-to-pay)의 원칙'을 지키는 게 기본이다."

한국조세정책학회 회장인 오문성 한양여대 세무회계과 교수는 바람직한 부동산 세제개편 방향을 이같이 정리했다.

문재인 정부가 지난 4년여간 부동산 안정화를 위해 각종 대책을 쏟아냈지만 국민들에게 돌아온 것은 천정부지로 치솟는 집값과 세금폭탄이었다. 오 교수는 1주택자와 다주택자에 대한 세제에 차이를 두는 정부의 정책 기조가 잘못된 것은 아니라고 했다. 다만 정부가 정작 중요한 부동산 공급 대책을 정교하게 가다듬지 못하고 세금 정책으로만 집값을 잡으려고 한 게 문제라고 지적했다.

그는 "자본주의 사회에서 개인이 뭐든 살 수 있지만 주택은 성격이 다르다"며 "택지가 부족한 상황에서 다주택에 대한 규제는 필요하다"고 말했다. 문제의 핵심은 정부가 집값에 영향을 미치는 다양한 요인들을 정책에 폭넓게 반영하지 못하는 데 있다는 게 오 교수의 생각이다. "부동산 가격의 변수로 공급량과 인프라를 들 수 있다. 사람들이 선호하는 지역을 중심으로 공급 물량이 확대돼야 한다. 지방에 아파트를 아무리 많이 지어도 집값은 잡히지 않는다. 교육 시스템이 잘 갖춰진 서울 강남지역에 공급을 늘려야 한다. 하지만 직설적으로 말해 현재 강남에는 아파트를 지을 땅이 부족하다. 그렇다면 강남의 용적률을 높이거나 강북지역의 인프라를 강남 수준으로 확충해줘야 수요가 분산되지 않을까?"

정부가 집값을 잡기 위해 세금 규제를 강화하다 보니 '양포세(양도소득세 업무를 포기한 세무사)'라는 말이 나올 정도로 부동산 양도세제가 복잡해졌다. 오 교수는 "양도세제가 복잡한 것은 어제오늘의 일이 아니다. 예외 조항이 줄줄이 만들어지면서 세법이 누더기가 됐다"면서 "문재인 정부 들어 복잡한 걸 지나치게 자주 바꿔 문제가 됐다"고 꼬집었다.

현재 야당인 국민의힘을 중심으로 매물 유도를 위한 다주택자 양도세 완화론이 제기되고 있으나 홍남기 경제부총리 겸 기획재정부 장관은 양도세 인하와 매물 간 연관성이 없다며 선을 긋고 있다. 오 교수는 이에 대해 "다주택자 양도세율을 계속적으로 낮출 필요는 없지만 일시적인 완화는 필요하다"며 "3년 정도는 양도세를 중과하지 않겠다고 해야 거래 절벽이 풀릴 것"이라고 말했다. 그는 또 1주택자 비과세 기준을 9억 원에서 12억 원으로 상향하는 안에 대해서는 "현재 부동산 가격 현실을 고려하면 기준을 더 올려야 한다"고 주장했다. 여당인 더불어민주당이 1주택자 양도세 비과세 기준금액을 완화하는 대신 장기보유특별공제 혜택은 줄이기로 한 것을 두고 그는 "1세대 1주택자는 부동산 시장을 교란한 적이 없다. 원래 대로 혜택을 줘야 한다"며 "병 주고 약 주는 식이 돼선 안 된다. 정책에 일관성이 있어야 한다"고 강조했다.

최근에는 정부와 여당이 1주택자 종합부동산세 기준을 공시가격 '상위 2%'로 조정하려다 논란이 일자 공시가격 11억 원 초과로 변경해 혼란을 자초했다. 이에 대해 오 교수는 "1세대 1주택자 종부세 기준 역시 11억 원보다 더 올려야 한다. 1주택자는 투기세력으로 보기 어렵기 때문에 개인적으로는 재산세만 내고 종부세는 내지 않도록 하는 게 맞다고 본다. 재산세와 종부세는 좀 다르게 접근할 필요가 있다"고 말했다.

(2021.10.21. 대한경제/CFS2021 기사)

10 재산세 · 종부세는 과세물건 동일 통폐합

이중과세 논란이 있는 종합부동산세에 대해 장기적으로 재산세와 통합 운용해야 한다는 정책제언이 나왔다. 현재 국세로 거둬들여 전액 지자체가 사용하고 있는데, 이 같은 수직적 지방재정 조정제도하에서는 재정분권 실현이 어렵다는 이유에서다. 또 정부가 세제정책을 펴는 데 있어, 실거주자인 1세대 1주택자에 대해서는 세제 혜택 등의 배려가 필요하다는 주장도 이어졌다.

오문성 한국조세정책학회 회장(한양여자대학교 교수)은 '바람직한 부동산 관련 세제 방향'이란 내용의 주제발표에서 "지방세와 종부세는 주택과 토지의 보유에 대해 과세한다는 측면에서 과세물건이 동일하다"며 "국세인 종부세를 지방세인 재산세로 통폐합하는 것이 과세논리상 정당하다"고 말했다.

나아가 종부세를 재산세로 통합한 이후 전국 공동세로 운용하는 방안을 제시했다. 현재도 국세로 징수하면서 전액 지방자치단체 재원으로 활용하고 있어 지방세와 다를 바 없는 구조다. 오 회장은 "현행 제도가 종부세를 징수한 국가와 지자체 간 과세배분 적정성을 유지하기 위한 것이라면, 종부세와 재산세를 통합해 지방세(재산세)로 징수하면서 전국 공동세로 운용하는 것이 더욱 효율적이다"며 "수직적 지방재정 조정제도 하에서는 지자체의 진정한 재정분권을 기대하기 힘들다"고 지적했다.

종부세에 영향을 주는 공정시장가액비율에 대해서는 의미를 오해하지 않도록 '조정비율' 등으로 명칭을 변경하고, 법률에 명시하는 방안 등을 내놨다. 오 회장은 "부담세액을 달라지게 하는 숫자는 넓은 의미의 세율"이라며 "조세 종목과 세율은 법률로 정해야 한다는 조세법률주의 정신에 따라 시행령이 아닌 모법에서 규정하는 것이 합당하다"고 덧붙였다.

정부·여당의 공시가격 현실화에 대해서는 "공시가격이 당위론적으로 시가에 근접해야 한다는 것은 정책결정의 문제이지 반드시 달성해야 할 목표는 아니다"라며 "공시가격으로 인해 수용지 보상 의료보험료 결정, 기초연금 수급대상 결정 등에 영향을 주게 된다"고 파급효과의 고려를 주문했다.

1세대 1주택 등 실수요자에 대해서는 세제 혜택을 유지할 필요가 있다고도 했다. 투기목적으로 집을 산 것이 아니라 거주하기 위해 집을 샀기 때문에 양도소득세 등의 측면에서 불이익을 줄 이유가 없다는 주장이다. 방안으로는 1세대 1주택 고가주택 과세는 현 규정인 실거래기준 9억 원에서 12억 원으로 인상하고 3~5년마다 갱신할 것을 제안했다.

오 회장은 "1세대 1주택은 특별한 조세혜택을 주는 것이라기보다는 거주이전의 자유와 관련된 것으로 이해해야 한다"며 "1세대 1주택에 대한 모든 규제를 풀어야 하고 1세대 다주택 대비 차별적인 환경을 조성하는 것이 중요하다"고 강조했다.

(2021.11.16. 대한경제/CFS2021 기사)

11 현행 종부세 과세, 맥락도 없고 디테일도 없다.

최근 '종합부동산세(이하 종부세)폭탄'이라는 얘기가 나오고 있다. 물론 모든 납세자의 경우는 아니다. 정부 고위 관료의 말을 빌자면 전 국민의 2%밖에 안된다고 한다. 하지만 2%가 아니라 1%라도 거기에 속한 우리 국민이 합리적이지 못한 기준에 의하여 고통을 받고 있다면 이에 대하여 99%의 국민이 그 고통을 이해해 주고, 이 문제에 대한 개선점을 찾기 위하여 함께 노력하는 사회가 건강한 사회라 할 수 있다.

종부세는 재산세와 동일한 과세대상에 대하여 과세한다는 점에서 종부세를 신설하고 이에 대하여 종부세와 재산세의 이중과세를 조정하고 있는 것은 자연스럽지 않다. 다시 말하면 종부세는 애초에 신설해서는 안되는 세목이었다. 혹자는 종부세를 부유세의 성격이라고 말하기도 한다. 하지만 만약 부유세를 신설하고 싶었다면 처음부터 "부유세"라는 이름으로 납세자의 부유함을 포착할 수 있는 실질적인 과세대상과 그 수준을 모색했어야 했다.

종부세 제1조는 종부세의 목적을 "이 법은 고액의 부동산 보유자에 대하여 종합부동산세를 부과하여 부동산보유에 대한 조세부담의 형평성을 제고하고, 부동산의 가격안정을 도모함으로써 지방재정의 균형발전과 국민경제의 건전한 발전에 이바지함을 목적으로 한다"라고 규정하고 있다. 그러므로 종부세의 목적을 규정하고 있는 제1조의 키워드(key word)는 고액의 부동산 보유자/ 부동산보유에 대한 조세부담의 형평성제고/ 부동산의 가격안정 도모/ 지방재정의 균형발전이라고 할 수 있다.

"고액의 부동산 보유자"는 재산세의 과세대상에서 토지와 건물 중 일정가액을 초과하는 경우에 과세한다는 의미이고 "부동산 보유에 대한 조세부담의 형평성제고"는 재산세의 누진세율구조에서 이미 반영하고 있으며, 부동산의 가격안정을 도모한다는 의미는 종부세를 과세함으로써 부동산가격 안정에 기여하겠다는 의미로 받아들여진다. 또 지방재정의 균형발전은 보유세인 종부세를 전부 지방자치단체의 재원으로 사용하겠다는 의미이다.

이렇게 분석해 보니 결국은 종부세는 부동산 가격안정을 위하여 고액의 부동산 보유에 대하여 과세하는 세금이라는 것이다. 종부세와 재산세의 차이점은 과세구조가 재산세는 물건별 과세이고, 종부세는 인별 합산과세라는 것인데 종부세의 인별 합산과세는 종부세의 누진도를 더욱 높이려는 목적이고, 기본적으로 보유세의 경우에 재산별과세가 아닌 인별합산을 하는 것 자체가 이례적이며 그 명분을 찾기도 힘들다.

이처럼 종부세가 재산세와 과세대상이 동일하고, 보유세이면서도 인별 합산과세를 적용하는 이례적인 측면이 있는 것 이외에도 그 내용을 살펴보면 과세의 성격이 징벌적이며 납세자의 부담능력을 간과하고 있어 납세자에 따라서는 세금폭탄이라고 느낄 수 있다는 생각이 든다.

우선 강화된 종부세의 산식에서도 알 수 있다. 즉, 공시가액에 공정시장가액비율을 곱하고 여기에 세율을 곱하게 되어 있는데 이번 종부세부과는 3가지 항목을 한꺼번에 모두 인상한 것이다. 공시가액은 국토교통부 소관인데 부동산 가격의 특성상 시가에 근접하다 보면 시가를 초과할 수 있다는 점에서 전통적으로 시가의 60~70%로 형성되어 오던 것을 현실화라는 명목으로 인상하고, 공정시장가액비율은 노무현 정부때 처음 도입한 종부세 부담이 너무 무거워 줄여주려는 목적으로 적용된 것인데 이마저도 현실화한다고 인상하였고, 동시에 세율도 인상한 것이 결과적으로는 어마어마한 세액이 등장한 것이다. 다주택자는 말할 것도 없고 1세대 1주택자의 경우에도 공시가액과 공정시장가액비율은 동시에 올랐고 세율도 다주택자에 비하여는 상대적으로 작지만 대폭 인상되었다.

현행 종부세는 2018년 12월 31일 새로 도입한 주택수에 따라 차별적 중과를 하는 내용에 너무 집중한 나머지 그 구체적 내용에 있어서 불합리한 점을 내포하고 있다.

첫째, 일시적 2주택의 경우이다. 일시적 2주택의 경우는 납세자가 주거를 이전하는 과정에서 이전할 집을 먼저 취득하고 기존에 살던 집을 처분하게 되는데 양도소득세는 일반지역의 경우 3년, 조정지역의 경우 1년의 유예기간을 주고 있으나 종부세의 경우는 이에 대한 고려가 없어 조정지역에서 일시적 2주택을 보유하게 되는 경우 종부세법상으로는 1세대 3주택을 적용하여 과세하게 되어 세금폭탄을 맞게 된다. 양도소득의 경우 고려해 주는 일시적 2주택의 경우를 종부세법에서 고려해 주지 않는 것은 합리적이지 않고 종부세법의 취지와도 전혀 부합되지 않는 것이라고 할 수 있다.

둘째, 조정지역에서 2주택을 보유하는 경우 종부세법은 3주택으로 간주하여 세율이 대폭 인상되는 것도 합리성이 결여되어 있다. 조정지역에 주택을 보유하는 경우 1세대 1주택에서 1세대 2주택을 거치지 않고 1세대 3주택으로 바로 가는 것은 이치에 닿지도 않을뿐더러 과도한 징벌적 과세이다.

셋째, 상속주택의 지분율과 지분가액에 따른 다주택 중과세에도 불합리성을 포함하고 있다. 우리 종부세법은 상속주택을 상속인들이 지분비율대로 나누어 상속받는 경우 원칙적으로 종부세 적용시 주택수에 포함하되 상속주택지분이 20% 이하이면서 지분의 공시가격이

3억 원 이하인 경우만 예외적으로 주택수에 포함하지 않고 있다. 예를 들면 아버지(피상속인)가 사망하면서 서울 소재 상속주택 1채(공시가액 7억 원으로 가정)를 남긴 경우 상속인(배우자, 아들, 딸)이 법정 상속지분 비율대로 상속을 받았다고 가정한다. 아들, 딸은 모두 독립세대주이고 서울에 각각 주택 1채씩을 가지고 있는 경우에 만약 배우자와 아들, 딸이 법정 상속지분비율대로 상속을 받게 되면 배우자(3/7, 3억 원), 아들(2/7, 2억 원), 딸(2/7, 2억 원)이 되어 배우자, 아들, 딸의 지분의 공시가격은 모두 3억 원 이하이지만 각 지분이 20% 이상이 되므로 배우자는 1세대 1주택, 아들과 딸은 각자 1세대 2주택(기존주택과 지분으로 받은 상속주택)이 된다.

그런데 더 문제가 되는 것은 세율적용이다. 종부세의 세율은 보유주택수에 따라 차등 적용하고 있는데 특히 투기대상으로 간주하는 조정지역의 경우 1세대 2주택이라 하더라도 세율은 일반적으로 1세대 3주택 이상에 적용하는 최고등급 세율을 적용하도록 되어 있다. 따라서 상속지분을 받은 아들과 딸은 1세대 3주택 이상에 적용하는 최고세율체계에 따라 과세되는 것이다.

결국 피상속인이 사망하기 전에는 아버지, 아들, 딸이 모두 3채의 집을 각자 보유하고 있었으나 피상속인 사망으로 인하여 종부세 적용 시에는 배우자 1주택, 아들과 딸은 조정지역 2주택을 보유하게 되어 종부세 적용시 3주택으로 보게 되므로 총 7채의 주택이 있는 것으로 보게 된다. 상속전후에 상속주택의 상속이라는 사건 이외에 추가적인 주택의 취득이 없는 동일한 상황에서 4채의 집이 증가하는 불합리한 점에 대하여 납세자가 납득하기는 힘든 상황이다.

위의 경우에서 아들과 딸의 지분이 각각 1/7이어서 20% 이하라고 가정해 보자. 이 경우 세율적용의 경우에서는 주택 수에 포함하지 않으므로 1세대 1주택의 세율을 적용하게 되지만 세율적용을 제외하고, 차감금액을 11억 원을 차감해 주는 것이나 고령자 세액공제나 장기보유자 세액공제를 적용해 주지 않는 것도 상속주택이 납세자가 시장에서 적극적으로 취득한 주택이 아니고 지분비율로 나누어 취득하고 있는데도 지분율이 20%를 초과하는 경우 주택수를 추가하여 불이익을 주고, 또 20% 이하인 경우에는 세율을 적용하는 경우만 주택수를 추가하지 않고 상속재산의 공시가액의 지분비율만큼 가산한 금액에 대하여는 상속주택이 아닌 기존주택의 경우에 적용하던 11억 원을 차감해 주지 않고 6억 원을 차감하며, 고령자세액공제와 장기보유자세액공제를 적용하지 않는 것도 정말 이해하기 힘든 점이다.

종부세법 제1조에서 규정하고 있는 부동산 가격안정의 의미는 다주택자가 다주택을 보유함으로써 주택시장에 미치는 부정적인 영향을 줄이기 위한 것이다. 자본주의 사회에서 부동산도 주식과 같이 투자의 대상이라는 점에 필자는 이견이 없다. 그렇다고 현재의 부동산 시장 상황에서 3주택 이상의 주택을 보유하고 있는 국민에 대하여 징벌적 과세를 하겠다는 정부의 의지도 이해가 전혀 되지 않는 것도 아니다.

하지만 세금을 통하여 부동산 가격안정을 이루겠다는 생각으로 무리한 계산방식을 고수하여 산출된 무리한 세액을 정부가 생각하는 투기적 의도가 전혀 없는 일시적 2주택이나, 상속주택의 경우에도 적용하는 것은 의도적인 무모함인지, 의도하지 않은 입법의 미비인지 궁금해진다.

(2021.11.29. 국가미래연구원)

12 100년 전 허상 좇는 국토세

이재명 더불어민주당 대선 후보가 기본소득 재원으로 제시한 국토보유세에 대한 입장이 미묘하게 변하고 있다. 국토보유세 강행을 외친 후 "국민이 반대하면 할 수 없다"고 한발 물러섰지만 최근 또다시 강행 의지를 내비쳤기 때문이다. 대선을 앞두고 표심에 따라 강행과 후퇴를 반복할 것으로 보인다.

국토보유세는 토지를 보유한 국민에게 부과하는 세금이다. 아직 도입되지 않은 세목이라 전국 토지에 부과할 것이라는 점을 제외하고는 구체적인 모습이 알려진 바 없다. 하지만 만약 국토보유세를 새로 도입한다면 토지에 매기는 세목은 기존의 재산세와 종부세에 국토보유세가 추가돼 재산세와 종부세에 이어 또 한번 이중과세 논의를 촉발할 것으로 전망된다.

국토보유세를 매기겠다는 생각의 뿌리는 19세기 정치경제학자인 헨리 조지의 저서 '진보와 빈곤(Progress & Poverty)'에서 찾을 수 있다. 이 책에서 조지는 사회가 꾸준히 발전하고 있음에도 불구하고 빈곤이 사라지지 않는 이유를 토지 사유화에서 찾았다. 그는 이 같은 문제의 해결책으로 정부가 지대를 징수해야 한다고 주장했다. 조지가 주장하는 '지공주의(Geoism)'는 '모든 사람은 토지에 관한 한 권리를 평등하게 가지고 있다'는 사상이다. 자본주의가 토지와 자본의 사유를 인정한다면 지공주의는 자본의 사유는 인정하지만 토지는 공공

재라는 것이다. 하지만 토지를 포함한 모든 재산의 사유화를 인정하지 않는 공산주의를 배제하는 것이 차이점으로 알려져 있다.

하지만 조지가 '진보와 빈곤'이라는 책에서 주장하는 지오이즘이 현대의 경제 환경과 자본주의 원리에 부합되는지 살펴보는 것이 중요하다. 토지공개념의 이론적 기반을 제공하는 지공주의는 사회는 끊임없는 경제적 진화를 이루지만 극심한 빈곤이 사라지지 않는 원인이 토지사유제라는 데 착안하고 있다. 그리고 실물자산인 토지 가격이 궁극적으로 하락하지 않는 것은 토지 공급이 제한돼 있기 때문이라는 것이 이론적 기반이다. 하지만 이 같은 논리는 현재 유한한 토지의 개념에서 확장 가능한 공간의 개념으로 옮겨줄 현대 토목 및 건축 기술의 발전과 토지의 특수한 성격을 감안하면 낡은 이론에 불과하다. 특히 사유재산을 인정함으로써 얻어지는 자본주의 구성원들의 동기부여와 이에 따른 긍정적 효과를 고려한다면 지본주의와 사회주의의 중간 정도 되는 위치를 점한 지오이즘은 현재 긍정적으로 평가되기 힘들다. 현대의 자본주의는 자본주의 초기에 발생했던 여러 문제점을 해결하기 위해, 또 소득 불평등이나 독점 기업의 폐해를 방지하려는 제도적 장치 등을 마련하기 위해 자유방임주의적 경쟁자본주의에서 국가의 개입을 적극적으로 활용하는 수정자본주의로의 전환이 이뤄졌다.

이 같은 자본주의의 변화에 대한 노력은 복지 문제와 토지 등 부동산으로 인한 소위 불로소득에 대한 국가의 개입권을 인정함으로써 문제점을 해결하기 위해 기울여온 것이 사실이다. 특히 우리나라의 경우 택지로 사용 가능한 토지의 면적 비율이 상대적으로 크지 않아 이에 대한 세제와 금융의 개입이 다른 나라와 비교할 때 잦았다.

우리나라의 경우 토지공개념에 기반한 여러 제도적 장치를 도입해본 적이 있다. 하지만 토지초과이득세·택지소유상한제·개발이익환수제 같은 소위 토지 공개념 3법은 법안 통과에 어려움을 겪었다. 토지초과이득세는 헌법 불합치 과정을 거쳐 결국 위헌 판결을 받았고 택지소유상한제도 위헌 판결이 났으며 개발이익환수제는 아직 살아 있지만 부과, 한시적 면제, 면제 기간 연장 등을 거치면서 고초를 겪었다.

이처럼 토지공개념을 기초로 생성된 제도는 결국 제 기능을 하지 못하고 사라졌던 역사적 경험이 있다. 이는 토지공개념이 토지의 공공적 특성을 고려하더라도 자본주의의 기본 이념인 사유제산 제도 인정에 치명적으로 부합되지 않는 성격을 내포하고 있기 때문이다.

국토보유세 역시 많은 문제점을 안고 있다. 첫째, 우리나라 현행 세법에서 토지 보유에 과세하는 세목은 재산세와 종부세다. 재산세는 토지·건축물·주택·항공기 및 선박을 과세 대상으로 하며 종부세는 토지와 주택이 과세 대상이다. 재산세와 종부세의 과세 대상이 동일해 이중과세를 조정해주는 상황에서 국토보유세를 신설한다면 국토보유세의 과세 대상은 토지인 만큼 이중과세 조정 구조는 더욱 복잡해진다. 만약 종부세를 폐지하고 국토보유세를 신설하더라도 이중과세 논란은 피할 수 없으며, 이러한 상황은 국토보유세 신설과 관련해 가장 근본적인 문제라고 할 수 있다. 현재 재산세와 종부세가 공존하는 상황에서도 과세 대상이 동일한 종부세를 신설해놓고 이중과세를 조정하는 것은 우리 세법상 존재하는 기타 이중과세 조정과는 성격이 완전히 다르다. 예를 들면 외국납부세액공제 등은 국가의 과세관할권이 달라 필연적으로 나올 수밖에 없는 이중과세 조정이기 때문이다. 하지만 국토보유세를 신설해 토지에 과세하고 이와 유사한 성격의 재산세나 종부세와 이중과세를 조정하는 것은 과세 대상이 완전히 동일한 세목을 의도적으로 신설해놓고 다시 이중과세를 조정한다는 논란을 야기할 수 있다. 결국 다른 유형의 이중과세와는 완전히 다른 성격의 이중과세라 현재 종부세가 가진 이중과세의 성격과 동일한 비난을 받을 수 있다.

둘째, 국토보유세의 구체적인 모습은 아직 드러나지 않아 이에 대한 문제점을 완전히 분석하기는 어렵다. 하지만 국토보유세가 도입되면 토지를 보유한 자에게 토지 공시지가에 면적을 곱하고 여기에 일정한 세율을 곱해 산출한 세액을 징수할 것이라는 것은 예측할 수 있다. 이 산식에서 토지공시지가 · 면적이라는 항목에 주목할 필요가 있다. 왜냐하면 우리가 언뜻 생각하면 토지 소유자의 면적이 넓을수록 세금을 많이 납부하는 것이 정당하다는 생각을 하게 되지만 현대 건축 기술의 발달로 용적률이 높아져 토지 면적이 좁더라도 공간을 확장할 수 있기 때문이다. 즉 넓은 공간을 차지하는 사람이 보유한 토지의 면적이 반드시 크지는 않다는 것이다. 아직 구체적인 안이 나오지 않은 상태에서 이 같은 문제를 어떻게 해결할지 두고 볼 일이다.

셋째, 국토보유세의 근본적 문제는 아니지만, 국토보유세 도입이 기본소득과 관련돼 있다는 것이 또 하나의 문제로 보인다. 기본소득 도입의 경우 기본소득을 지급할 재원 문제에 관심이 모인다. 국토보유세를 신설해 현재 0.17%인 부동산 실효 보유세율을 1%까지 끌어올린다는 계획이다. 0.17%라는 수치의 계산 과정을 정밀하게 계산해 보지 않더라도 현재의 보유세보다 5.8배 정도 높은 수준인데, 현재 보유세와 관련된 국민의 부담 수준이 결코 낮지 않고 심지어는 조세 저항까지 일어나고 있다는 점을 감안하면 이러한 재원 확보 방안이 쉽지 않을 것이라는 것을 쉽게 예측해 볼 수 있다.

조세정책을 포함한 모든 경제정책은 자본주의 시장 구조를 현저하게 훼손하지 않는 범위

에서 이뤄져야 한다. 현재 고려되고 있는 국토보유세는 현존하는 종부세를 폐지하고 도입하더라도 재산세와의 이중과세 문제를 피할 수 없으며, 예상하는 세수의 규모도 현재 종부세가 국민들에게 심히 부담을 주는 상황에서 이보다 훨씬 더 큰 규모의 국토보유세를 징수하게 된다면 국민들의 경제적 어려움은 가중될 것으로 생각한다. 마지막으로 국토보유세를 기본소득의 재원으로 사용하겠다는 것과 새로운 세원으로 구상하는 탄소세·로봇세·디지털세를 징수한 금액의 대부분을 기본소득의 재원으로 사용하겠다는 것도 이러한 세원의 용처를 어떤 재원으로 충당하겠다는 것인지에 대한 대책을 제시하지 못하고 있다는 것을 문제점으로 지적할 수 있다.

(2021.12.3. 서울경제)

13 문정부가 실패한 부동산정책, 세수추계오차 만들었다.

"문재인 정부의 조세정책을 부동산 세제에 국한하자면 낙제점, 잘해야 'D학점' 정도를 줄 수밖에 없다. 지난해 세수 예측 오차가 컸는데 부동산 영향이 컸다. 정부도 그만큼 양도소득세 가액이 많이 늘었을지 몰랐다는 의미다."

한국조세정책학회장을 맡고 있는 오문성 한양여대 세무회계학과 교수는 최근 이데일리와의 인터뷰에서 이번 정부의 아쉬웠던 정책 중 하나로 부동산 세제를 꼽았다. 세율 인상 등 강력한 세제 대책을 내놨는데 부동산 시장 안정에 실패한 것은 물론 대규모 세수 추계 오류라는 후폭풍까지 낳았다는 것이다.

오 교수는 "부동산 가격을 잡기 위해 조세를 제한적으로 쓸 순 있지만 양도세뿐 아니라 보유세를 강하게 올린 것이 패착이었다"며 "보유세를 과하게 올리니 오히려 (주택 보유자들이) 버티기에 들어가 공급이 줄었다"고 분석했다.

과도하게 오른 세금은 결국 정부 예상을 웃도는 국민들의 세 부담으로 이어졌다고 그는 지적했다. 지난해 국세수입은 약 344조 원으로 본예산대비 61조 원, 추가경정예산(추경)보다도 30조 원 가까이 많이 걷혔는데 종합부동산세·양도세 등 부동산 관련 세수 증가 영향이 컸다는 평가가 많았다.

오 교수 역시 세수 추계 오류는 부동산 영향이 컸다고 봤다. 그는 "(부동산) 양도차익이 그만큼 생길지 예측하지 못했다는 말은 그렇게 부동산 가격, 양도가액이 많이 늘었을지 몰랐다는 것"이라며 "세수 예측 오차나 항상 발생할 순 있지만 60조 원 (오차는) 정부로선 할 말이 없다"고 비판했다.

그간 과하게 올린 종합부동산세 등 보유세 부담을 낮출 필요가 있다는 판단이다. 그는 "기본적으로 부동산 시장에는 공급, 금융 등이 종합적으로 영향을 미치는 데 세제 중심으로 가격을 안정시킨다는 것은 말이 되지 않았다"며 "다시 돌아가는 게 맞고 이는 세제 완화라기보다는 정상화라고 봐야 한다"고 설명했다.

이재명·윤석열 대선 후보가 주장하고 있는 다주택자 양도세 중과 유예도 필요하다고 진단했다. 주택 공급을 늘리기 위한 방안인 만큼 유예 기한도 넉넉히 줘야 한다고 봤다. 오 교수는 "신도시나 지방에 주택을 공급하면 해당 지역 가격만 떨어질 뿐 기본적으로 시세를 주도하는 지역에 공급을 늘려야 하는데 지을 땅이 없다"며 질적인 주택 공급의 중요성을 강조했다. 그는 "양도세 (인상은) 주택을 팔지 못하게 하는 동결 효과가 있기 때문에 물량을 감소시키고 결국 시장 공급이 아닌 자녀 증여 등으로 돌아가고 있다"며 "양도세 중과 유예는 필요하고 부동산 특성상 장기간 팔지 못할 수 있는 만큼 2~3년 정도 시간을 줄 필요가 있다"고 제시했다.

주택·토지에 과세하는 종부세는 주택에 대해 세금을 매기는 재산세와 이중과세 여지가 있는 만큼 조정이 필요하다고 지적했다. 오 교수는 "재산세는 지방세고 종부세는 국세인데 종부세 역시 100% 지방에 보내는 만큼 사실상 모두 지방세인 어색한 구조"라며 "재산세는 누진제가 적용되기 때문에 고가주택에 세금을 매긴다는 종부세 취지에도 부합할 수 있다"고 설명했다.

세금이란 나라 살림에 쓰는 중요한 재원으로 한 해 예산을 효율성 있게 짜야 할 뿐 아니라 정확한 과세와 세수 추계가 조세정책의 핵심이라고 오 교수는 제언했다. 하나의 세목 인상 여부를 결정할 때도 폭넓은 시각으로 봐야 한다는 의미다. 오 교수는 "한 해 세출 예산의 100%를 세금으로 조달하는 게 가장 좋은 방법이지만 그러자면 국민 부담이 과도하니 20% 정도는 채무로 부담하자는 것"이라며 "우리나라 국가채무 증가 속도가 점점 빨라지고 있는데 세수를 얼마나 걷고 이에 맞춰 예산을 맞춰나가는 노력을 기울여야 한다"고 진단했다.

그러기 위해서는 세수 추계의 정확성 제고가 필수다. 오 교수는 "세출과 세입이 맞지 않으면 결국 적자국채를 더 발행하게 되고 국가채무 비율이 높아져 미래세대 부담이 커지게 된다"며 "지금보다 훨씬 정밀하게 세수를 예측하고 전문가들을 참여시켜 합리성을 검토해

야 한다"고 당부했다.

(2022.3.4. 이데일리 만났습니다 오문성 한국조세정책학회장② 기사)

14 비정상 부동산세제 정상화돼 가지만…국민 갈라치는 종부세 없애야

"윤석열 정부가 조세정책에 있어 가장 긍정적인 건 비정상적인 부동산 관련 세제를 정상화하고 있다는 점이다."

오문성 한국조세정책학회장은 최근 이데일리와 만나 출범 1주년을 앞둔 윤석열 정부의 조세정책에 대해 이같이 평가했다. 가장 긍정적으로 평가한 부분은 부동산 세제였다. 그는 "문재인 정부가 가장 잘못했던 정책 중 하나가 부동산"이라며 "정책을 너무 자주 바꿨고 종합부동산세(종부세) 부담을 과도하게 키웠다"고 지적했다.

앞서 지난 정부는 5년 동안 무려 26차례나 부동산 정책을 쏟아냈다. 2019년부터는 다주택자를 겨냥한 종합부동산세 중과세율이 도입됐다. 2018년까지만 해도 최고세율은 2%였지만, 조정지역(서울과 수도권 일부) 내 2주택자 이상부터 0.6~3.2%의 세율을 적용해 1주택자(0.5~2.7%)보다 높게 매겼다. 2021년에는 중과제도가 더 강화돼 1.2~6%로 높아졌다.

현 정부는 지난해 5월 출범 직후부터 징벌적 종부세 완화 방침을 내세웠다. 정부는 3주택자 이상자에게는 과표 12억 원 초과 시 2~5%의 중과세율을 적용했는데, 이로써 최고세율은 1%포인트 낮아졌다. 지난달에는 공공주택사업자, 비영리 공익법인 등이 투기와 무관하게 임대 사업 등을 목적으로 3주택 이상을 보유한 경우 중과세에서 제외하는 내용의 종부세법개정(안)도 본회의를 통과했다.

오 학회장은 "종부세처럼 우리나라 국민을 두 그룹으로 갈라서 대립시키는 게 없다"면서 "극소수의 부자들도 결국 우리 국민이고, 넓은 집에 살고 싶어 무리하게 집을 사는 사람들의 가치관도 꼭 나쁘게 볼 순 없다"고 설명했다. 이어 "숫자가 적어 득표에 영향을 크게 못 미치는 일부 그룹에 '핀셋 증세'를 하는 건 최악의 방법"이라고 덧붙였다. 국세청에 따르면 2022년 종부세 고지서를 받아든 인원은 전체 주택 보유자 1,508만 9,000명 중 8.1%(122만 명)이다.

정부는 종부세와 재산세의 통합을 주요 장기 과제로 설정했다. 이를 위해 지난 2월 기재부 중심의 범부처 임시조직인 조세개혁추진단을 출범하고, 개편 밑그림을 그리고 있다. 오학회장은 "재산세로 과세하는 것에 다시 종부세를 적용하는 건 이중과세로 실질적 조세법률주의를 침해한다"면서 "지방세 성격의 재산세를 국세로 거둬들인 뒤, 전부 지방으로 내려보내는 것도 기형적인 구조"라고 짚었다.

그러면서 그는 "종부세를 폐지로 세수가 감소하더라도, 원칙의 문제라는 점에서 반드시 바로잡아야 할 것"이라며 "애초에 잘못 태어난 세목이라는 점에서 근본적으로는 종부세 자체를 폐지해야 한다고 생각한다"고 강조했다.

종부세는 고(故) 노무현 전 대통령의 참여정부 시절 만들어졌다. 당시 부동산 시장 과열을 막기 위해 2003년 재산세 인상안을 내놨는데, 집값 폭등의 근원지였던 '강남벨트' 5개 자치구가 2004년 조례를 통해 탄력세율을 적용하는 방식으로 세율을 인하하면서 이를 무력화했다. 정부는 2005년 지방세인 재산세 대신 국세인 종부세를 신설해 대응했다. 중앙정부에서 거둬들인 종부세는 지방교부금 형태로 각 지방자치단체에 전액 배분돼왔다.

(2023.4.26. 이데일리/전면인터뷰② 기사)

Part 5

가상자산 관련

01 암호화폐의 본질에 대하여 생각한다

최근 비트코인과 비슷한 종류의 알트코인(이더리움, 리플, 모네로, 퀀텀, 제트캐시 등)에 관한 세상의 관심이 지대하다. 이것들을 통칭하는 이름도 가상화폐, 가상통화, 암호화폐(이하 '암호화폐'로 부르기로 한다)로 정말 다양하다. 암호화폐에 대한 관심은 투자자 입장에서는 지금 투자하더라도 예전과 같은 높은 수익률을 볼 수 있을 것인가이고, 이 분야를 연구하는 학자들은 암호화폐의 성격, 과세문제, 근간을 이루는 블록체인기술 등일 것이다. 최근 한국조세정책학회는 "가상화폐의 본질과 과세문제"를 주제로 발표 및 토론회를 개최한 바 있다. 본 기고문에서는 암호화폐에 대한 몇 가지 본질적인 문제를 생각해 보고자 한다. 과세의 문제는 암호화폐로 인하여 벌어들이는 소득이 있다면 과세하면 된다. 과세문제는 암호화폐의 본질을 생각해 본 다음의 문제이다.

첫째, 비트코인과 알트코인(이하 '비트코인류'라고 부르기로 한다)을 부르는 이름부터 정리되지 않았다. 가상화폐, 가상통화, 암호화폐가 무차별적으로 사용되고 있다. 일반적으로 전문가들은 암호화폐라는 용어를 많이 사용하고, 정부와 일반인들은 가상통화, 가상화폐라는 용어를 많이 사용하고 있는 듯하다. 화폐와 통화라는 용어는 거의 같은 의미로 사용되기 때문에 결국은 가상이라는 용어와 암호라는 용어만이 남는데 이 두 가지 용어 중 현재의 비트코인류를 더욱 잘 설명하는 용어는 암호이다. 가상이라는 용어는 비트코인류말고도 신용카드회사의 포인트와 예전의 싸이월드에서만 사용되던 도토리 등도 이 범주에 속한다고 할 수 있으므로 만약 이러한 것과 구별하기 위해서는 암호라는 용어가 더욱 적절하다고 생각한다. 암호화폐는 블록체인기술을 기반으로 하며, 거래와 관련해서 암호화과정이 필요하기 때문이다. 도토리와 비트코인을 비교해 보면 도토리는 중앙에 서버(server)를 가지고 있는 싸이월드에서만 통용되는 결제수단이지만, 비트코인은 탈 중앙화된 분산장부를 근간으로 한다는 점에서 그 차이가 확연하다. 부연설명하면 가상화폐라는 용어가 암호화폐라는 용어보다 그 범위가 넓은 용어이고 비트코인류를 설명하는 용어로는 가상화폐보다는 암호화폐라는 용어가 상대적으로 더 적절하다는 의미로 받아들이면 될 것이다.

둘째, 비트코인류는 지금 우리가 부르고 있듯이 화폐인가 아니면 주식과 같은 금융자산인가, 아니면 일반 재화인가라는 문제도 본질적인 문제의 범주에 속한다. 비트코인류는 화폐라는 용어를 쓰고 있지만 현재 상태에서는 분명히 화폐는 아니다. 화폐를 우리나라의 현행법하에서만 해석한다면 암호화폐는 한국은행법 제47조, 제47조의 2, 제53조 등에 의하여

화폐가 될 수 없다. 여기에서 화폐인가에 대한 의문은 현행법을 뛰어넘어 현재 화폐로서 기능을 하고 있는가와 향후 화폐로서 진화할 수 있을지에 대한 의문이다. 화폐는 일반적으로 교환수단, 가치척도, 가치저장, 지급수단, 회계기록의 단위로 사용되는 기능을 가지고 있다. 이 중 가치척도의 수단은 화폐가치의 안정을 전제로 하는바 현재의 상황과 같이 가격이 널뛰기를 하는 한 암호화폐가 가치척도의 기능을 수행할 수는 없다고 생각한다. 암호화폐의 가격이 주식처럼 변동성이 큰 현재의 상황에서는 화폐로 보는 것은 무리다. 하지만 미래에도 암호화폐가 현재처럼 화폐로서의 기능을 할 수 없을 것이라고 장담할 수는 없다. 암호화폐의 대표주자인 비트코인의 경우 비트코인을 지급수단으로 사용하고 있는 경우가 증가하고 있으며 이렇게 변동 폭이 크다는 점이 개선될 수 있다면 향후 화폐로서 기능도 가능하기 때문이다. 향후에 현재 암호화폐라고 불리우는 것들이 화폐로서의 기능을 할 수 있다 없다와는 별개로 현재는 분명히 화폐가 아니다. 현재의 암호화폐는 가치변동성이 너무 커서 실제 지불수단으로 사용하는 순간 암호화폐를 지급하는 자와 수령자 간에 손해와 이익을 볼 수 있는 상황을 고려한다면 화폐의 기능을 전혀 할 수 없다는 의미이다. 그렇다면 현재상황에서의 암호화폐는 화폐보다는 가치변동성에 치중하여 양도차손익을 보게되는 주식과 그 성격이 닮았다. 만약 암호화폐의 가격변동성을 인정하고 주식과 같이 투자의 대상으로 본다면 암호화폐의 투자 시 그 기준은 무엇인가? 암호화폐의 경우 투자 시 아무런 기준도 없이 내리면 사고, 오르면 파는 것처럼 보인다. 그리고 가격이 내리면 왜 내리는지, 오르면 왜 오르는지의 기준이 존재하지 않는 것처럼 보인다. 하지만 이런 현상이 계속되지는 않을듯하다. 암호화폐가 주식과 비슷한 성격을 지닌다면 암호화폐의 특성에 따른 수요와 암호화폐를 개발한 기업의 특성이 암호화폐의 가치에 영향을 미치는 것이 합리적이다. 이 부분에 대한 학문적 연구는 계속될 것으로 생각된다. 마지막으로 고려해 볼 수 있는 것은 화폐도, 주식도 아닌 일반재화로 볼 수 있는 가능성이다. 비유하자면 금과 비슷한 성격으로 보는 것이다. 하지만 일반재화로 보는 논리도 세우기가 힘들다. 현재의 상태로는 주식과 비슷하지만 성격이 다른 신종금융자산이라고 말할 수 있을 것 같다.

셋째, 암호화폐는 원칙적으로 블록체인 기술을 기반으로 하는 P2P(peer to peer)가 원칙이다. 하지만 현재 암호화폐의 거래는 거래소를 통하여 이루어진다. P2P거래는 개인간 거래가 분산장부를 통하여 기록되기 때문에 거래소의 존재가 필수적인 것은 아니다. 하지만 현실의 암호화폐는 거래소를 통하여 거래가 이루어지고 우리나라의 경우 수수료율이나 제반규제를 규정하고 있는 근거법이 없는 상태에서 암호화폐를 거래하는 자들보다 거래소를 운영하는 기업이 안정적이고 막대한 수익을 얻고 있음은 정말 이해하기 힘든 현상이다.

넷째, 비트코인류는 향후 어떤 모습으로 진화될까? 현재시점에 암호화폐가 전세계적으로 1,500여 종류가 있다고 한다. 비상장주식이 IPO를 통하여 상장하는 것처럼 암호화폐는 ICO를 통하여 거래소시장에서 거래가 되게 된다. 대부분의 전문가들은 현재 우후죽순처럼 많은 암호화폐가 향후 많은 부분 소멸되고 극소수의 암호화폐가 살아남아 화폐의 역할을 할 것으로 예측하고 있다. 최근에는 정부에서도 암호화폐를 발행하는 경우가 생겼다. 경제적, 정치적 위기에 직면해 있는 베네수엘라는 암호화폐 페트로코인을 발행하여 위기를 극복하려고 하고 있고, 이란도 보도에 의하면 암호화폐의 발행을 정부차원에서 검토하고 있는 것으로 알려졌다. 자국화폐 볼리바르화의 가치가 폭락한 베네수엘라는 그 대안으로 페트로코인을 발행한 것이다. 짐바브웨, 아르헨티나 등 자국통화의 신뢰도가 추락한 나라 들은 비트코인거래를 더욱 선호하며 비트코인이 경제적 위기에 처한 국가의 화폐를 대체하는 위기화폐(crisis currency)로서의 역할을 할 것이라는 기대가 물신물신 일어나고 있는 것이다. 위기화폐로서의 암호화폐는 전세계적으로 통용된다는 점에서 로컬화폐(local currency)의 어려움을 극복하는 대안이 될 수 있으며 화폐로서 사용되려고 한다면 가치의 안정은 필수적이다.

결론적으로 암호화폐는 화폐라는 용어를 사용하지만 현재 화폐의 기능을 하지는 못하고 있으므로 화폐는 아니다. 화폐의 성격보다는 주식을 닮은 신종 금융자산이라고 그 성격을 규정하는 것이 더욱 적절하다. 하지만 현재의 암호화폐가 향후에도 화폐의 기능을 할 수 없을지는 알 수 없다. 현재의 암호화폐가 가치변동성이 매우 큼에도 불구하고 자국의 화폐가치에 신뢰를 보낼 수 없는 경우에 대체적인 위기화폐의 성격을 보이는 경우가 있고, 정부가 암호화폐를 발행하는 경우까지 생기는 것을 보면 극소수의 암호화폐는 향후 화폐의 기능을 할 수도 있다는 조심스런 예측을 해 볼 수도 있다. 암호화폐는 블록체인기술을 기반으로 대중화된 산물의 하나이다. 블록체인기술은 분산화된 장부를 통하여 거래의 신뢰도를 제고하는 기술이므로 현재 우리가 하고 있는 경제활동의 신뢰가 필요한 분야에서 엄청난 수요가 있을 것이다. 등기부등본, 투표 등 우리생활은 블록체인기술에 의하여 빠르게 변화할 것으로 생각된다. 블록체인기술을 근간으로 탄생한 암호화폐는 2018년 초, 지구인들의 뜨거운 관심을 받고 있다. 암호화폐 현상을 섣불리 17세기 네덜란드의 튜울립 투기처럼 일시적 현상으로 예단하는 것은 잘못된 예측이 될 가능성이 크다.

(2018.2.26. 삼일아이닷컴)

02 '암호화폐 과세'의 전제조건

2018년 초 필자가 '암호화폐의 연착륙을 기대 한다'는 제목으로 조세일보(www.joseilbo.com)에 글을 기고 한 적이 있다. 당시 암호화폐 열기가 식지 않았지만 암호화폐 시장에 대한 부정적인 측면이 부각, 젊은 층이 주로 하는 암호화폐 거래를 미친(?) 투기의 장이 열린 것으로 보는 사람도 많았던 것이 사실이다.

2년이 지난 지금 암호화폐는 다시 사회의 주목을 받고 있다. 이번에는 암호화폐로 인한 소득에 실제 과세가 이루어졌기 때문이다. 2년 전 논의가 가상통화, 가상화폐, 암호화폐의 성격 그 자체에 대한 초기적 논의였다면 이번에는 암호화폐소득에 대한 과세가 관심의 대상이다.

암호화폐소득에 대한 과세는 과세관청이 암호화폐거래소인 ㈜BTC 코리아 닷컴(빗썸 인터넷 웹사이트를 운영하는 업체: 이하 빗썸)에 대해 800억 여원의 세금을 부과한 것이 시발점이 됐다.

주된 내용은 과세관청이 비거주자가 빗썸을 통해 암호화폐를 거래한 뒤 발생한 양도차익에 대해 비거주자의 기타소득으로 과세했고 빗썸을 원천징수의무자로 보고 원천징수하지 않은 부분에 대해 본세와 가산세를 부과한 것으로 보도되고 있다.

정확한 내용은 추가적으로 더 밝혀지겠지만, 지금까지 밝혀진 부분까지를 토대로 암호화폐 과세에 대한 과세관청의 생각을 정리해 보기로 한다.

첫째, 과세관청이 암호화폐로 발생한 소득에 대해 과세하기로 나선 것은 암호화폐의 성격에 대해 나름대로 확신을 가진 것이다. 다시 말하면 암호화폐는 자산의 성격을 가지고 있다는 전제에서 과세하기로 한 것이다. 과세대상 물건의 성격이 규명되지 않은 상태에서 과세는 불가능하다.

둘째, 자산이라는 전제하에 그 소득에 대해 과세할 수 있는 근거조항을 잡았다는 의미다. 과세관청이 근거조항으로 선택한 것은 소득세법 제119조 제12호 마목이다.

소득세법 제119조 제12호는 비거주자의 국내원천 기타소득을 규정하고 있는데 마목에서는 국내법에 따른 면허·허가 또는 그 밖에 이와 유사한 처분에 따라 설정된 권리와 그 밖에 부동산 외의 국내자산을 양도함으로써 생기는 소득을 과세대상 소득으로 규정하고 있다.

그러므로 과세관청은 비거주자의 암호화폐 양도차익을 국내원천 기타소득 중 부동산 외의 국내자산을 양도함으로써 생기는 소득으로 보고 과세한 것이다.

셋째, 과세관청은 암호화폐거래소인 빗썸을 원천징수의무자로 보고 있다. 이 근거는 소득세법 제156조(비거주자의 국내원천소득에 대한 원천징수의 특례) 제6항이다.

제6항에는 '제119조 제11호에 따른 유가증권을 「자본시장과 금융투자업에 관한 법률」에 따른 투자매매업자 또는 투자중개업자를 통해 양도하는 경우에는 그 투자매매업자 또는 투자중개업자가 제1항에 따라 원천징수를 하여야 한다.

다만, '자본시장과 금융투자업에 관한 법률'에 따라 주식을 상장하는 경우로서 이미 발행된 주식을 양도하는 경우에는 그 주식을 발행한 법인이 원천징수 하여야 한다'라고 규정하고 있다. 과세관청은 빗썸을 투자중개업자로 보고 빗썸을 비거주자의 국내원천소득에 대한 원천징수의무자로 봤다.

넷째, 비거주자가 빗썸에서 인출한 금액에 대해 원천징수세율을 적용했다. 이렇게 과세한 것은 인출한 금액을 암호화폐로 인해 발생한 소득으로 보고 있다는 것이다.

필자가 보기에 암호화폐로 인한 소득에 대한 과세는 언젠가는 이루어져야 한다고 생각한다.

왜냐하면 '소득이 있는 곳에 세금 있다'라는 원칙은 특별한 예외가 없다면 언제, 어디서나 정당하기 때문이다.

하지만 이번 암호화폐에 대한 과세를 보면서 드는 첫 생각은 과세에 대해 미리 준비한 뒤 입법을 통해 정비된 상태에서 과세가 이루어졌으면 하는 아쉬움이 있다.

필자가 아쉽게 생각하는 부분은 다음과 같다.

우선 가장 큰 아쉬운 점은 암호화폐 과세에 대한 문제가 정부차원에서 어느 정도 정리가 된 상태에서 과세가 이루어진 것이 아니라는 점이다.

암호화폐는 신종자산으로서 이번 과세의 근거로 본 자산분류처럼 '부동산 이외의 자산'으로 간단하게 자산으로 포섭할 것은 아니다.

이자산에 대한 공식적인 명칭도 각각인 가상통화, 가상화폐, 암호화폐, 암호자산 등이고 이자산의 성격이 화폐인지, 유가증권인지, 재고자산인지, 무형자산인지에 대한 세법적 측면의 확정이 이루어지지 않은 상태에서의 과세는 문제가 있다는 생각이다.

둘째, 비거주자에 대한 과세문제가 거주자보다 현실적으로 먼저 이루어진 것은 바람직하지 않다.

이번 과세는 국내기업인 빗썸에 대하여 과세가 이루어졌지만 그 내용을 보면 비거주자에 대한 원천징수를 이행하지 않은 부분에 대한 과세로서 암호화폐에 대해 거주자보다 비거주자에게 먼저 과세가 이루어진 것이다.

빗썸이 실제로 비거주자에게 구상권을 행사하지 못할 가능성이 크기 때문에 과세부담은 종국적으로 국내기업인 빗썸에게 갈 가능성이 크다.

하지만 그 내용은 비거주자 과세인 것이다.

거주자에게 과세가 이루어지지 않은 부분에 대해 비거주자에게 과세를 우선한 것은 내외국인차별이라는 점에서 국제적 비난을 피하기 힘들다. 실제 과세가 이루어진 경우 상대방 국가에서 조세적인 측면이 아니라 하더라도 다른 측면의 보복 등도 야기할 수 있는 민감한 부분이다.

셋째, 빗썸을 원천징수의무자로 본 부분이다. 원천징수의무자로 본 근거로는 소득세법 제156조 제6항으로서 그 내용은 '제119조 제11호에 따른 유가증권을 '자본시장과 금융투자업에 관한 법률'에 따른 투자중개업자를 통하여 양도하는 경우에는 그 투자중개업자가 제1항에 따라 원천징수를 하여야 한다'이다.

조세법의 해석원칙으로서 엄격해석에 따르면 암호화폐라는 자산의 성격이 세법상 규명되지 않은 상태에서 이를 유가증권으로 볼 수도 없고 제119조 제11호에 따른 유가증권으로 볼 수는 더더욱 없다. 그리고 빗썸을 '자본시장과 금융투자업에 관한 법률'에 따른 투자중개업자의 범주에 속한다고 볼 수도 없으므로 이 조항을 근거로 원천징수의무자로 보기에는 무리가 있다.

넷째, 이번 과세기준금액은 비거주자가 인출한 금액에 대해 원천징수세율을 적용했다고 전해진다. 만약 이러한 상황이 사실이라면 인출한 금액이 과세기준금액이 되는 것은 무리가 있다. 왜냐하면 인출금액은 양도차익금액과는 전혀 관련이 없는 목적적합하지 않은 금액이기 때문이다.

소득이 있으면 과세는 이루어지는 것이 합당하다.

암호화폐가 우리 사회에 불현듯 찾아오고 이에 대한 자산의 성격이 지금껏 보지 못했던 터라 여러 가지 혼란이 일어나는 것도 이해하지 못할 바 아니다. 그러니 암호화폐가 우리사회에 처음 출현했을 때 과세하는 문제도 걱정스러웠을 것이다.

왜냐하면 과세를 한다는 것은 암호화폐의 자산성을 인정하고 그 논의를 제도권으로 들여온다는 것이기 때문이다.

암호화폐의 문제는 그 기초자산이 없다는 점에서 기존의 경제시스템에서 그 자산성을 인정하기 힘들었다. 하지만 암호화폐를 통해 이익을 얻었다면 그 이익에 대해 과세해야 하고 과세를 하려면 그 준비가 필요하다.

현재시점에서는 암호화폐의 자산성을 논의하기보다는 자산성 전제하에서 자산의 성격이나 과세방법이 신속하게 이뤄질 수 있도록 회계, 조세시스템의 치밀한 정비가 필요한 시점이다.

(2020.1.23. 조세일보/오문성의 Tax Issue)

03 비트코인을 무형자산으로 보기 어려운 이유

2022년 1월 1일 이후 양도하는 비트코인의 양도차익에 대하여는 과세가 이루어진다. 정부는 비트코인에 대한 과세가 이루어지기 전 그 전제가 되는 자산성에 대하여 2021년 1월 5일 법률 제17880호로 제정된 「특정 금융거래정보의 보고 및 이용 등에 관한 법률」(이하 특금법) 제2조 제3호에서 "가상자산"이라는 이름으로 그 자산성을 인정했다.

이러한 규정으로 인하여 2018년 초부터 계속된 비트코인이 자산이냐 아니냐의 논란은 종식이 된 것이다. 시장에서 비트코인 1개를 팔면 몇천만 원의 현금이 유입되는 상황에서 어떤 이유든 이를 자산으로 보지 않을 이유는 없다.

최근 비트코인의 가격 상승세는 모건스탠리나 블랙록 같은 기관이나 테슬라의 일론 머스크 같은 큰손의 매수세에 힘입은 바 크다. 일부 사람이 자산이냐 아니냐를 따지고 있는 시기에 기관이나 큰손은 벌써 비트코인의 보유물량을 늘이고 있었던 것이다.

자산 여부의 논쟁이 종식이 되었기 때문에 이것을 팔아서 소득이 발생한다면 당연히 그 소득에 과세할 수 있다. 우리 정부는 이를 기타소득으로 과세하기로 그 방향을 잡았다. 내

국법인의 경우는 순자산증가설이라는 과세논리를 따르기 때문에 추가적인 입법 없이도 과세를 할 수 있었고, 이번 기타소득의 과세라는 추가적인 입법은 거주자, 비거주자, 외국법인과 관련하여 도입된 것이다.

거주자는 "기타소득"으로 비거주자 및 외국법인은 "국내원천 기타소득"으로 과세하기 때문에 기타소득으로 과세한다는 점에 있어서는 그 성격이 동일하다.

우리 정부가 비트코인에 대하여 기타소득으로 과세하겠다는 방향을 정한 것은 비트코인을 무형자산으로 보고 있기 때문이다. 그리고 무형자산으로 보게 된 것은 국제회계기준해석위원회가 통상적인 영업활동차원에서 판매목적으로 보유하는 가상자산은 재고자산으로, 이외의 경우 무형자산으로 처리하는 해석을 따르고 있는 것이다.

우리 소득세법은 국제회계기준해석위원회가 가상자산을 무형자산으로 본다는 전제하에서 소득세법상 기타소득으로 분류한다고 그 방향을 잡았다. 우리 소득세법이 무형자산의 양도에 대하여 기타소득으로 과세하고 있기 때문이다.

그렇다면 비트코인 등을 무형자산으로 보고 있는 국제회계기준해석위원회의 해석은 비트코인의 성격을 합리적으로 반영하고 있는가?

K-IFRS 제1038호에서는 무형자산을 "물리적 실체는 없지만 식별가능 한 비화폐성 자산"으로 정의하고 있으며 그 중요한 속성으로 식별가능성, 자원에 대한 통제, 미래 경제적 효익의 존재를 언급하고 있다.

그리고 K-IFRS 제1038호 제57문단에서는 "내부적으로 창출한 무형자산"으로 6가지 요건 즉, 미래경제적효익을 창출할 것임을 제시할 수 있을 정도의 경우 "개발비"라는 무형자산을 인식하게 하고 있다.

영업권은 식별가능한 무형자산은 아니지만 K-IFRS 제1103호에 의하여 인식되는 무형자산이다.

이렇게 K-IFRS상 무형자산의 속성으로 평가해 보면 크게 법적으로 보호받는 권리인 특허권, 저작권 등과 내부적으로 창출한 개발비, 식별이 불가능한 영업권이 무형자산에 속하여 있다.

비트코인 등 가산자산이 무형자산에 속한다면 이 중 어느 자산과 가장 닮았는가?

비트코인은 식별이 가능하므로 영업권과는 괴리가 있고 개발비와 같이 내부적으로 창출되어 미래경제적 효익을 창출할 정도의 6가지의 요건을 만족하는 경우에만 무형자산으로 보는 개발비와도 유사한 성격의 자산이라고 할 수 없다.

그렇다면 남은 것은 특허권, 저작권과 같이 일정 비용을 투입하여 그 사용을 일정기간 법적으로 보호받는 권리와의 비교인데 비트코인이 특허권, 저작권처럼 법적으로 보호받는 성격의 자산도 아니기 때문에 무형자산(intangible assets)이 물리적 실체가 없다는 정의규정에 부합되는 것 이외에는 특별히 무형자산에 속하는 자산들과의 동질성을 찾기 힘들다.

이렇게 비트코인 같은 가상자산이 무형자산에 속하는 지에 대하여 자세히 살펴본 이유는 우리나라의 소득세법에서 기타소득으로 과세하는 이유가 무형자산을 전제로 하였기 때문이다.

무형자산을 전제로 기타소득으로 과세하다 보니 양도차손으로 인한 이월결손금을 이월 공제해 줄 수도 없다. 양도차손의 이월공제를 해 주는 것이 시기상조라는 일부의 주장도 있으나 차익에 대하여 과세하면서 차손에 대한 결손금의 이월공제를 허용하지 않는 것은 비트코인의 자산성을 인정하는 한 어불성설이다.

필자는 비트코인을 무형자산이라고 분류하는 것은 위에서 살펴본 것처럼 무형자산에 속하는 다른 자산과의 동질성을 찾기 힘들어서 부자연스러운 분류라고 생각한다.

비트코인의 자산성이 인정된다는 전제하에서 그 가치변동의 모습을 본다면 주식과 같은 성격의 금융자산으로 보는 것이 타당하다고 본다.

다만 그 성격을 분석해 보자면 금융자산은 K-IFRS 제1032호 제11문단에서 "거래당사자 어느 한쪽에게는 금융자산이 생기게 하고 거래상대방에게 금융부채나 지분상품이 생기게 하는 모든 계약"이라고 정의하고 있어 계약을 전제로 하는 금융상품에 비트코인이 부합하고 있지 못한 점이 비트코인을 금융자산에 포함시키기 어렵게 하고 있다.

하지만 비트코인을 무형자산과 금융자산의 둘 중 하나에 포함시킨다고 한다면 금융자산에 포함시키는 것이 훨씬 자연스러운 분류이다.

왜냐하면 비트코인의 가격이 움직이는 모습은 주식의 그것보다 더 변동성이 커서 자산의 평가는 시가로 해야 하는 것이 필연적이며, 최근 금융기관들이 비트코인 펀드를 만드는 것이나, 선물거래의 대상으로 삼는 것도 무형자산보다는 금융자산의 성격과 가깝다.

계약을 전제로 한다는 금융자산의 성격이 금융자산에 포함시키기 어려운 이유라면 비트

코인과 같은 자산을 금융자산으로 포함할 수 있게 끔 금융자산의 범위를 확장하면 된다.

현재 적정한 가치로 거래되는 자산을 자산이 아니라고 하기도 어렵고 신종자산이 현존하는 자산의 성격과 유사한데도 K-IFRS의 정의를 만족시키지 못한다고 부자연스러운 범주에 이를 포함시키고 이를 전제로 불합리한 과세제도를 입안하는 것도 잘못이다.

비트코인은 회계적으로 무형자산보다는 금융자산에 가깝다.

다만 신종자산이기 때문에 기존의 GAAP(일반적으로 인정된 회계원칙)에 정의를 만족시키지 못하고 있는 것이다.

GAAP은 만고불변의 철칙이 아니다. 시간이 가면서 변할 수 있고 변해야 한다. 비트코인을 신종금융자산으로 보는 GAAP이 새로 제정되어야 하고 이를 전제로 우리 세법도 주식의 거래소득처럼 금융투자소득으로 본다면 과세방법도 주식과 같은 정도의 금액을 공제해주고 이월결손금도 반영되는 합리적인 방법으로 개선될 수 있을 것이다.

세상은 변하고 있다. 생각을 달리하는 사람이 자산이 아니라고 해서 자산이 아닌 것이 아니며, 무형자산이라고 주장한다고 해서 무형자산이 되는 것은 아니다.

세상이 변하는 속도로 회계기준도 변하고 세법도 변해야 한다는 생각을 하게 되는 2021년 봄이다.

(2021.3.22. 조세일보/오문성의 Tax Issue)

04 가상자산 신종금융자산으로 분류해야 과세유예 적합

비트코인 등 가상자산을 무형자산이 아니라 신종금융자산으로 분류하는 게 합리적이라는 시각이 나왔다. 가상자산 과세의 경우 과세 인프라 구축 이후로 유예하는 것이 적합하다는 의견도 함께 제시됐다.

오문성 한국조세정책회장은 3일 민주연구원과 더불어민주당 가상자산 태스크포스(TF)가 주최한 '가상자산 과세 현안점검 및 투자자 보호를 위한' 정책토론회에 발제자로 나서 "가상자산은 주식과 같이 투자목적으로 보유하고 언제든지 시장에서 현금으로 교환이 가능한 자산이므로 특수한 형태의 금융자산으로 볼 수 있다"고 했다.

현 소득세법에 따라 가상자산은 무형자산으로 분류되고 기타소득으로 과세된다. 이는 내년 1월부터 적용된다.

오 회장은 "일본을 제외한 대부분 국가가 가상자산을 양도소득으로 과세하고 있다"며 "계약을 전제로 한다는 금융자산의 성격이 금융자산에 포함하기 어려운 이유라면 금융자산의 범위를 확장하면 된다"고 설명했다.

무형자산을 전제로 기타소득으로 과세하다 보니 양도차손으로 인한 이월결손금을 이월공제해 줄 수도 없다고 부연했다.

오 회장은 "양도차익에 대해선 과세하면서 차손에 대한 결손금의 이월공제를 허용하지 않는 것은 적절하지 않다"며 "비트코인을 신용금융자산으로 보는 GAAP이 새로 제정돼야 하고 이를 전제로 세법도 합리적인 방법으로 개선돼야 한다"고 했다.

가상자산 과세와 관련해서도 과세 인프라 구축이 완료된 상태인지를 고려해 봐야 한다고 강조했다.

오 회장은 "신종자산에 대해 과세하려면 기본적으로 신종자산 과세환경에 대한 깊이 있는 연구가 선행되어야 하는데 현재의 과세인프라는 아직 이 정도 수준에 미치지 않았다는 생각이다"고 말했다.

가상자산거래소를 통하지 않는 거래, 유사한 자산인 주식과의 형평성, 해외가상자산거래소를 통하는 경우 대체불가능한 토큰(NFT)에 대한 과세, 비상장코인에 대한 평가기준 등의 내용이 과세 전제조건으로 설명될 수 있는지를 살펴야 된다고 했다.

(2021.11.3. 연합인포맥스 기사)

05 디파이 NFT등 암호화폐기반 소득 과세기준 정립필요

"디파이(DeFi · 탈중앙금융)나 NFT(Non Fungible Token · 대체 불가 토큰) 등 암호화폐 기반 비즈니스로 발생한 소득에 대한 과세 개념과 기준이 명확히 정립돼 있지 않은 점은 보완해야 할 부분이다."

오문성 한국조세정책학회장은 2월 26일 '이코노미조선'과 인터뷰에서 이같이 밝혔다. 한양여대 세무회계학과 교수인 오 회장은 학계에서 암호화폐(가상자산) 과세 관련 전문가로 유명하다. 그는 소득이 있는 곳에는 반드시 과세가 있어야 한다는 원칙론자이기도 하다. 오 회장은 "암호화폐에 대한 과세는 가상자산을 제도권에 안착시키면서 사회적 인식도 긍정적으로 바꿀 기회"라고 강조했다. 다음은 일문일답.

암호화폐 처분 이익이 '기타소득'이라는데.

"그렇다. 2020년 12월 소득세법 개정으로 2023년부터 암호화폐 양도로 인해 발생하는 소득은 '기타소득' 과세가 적용, 20%의 세율이 적용된다. 그런데 기타소득 대신 금융투자소득으로 인정되는 게 일반인에게는 도움이 된다. 암호화폐 처분이익을 기타소득으로 보고 과세하면 양도차익 250만 원까지만 공제받는 반면, 금융투자소득으로 볼 경우에는 양도차익 5,000만 원까지 공제가 가능하기 때문이다. 암호화폐 양도소득을 금융투자소득으로 봐야 한다고 주장하는 이유다. 하지만 단지 일반인에게 부담하는 세액이 작아 유리하다고 금융투자소득으로 과세하자는 것은 아니다. 비트코인을 매매할 때 보면 주식 매매와 거의 차이가 없다는 점에서도 기타소득이 아닌 금융투자소득으로 봐야 한다고 생각한다."

디파이 거래 통한 이자소득도 과세가 되나.

"디파이에 관한 과세 문제를 언급하려면 다양한 거래 속성을 따져야 한다. 가장 일반적인 디파이 거래 형태는 암호화폐를 대여해 주고 이에 대한 대가로 이자를 암호화폐로 받는 경우다. 2021년 10월 국회 기획재정위원회 유경준 국민의힘 의원은 기획재정부(이하 기재부)에 서면을 통해 P2P(Peer to Peer) 디파이 방식으로 암호화폐를 담보로 대여해 주고 이자로 암호화폐를 받는 경우 과세 대상인지를 물었다. 기재부는 '25%의 세율로 원천징수되며 금융소득 종합과세 대상자(연 이자·배당소득 합계액 2,000만 원 초과)의 경우에는 종합소득에도 합산해 기본세율 6~45%를 추가로 적용할 것'이라고 답했다. 그런데 이건 논리적 모순이다."

왜 모순인가.

"기재부는 암호화폐를 담보로 대출해 주고 받은 이자소득을 소득세법상 비영업대금의 이익으로 간주한다고 답변했다. 그런데 비영업대금의 이익은 금전으로 한정된다. 현행법상 암호화폐를 금전으로 인정하고 있지 않기 때문에 기재부의 답변은 모순이다. 물론, 기재부 역시 디파이 과세에 대한 명확한 개념과 기준을 아직 공식적으로 발표하지는 않은 상태다. 결론적으로는 현행법상 기타소득으로 봐서 과세하는 수밖에 없다. 암호화폐 기반 사업소득

등에 대한 과세 개념 정립과 제도 정비가 필요한 이유다."

NFT 과세는 어떤가.

"NFT 과세는 좀 더 복잡하다. NFT화한 대상물에 따라서 과세 방법이 달라지기 때문이다. 그림이면 그림에 대한 과세로 가고, 책이면 책에 대한 과세로 가야 한다. 법적으로 통일하기가 매우 어렵고, NFT가 표창하고 있는 대상이 된 자산이 무엇이냐에 따라 달라지기 때문에 과세 개념 정립 자체가 어렵다. NFT에 대한 과세가 제대로 이뤄지지 못하는 이유다."

암호화폐 과세가 관련 시장에 도움이 될까.

"과세는 암호화폐 시장 성장에 도움이 된다. 세금이 부과된다는 건 사회가 공인하는 자산으로 인식한다는 의미이기 때문이다. 또 정부는 투자자 보호 책임도 져야 한다."

(2022.3.17. 조선비즈/인터뷰)

06 STO가 가져올 미래는?

최근 세간에 지대한 관심을 받고 있는 STO가 미래에 가져올 영향은 가히 혁명적이다. STO(Security Token Offering: 토큰증권공개)는 IPO(Initial Public Offering: 기업공개), ICO(Initial Coin Offering: 암호자산공개)와 같은 맥락에서 그 개념을 정의할 수 있다. IPO는 기업이 발행하는 주식을 증권시장에서 신규상장 하는 것이고, ICO는 암호자산인 코인을 코인시장에서 신규상장하는 것을 말한다. 그러므로 STO는 토큰증권을 토큰시장에 신규로 상장하는 것으로 이해하면 된다.

IPO는 일찍이 기업들이 자본시장을 통하여 산업자금을 모으기 위해 도입한 제도이고 현재 주식시장에서 거래되는 주식들은 IPO를 거쳐서 현재 거래되고 있다. ICO는 비트코인과 알트코인들이 다양한 코인시장에서 거래되기 위하여 처음 시장에 진입하는 과정으로 현재 우리나라는 ICO를 금지하고 있다. 그러므로 우리나라의 코인거래소인 업빗이나 빗썸 등에서 거래되고 있는 코인들은 우리나라가 아닌 외국에서 ICO를 거쳐 거래되고 있다.

ICO는 금지하고 있는 우리나라가 STO에 대하여는 적극적으로 도입하려고 하는 것은 어떤 이유일까? 단도직입적으로 말하면 ICO가 대상으로 하고 있는 대부분의 코인은 기초자

산이 없는데 반해 STO의 대상이 되는 토큰증권은 기초자산이 있기 때문이다. 현재까지도 전통적인 생각에 의하면 비트코인의 가치는 없다고 믿는 사람이 많다. 기초자산이 없는 코인에 대하여 ICO를 허용하는 것은 정부입장에서는 부담스럽다. 하지만 토큰증권은 기초자산이 있는 상황에서 조각투자를 가능하게 하고 소유권의 진위에 대하여 블록체인의 기술력을 도입한다는 점에서 이를 미루는 것은 변화하는 금융환경에 적응하지 못한다는 측면이 있다.

이 세상에 비트코인을 통해 블록체인이 나타난 것은 블록체인이 자산의 소유권에 대한 입증시스템이라는 점을 고려하면 엄청난 사건이다. 분산장부라는 효율적 기술로 중앙집중화된 서버가 해킹의 위험에 처해있는 것을 피해가고 있기 때문이다. 화가가 그린 진품인 그림을 픽셀로 구현한 첫 번째 작품을 대체불가능토큰(NFT)으로 만들어 사이버공간에서의 진품을 만든 것과 메타버스에 등장하는 그 많은 아바타 중 어느 아바타가 나의 법률행위를 대리할 수 있는 아바타인지를 식별할 수 있는 것도 블록체인의 인증(authentification) 기능 때문이다.

STO는 블록체인기술과 조각투자에 대한 사회적 수요의 합작품이다. 실제로 비트코인을 거래해 본 투자자는 우리가 기존에 경험한 불편함이 비트코인 거래에서는 개선되어 있음을 목도하고 있다. 최근에 비트코인 1개가 3,700만 원을 호가하는 상황에서 비트코인을 한 개, 두 개로 주문을 내는 투자자는 거의 없다. 대부분의 투자자는 자기가 지정하는 금액만큼의 비트코인을 사들인다.

비트코인은 수량으로 거래하기보다는 금액으로 거래한다는 의미이다. 비트코인을 처음 만든 것으로 알려져 있는 나카모토 사토시에서 유래하여 1비트코인은 1억 사토시로 정의하여 거래하고 있다. 그리고 지정가주문보다는 시장가주문이 많다. 왜냐하면 지정가로 기다려서 사고파는 것은 굉장히 빨리 가격변동이 이루어지는 시장에서는 적합하지 않기 때문이다.

그리고 오늘 매도를 하더라도 영업일 기준으로 이틀 후에 들어오는 기존 주식시장과는 달리 매도즉시 매도자금이 들어온다. 기존 주식시장에서 주식가격이 너무 비싸서 거래량이 줄어드는 경우 액면분할을 해야 하는 상황도 필요하지 않다. 자금이 바로 필요한데도 영업일 기준 2일이나 기다려야 하는 불편함도 비트코인 시장에서는 존재하지 않는다. 이렇게 편리함이 있는 데도 불구하고 ICO를 우리나라에서 못하게 한 것은 ICO의 대상자산이 기초자산이 없는 위험한 시장이라고 보았기 때문이다.

블록체인을 기반으로 하는 토큰증권의 대상은 이 세상에 존재하는 모든 실물자산이나 금융자산 및 저작권 등 지적재산권까지 포함된다. 선박과 항공기는 물론이고 저작권 등도 그 대상이 되므로 그 대상은 거의 무제한이다. 기존에도 조각투자의 성격을 지니는 것이 없었던 것은 아니다. 뮤츄얼펀드나 리츠 등도 조각투자라면 조각투자의 성격을 지녔다. 하지만 조각투자의 대상으로서 잘개 쪼개지는 단위의 측면에서 더 작아지고 블록체인기술로 그 소유권의 입증이 용이해지며 이의 거래가 조각투자로 인한 가치산정의 효율성이 제고된다는 면에서 그 혁신의 정도가 비교할 바 아니다.

실물증권, 전자증권으로 이어지는 기존의 발행형태는 이제 토큰증권으로 차츰 바뀌어 갈 것으로 예상된다. 다만 중앙집중식 계좌부에 기재되는 전자증권과 달리 블록체인을 기반으로 하는 토큰증권은 분산장부에 기재되므로 신규로 상장되는 유통시장이 중앙집중 시장이라면 이를 어떻게 매칭할 수 있을지 우려된다. 다만, 토큰증권을 증권시장(KRX) 상장시에 기존의 전자증권으로 전환한다는 생각에 대하여는 이해하기 힘들다. 왜냐하면 토큰증권은 블록체인을 원천기술로 태어났고 이의 장점을 통하여 발전되어가는 것이 혁신의 내용인데 증권시장에 상장할 때 전자증권으로 전환한다면 블록체인기술의 장점을 살릴수 없게 되어 이러한 생각의 방향성에 대하여 동의하기 힘들다.

STO는 블록체인 기술이 만들어낸 또 하나의 작품이다. 기존의 IPO가 기업에 자금의 효율적 운용을 통하여 산업자금을 공급하였다면 STO는 IPO보다 더 신속하고 저렴하게 자금의 효율적 배분을 주도할 것이다. 거액의 자금이 동원되는 고가의 경제재에 대한 환금성을 높여주고 혁신적 가치를 추구하는 스타트업의 활동을 지원하는데 기여할 것이다. STO가 가져올 미래의 긍정적 가치는 STO 도입초기에 겪을 부정적 상황에 대한 사회적 비용을 감안하더라도 충분히 크다는 생각이 든다.

(2023.3.30. 국가미래연구원)

Part **6**

조세 및 재정정책

2017년 정유(丁酉)년의 새해가 밝았다. 작년 10월 말부터 불거진 최순실 게이트는 그 이후 모든 정책 어젠다(agenda)를 한꺼번에 삼켜버렸다. 올해 1사분기도 복잡다단한 시기가 될 것은 분명하다. 상황에 따라 그 시기가 달라질 수는 있겠지만 올해 내에 대선(大選)이 이루어지는 것은 기정사실이다.

대선 캠페인 기간 중에는 수많은 공약(公約)이 난무한다. 공약 중에서 유권자들의 가장 큰 관심사는 경제와 관련한 공약이고 이 중에서도 조세공약은 모든 유권자의 지대한 관심사다.

지나고 나면 공약(公約)이 공약(空約)이 되어 유권자의 마음을 허무하게 할 수도 있지만 그래도 공약은 유권자에게 후보자를 선택하는 가장 기본적인 판단기준이 된다. 조세문제는 직접적으로 납세자에게 경제적 부담을 주는 것이어서 더더욱 유권자는 조세공약에 민감하며 조세공약에 따라 심하게 표심(票心)은 움직이기도 한다.

대부분 조세공약은 유권자에게는 둘 중의 하나로 다가온다. 조세공약이 현실화 되면 나에게 세금을 더 부담시키게 될 것인가 아니면 세금을 줄여 줄 것인가이다.

유권자 개개인에게는 정말 중요한 문제이다. 예를 들어보자. A후보자는 세금을 늘이지 않겠다고 하는 공약을 걸었고 B후보자는 세금부담을 늘이겠다는 공약을 내걸었다면 과연 유권자는 누구를 지지하게 될 것인가? 내심 A후보자를 지지하고 싶은 유권자가 많을 것으로 생각된다. 여기에다가 A후보자, B후보자 공히 기존의 복지수준보다 더 높은 복지수준을 제공하겠다고 공약을 했다고 하자.

이런 상황에서 유권자들은 누구를 지지할 것으로 기대되는가? 이러한 단순한 사례에서 유권자의 표심은 A후보자에게 갈 확률이 매우 높아 보인다. A, B후보자 모두 복지수준을 높인다는 공약을 걸었지만 B후보자는 세금을 더 거둔다고 했기 때문이다.

실제 상황은 이렇게 단순하게 전개되지는 않는다(왜냐하면 조세공약 뿐만 아닌 여러 가지 분야의 공약이 제시되고, 조세공약도 여러 가지 다양한 정책조합이 가능하기 때문이다. 위의 사례는 확실한 판단의 차이를 보여주기 위하여 상황을 단순화한 것이다).

하지만 분명한 것은 있다. B후보자처럼 세금부담을 늘이겠다는 증세(增稅)공약은 B후보

자가 선거에서 질 확률을 매우 높인다는 사실이다. 증세공약을 내건 후보자나 그 후보자가 소속된 정당은 선거에서 승리하기가 쉽지 않다는 것이 정설로 알려져 있다. 선거의 승패는 선거에서 표를 많이 획득한 것으로 결판이 난다. 하지만 표를 많이 획득한 쪽이 반드시 합리적인 의사결정을 하는 것은 아니다. 대폭적인 복지수준의 향상을 공약으로 내건 후보자가 증세문제를 언급하지 않는다면 복지수준을 제고하겠다고 내건 공약(公約)은 실현가능성 없는 공약(空約)이 될 가능성은 매우 높아진다.

선거에서 조세공약(公約)이 공약(空約)이 되지 않고, 실현가능한 합리적인 조세공약이 되기 위해서는 몇 가지 이상(理想)적인 선거환경이 필요하다.

첫째는 현명한 유권자가 필요하다. 현명한 유권자의 존재는 모든 문제를 해결하는 시발점이다. 현명한 유권자라 함은 유권자 각자의 조세부담이 줄어들지 않더라도 합리적인 조세공약을 내건 후보자를 지지하는 유권자를 말한다. 유권자측면에서 단순하게 생각하면 세금부담을 늘이겠다는 후보자를 지지하기가 쉽지 않다. 유권자들은 국민복지수준을 올려주기는 바라면서도 세금부담에 대하여는 모른체하고 싶은 심리가 있는 것이다. 하지만 이것은 모순적인 행태이다.

혹자(或者)는 세율을 올리지 않더라도 조세지출을 줄임으로서 세수증가가 가능하고 정부지출에서 방만한 부분을 정리하는 것으로도 세수증가 효과를 볼 수 있으니 증세를 하지 않고도 국민복지수준을 높이는 것이 가능하다고 주장하기도 한다.

하지만 조세지출을 줄이는 것도 넓은 의미의 증세여서 증세를 한 것이고, 방만한 정부지출을 줄이는 것은 늘어난 재정지출을 메꾸기 위한 것이라기보다는 증세의 문제와는 별개로 그 자체로 합리적 지출을 꾀한다는 측면에서 계속적인 노력이 필요하므로 논의의 차원이 다르다. 박근혜 정부의 "증세 없는 복지"는 조세지출을 줄여 실질적으로는 증세를 하면서도 "증세 없는 복지"라는 주장을 하였기 때문에 끊임없는 비판을 받아왔다.

현명한 유권자는 재정지출이 증가되는 상황에서 증세는 불가피하다는 것을 알고 있는 유권자이다. 복지지출의 증가와 조세부담의 증가는 동전의 앞면과 뒷면처럼 붙어 다니는 것을 너무나도 잘 아는 유권자이다. 자신에게 단지 조세부담이 감소하는 공약을 내건 후보자를 지지하는 유권자가 아니고, 자기의 세금이 증가하더라도 논리적 정합성이 있는 공약을 내건 후보자를 지지하는 유권자가 현명한 유권자라고 할 수 있다.

둘째는 솔직한 후보자가 필요하다. 솔직한 후보자는 후보자의 공약이 유권자에게 부담을 주더라도 국가의 장기적인 발전을 위하여 필요하다면 이러한 상황을 솔직하게 설명하고 유권자를 설득하려는 후보자다. 이렇게 하다가 선거에 실패하는 한이 있더라도 자기의 소신을 지키는 후보자가 솔직한 후보자다. 솔직한 후보자는 현명한 유권자를 전제로 한다.

왜냐하면 현명한 유권자가 다수가 되지 않은 상황에서 솔직한 후보자는 선거에 실패할 가능성이 높기 때문이다. 이러한 상황이 두려운 후보자는 선거에 승리하기 위하여 솔직한 후보자가 되는 길을 택하기보다는 포퓰리즘(populism)을 부추기는 후보자의 길을 택하려고 할 것이다. 솔직한 후보자는 자기의 소신을 지키기 위하여 현실적으로 엄청난 위험을 무릅쓰게 된다.

셋째는 현명한 유권자가 솔직한 후보자를 지지하여 솔직한 후보자가 선거에서 이기는 사례가 많이 발생하여야 한다. 이러한 사례가 반복되면 후보자는 포퓰리즘으로 선거에 이길 수 없다는 것을 경험하게 된다. 유권자에게 추가적인 조세부담에 대하여는 언급하지 아니한 채 현실성 없는 공약을 내건 후보자가 당선이라는 목적을 달성할 수 없는 사례가 많이 생겨날수록 우리의 선거풍토에는 포퓰리즘, 무책임한 조세공약은 발을 붙이기 힘들 것이다.

경험적으로 선거가 끝나고 나면 많은 선거공약(公約)이 공약(空約)이 되어버리는 현실을 목도하게 된다. 공약은 선거에 승리하고 나면 사정변경을 이유로 많은 부분 폐기처분되며, 심지어는 원천적으로 실행이 불가능한 공약(空約)을 공약(公約)으로 내거는 일도 상당수 있다. 대한민국의 앞날은 유권자의 손에 달려있다. 공약(公約)과 공약(空約)을 구분할 수 있는 현명한 유권자가 많을수록 국가의 미래는 밝아진다.

하지만 개인의 사익에만 얽매이지 않는 현명한 유권자가 되는 일은 생각처럼 쉽지 않다. 솔직한 후보자가 당선되기 위해서는 현명한 유권자가 다수를 차지해야 한다. 현명한 유권자가 다수를 차지하는 상황에서는 솔직한 후보자가 당선되는 일이 일반적이 되며 이러한 일이 빈번하게 발생할수록 후보자는 포퓰리즘에 당선을 기대하는 일은 점점 더 적어질 것이다.

선거공약의 논리적 정합성은 유권자가 공약을 점검함에 있어서 가장 중요한 부분이다. 그 결과가 숫자로 표현되는 조세와 관련한 공약은 더욱 그렇다. 이상과 현실은 항상 차이가 있지만 현명한 유권자, 솔직한 후보자, 솔직한 후보자가 빈번히 당선되는 바람직한 선거생태계를 2017년 대선, 이후 총선에서도 자주 볼 수 있게 되기를 간절히 기대해 본다.

(2017.1.1. 조세금융신문/시론)

02 차기 정부에 바란다

길을 걷다 보면 대선후보들의 벽보가 군데군데 눈에 띤다. 바야흐로 선거철이다. 공약도 난무한다. 공약 중에서도 조세와 관련한 공약은 유권자들의 최대의 관심사다. 왜냐하면 조세공약은 직접적으로 유권자의 가처분소득에 영향을 미치기 때문이다.

정부지출의 주요 재원조달원인 조세는 해를 거듭할수록 선거공약 중에서 중요한 부분이 되고 있다. 정부지출이 증가하면 당연히 조세징수액이 증가해야겠지만 세율을 인상한다는 공약은 그 어느 시기에도 주장한 측의 선거 결과에 부정적이라는 사실은 여전히 유효하다. 하지만 2017 장미대선의 경우는 조금 상황이 다를 것 같다. 왜냐하면 증세를 공약에 포함시킨 후보들이 여러 명이기 때문이다. 그것도 대부분 유력주자다. 필자는 월간금융조세 1월호에 기고한 "2017 조세공약(公約)과 공약(空約)"이란 글에서 후보자의 공약(公約)이 유권자에게 부담을 주더라도 국가의 장기적인 발전을 위하여 필요하다면 이러한 상황을 솔직하게 설명하고 유권자를 설득하려는 솔직한 후보자의 필요성에 대하여 역설한 바 있다. 이번 선거에서 유독 많은 대선후보들이 증세의 필요성에 대하여 솔직하게 목소리를 내고 있는 이유는 박근혜 정부내내 주창되었던 "증세 없는 복지"공약이 정부의 운신의 폭을 상당부분 제약한 것에 대한 반작용이라고 생각한다. 어떤 세목을 통하여 어느 정도의 세원을 확보하겠다는 구체적 숫자의 제시는 없다고 하더라도 증세를 하겠다는 의지를 표현한 것만으로도 솔직한 후보자가 많아졌다는 생각을 해본다.

필자는 대선이 임박한 이 시점에 차기정부에 바라는 조세정책에 대하여 몇 가지 적어보려고 한다.

첫째, 복지지출 증대에 따른 재원확보책이 결국은 증세라는 논의에 이를 수밖에 없다는 불가피성에 대하여 차기정부에서 그 논의를 회피하지 말아야 한다. 공약단계에서 증세를 하겠다는 언급을 했지만 이후 증세가 필요할 때는 그 구체적 수치를 제시하면서 국민들과의 합의를 도출할 수 있도록 솔직한 대화의 장을 열어 놓아야 한다. 이러한 분위기는 차기정부의 조세정책 수립과 관련하여 가장 중요한 환경 설정의 문제이다.

둘째, 소득과 재산이 많은 납세자가 세금을 많이 부담해야 한다는 응능부담(應能負擔)의 원칙이 사회적 합의를 도출하기에 가장 적합한 기준임을 인식하고 차기정부는 각각의 세목의 성격과 그 시기적 특성을 고려하여 증세를 하기에 적합한 세목의 우선순위에 대하여 기준을 가지고 있어야 한다. 필자가 생각하고 있는 우선순위를 제시해 본다면 (1) 법인세 실효세율 인상, (2) 소득세율 및 상속세 및 증여세율 인상, (3) 법인세 명목세율 인상, (4) 부가가치세 면세축소 등의 순서로 세수증대를 검토함이 합리적일 것이라고 생각한다.

셋째, 죄악세(罪惡稅)와 같이 사회적으로 바람직하지 못한 대상에 대하여 규제하겠다는 목적으로 부과하는 조세는 그 범위를 확장하는 것에 대하여 적극적으로 고려해 보아야 한다. 죄악세의 도입의 목적이 징수된 세금으로 사회적 비용을 분담하고 이로 말미암아 바람직하지 못한 행위의 확산을 막겠다는 의도만으로도 다른 세목에 비하여 상대적으로 부과의 정당성 측면에서 사회구성원의 충분한 지지를 이끌어 낼 수 있다고 본다.

넷째, 소득세의 면세자비율은 지속적으로 낮추어야 할 필요성이 있다. 최근 소득세분야의 면세자비율 증가(2014년 기준 48.1%/ 2015년 기준 46.8%)로 소득세 납세자가 느끼는 불공평성은 다른 나라에 비하여 상대적으로 높은 편이다. 징수액 측면에서 절대적 금액이 커지지 않더라도 국민개개인이 조금씩이라도 납세자로서의 의무를 다하게 하는 것은 국민개세주의(國民皆稅主義)의 측면에서 매우 중요하다.

다섯째, 주식양도차익에 대한 과세는 "소득이 있는 곳에 과세 있다"는 원칙에 충실할 수 있도록 그 구조를 변경시켜 나가야 한다. 과세대상 대주주의 범위를 순차적으로 확장해 나가고 그 세율도 종합소득기본세율을 적용해 나가는 등 누진세율의 구조에 포함시키는 것을 고려해 볼 수 있다.

마지막으로 현행 10%인 부가가치세율은 외국의 사례에 비하여 절대적으로 낮은 수준이다. 하지만 부가가치세율의 인상은 부가가치세가 물가에 미칠 충격을 고려하여 신중하게 추진해야 할 것으로 생각되며, 다만 현행 광범위하게 적용되고 있는 면세제도를 유럽의 사례를 참고하여 저세율의 차등세율적용을 고려해 보아야 할 것이다.

위에서 몇 가지 언급한 조세정책은 차기정부가 당면할 복지분야 지출에 대응할 재원조달방안에 관한 것이다. 여러 후보의 증가되는 정부지출공약에도 불구하고 이에 대한 재원조달방안은 정치(精緻)하지 못하다는 것이 후보들에 대한 공통된 지적이다. 증세를 한다고는 했지만 어느 세목을 통하여 얼마만큼의 세금을 거둔다고 구체적으로 적시하는 것이 선거에 유리하지 않을 것이라는 판단 때문이다. 하지만 국민과 정부간의 신뢰는 솔직하게 상황을 설명하고 합의를 구하는 정부로부터 시작한다. 머지않아 출범할 차기정부는 조세정책의 수립과 관련하여 솔직하게 상황을 설명하고 합의를 구하는 태도를 보임으로써 국민들과의 신

뢰를 구축해 가기를 희망해 본다.

(2017.5.2. 국가미래연구원 〈7〉 조세정책)

03 새 정부 조세정책 방향 어떻게 봐야 하나?

　지난 6월 16일 관계부처 합동으로 발표한 새정부 경제정책방향은 1990년대 이후 급속히 하락한 한국경제와 최근 물가상승세가 확대되는 위기상황을 극복하기 위한 해결책을 제시하려는데 그 초점을 맞추고 있다. 경제정책방향 주요내용으로는 민간중심 역동경제, 체질개선 도약경제, 미래대비 선도경제, 함께 가는 행복경제 등 4개의 큰 방향을 제시하고 있다. 이중 민간중심 역동경제의 두 번째 항목인 기업투자 확대 및 일자리 창출에 조세정책 방향을 담고 있다.

　그 내용을 보면 다음과 같이 요약할 수 있다.

　첫째, 새 정부는 기업의 국제 경쟁력 등을 고려하여 법인세율 단계를 줄이고 25%인 최고세율을 22%로 낮추기로 했다. 문재인 정부에서 법인세율 단계를 3단계에서 4단계에서 늘리고 22%였던 최고세율을 25%로 인상했던 것과는 분위기가 사뭇 다르다.

　개정방향의 취지는 이렇다. 법인세는 법인의 소득에 대하여 부과하는 세목으로 공평성을 지향하기 보다는 효율성을 지향한다. 그러므로 법인세의 존치 이유는 세수확보 차원에서는 명분이 있지만 경제 전체적으로 비효율(사중손실: dead weight loss)이 발생하므로 세수가 충분한 상태라면 가장 먼저 폐지해야 할 세목이 법인세다. 법인의 소득은 최종소득이 아니므로 부자 법인과 가난한 법인으로 분류하여 법인세율 인하를 부자감세라고 주장하는 것도 잘못된 것이다. 이러한 생각에서 OECD국가 중의 대부분의 국가가 단일세율을 가지고 있고 전세계적인 법인세율 인하경쟁이 이루어지는 것도 그 맥락이 같다. 이러한 관점에서 보건대 새 정부의 법인세 최고세율 인하와 단계축소는 옳은 개정방향이다.

　둘째, 국내외 유보소득배당에 대하여 국내 자회사로부터 받은 부분에 대하여는 지주회사, 비상장법인에 대한 구분 없이 익금불산입률을 상향하고 해외 자회사로부터 받은 배당금에 대하여 익금불산입하기로 한 것은 법인의 이중과세 문제를 완화하고 해외에서 벌어들인 소득에 대한 한국의 모회사로의 배당을 촉진시켜 국내 투자재원으로 사용할 수 있는 부분을 증가시킨다는 점에서 바람직한 개정방향이라고 할 수 있다.

셋째, 투자·임금·상생협력 등으로 미환류된 소득의 20%에 해당하는 세액을 법인세로 추가 납부하는 투자상생협력촉진세제는 처음 도입 시에는 배당이 들어가 있었으나 이후 배당을 제외하고 상생협력부분을 포함시킨 것이다. 세제를 통하여 투자·임금·상생협력 관련 항목을 촉진하겠다는 생각에서 도입한 것인데 투자나 임금이 세제혜택을 준다고 해서 늘릴 수 있는 성격이 아니므로 제도의 효과에 대하여는 처음 도입 시부터 회의적이었다. 이번 기회에 폐지하기로 한 것은 잘한 일이다.

넷째, 많은 논란을 일으켰던 가업상속공제와 관련하여 납부유예제도를 신설하여 가업상속공제와의 선택 적용을 허용하고 가업상속공제의 적용대상인 중견기업의 범위를 매출액 기준 4,000억 원에서 1조 원으로 늘렸으며, 사후관리기간을 7년에서 5년으로 그 요건을 완화한 것은 불합리한 가업상속공제의 요건을 합리적으로 정비함으로써 원활한 기업승계환경 조성에 긍정적으로 작용할 것으로 기대된다. 하지만 업종과 관련하여 올해 들어 대분류까지 넓혀 놓기는 했지만 업종 제한을 완전히 풀지 않은 것에 대하여는 아쉬움이 있다. 기업이 생존하기 위하여 업종을 바꾸는 것에 대하여 제한을 가하는 규정은 없어져야 한다.

결론적으로 새정부가 처음 내놓은 경제정책 방향에 담긴 조세제도 개편 방향은 대체적으로 합리적인 방향으로 제시되어 있다. 법인세율의 단계를 줄이고, 최고세율을 낮추는 것이나 법인세가 이중과세라는 것을 전제로 이중과세의 합리성을 추구하는 방향으로 조정한 것이나, 기존의 가업상속공제가 가진 문제점을 개선하고자 노력한 점은 바람직한 방향이라고 생각한다.

다만, 새 정부가 추진하고자 하는 세법의 개정 방향이 전 정부의 정치적 색깔과 상당한 괴리가 있어 여소야대의 상황에서 원안대로 추진이 잘 될지 걱정이 앞선다.

(2022.7.5. 국가미래연구원)

윤석열 정부 들어 첫 예산안이 24일 새벽에 638조 7,000억 원으로 통과되었다. 당초 정부안인 639조 원에서 여야협의 과정에서 4조 2,000억 원이 감액되고 야당이 3조 9,000억 원을 증액하여 원안에서 순액으로는 3,000억 원이 감소한 수치다.

여야 합의과정에서 가장 큰 이슈는 법인세율 인하였다. 정부는 법인세의 최고세율을 현행 25%에서 3%p 내려 22%로 하고 단계도 4단계에서 2단계(20%/ 22%)로 하며 중소·중견기업(매출액 3,000억 원 미만)에 대해서는 과세표준 5억 원까지 10%의 특례세율을 적용하는 내용으로 형식적으로 2단계, 사실상 3단계의 세율을 채택하려는 시도를 하였다. 하지만 이러한 시도는 여소야대라는 상황에서 결국 현행 세율구조에서 각 단계(10%/ 20%/ 22%/ 25%)마다 1%p씩 내리는 정도에서 합의를 보고 말았다.

법인세율 인하에 대한 여야의 팽팽한 대립은 여야의 법인세에 대한 시각 차이에서 나온 것이지만 새로운 정부가 들어서서 처음인 예산안 확정이 이렇게 누더기식 타협의 산물로 흘러가는 것은 바람직하다고 볼 수 없다. 법인세의 과세물건인 법인의 소득은 개인의 소득처럼 최종소득이 아니어서 법인세를 줄이는 것을 부자감세라고 보는 시각은 이제는 시대착오적이다.

법인세가 세수확보차원에서는 그 명분이 있지만 경제전체적으로는 비효율(사중손실: deadweight loss)이 발생하므로 세수가 충분한 상황에서 세목에 대한 폐지를 고려한다면 가장 먼저 법인세의 폐지를 생각해야 한다는 논리는 법인세를 줄이면 기업의 투자가 증가하는 지에 대한 논의보다 더욱 근본적인 논의이다. 이러한 성격의 법인세에 대하여 아직도 법인세율의 단계를 줄이고 궁극적으로는 한 단계의 세율로 정착되지 못하고 있는 것은 유감스러운 일이다.

다음으로 종부세와 관련해서는 작년까지 적용되었던 종부세에 대한 문제점을 일부 고치는 것에 그쳤다. 종부세는 그 구체적 내용에 있어서 정말 비합리적인 내용이 많이 들어 있었다. 일시적 2주택을 고려하지 않은 것, 조정지역 내 2주택을 3주택으로 보는 것, 상속 시 상속인에게 닥치는 불합리한 문제 등은 종부세의 세액이 납세자가 부담할 수 없을 만큼 크다는 것을 제외하고도 민원을 제기하기에 충분했다.

하지만 이러한 문제에 대하여는 상당부분 그 문제점을 인식하여 개선하였다. 그리고 종부세 공제액을 6억 원에서 9억 원으로 올리고, 1세대 1주택자에게는 12억 원으로 상향한 것은 그 나마 다행스러운 개정내용이다. 하지만 궁극적인 종부세의 개선방향은 종부세를 재산세의 누진세율 구조에 편입시키는 것이다.

금융투자소득과 가상자산의 양도차익의 과세에 대한 문제도 예산안이 통과되기 직전까지 여야가 그 의견의 일치를 보지 못하고 있었다. 하지만 이 부분은 두 가지 항목 모두 2025년으로 도입 시기를 2년 늦추는 정부안이 받아들여졌고 대신 고액주주기준을 10억 원에서 100억 원으로 하려고 했던 정부안은 통과되지 못했다.

예산안과 관련하여 여야가 마지막까지 끌어왔던 쟁점은 법인세, 행정안전부 경찰국과 법무부 인사정보관리단 예산, 지역화폐예산, 공공임대주택과 공공분양주택 예산이라고 할 수 있다. 법인세는 앞에서 언급한 것처럼 현행 각 단계의 법인세 세율에서 1%p를 내리는 것으로 합의가 되었고 지역화폐예산은 민주당이 요구한 7,050억 원의 50%인 3,525억 원을 신설 편성했으며, 행정안전부 경찰국·법무부 인사정보관리단 예산은 정부안의 50%를 줄었다. 야당이 주장했던 공공임대주택 관련 예산은 6,600억 원이 늘었고, 여당의 공공분양주택 관련예산은 기존의 정부안이 그대로 유지되었다.

이렇게 예산의 확정과정을 지켜보면서 느끼는 점은 예산의 확정과정이 국민의 민생에 영향을 미치는 항목에 집중한다기 보다는 정치적인 쟁점에 흔들리는 경향이 짙다는 것이다. 예산은 헌법 제54조에 의하여 정부는 회계연도 개시 90일 전까지 국회에 제출하고, 국회는 회계연도 개시 30일 전까지 이를 의결하여야 한다. 이 일정에 의하면 12월 2일까지 예산은 국회에서 통과가 되어야 함에도 불구하고 3주 이상이 지난 시점에서야 겨우 지각 통과되었다. 2014년 국회선진화법이 시행된 이후에 가장 늦게 통과된 오명을 남기게 된 것이다. 하지만 지각통과보다 더 큰 문제는 국회가 만생예산을 등한시하고 정치예산에 집중하고 있다는 것이다.

(2022.12.27. 국가미래연구원)

05 고양이 목에 누가 방울을 달까?

최근 한국세무학회와 국회입법조사처가 공동으로 주최한 세법개정 세미나가 국회의원회관에서 열렸다. 필자는 국세의 주요세목인 법인세와 부가가치세의 중장기적 조세정책의 방향과 바람직한 2014년 세법개정(안)이라는 주제로 발표를 하고 토론에 참여하였다. 필자가 발표를 준비하면서 가장 먼저 떠오른 핵심적인 생각은 아주 명백하고 단순한 것으로서 복지지출을 늘리려고 한다면 증세(增稅)를 하여야 한다는 것이었다.

증세(增稅)란 기존에 거두어들이던 세금보다 더 많은 세금을 거두어 들이는 것으로 비과세·공제·감면을 줄이는 것은 증세가 아니고 세율을 올리는 것은 증세라고 말하는 혹자(或者)가 있다면 이는 언어의 레토릭(rhetoric)이라고 말할 수밖에 없다. 세율을 올리는 것과 비과세·공제·감면을 줄이는 것은 징수되는 세액이 증가되므로 모두가 증세의 범주에 속한다.

현 박근혜 정부는 대선 캠페인기간에 복지의 재원마련에 일차적으로 비과세·공제·감면을 줄여서 마련한다는 공약을 하였기 때문에 이 부분에 치중하고 섣불리 어느 세목의 세율을 올려서 재원을 마련하겠다는 말을 금기(禁忌)시하고 있다는 생각이 든다. 하지만 복지의 문제는 돈이 드는 문제이고 돈이 없으면서 과도한 복지수준을 유지하겠다고 하는 것도 지켜지지 못할 부분이라서 장기적으로 복지재원으로 사용할 세수의 확보에 실패하면서 약속했던 복지수준을 유지하려고 한다면 이는 그리스, 이탈리아, 포르투갈과 같은 재정파탄의 전철을 밟는 것은 정해진 수순이다.

조세의 부담과 복지의 수준을 연동시키는 국민적 합의를 도출하는 것은 중요한 일이다. 높은 수준의 복지를 원한다면 그에 상응하게 조세부담률과 국민부담률이 상승할 것이며 그렇지 않다면 부담률을 올리지 않고도 가능하다. 복지수준이 높다고 무조건 국민들이 만족하는 것은 아니기 때문에 국민적 합의가 필요하다는 것이다. 스웨덴, 덴마크처럼 조세부담을 많이 하면서 높은 수준의 복지를 원하는 사회가 있는가 하면 그리 높은 수준의 복지를 요구하지 않으면서 이에 대한 부담도 적게 가져가겠다는 사회도 있다. 이 분야에서 실패한 국가들은 이러한 방향성이 없는 국가들이다. 높은 수준의 복지를 요구하면서도 부담은 적게 하려고 한다면 그것은 바로 재정적자를 통하여 경제위기를 맞을 수밖에 없다.

만약 지금보다 좀더 부담하면서 조금 더 나은 복지를 지향한다면 세수를 현재보다 더 확보하여야 한다. 한국은 현재 급속한 속도로 고령화사회로 진입하고 있으며 2013년 기획재정부 자료에 의하면 향후 노령연금 지출 등으로 복지분야에 대한 법정지출규모가 2017년까지 연평균 9%로 빠르게 증가할 것으로 예상하고 있는 등 이는 현재보다 복지에 대한 수요가 증가되는 것은 기정사실이다. 여기에서 우리는 복지국가의 대표적인 유형으로서 고복지, 고부담형, 아니면 저복지, 저부담형 등의 분기점에서 그 방향을 정해야만 한다. 현대국가가 복지국가의 형태를 취하면서 일정수준의 최소한의 복지를 요구하는 경향은 일반적이다. 만약 우리국민들이 현재 누리고 있는 수준의 복지보다 더 나은 수준의 복지를 원하고 있다면 이는 조세부담률, 국민부담률을 높일 수밖에 없는 것이다. 정부지출에서 그 씀씀이를 줄일 부분이 있다면 그러한 부분의 노력을 하지말라는 말은 아니다. 이것은 복지재원의 마련과 별개로 계속적으로 추진해야 할 일이다.

그렇다면 이제 남은 것은 조세 중 어느 세목을 통하여 이러한 수요에 대한 재원을 확보해야 하는가 하는 의사결정을 하여야 한다. 현재 세수비중을 볼 때 적합한 세목은 법인세, 부가가치세, 소득세이다. 각각의 세목에 대하여 그 성격과 현재의 세율수준으로 볼 때 재원조달의 적합성 여부를 검토해 보아야 한다.

법인세는 법인의 소득에 대하여 부과하는 조세로서 법인소득의 성격으로 볼 때 최종소득이 아니다. 소득세에서 일반적으로 적용하고 있는 누진세제의 적용이 적합하지 않을 수 있다는 논리가 여기에서 출발한다. 법인세는 그 세목의 성격상 법인세폐지론이 주장되기도 한다. 그렇다. 논리적으로는 틀린말이 아니다. 법인소득이란 최종소득이 아니라서 법인의 소득에 대하여 과세하지 않더라도 최종소득에 대하여 소득세 등으로 과세하면 된다는 논리이다. 하지만 조세법은 이러한 논리로만 일관될 수 없다. 왜냐하면 세수의 문제는 그 세금의 용처가 있어서 논리적인 접근에 의하여 세목을 폐지하고 한다면 그에 따른 다른 세원을 발굴해야 하는 등 쉬운 문제가 아니다.

그래서 폐지할 수는 없지만 법인세법에 이중과세의 조정문제를 규정하고 2011년 기준 OECD국가 중 법인세율을 단일세율로 가는 국가가 무려 62%, 2단계세율까지 포함하면 94%로서 단순한 세율구조를 가지고 있으며 법인세의 최고세율을 계속적으로 인하하고 있는 것도 이와 무관치 않은 것이다. 쉽게 말하면 소득세분야에 있어서는 부자와 가난한 자에 대한 소득의 재분배기능이 중요하지만 법인의 경우는 법인소득자체가 최종소득으로 볼 수 없기 때문에 누진세율보다는 단일세율이 더적합하다는 논리이며 만약 법인세를 대체할 다른 세원이 추가적으로 발굴된다면 가정 먼저 세율을 인하해야 할 세목으로 보고 있는 것이

다. 우리나라의 경우도 법인세의 개정방향은 궁극적으로는 단일세율, 만약 그것이 어려운 상황이라면 세율구조의 단순화가 가야될 방향이다. 현재 우리나라의 법인세율도 계속적인 인하의 과정을 거쳐왔고 이는 바로 앞에서 언급한 이유로 세계적인 추세이기도 하다. 법인세분야에서는 세율의 인상을 추진하기 보다는 비과세, 공제, 감면을 줄여 실효세율을 높이는 정책이 필요할 것이다.

다음으로는 소득세에 대하여 생각해 보자. 소득세는 개인의 소득에 대하여 과세하는 것으로 누진세율의 구조를 가져가는 것이 합리적인 것에 대하여는 누구도 부인하지 않는다. 하지만 구체적으로 최고세율을 몇 %로 할 것이며 몇 단계의 세율을 운용하는 것이 최선인지에 대하여는 해답이 있는 것이 아니다. 우리나라의 소득세율은 현재 최고세율이 38%(지방소득세를 포함하면 41.8%)의 5단계의 세율구조를 가지고 있으며 여기에 준조세적 성격을 지닌 4대보험을 고려한다면 그리 낮은 수준이라고 볼 수 없다.

다음으로 부가가치세는 일반소비세의 성격을 지니며 대표적인 간접세이다. 간접세의 성격상 소득에 역진적이어서 부가가치세율을 올리자는 주장은 항상 많은 사람들의 반발이 있을 수 있어 표를 의식하는 정치인들은 쉽게 올리자고 하기가 어려운 세목이다. 소득에 역진적이라는 주장은 맞지만 부가가치세를 거두어들여 이를 복지에 사용한다면 이에 대한 효과는 많은 부분 상쇄된다고 하는 연구결과가 말하듯이 이는 하기 나름이다. 우리나라의 부가가치세율은 1977년 이후 10%로 한번도 변경한 적이 없으며 OECD평균인 18.7%에 비하여 현저히 낮아 34개국 중 4번째로 낮다. 2008년 이후 많은 국가에서 부가가치세를 인상함으로써 재정건정성을 도모한 사례는 익히 볼 수 있다. 하지만 부가가치세율을 올리는 것은 소비위축에 따른 경기둔화가 나타날 수 있기 때문에 이에 대한 충격을 최소화하고 이를 빠른 시기에 극복할 수 있도록 경제상황을 면밀히 검토하여 그 시기를 택하여야 함은 당연하다.

고양이 목에 누가 방울을 달까?

부가가치세는 분명 그 세율을 올리는 문제에 대하여 논의할 시기가 되었다. 하지만 그 누구도 그 말을 하기가 쉽지 않다. 직접세를 충분히 올리고 나서 해야 한다든지, 부가가치세는 역진성이 있다든지, 하는 이야기만 무성하다. 언제까지 피할 수는 없다. 분명한 것은 국가재정이 파탄이 나지 않게 하기 위하여는 복지수준을 높이는 것과 국민의 조세부담률을 높이는 것은 동시에 이루어져야 하며 어느 세목의 세율을 조정하는 것이 효율적인가를 종합적으로 검토해서 결정할 시기가 도래하고 있다는 것이다.

(2014.7.14. 국가미래연구원)

이제는 솔직하게 증세(增稅)논의를 시작할 때다.

정부는 9월 11일 문형표 보건복지부장관을 통하여 현재 2,500원 하는 담뱃값을 2,000원 인상하여 4,500원으로 하고 이후 물가와 연동시키겠다는 담뱃값 인상(안)을 발표했다. 보건복지부가 제시한 자료에 의하면 현재 2,500원 하는 담배의 경우 원가 및 마진이 950원(38%: 담뱃값 2,500원에서 차지하는 비율, 이하 같음) 담배소비세 641원(25.64%), 지방교육세 321원(12.84%), 건강증진부담금 354원(14.16%), 부가가치세 227원(9.08%), 폐기물 부담금 7원(0.28%)으로 구성되어 있다. 담뱃값을 2,000원 인상하여 4,500원으로 될 때는 원가 및 마진이 1,182원(26.27%), 담배소비세 1,007원(22.38%), 지방교육세 443원(9.84%), 건강증진부담금 841원(18.69%), 부가가치세 409원(9.09%), 폐기물 부담금 24원(0.53%) 그리고 개별소비세의 과세대상이 아니었던 담배를 추가로 과세대상으로 포함시켜 594원(13.20%)을 부과하여 가격이 4,500원이 된다는 설명이었다.

2,500원에서 4,500원으로 인상되는 담배가격의 구성비를 보다 보면 나름 고민을 많이 한 흔적이 보인다. 담배소비세와 지방교육세의 비중은 낮아지고 건강증진부담금과 폐기물부담금의 비중은 높아졌으며 국세인 개별소비세를 신설함으로써 담뱃값 인상을 통하여 국세비중이 8.08%에서 21.29%로 높아진 것 등이 그것이다.

담뱃값의 인상은 담배가격을 구성하는 항목에서 알 수 있듯이 담배소비세의 인상으로 받아들여졌고 바로 증세논쟁을 불러일으키고 있다. 담배가격에서 담배소비세가 차지하는 비중은 대략 보더라도 20%를 상회하고 담배소비세를 제외한 지방교육세, 부가가치세, 새로 신설되는 개별소비세까지 포함한다면 54% 정도를 차지하므로 납세자의 입장에서 담뱃값의 인상이 증세로 인식되는 것은 당연하다. 정부는 세금을 더 거두어들이려고 하는 것이 아니고 담배가격의 인상을 통하여 흡연자는 물론 간접흡연을 통하여 국민건강을 극도로 위협하는 흡연율을 낮추려는 목적에서 시작되었다고 하였다. 실제 시행이 되면 증세가 되는 면은 있지만 이는 부수적인 결과에 불과하다는 설명이다. 그러나 최근 언론지상에 나오는 기사의 타이틀을 보면 정부가 국민건강에는 전혀 관심이 없으면서 단지 세수확보만을 위하여 담배소비세의 인상을 꾀하고 있다는 지적이 많은 듯하다.

정부측은 담뱃값 인상을 통하여 세수목적에는 전혀 관심이 없고 국민건강을 해치는 흡연율을 낮추는 데만 관심이 있다고 주장하고 이를 비난하는 측에서는 정부가 국민건강을 빌

미삼아 세수확보에만 혈안이 되어 있다는 주장을 하고 있다.

이러한 극단적이고 비생산적인(?) 논쟁을 쳐다보면서 정부가 먼저 솔직해질 필요가 있다는 생각이 든다. 담배가격을 인상하겠다는 정부측에서 "증세없는 복지공약"이 사정변경으로 인하여 증세를 해야 될 필요성을 국민에게 설득시키고 증세를 하려다 보니 한동안 올리지 못했던 담뱃값 인상을 통하여 흡연율을 낮추어 국민건강을 지키고, 지방세확충을 통하여 지방자치단체의 재정건전성을 도모하는 목적도 가지고 있다는 세법개정의 배경을 설명하고 이해를 구해야 한다. 담배소비세의 인상은 단지 세수목적만도, 그렇다고 국민건강만을 염두에 둔 것도 아니며 굳이 말한다면 세수확보, 국민건강, 지방재정 건전화라는 세가지의 목적이 모두 들어 있는 것이라고 설명하는 것이 더 솔직하고 설득력이 있는 건 아닐까?

조세와 관련된 문제는 세법을 입안하는 측에서 조차도 한 개인으로 본다면 납세자의 지위를 면하기 힘들기 때문에 증세를 한다는 것에 그 누구도 심정적으로 선 듯 응하기 함들 수 있다. 하지만 중요한 사실은 현재보다 더 나은 복지수준을 지향하고 이를 실행해야 한다면 현재 우리나라의 상황이 증세를 통하지 않고는 재정적자를 면하기 힘들고 재정적자 상황이 지속된다면 그리스, 포르투갈과 같은 국가들에서 본 것처럼 국가재정이 어려운 상황에 처하리라는 것은 불을 보듯이 명확하기 때문에 적정 복지수준과 적정조세부담률의 국민적 합의를 전제로 한 증세논의를 시작할 때가 되었다고 본다.

일부 언론 보도에 "증세가 아니라고 말하기는 어렵다"의 표현은 증세라는 것을 인정한 것이며 이 때문에 대선공약 파기 논란이 도마에 오르고 있다고 하였고 정부가 증세에 관한 언급을 피하는 것은 박대통령의 '증세없는 복지 공약'에 발목이 잡힘 때문이라고 분석된다고도 하였다.

공약에 '증세 없는 복지'라고 했기 때문에 실제로는 증세를 하면서도 증세라는 용어를 밖으로 하기가 힘들다는 말, 한편으로 이해 못가는 바도 아니다. 대통령 선거기간에 내걸었던 공약사항을 철두철미하게 지켜나가는 일은 정치적 신뢰를 얻는데 중요한 일이다. 하지만 사정변경이 되었을 때 사정변경에 대한 내용을 국민들에게 설명하고 합리적인 방향으로 공약을 수정하는 것도 필요할 때는 해야 한다. 특히 돈이 지출되어야 하는 공약은 특히 그렇다. 국민복지를 위하여 사용해야 할 재정자원이 부족하다면 약속한 복지수준을 낮추든지 약속한 복지수준을 어떻게든지 고수하려면 증세를 해야 하는 것은 당연한 논리 아닌가?

다시 한번 강조한다면 정부는 약속한 복지수준을 유지하기 위하여는 일정부분 증세가 필요하다는 사실, 그러다 보니 담배소비세등 담배와 관련한 세금을 통하여 증세를 추진하는 것이 국민건강과 관련하여 흡연인구를 줄이고, 지방재정확충과도 관련이 있다는 등 솔직한 구상을 국민들에게 홍보해야 한다.

현재 담배가격의 인상, 아니 담배와 관련한 세금의 인상은 연이은 주민세와 자동차세를 올린다는 정부의 발표와 어우러져 부자들에게서 세금을 거두어 들이지 않고 서민들의 주머니만 축낸다는 비판을 받고 있고 누진세율의 구조를 지니고 있는 소득세, 법인세, 상속세 및 증여세를 먼저 인상하고 그 다음 순서로 단일세율의 구조를 가지고 있는 세목, 즉 역진성이 있는 세목을 증세하는 것이 합당하다라는 주장도 제기되고 있다.

세법개정을 통하여 납세자가 부담해야 하는 세액이 증가하는 경우 그 어느 납세자도 즐거워할 수는 없다. 증세가 왜 필요하며 왜 이러한 세목을 통하여 증세를 해야 하는가 하는 문제에 대하여 국민들을 설득할 수 있는 자료의 축적은 필수적이다. 이러한 자료를 가지고 국민들을 설득하고 합의를 구하는 노력을 해야 한다.

국민을 설득하여 합의를 구하는 문제는 쉬운 문제가 아니다. 하지만, 정부가 현재의 상황을 솔직히 설명하고 추진하는 정책에 대하여 성실하게 설득하려는 자세를 보이는 것 그 자체가 증세를 할 것이냐, 말 것이냐의 문제 그리고 증세를 하기로 했다면 어느 세목으로 할 것인가의 문제에 대한 근본적인 조세저항을 상당부분 줄일 수 있을 것이라고 생각한다.

"증세 없는 복지"는 불가능하다. 현재시점에서 현실성 없는 공약은 적절하게 수정되어야 한다. 적정복지수준과 적정조세부담률을 전제로 한 건전한 증세논의가 솔직하게 이루어져야 하는 시기다.

(2014.9.16. 국가미래연구원)

07 복지와 재정의 새 틀을 짜자. - 재원조달, 어떻게 해야 하나?

새누리당 원내대표에 대구출신의 3선인 유승민의원이 당선되었다. 유 원내대표는 취임일성(一聲)으로 "증세 없는 복지는 가능하지 않다"고 주장하여 지금까지 정부가 주장해왔던 "증세 없는 복지"가 현재의 상황에서 합당치 않다는 것을 명확히 했다. 정부로서는 매우 당황스러웠을 것이다. 하지만 필자는 올 것이 왔다는 생각이 든다.

복지지출에 필요한 재원조달의 문제는 증세(增稅)를 전제로 하는 것이다. 원칙적으로 말

하면 복지수준의 합의, 합의된 복지수준에 대응하는 소요액추정, 재원조달의 방법을 논의하는 것이 순서다. 하지만 이 부분을 제로베이스에서 시작하여 논의를 전개하기는 너무 방대하며 재원조달의 방법을 제외한 부분은 특별기획시리즈의 전반부에서 이미 논의가 되었으므로 필자는 복지수준의 합의가 되고 그 합의된 복지에 필요한 소요액이 추정되고 그 소요액을 충당함에 있어서 현재의 재원조달수준으로 부족하다면 어떤 세목을 어느 정도 인상하는 것이 조세공평과 효율성측면에서 합당한가와 아울러 어떠한 방법이 현실적으로 국민정서에 기반한 국민적 합의를 도출할 수 있는지에 초점을 맞추려고 한다.

어느 세목을 어느 정도 인상하는 것이 합리적인가 하는 것을 결정하는 문제는 정책결정의 문제로서 모든 납세자들의 동의를 얻기는 힘들다. 왜냐하면 납세자들이 자기가 각자 처해 있는 상황에서 유리한 것만을 선택하려고 하기 때문이다. 하지만 모든 납세자들의 동의를 얻지 못한다고 해서 정책을 입안하여 실행하지 않을 수 없으며 당장 눈앞에서 조세저항이 느껴진다고 해서 합법적인 절차를 거쳐 이미 시행된 조세정책을 손바닥 뒤집듯이 가볍게 뒤집어서도 안 된다.

세금을 어느 정도 추가로 징수할 것인지를 결정하기 위해서는 현 정부가 집권초기에 작성한 공약가계부에서 언급한 135조 원에서 시작하여 이미 경과한 2013년과 2014년의 소요액과 조달된 재원의 차이에서 추가적인 재원조달의 대책을 강구하는 것이 합당한 접근방법이다. 하지만 아직 이 부분에 대한 공식적인 정보가 공표된 바 없으므로 운용과 조달을 따져 그 부족한 액수를 제시하기는 힘들다. 하지만 2013년과 2014년의 세수부족액 8.5조 원과 10.9조 원만을 언급하더라도 현재의 재정적자가 심각함은 실감할 수 있다. 재정적자를 면하기 위해서는 현재의 복지지출수준을 줄이거나 추가적인 재원확보에 나서야 하는 것은 당연하다. 복지지출수준을 줄이지 않으려면 재원확보를 하여야 하고 재원확보는 국가채무를 발생시키거나 세수를 증가시켜야 한다. 세수를 확보하지 못한다면 재정적자의 문제는 결국 국가채무의 증가로 귀결된다. 우리나라의 국가채무는 2007년 현재 299조 원에서 2013년 483조 원으로 증가하여 61% 증가되었다. 같은 기간 동안 국가채무의 증가가 총수입이나 총지출 및 조세총액의 증가보다 급격하게 증가하고 있으며 2009년 15% 이상의 높은 증가율을 보이다가 2012년까지 대체적으로 하락하였으나 2013년 다시 증가율이 높아지고 있다. 그러므로 국가채무로 재정적자를 해결하는 것은 증세를 통한 재원조달 이후에 차선책으로 행할 조치라고 전제하고 소득세, 법인세, 부가가치세별로 현재의 상황과 실제 행할 수 있는 방법을 찾아보려고 한다.

첫째, 소득세는 개인의 소득에 대하여 과세하는 세목이다. 소득세는 유리알지갑이라고 불리는 근로소득자와 개인사업소득자 등이 포함되어 있다. 개인에게 과세되기 때문에 세율 인상 시 조세저항이 강한 편이며 서민증세라는 비난에서 자유롭지 못한 영역이다. 특히 근로소득자는 사업소득자와의 관계에서 소득의 투명성으로 인한 피해의식이 강하며 최근 연말정산파동은 법인세를 올리지 않고 소득세만 실질적으로 증세했다는 근로소득자들의 조세저항이라고 할 수 있다. 우리나라의 소득세율은 현재 최고세율이 38%(지방소득세를 포함하면 41.8%)의 5단계 세율구조를 가지고 있으며 여기에 준조세적 성격을 지닌 4대 보험까지 고려한다면 그리 낮은 수준이라고 볼 수 없다. 그리고 2014년 소득세법 개정으로 과세표준 1억 5천만 원 이상인 경우 소득세율이 35%에서 38%로 인상되었고 소득공제가 세액공제로 바뀜에 따라 실질적인 증세가 이루어졌다. 하지만 최근 연말정산 파동을 잠재우기 위한 후속대책으로 증세의 많은 부분이 취소될 운명에 처해있다. 올해 5월에 종합소득에 대한 신고가 끝나고 난 이후에 전체적인 세수증가와 각 총 급여 수준별 세수증감을 분석하여 소득세 전반에 대한 새로운 틀을 짜야 할 것이다.

둘째, 법인세는 법인의 소득에 과세하는 세목으로 2000년 이후 OECD 대부분의 국가에서 기업의 경쟁력 제고를 위해 감세기조가 형성되고 있다. 세계적인 법인세의 감세기조는 법인소득의 경우 법인소득에 대하여 법인세가 과세되고, 과세된 나머지가 결국 개인주주로 배당이 되어 배당소득세가 과세 될 것이므로 이중과세가 이루어져 이중과세의 조정(수입배당금의 익금 불산입)이 완벽하게 이루어진다면 결국 법인세는 폐지될 수도 있다는 논리가 이론적 배경을 이루고 있다. 그리고 이것과는 별개로 법인소득은 개인소득과 성격이 달라 누진세율이 적합하지 않다는 견해도 지배적이다. OECD 국가 중 67%의 국가가 법인세 단일세율을 유지하고 있는 것도 같은 이유에서이다. 그리고 법인세와 관련된 중요한 논의 중 하나는 법인세율을 인상하는 것이 법인의 경쟁력을 약화시켜 결국 법인세율을 인상하더라도 법인세수의 감소로 이어질 수 있다는 것이고 이는 경기활성화와 관련하여 법인세율 인상에 강력한 반대논리로 제시되고 있다. 법인세율 인상에 동조하는 논리는 우리나라의 명목법인세율은 최고세율기준 22%로 이명박 정부시절인 2008년 25%에서 3% 인하한 바 있으며 2014년 OECD기준 평균 23.4%보다 약간 낮고 각종 감면 등을 제외한 실효법인세율 기준으로는 우리나라는 2013년 기준 16%로 미국(26%)이나 일본(34.62%), 독일(29.55%), 영국(28%)에 비하여 매우 낮다는 주장이다. 이처럼 법인세의 문제는 인상불가의 논리와 인상해야 한다는 논리가 팽팽하게 맞서고 있다. 필자는 개인적으로 법인세를 인상하자는 논리에 찬성하지 않으나 현재 한국의 분위기에서는 법인세의 인상 논의를 제외하고는 증세논의에 대한 정치적 합일점을 찾기 힘든 것 같다. 만약 굳이 법인세의 인상을 통하여 세수를 확보

하고 소득세증세에 반대하는 납세자들의 피해의식을 치유하려 한다면 사내유보금 과세를 전면적으로 폐지하고 직접적으로 법인세율을 인상할 것을 제안해 본다. 사내유보금 과세는 기업의 투자활동에 세법이 관여한다는 비판 이외에도 실제 적용 시 세수증대효과도 별로 크지 않기 때문이다. 구체적인 인상안으로는 법인세율 인상을 구간별로 차등화(10%, 20%, 22% 구간을 11%, 22%, 25%로 인상)하는 안 등을 생각해 볼 수 있는데 2013년 법인세수 기준으로 약 6조 원의 세수증가가 예상된다.

셋째, 부가가치세는 일반소비세의 성격을 지니며, 대표적인 간접세이다. 간접세는 소득에 역진적이어서 부가가치세율을 올리자는 주장은 표를 의식하는 정치인들로서는 하기 어렵다. 하지만 우리나라의 부가가치세율은 1977년 이후 10%로 단 한 번도 변경한 적이 없으며 OECD평균인 18.7%에 비하여 현저히 낮아 34개국 중 4번째로 낮고 GDP에서 차지하는 비중도 4.4%로 OECD평균인 6.9%보다 낮아 인상 여지는 있다. 그리고 2008년 이후 많은 국가에서 부가가치세를 인상함으로써 재정건전성을 도모하기도 하였다. 하지만 부가가치세율 인상에 따른 소비위축에 따른 경기둔화가 나타날 수 있기 때문에 경기와 관련하여서 그 시기를 면밀히 검토하여야 하고 거두어진 부가가치세를 저소득계층의 복지에 사용하여야 소득에 역진적인 효과를 많은 부분 상쇄할 수 있다고 생각한다. 부가가치세율 인상은 장기적으로는 이루어져야 하지만 국민정서와 현재의 경제상황을 고려하면 지금 시점에서 바로 인상하기는 어려울 것으로 생각된다.

결론적으로 현재의 상황은 현 정부가 공약한 복지수준을 유지하기 위해서는 그에 충당할 재원이 부족하다는 것에 대체적으로 공감대가 형성되고 있다. 만약 충당할 재원이 부족하다면 약속한 복지지출을 줄이든지 추가적인 증세에 국민이 합의해야 한다. 증세에 합의한다면 어느 세목을 인상하여 재원을 마련할지도 조세의 공평성과 효율성 차원에서 중요한 문제이다. 필자는 법인세 인상에 대하여 여전히 반대하는 입장이지만 법인세 인상을 하지 않고는 증세의 진행과정이 한 발짝도 못나갈 형국이다. 이론적인 측면도 중요하지만 국민적 정서에 기초한 국민적 동의를 받지 못한다면 정책은 실패하고야 만다. 법인세를 일부 올려서 우리나라의 재정건전화의 초석이 될 수 있다면 법인세를 올릴 수도 있다고 생각하는 이유가 여기에 있다. 소신과 공약을 지키겠다는 마음가짐도 당연히 의미 있다. 하지만 불가항력적인 사정변경이 있고 국민여론이 이를 지지한다면 이 상황을 받아들이는 융통성도 이 시점에서는 중요한 가치를 가진다는 생각이 비단 필자만의 생각일까?

(2015.2.13. 국가미래연구원/기획특집)

8 경기침체기의 세수증가, 그 원인은?

기획재정부가 12일 발표한 '월간재정동향'에 따르면 정부가 올해 1월과 2월에 징수한 누적국세수입은 42조 7,000억 원으로 작년 동기대비 34.7%(금액기준: 11조 원) 증가하였다. 두 달간의 누적 국세수입이 이렇게 증가한 것에 대하여 세부적으로 들어가 보면 부가가치세 4조 8,000억 원, 소득세 2조 8,000억 원, 법인세 9,000억 원, 교통·에너지·환경세를 포함한 기타세목에서 2조 5,000억 원이 전년동기대비 초과징수 된 것으로 분석되고 있다.

이러한 조짐은 작년 말부터 나타나기 시작했다. 2015년 국세징수실적을 보면 국세청 세수가 2014년 196조 원에서 2015년 208조 원으로 무려 12조 원이나 증가하였는데 이는 2012년: 192조 원, 2013년: 190조 원, 2014년: 196조 원과 비교하면 세수가 200조 원을 처음으로 넘어서고, 세수결손도 2012년 △2.8조 원, 2013년 △8.5조 원, 2014년 △10.9조 원에서 2015년 2.2조 원의 흑자로 돌아서면서 그 추세선이 바뀌어 가는 것인지에 대한 관심이 지대하다. 문제는 이러한 세수의 증가가 경기의 호조에서 기인한다면 별 문제가 없겠으나 그렇지 않은 상황에서 국세징수액이 증가한다면 그 원인이 무엇일지 매우 궁금해진다는 점이다.

최근 5년간(2011년~2015년)의 한국의 경제성장률을 보면 2011년: 3.7%, 2012년: 2.3%, 2013년: 2.9%, 2014년: 3.3%, 2015년: 2.6%로 평균 2.96%이다. 2016년은 국내·외 주요연구기관에서 2.6~3.2%로 전망하였다가 최근 4월 12일에 국제통화기금(IMF)이 발표한 보고서에서 올해 한국의 경제성장률을 당초 2.9%에서 2.7%로 낮추었고 4월 19일에는 한국은행이 지난 1월 발표했던 경제성장률 전망치를 3.0%에서 2.8%로 하향 조정하는 등 경제성장률을 2%대에서 당초전망보다 내려 잡는 분위기가 대세로 잡혀가고 있다.

최근 한국경제는 1980년의 정치적 혼란과 1998년의 국가부도사태를 제외하고는 1970년대 이래 가장 낮은 성장률을 보이고 있으며, 가히 경제침체기라고 말할 수 있을 정도로 어려운 국면에 처해있다. 그럼에도 불구하고 2015년 국세청세수는 2014년에 비하여 비교적 큰 폭인 12조 원이 증가되었으므로 그 원인을 분석해 보려고 한다.

2014년과 비교한 국세징수실적을 세목별로 보면 법인세 징수세액이 2.4조 원 증가했다. 법인세는 법인의 영업실적이 증가하여야 세수가 증가되는 것이 일반적이다. 하지만 유가증권시장 12월 결산법인의 영업이익은 2013년 64조 원에서 2014년 56조 원으로 줄어들었기 때문에 2015년의 법인세 징수세액의 증가는 법인실적의 호조라기보다는 대기업 고용창출

투자세액공제율을 1%p 인하하고, 법인세의 최저한세율을 16%에서 17%로 인상하는 등 법인세 관련 비과세·감면의 정비와 깊은 연관성이 있다고 할 수 있다.

소득세 중에서는 양도소득세의 증가가 3.8조 원에 육박한다는 점이 주목된다. 이는 정부의 부동산 경기 활성화 정책에 힘입어 부동산 거래량이 2014년 578만 건에서 2015년 682만 건으로 무려 18% 증가하고 그로 인한 부동산가격의 상승이 그 원인이다. 이외에 상용근로자수 증가(2014년: 1,216만명, 2015년: 1,259만명)와 명목임금의 상승(상용근로자 5인 이상 기준 근로자 1인당 월평균임금 2014년: 314만 원, 2015년: 324백만 원) 그리고 각종 소득공제를 세액공제로 변경하고 소득세최고세율 구간을 3억 원에서 1.5억 원으로 조정, 국세청의 성실신고지원에 따른 개인사업자의 신고실적(종합소득세 과세표준신고액 2014년: 101조 원, 2015년: 119조 원) 개선 등으로 근로소득세 1.7조 원, 종합소득세 1.3조 원의 징수세액의 증가가 있었다.

다음으로 담배소비에 대하여 신설한 개별소비세가 2.4조 원의 세수증가가 있었으며, 증권거래대금의 증가에 기인하여 증권거래세가 1.5조 원 증가하였다.

세수가 감소된 세목은 부가가치세와 이자소득세가 대표적인데 부가가치세의 감소는 국내분 부가가치세는 3.4조 원 증가했지만 수입부진(수입액이 2014년 5,255억 불, 2015년은 4,368억 불)으로 인한 수입분 부가가치세가 6.4조 원 감소함으로써 결과적으로 3조 원 감소하였고, 금리하락으로 인하여 이자소득세가 0.4조 원 감소한 것이다.

이상의 결과를 정리해 보면 2015년의 세수증가는 법인의 실적이 좋지 않음에도 불구하고 비과세·감면 등 조세지출을 줄이고 최저한세 인상으로 법인세수가 증가하고 부동산 경기 활성화로 거래건수가 늘고 부동산 가격상승으로 인한 양도소득세의 증가와 소득세 최고세율 구간조정 및 세액공제를 소득공제로 변경하면서 발생한 소득세수의 증가, 담배에 대한 개별소비세 등의 세수 증가요인이 있었고 국내 부가가치세의 세수의 증가를 능가하는 수입부가가치세의 감소, 금리하락으로 인한 이자소득세의 감소라는 세수 감소요인이 있은 것으로 분석된다. 특별히 계량적으로 분석이 되지는 않았지만 국세청이 꾸준히 노력하고 있는 지하경제양성화나 성실신고지원도 분명히 이러한 징수액의 증가에 한몫 했을 것이라고 생각한다.

경기침체기라고 하더라도 위에서 분석한 것처럼 세수를 증가시키는 요인 즉, 세율의 인상, 조세지출의 감소, 지하경제의 양성화를 포함한 국세청의 징수노력 여하에 따라 세수가 증가될 수는 있다. 하지만 이러한 세수의 증가는 결국 경기가 뒷받침되지 않는 한 지속하기 힘들다. 세수가 증가되지 않는다고 반드시 정부재정건전성에 빨간불이 켜지는 것은 아니다.

결국 국가의 재정건전성은 건전한 세원에서 누락되지 않은 세수확보가 전제되어야 하지만 경기침체기에 증가되지 않는 세수는 정부의 재정지출도 이에 걸맞게 늘이지 않는 것이 재정건전성을 유지하는 평범한 진리이다. 2008년 이후 저물가, 저성장, 저금리로 대변되는 뉴노멀(New Normal) 경제기조에 맞는 재정정책이 무엇인지 진지하게 고민할 때다.

(2016.4.21. 국가미래연구원)

09 20조 세수증가, 그 경제적 함의(含意)

최근 국세청의 국정감사업무보고 과정에서 올해 1월부터 7월까지의 국세청 소관세수(150조)가 지난해 같은 기간의 세수(129조 9,000억 원)에 비하여 20조 1,000억 원 늘었다는 사실이 알려졌다. 국세청은 개청 이래 처음으로 지난해 세수 200조 시대를 열었고 올해 6월까지의 세수도 전년 동기에 비하여 18조 9,000억 원이 증가해 있던 터라 이러한 추세가 이어지고 있는 것으로 보인다.

문제는 이러한 세수증가의 원인이 어디에 있는가이다. 국정감사장에서도 나온 우려이지만 경기가 좋지 않은 상태의 세수증가가 국세청의 무리한 징수의 결과가 아니냐는 것이다. 세수의 증가원인은 몇 가지로 생각해 볼 수 있다. 첫째, 경기의 호조로 인한 세수의 증가이다. 경기가 좋아지면 법인소득과 개인소득이 증가할 것이고 자연스럽게 법인세와 소득세의 세수가 증가할 것이다. 둘째, 납세자가 적법하게 부담하여야 할 세금을 포탈하고 있는 경우 과세관청이 세무조사를 통하여 적발하여 징수하지 못했던 세금을 거두어들임으로써 세수가 증가하는 경우이다. 셋째는 국민의 4대의무 중 하나인 납세의무를 충실히 이행하겠다고 하는 선진화된 납세의식이 세수의 증가로 이어진다. 넷째는 지하경제 양성화, 세율을 올리거나 비과세·감면과 같은 조세지출을 줄여서 세수를 증가시킬 수 있다.

그렇다면 현재 세수증가의 원인은 어디에 있는가? 위에서 언급한 네 가지 원인별로 차례로 고찰해 보기로 한다.

첫째, 경기와 관련된 부분이다. 과세관청의 설명에 의하면 세수 20조 증가는 지난해의 경제여건을 반영하고 있는데 지난해 명목 GDP가 4.9% 성장했고 민간소비가 증가하는 등에 힘입었다고 한다. 최근 국회 예산정책처의 '2016~2020년 국세수입 전망' 보고서는 "2015

년 이후 세수실적 개선은 수출·투자·민간소비 등 실물경제의 회복세가 전반적으로 미약한 가운데 실물경제와 괴리된 자산가격 상승이 견인했다"고 밝히고 있다. 현재의 전반적인 경기는 세수증가를 가져올 만한 상황이라고 보기는 어렵다. 하지만 초 저금리의 토양하에서 정부의 부동산 경기 활성화정책은 부동산 거래량의 증가와 부동산가격 상승을 가져왔고 이로 인한 세수의 증가가 한몫한 것은 사실이다.

둘째, 세무조사를 통한 세수의 증가이다. 엄밀히 말하면 세무조사는 내지 않아도 될 세금을 징수하는 것은 아니다. 적법하게 납부하여야 할 세금을 내지 않은 경우 과세관청의 행정조사를 통하여 내게 하는 것이다. 예전에 세무조사가 정치적으로 많이 이용되었던 시기에는 기업을 길들이기 위하여 세무조사를 하기도 했고, 그렇지 않은 경우라 하더라도 기업들은 대기업, 중소기업 할 것 없이 세무조사를 받게 되면 정상적 영업활동에 지장을 받는 것이 사실이다. 하지만 현재의 세수증가는 쥐어짜기식 세무조사의 증가에 기인한 것으로 보기는 힘들 것 같다. 세무조사건수는 2013년 18,079건이고 2014년 이후 17,000건 수준으로 감소하였으며 올해에도 이러한 수준을 유지하는 것을 방침으로 정하고 있다. 2016년 6월 기준 행정심판 청구건수는 2015년 동기와 비교하여 5,164건에서 4,406건으로 줄었으며, 행정소송도 1,068건에서 784건으로 줄었다. 소송패소율은 11.6%에서 11.2%로 줄었으며, 심판에서 과세관청이 패배한 심판인용률도 26%에서 25.1%로 감소한 것은 소위 말하는 무리한 과세의 비율이 낮아진 결과로 분석된다.

셋째, 납세자의 납세의식이 선진화되면 세수가 증가될 수 있다는 부분이다. 납세자가 국민으로서 당연히 이행하여야 할 납세의무를 중요하게 생각하고 실천하는 것은 그 시대의 사회적 분위기에 영향을 받는다. 최근에 탈세가 중대한 범죄로 인식되고 특히 공인(公人)의 필수 자격요건으로서 납세와 병역을 중요하게 생각하는 사회적 분위기는 예전에 비하여 자진신고의 성실도가 높아지는 계기가 되었다. 또 한편으로는 국세의 징수를 관장하는 과세관청이 보유하고 있는 정보수준이 높아졌다는 데서도 그 이유를 찾을 수 있다. 최근 국세청은 전산분석내용을 사전에 안내하는 '사전성실신고제도'를 통하여 성실한 종합소득신고를 유도하고 있다. 사전신고를 제대로 안하면 사후검증을 한다는 문구가 보기에 따라서 협박성(?)이라는 지적도 있다. 하지만 국세청입장에서는 이러한 제도를 채택함으로써 성실신고를 유도하는 것이 조세징수의 효율성을 높일 수 있다고 생각하는 것이다.

넷째, 세율인상이나 조세지출의 감소, 그리고 지하경제 양성화를 통하여 세수를 증가시킬 수 있다. 현 정부는 집권초기부터 세율을 인상하지 않고 세수를 증가시키는 지하경제

양성화와 비과세, 감면 등의 조세지출을 줄이는데 주력해 왔다. 현재의 세수의 증가는 국세청에서도 밝히고 있는 바와 같이 미신고 역외소득 및 재산 자진신고나 비과세, 감면의 정비 등에 기인하고 있다.

요약하면 2016년 7월까지의 20조 원이라는 막대한 세수증가의 원인을 세무조사에서 찾기보다는 부동산가격의 상승과 비과세, 감면 등 조세지출의 감소, 미신고 역외소득 및 재산 자진신고, 사전성실신고제도에서 찾는 것이 더욱 설득력이 있다.

경기가 좋지 않은 상태에서 유독 세수만 큰 폭으로 증가하는 것이 국민들에게 그리 좋아 보일 리 없다. 왜냐하면 세수증가의 주된 원인이 세무조사를 통하여 이루어진 결과라면 그렇지 않아도 어려운 시기에 기업활동의 위축만을 가져올 수 있다고 생각하기 때문이다. 하지만 위에서 분석한 내용과 같이 올해 7월까지의 세수증가 20조 원은 그 원인이 세무조사보다는 사전성실신고제도 등 국세청 자체의 조세징수 효율성 제고와 정부가 주력해온 지하경제 양성화와 조세지출의 감소에 그 무게가 실려 있다.

국세청은 국세의 부과 및 징수를 주 업무로 하는 정부기관이다. 이러한 측면에서 조세징수의 효율성을 높이려고 하는 국세청의 노력은 당연한 것이다. 세수의 증가원인을 면밀히 분석하지 않고 국세청장을 위시한 소속공무원의 노력으로 조세징수의 효율성을 높이고 순항하고 있는 최근 국세청의 행보에 대하여 폄하(貶下)해서는 안 될 일이다. 다만, 국세청은 향후에도 적법한 세수의 징수를 위한 효율적 조세징수시스템의 개발에 주력하면서도 동시에 과도한 징수행위로 인하여 기업활동의 위축을 가져오지 않게끔 최선의 주의를 기울이는 것도 국민으로부터 신뢰받는 국세청의 위상을 유지하기 위하여 꼭 필요한 일임을 잊지 말아야 한다.

(2016.10.17. 국가미래연구원)

10 트럼프의 감세(減稅)공약, 그 의미는?

공화당의 도널드 트럼프(Donald Trump)가 미국 대통령으로 당선되는 이변(?)이 일어났다. 선거 캠페인 기간 내내 여론조사 지지율은 민주당의 힐러리 클린턴(Hilary Clinton)이 앞선다고 듣고 있던 터라 한번 놀랐고, 저런 거침없는 언행으로도 대통령이 될 만큼 바뀐 미

국사회의 분위기에 또 한번 놀랐다. 미국을 다시 위대하게 만들겠다(Make America Great Again)는 슬로건을 걸고 대선에 승리한 트럼프는 미국의 국익을 최우선시 하겠다는 생각이 대통령 재임기간 내내 정책철학으로 자리매김할 것으로 보인다. 국내에서 트럼프가 대통령이 될 것이라는 예상을 한 사람들이 많지 않아서 트럼프의 공약이 현실화 될 가능성은 희박해 보였던 것이 사실이다. 하지만 이제는 트럼프의 공약 하나하나가 우리 경제에 미칠 영향에 대하여 촉각을 세워야 한다.

내년 1월 20일에 미국의 제45대 대통령으로 취임하는 트럼프의 공약 중 조세정책을 한마디로 요약하면 부자와 기업의 세금을 줄여주는 감세라고 할 수 있다. 소득세 측면에서는 현행 39.6%인 소득세 최고세율을 33%로 낮추면서 7단계의 세율의 단계도 3단계(12%, 25%, 33%)로 간소화하며, 과세표준에 따라 15~35%를 적용하는 미국의 높은 법인세율도 미국 기업의 국제경쟁력을 제고하기 위하여 15%로 단일화하며, 상속세 폐지와 해외자산을 국내에 반입하는 기업의 경우 10%의 낮은 법인세율을 적용하겠다는 것이 그 핵심이다.

트럼프의 조세공약 중 우리가 눈여겨 볼 부분은 법인세율의 급격한 인하 부분이다. 지금까지 매우 높은 수준의 법인세율을 유지했던 미국이 단일세율 15%로 인하되는 것은 파격적인 조세정책의 변화다. 미국의 법인세율 인하는 최근 브렉시트(Brexit)로 인한 영국의 법인세율 인하 움직임과 맞물려 대규모 자본이동을 촉발할 가능성이 크다. 현재까지 미국의 고율의 법인세 정책은 미국보다 낮은 법인세율이 적용되는 해외로 미국기업이 진출하는 현상을 발생시켰다. 트럼프 생각의 요지는 법인세율 인하는 미국의 법인세율이 높아서 해외로 나간 기업의 국내 복귀를 통하여 일자리를 만들고, 기업의 국제경쟁력 제고에 긍정적인 효과를 가져온다는 데 있다.

법인세율을 인하하면 당장은 법인세수가 감소할 수 있다. 하지만 법인세 인하로 인한 기업의 경쟁력 제고는 단기적인 법인세수의 감소를 추월할 수 있는 증가를 가져올 수 있다. 최근의 미국과 영국의 법인세율 인하 분위기는 현재의 법인세율 인하가 기업의 경쟁력에 긍정적인 영향을 줄 것이라는 가설에 확신을 가지기 때문이다.

미국의 조세정책연구소(TPC)는 트럼프가 공약한 법인세, 소득세의 감세정책으로 인하여 향후 10년간의 미국연방 세수 감소액이 9조 5,000억 달러 정도라고 추산하고 있다. 연방예산위원회(CRFB)는 트럼프의 재정정책공약이 모두 시행되는 경우 2016년 국가부채비율이 105%에 달한다는 전망을 내놓기도 했다. 트럼프 미대통령 당선인의 조세 공약은 세수의 감소로 인하여 재정적자를 감수하더라도 소득세와 법인세의 세율을 내리겠다는 것이다.

소득세의 경우 세부적으로 들어가 보면 소득세의 최고세율 적용구간을 낮춤으로써 실질적으로 증세부분도 존재한다. 하지만 소득세의 최고세율 자체를 39.6%에서 33%로 대폭 낮추는 것은 감세 쪽으로 그 방향을 잡은 것은 자명하다. 소득세의 경우 세율을 높이고 낮추는 것은 자국의 상황과 자국의 조세정책에 따라 다르게 갈수 있는 문제로서 미국의 소득세 정책은 미국이 알아서 할 일이다.

하지만 법인세의 경우는 그 상황이 다르다. 법인세는 법인세율의 인상 또는 인하가 자국기업의 경쟁력을 좌우할 뿐 아니라 해외자본의 자국유치에 지대한 영향을 미친다. 그리고 법인의 소득에 대하여 누진세율을 적용하는 것은 법인소득이 소득의 최종 종착지가 아니라는 것을 고려하면 누진세율을 적용하는 것이 경제 논리에도 맞지 않는다. 급기야는 미국에서 조차도 법인세율을 대폭 인하하고 단일세율을 적용하겠다는 대통령 당선자의 공약이 나왔다.

현재 한국에서는 야당의 법인세 증세논의가 활발하게 이루어지고 있다. 현재의 여소야대 상황에서는 통과될 기세가 역력하다. 법인세를 통한 증세문제는 여야당, 보수와 진보가 달리 주장할 이유가 없는 이슈이다. 왜 이 문제에 있어서까지 여야당이 달리 주장하는지 모를 일이다. 법인세율 인상문제는 여야당의 정치적 셈법으로 해결해야 할 문제가 아니고 국가 경쟁력을 좌우하는 우리기업을 중심으로 생각해야 한다. 트럼프의 법인세율 인하 및 단일세율 유지공약과 브렉시트(Brexit) 이후 영국이 법인세율을 인하하는 움직임을 보면서 우리가 느껴야 할 것은 무엇인지 생각해 본다.

(2016.11.20. 국가미래연구원)

11 증세 솔직하게 설명하고 이해 구해야

길을 걷다보면 대선후보들의 벽보가 군데군데 눈에 띈다. 바야흐로 선거철이다. 공약도 난무한다. 공약 중에서도 조세와 관련한 공약은 유권자들의 최대의 관심사다. 왜냐하면 조세공약은 직접적으로 유권자의 가처분소득에 영향을 미치기 때문이다.

정부지출의 주요 재원조달원인 조세는 해를 거듭할수록 선거공약 중에서 중요한 부분이 되고 있다. 정부지출이 증가하면 당연히 조세징수액이 증가해야겠지만 세율을 인상한다는 공약은 그 어느 시기에도 주장한 측의 선거 결과에 부정적이라는 사실은 여전히 유효하다.

하지만 이번 대선의 경우는 조금 상황이 다를 것 같다. 왜냐하면 증세를 공약에 포함시킨 후보들이 여러 명이기 때문이다. 그것도 대부분 유력주자다.

후보자는 공약(公約)이 유권자에게 부담을 주더라도 국가의 장기적인 발전을 위하여 필요하다면 이러한 상황을 솔직하게 설명하고 유권자를 설득하려는 자세를 지녀야 한다.

이번 선거에서 유독 많은 대선후보들이 증세의 필요성에 대하여 솔직하게 목소리를 내고 있는 이유는 박근혜 정부 내내 주창되었던 "증세 없는 복지"공약이 정부의 운신의 폭을 상당부분 제약한 것에 대한 반작용이라고 생각한다.

어떤 세목을 통하여 어느 정도의 세원을 확보하겠다는 구체적 숫자의 제시는 없다고 하더라도 증세를 하겠다는 의지를 표현한 것만으로도 솔직한 후보자가 많아졌다는 생각을 해본다.

필자는 대선이 임박한 이 시점에 차기정부에 바라는 조세정책에 대하여 몇 가지 적어보려고 한다.

첫째, 복지지출 증대에 따른 재원확보책이 결국은 증세라는 논의에 이를 수밖에 없다는 불가피성에 대하여 차기정부에서 그 논의를 회피하지 말아야 한다. 공약단계에서 증세를 하겠다는 언급을 했지만 이후 증세가 필요할 때는 그 구체적 수치를 제시하면서 국민들과의 합의를 도출할 수 있도록 솔직한 대화의 장을 열어 놓아야 한다. 이러한 분위기는 차기정부의 조세정책 수립과 관련하여 가장 중요한 환경 설정의 문제이다.

둘째, 소득과 재산이 많은 납세자가 세금을 많이 부담해야 한다는 응능부담(應能負擔)의 원칙이 사회적 합의를 도출하기에 가장 적합한 기준임을 인식하고 차기정부는 각각의 세목의 성격과 그 시기적 특성을 고려하여 증세를 하기에 적합한 세목의 우선순위에 대하여 기준을 가지고 있어야 한다. 필자가 생각하고 있는 우선순위를 제시해 본다면 (1) 법인세 실효세율인상, (2) 소득세율 및 상속세 및 증여세율인상, (3) 법인세 명목세율인상, (4) 부가가치세 면세축소 등의 순서로 세수증대를 검토함이 합리적일 것이라고 생각한다.

셋째, 죄악세(罪惡稅)와 같이 사회적으로 바람직하지 못한 대상에 대하여 규제하겠다는 목적으로 부과하는 조세는 그 범위를 확장하는 것에 대하여 적극적으로 고려해 보아야 한다. 죄악세의 도입의 목적이 징수된 세금으로 사회적 비용을 분담하고 이로 말미암아 바람직하지 못한 행위의 확산을 막겠다는 의도만으로도 다른 세목에 비하여 상대적으로 부과의 정당성측면에서 사회구성원의 충분한 지지를 이끌어 낼 수 있다고 본다.

넷째, 소득세의 면세자비율은 지속적으로 낮추어야 할 필요성이 있다. 최근 소득세분야의 면세자비율 증가(2014년 기준 48.1%/ 2015년 기준 46.8%)로 소득세 납세자가 느끼는 불공평성은 다른 나라에 비하여 상대적으로 높은 편이다. 징수액 측면에서 절대적 금액이 크지 않더라도 국민개개인이 조금씩이라도 납세자로서의 의무를 다하게 하는 것은 국민개세주의(國民皆稅主義)의 측면에서 매우 중요하다.

다섯째, 주식양도차익에 대한 과세는 "소득이 있는 곳에 과세 있다"는 원칙에 충실할 수 있도록 그 구조를 변경시켜 나가야 한다. 과세대상 대주주의 범위를 순차적으로 확장해 나가고 그 세율도 종합소득기본세율을 적용해 나가는 등 누진세율의 구조에 포함시키는 것을 고려해 볼 수 있다.

마지막으로 현행 10%인 부가가치세율은 외국의 사례에 비하여 절대적으로 낮은 수준이다. 하지만 부가가치세율의 인상은 부가가치세가 물가에 미칠 충격을 고려하여 신중하게 추진해야 할 것으로 생각되며, 다만 현행 광범위하게 적용되고 있는 면세제도를 유럽의 사례를 참고하여 저세율의 차등세율적용을 고려해 보아야 할 것이다.

위에서 몇 가지 언급한 조세정책은 차기정부가 당면할 복지분야 지출에 대응할 재원조달방안에 관한 것이다. 여러 후보의 증가되는 정부지출공약에도 불구하고 이에 대한 재원조달방안은 정치(精緻)하지 못하다는 것이 후보들에 대한 공통된 지적이다.

증세를 한다고는 했지만 어느 세목을 통하여 얼마만큼의 세금을 거둔다고 구체적으로 적시하는 것이 선거에 유리하지 않을 것이라는 판단 때문이다. 하지만 국민과 정부간의 신뢰는 솔직하게 상황을 설명하고 합의를 구하는 정부로부터 시작한다.

머지않아 출범할 차기정부는 조세정책의 수립과 관련하여 솔직하게 상황을 설명하고 합의를 구하는 태도를 보임으로써 국민들과의 신뢰를 구축해 가기를 희망해 본다.

(2017.5.3. 조세일보/칼럼)

12 새 정부의 재원조달전략, 그 방향성을 짚어본다.

최근 기획재정부가 발표한 자료에 의하면 올해 1월부터 5월까지의 누적국세수입은 123조 8,000억 원으로 전년 동기대비 11조 2,000억 원 증가했다. 5월 한달만 보더라도 예상보다

2조 8,000억 원이 더 걷혔다고 한다. 이러한 대폭의 세수호황은 인수위원회에 해당하는 국정기획자문위원회가 공약에도 없었던 자연 세수증가분 60조 5,000억 원을 국정운영5개년계획의 재원조달원으로 책정할 만큼 자신감을 불러일으키게 했다.

초과세수 11조 2,000억 원의 구성을 보면 법인세가 4조 3,000억 원, 부가가치세 2조 5,000억 원, 소득세 1조 8,000억 원 순으로 이루어져 있다. 법인세의 증가는 법인실적의 개선과 연관되며, 소득세의 증가는 부동산경기의 활황으로 인한 양도소득세의 증가와 최근 몇 년간 지속적인 경향을 보이고 있는 개인납세자의 성실신고와 관련이 있다. 그리고 유가하락으로 인한 유류의 소비증가로 교통에너지세가 증가한 것도 세수의 증가에 한몫했다고 본다. 5월까지의 세수진도율도 51.1%로 지난해 48.4%에 비하여 2.7% 높아졌다.

최근의 세수호조는 복지지출수요가 계속 증가하는 상황에서 정부의 재원조달측면에서는 다행이라고 생각한다. 하지만 이러한 세수호조가 지속적으로 이루어질지는 두고 봐야 한다. 법인세는 경기와 직접적으로 관련되며 GDP성장률이 전 정부의 2%대에서 3%대로 안착하는 경우 법인세수의 증가에 긍정적으로 영향을 미칠 가능성이 높다. 하지만 그렇지 않을 경우 법인세수의 절대적인 증가는 장담할 수 있는 일은 아니다.

문재인대통령의 후보시절 공약과 국정기획자문위원회의 국정운영5개년계획, 그리고 청와대의 국가재정전략회의에서 거론된 내용을 비교해 보면 새 정부의 재정관련 운영방향의 큰 줄기가 보인다. 후보시절 공약집에 의하면 공약에 필요한 178조 원의 재원조달은 재정개혁 112조 원, 세입개혁 66조 원으로 이루어져 있고 재정개혁 112조 원의 세부내용은 재정지출절감 92조 원, 기금활용 등 20조 원이며, 세입개혁은 조세지출을 줄이는 세법개정 등 31조 5,000억 원, 탈루세금 과세강화 29조 5,000억 원, 세외수입 5조 원으로 이루어져 있다. 하지만 국정기획자문위원회는 공약단계에 전혀 고려하지 않았던 60조 5,000억 원의 자연세수증가분을 재원조달의 중요한 부분으로 제시하고 있다. 자연세수증가분은 최근의 세수호황에 힘입어 이와 같은 추세가 계속될 것이라는 전제하에 계상된 것이다. 1년에 12조 1,000억 원 정도가 된다. 올해 들어 5월까지의 초과세수가 11조 2,000억 원이니 1년 평균 12조 1,000억 원의 초과세수는 크게 어렵지 않은 목표라는 생각인 것 같다. 자연세수증가 60조 5,000억 원을 계상하면서 공약단계와 비교하여 변경된 부분은 재정지출절감 92조 원에서 60조 2,000억 원으로 31조 8,000억 원 줄어들었고 기금활용부분이 20조 원에서 35조 2,000억 원으로 15조 20,000억 원 증가했으며, 조세지출을 줄이는 등 세법개정부분이 31조 5,000억 원에서 11조 4,000억 원으로 20조 1,000억 원 감소하고, 탈루세금 과세강화부분이 29조

5,000억 원에서 5조 7,000억 원으로 23조 8,000억 원이 줄어들었다. 다시 말하면 재정지출절감, 조세지출축소, 탈루세금징수로 세수를 증가시키는 것은 현실적으로 한계가 있다는 것을 국정기획자문위원회가 인정한 것이다.

요약해 보면 공약단계의 재원조달방안 중 현실적으로 어렵다는 점을 인정하여 후퇴한 부분은 재정지출절감부문에서 31조 8,000억 원, 조세지출을 줄이는 부문에서 20조 1,000억 원, 탈루세금을 찾아내어 세수를 증대하겠다는 부문에서 23조 8,000억 원으로 총 75조 7,000억 원이 되고 기금을 활용하는 부문에서 15조 2,000억 원을 추가로 조달함으로써 결국 60조 5,000억 원이 모자라게 되는데 이 모자라는 부분을 메꾸는 것이 세수의 자연증가분이 된 것이다. 하지만 세수의 자연증가분은 재원조달책으로 매우 불확실하다.

그러므로 여당 대표가 국가재정전략회의에서 증세의 필요성을 언급하게 된 것이다. 60조 5,000억 원이라는 수치는 극단적인 비관적 시각에서 본다면 세수로 메꿀 수밖에 없는 수치이다. 초고소득자와 초고소득법인의 세율을 인상하여 얻는 세수효과는 약 4조 원으로 추정된다. 그렇다면 5년간 20조 원 정도가 되는 셈이니 증세의 필요성은 불가피하다.

결론적으로 새 정부의 공약단계, 국정기획자문위원회 국정운영5개년계획수립 시, 그 이후 청와대의 국가재정전략회의의 진행상황을 본다면 새 정부는 증세가 불가피하다는 것을 인정하고 있고 실제 기획재정부 세제실의 2017년 세법개정안에는 이러한 내용이 반영되어 나올 것으로 예상된다.

정부가 지출해야 할 재원을 마련하는 방법은 크게 두 가지 방법 밖에 없다. 세금을 거두는 방법과 국가채무를 부담하는 것이다. 국가의 재무건전성을 유지하기 위해서 국가채무를 부담하는 것은 한계가 있다 그렇다면 결국은 세금징수를 통하는 방법이 정공법이다. 세금을 더 거두는 것이 정치적으로는 큰 부담이 될 수밖에 없다. 하지만 현 상황에서 공약이행에 필요한 재정지출을 정상적으로 집행하기 위해서는 추가적인 세금의 징수가 필요하다. 새 정부의 재원조달전략에 증세는 불가피하다. 증세 없는 복지는 빈말이다. 복지수준에 맞는 증세, 새 정부가 가고 있는 길이다.

(2017.8.1. 국가미래연구원)

13 고소득층 증세 보편적 증세 위한 선행조치

초고소득층에 대한 증세, 이른바 '핀셋 증세'가 올해 세법개정안에 담겨 이와 관련한 논의가 곳곳에서 이루어지고 있는 가운데, 이 같은 부분적인 증세는 향후 보편적 증세를 위한 발판이 될 것이라는 주장이 제기됐다.

문재인 정부에서 필요로 하는 재원을 마련하기 위해선 어차피 증세가 고려될 수밖에 없는데, 이에 대한 사회적 합의를 이끌어 내기 위해선 초고소득자에 대한 증세가 용이한 선행조치가 될 수 있다는 설명이다.

오문성 조세일보 조세정책연구소장(한양여자대학교 교수)는 지난 16일 오후 2시 여의도 전경련 컨퍼런스센터 2층 토파즈홀에서 조세일보(www.joseilbo.com)와 조세일보 부설 조세정책연구소(소장 오문성 한양여대 교수)가 주최하고 법무법인 율촌 후원으로 진행된 '조세정책토론회(소득재분배 바람직한 방향은? – 최고소득층 세율인상을 중심으로)'에 참석해 이같이 말했다.

"가만 놔두면 세수 증가한다고?…증세논의 할 때 됐다"

오 소장은 이날 문재인 정부의 국정과제 현실화에 소요될 178조 원(5년 소요액)에 달하는 재원을 마련하기 위해 증세는 필연적인 것인지, 증세가 필요하다면 우선순위는 무엇인지, 또 이번 세법개정안에 담긴 부분적 증세는 과연 합리적인 것인지에 대해 발표를 진행했다.

오 소장은 우선 문재인 정부의 재원조달계획이 시시각각 변화하고 있는 부분에 주목했다.

문재인 대통령은 후보시절 세입확충으로 66조 원, 세출절감으로 112조 원을 마련하겠다고 했는데, 지난 7월 발표된 '국정운영5개년 계획'에는 세입확충 82조 6,000억 원, 세출절감으로 95조 4,000억 원을 마련하겠다고 했다.

특히 16조 6,000억 원 증가한 세입확충 부분이 논란이 됐다. 후보시절 없었던 자연세수 증가분 60조 5,000억 원이 포함됐기 때문이다. 탈루세금과세강화와 비과세정비로 인한 세수확충 부분은 오히려 낮아졌고 증세는 한 줄도 언급되지 않았다.

정부의 재원마련 계획이 부실하다는 지적이 곧바로 제기됐으며 곳곳에서 정부가 증세에 솔직해져야 한다는 제언이 쏟아졌다. 대통령의 지지율이 높을 때 증세를 감행해야 한다는 주장도 여기저기서 나왔다.

이 같은 영향 때문인지, 정부여당은 지난달 20일 열린 국가재정전략회의에서 초고소득자와 초고소득법인에 대한 '핀셋증세' 방안을 발표했고, 지난 3일 정부는 세법개정 안에 같은 내용을 실었다.

과세표준 2,000억 원 초과법인의 법인세율은 22%에서 25%로, 과세표준 5억 원 이상 소득자의 소득세율은 40%에서 42%로 각각 상향하는 내용이 정부 세법개정안의 주요 골자다.

하지만 이 같은 부분적인 증세만으론 재원마련이 어렵다는 시각이 팽배한 상황이다. 더구나 아무리 고소득층이라 해도 많은 이들이 세금을 내지 않고 있는 상황에서 특정 집단의 세율만 더 올리는 것은 조세형평성 측면에서도 어긋난다는 지적이 나온다.

이에 오 소장은 "문재인 정부는 2017년 1~5월 초과세수가 약 11조 2,000억 원으로 나타난 것을 근거로 향후에도 이러한 추세가 지속될 것으로 가정하고 있다"며 "세수 초과 또는 결손은 연도별 예산 전망과 실제 경제상황에 따라 결손이 발생하기도 하고 초과가 발생하기도 한다"고 말했다.

그는 이어 "따라서 문재인 정부 5년 동안의 재원 조달방안 중 세수의 자연증가분에 대해서는 신중히 접근할 필요가 있다"고 주장했다.

아울러 그는 "경제성장률에 따른 국세수입의 자연증가분을 나타내는 국세수입탄성치는 노무현 정부 이후 계속 낮아지다가 최근 회복 추세"라면서 "최근 부동산에 대한 정부의 대책으로 향후 국세수입탄성치가 낮아질 가능성이 존재해 정부가 예상하는 세수의 자연증가분이 목적대로 이루어질지 의문"이라고 지적했다.

그는 국가에서 필요한 재정지출을 충당하기 위한 재원 조달 방법으로는 ▲국가채무를 증가시키는 방법 ▲증세를 하는 방법 ▲기존 재정지출을 줄이는 방법 ▲공기업 및 정부보유 자산을 매각하는 방법 ▲사회 보험료의 인상 등이 있을 수 있다고 말했다.

그러면서 "기본적인 제약으로는 국가의 장기적인 재정건전성을 해치지 않고, 현재 또는 미래의 국민부담을 최소화하는 방법을 선택해야 하며 현재 및 미래의 경기변동상황을 고려해야 한다"고 강조했다.

이어 "종합해 볼 때 현시점에서의 증세논의는 바람직하며 국부적인 증세와 보편적인 증세의 시기에 대해서는 정책적인 판단을 할 수밖에 없다"고 말했다.

한편 오 소장은 2008년 금융위기로 촉발된 경기침체를 극복하기 위해 세계각국이 감세정

책을 그대로 유지하는 경향이 있지만 일부 국가에선 재정건전성 문제가 대두됨에 따라 소득세 최고구간 신설 등 부분적 증세조치도 시행되고 있다고 밝혔다.

각국 정부는 해당 국가의 정책적 판단에 따라 고소득층에 대한 증세를 시행한 사례가 있으며, 우리나라도 초고소득자에 대한 증세를 시행하는 것은 향후 보편적 증세가 필요한 경우 사회적 합의를 도출하기에 용이한 선행조치라는 것이 오 소장의 주장이다.

그는 "재원마련 계획 중 자연세수증가분 60조 5,000억 원은 가장 보수적으로 판단하면 증세를 통해 해결해야 하는데, 세법개정으로 인한 기준연도대비 세수효과 23조 4,000억 원을 감안하면 37조 1,000억 원이 모자라는 상태"라고 주장했다.

그러면서 "37조 1,000억 원은 자연세수증가분에 의해 보충될 수 있으나 자연세수증가분은 경기에 연동되어 재원확보를 장담할 수 없으므로 이 부분에 대해 추가증세에 대비해야 한다"고 덧붙였다.

또 "세법개정까지 고려했을 때 추가적인 증세가 필요하다면 소득세의 보편적 증세, 부가가치세의 세율인상들을 고려해야 할 것"이라고 말했다.

"법인세 실효세율 → 소득세율 → 법인세 명목세율 → 부가가치세율 순으로 증세"

오 소장은 이어 어떤 부분에 우선순위를 두고 증세를 진행해야 하는지에 대해 발표했다.

그는 세목별로 나눠, OECD국가의 GDP에서 개인소득세가 차지하는 비중은 1975년 이후 조금씩 낮아지기는 했지만, 2014년 8.4%로 우리나라 4%보다는 높다고 설명했다.

또 법인세의 비중은 OECD의 경우 2.1%(1975년)에서 3.6%(2007년)까지 증가했다가 2014년 2.8%로 낮아졌는데, 우리나라는 3.2%로 아직 높은 편이라며, 부가가치세(일반소비세)의 경우 경기의 변동에 따라 편차가 크지만 2014년 기준 7%로 우리나라 4.2%보다는 매우 높다고 설명했다.

아울러 오 소장은 과세미달자가 증가한 부분에 대해서도 주목했는데, 그는 2006년 이후 근로소득 기준으로 과세미달자가 감소 추세에 있다가 2013년 세법개정 이후 과세미달자가 급격히 증가했다고 지적했다.

실제 2013년 과세미달자는 32.4%였는데 2014년 48.1%로 껑충 뛰었다.

근로소득자의 절반가량이 소득세를 안내고 있는 셈이다.

오 소장은 미국(35.8%), 캐나다(33.5%), 호주(25.1%) 등은 과세미달자 비중이 한국보다 낮다며 영국의 경우 2.9%만 과세미달자에 해당한다고 설명했다.

그는 그러면서 법인세 실효세율, 소득세와 상속세 및 증여세율, 법인세 명목세율, 부가가치세율 순으로 증세를 해야 한다고 주장했다.

오 소장은 법인세의 경우 꼭 필요하지 않은 비과세나 감면을 과감히 줄여 명목법인세율과 실효법인세율의 괴리를 줄이는 것이 선행되어야 한다는 입장이다.

그는 "법인세의 명목세율을 올리면서 조세지출을 증가시키는 정책을 함께 구사한다면 일정부분 정책의 혼선을 가져올 수 있다"고 말했다.

이어 "법인세 명목세율의 인상은 전 세계적인 추세나 경제상황 등을 고려할 때 신중해야 하지만 세수부족으로 인해 명목세율의 인상이 꼭 필요하다고 하더라도 시장추이를 세심히 관찰하여 내국법인 및 외국법인이 국내경기에 미치는 영향을 미치는 것을 최소화 하는 방향으로 정책을 결정해야 한다"고 주장했다.

소득세와 관련해서는 "초고소득자의 경우 담세여력이 있으나, 전체적인 소득세율 인상은 박근혜 정부 이후 소득세의 실질적인 증세가 꾸준히 추진되어 온 것을 고려하면 현재 상황에서 소득세의 보편적인 증세는 어려울 것으로 판단된다"고 말했다.

또 "우리나라의 경우 초고소득자에게 추가 과세를 추진하는 것은 저소득자의 경우 과세미달자 감소정책을 동시에 추진하는 것이 증세의 국민적 합의 측면에서 바람직하다"고 덧붙였다.

상속·증여세는 "상속세 및 증여세를 부담하는 납세자의 담세여력과 조세 정의 측면에서는 세율 조정의 여력이 존재한다"면서 "가업상속에 대한 세제특례와 같은 직접적인 혜택을 부여하기 보다는 과세이연과 같이 가업상속(경영권)에 대한 지원을 해야 한다. 기타 상속인과의 형평을 고려하는 방법으로 상증세법의 개정이 필요하다"고 말했다.

그는 아울러 부가가치세율의 인상은 긍정적인 측면(세수증대)보다 부정적인 측면(물가상승, 저소득층의 부담증가 등)이 현재로서는 더 많다고 생각해 증세논의의 대상에 오르고 있지 못하지만 추가적인 증세를 고려할 수밖에 없다면 부가가치세의 증세를 고려해야 한다"고 밝혔다.

담배소비세 등과 같은 '죄악세'는 대상재화나 행위를 줄여야 한다는 측면과 사회적 비용의 분담문제 등을 고려한다면 그 범위를 확장하는 것에 동의한다고 밝혔다.

(2017.8.17. 조세일보/조세정책토론회 기사)

14 세수초과, 과연 바람직한가?

세수초과는 세수실적이 세입예산을 초과했을 때 발생한다. 정부는 2016년에 19.6조 원의 세수초과가 발생했다고 발표하였고 2017년 6월까지의 누계세수는 전년 동기대비 12조 원이 많은 133조 원으로 밝혀졌다. 133조 원은 올해 일자리 추가경정예산으로 늘어난 세입예산 241조 원 대비 세수진도율 55.2%에 해당한다.

2016년 세수초과의 주된 원인을 살펴보면 첫째, 수도권을 중심으로 주택거래가 활황을 보여 부동산가격이 큰 폭으로 상승하면서 양도소득세수가 대폭 증가하였다. 둘째, 저금리, 저유가의 기업환경은 법인영업실적 개선으로 나타났으며 저유가는 유류제품의 소비를 진작시켜 교통·에너지·환경세의 증가원인이 되기도 하였다. 셋째, 최근 꾸준히 추진해 온 비과세·감면 축소 넷째, 국세청의 성실납세지도로 인한 납세자의 자발적 성실신고수준향상도 세수초과의 원인으로 보기도 한다.

2017년 1월부터 6월까지의 세수초과 원인도 2016년의 그것과 크게 다르지 않다. 저금리·저유가 등에 힘입어 법인세가 전년 동기대비 5.1조 원 증가했고, 명목 GDP성장과 수입액증가 등으로 인하여 부가가치세가 2.4조 원 증가했으며, 명목임금상승과 취업자 수 증가는 소득세를 2.4조 원 증가시켰다.

일반적으로 세수초과는 세수결손에 비하여 훨씬 바람직하게 보이며 정부입장에서는 복지지출에 필요한 재원을 조달함에 있어 낙관적인 예측을 하게 한다. 하지만 세수초과의 원인을 이론적으로 따져보면 그렇게 바람직하게 볼 수 있는 것만도 아니다. 세수초과의 원인은 다음의 경우 중에 하나가 될 것이다. 첫째, 경기가 호황을 보여 기업의 매출과 이익이 증가하고, 이로 인한 개인소득자의 소득도 증가하는 경우이다. 가장 바람직한 상황이다. 둘째로 비과세, 감면 등 조세지출을 줄여서 실효세율을 높이거나 명목세율을 인상하는 경우이다. 조세저항이 있을 수 있다. 셋째, 세무조사 등 징수기관의 노력으로 받아들여야 할 세액과 실제 징수하는 세액과의 차이 즉, 텍스 갭(tax gap)을 줄이는 경우이다. 무리한 세무조사라고 비난을 받기 쉽다. 넷째, 세입예산을 너무 보수적으로 책정한 경우이다. 세입예산을 너무 적게 잡으면 세수초과의 가능성이 커지는 것은 당연하다. 하지만, 위에서 언급한 네 가지의 원인이 상호 독립적으로 작용하는 것이 아니고 서로 혼재되면서 세수초과의 결과를 만드는 것이 일반적이다.

4가지의 경우 중 가장 바람직하지 않은 경우는 네 번째이다. 세입예산을 낮게 예상하여 발생하는 세수초과는 세수추계를 잘못한 결과이다. 이런 측면까지를 고려한다면 세수초과를 보는 시각이 그리 고울 수만은 없다. 최근 기획재정부장관이 "세입예산보다 세수가 많이 걷히는 세수초과상황이 바람직한 상황이라고만 할 수 있을지 생각해 보아야 한다"는 말은 이런 상황을 고려한 말이다.

세수의 측면에서 예산수치와 결산수치를 비교하여 세수초과와 세수결손의 결과를 확인해 보는 것은 당연히 해야 할 일이다. 그리고 세수초과의 결과가 세수결손의 결과보다 상대적으로 바람직하다고 생각하는 것도 일반적인 판단이다. 하지만 세수초과의 원인을 제공할 수 있는 세수추계의 치명적 오류는 우리로 하여금 세수초과가 가지는 긍정적 의미를 퇴색시키는 것은 확실하다. 예측은 틀리는 것이 일반적이다. 하지만 큰 폭의 세수초과는 그 예측을 하게 된 기저(基底)에 오류가 없는지를 차분히 검토해 보아야 한다. 큰 폭의 세수초과는 세수추계에 있어 예측오차가 매우 크다는 것을 의미할 수도 있기 때문이다. 일관성 있는 합리적 세수추계시스템 구축이 필요한 이유다.

(2017.9.5. 국가미래연구원)

15 초과세수 14조 3,000억 원의 의미는?

최근 국세청의 초과세수 징수액은 그 규모에 있어서 놀랄만하다. 국세청은 2017년 265조 4,000억 원의 세수를 징수함으로써 2016년도 세수실적 242조 6,000억 원에 비하여는 22조 8,000억 원을 추가로 징수하였고 2017년 세수예산인 251조 1,000억 원에 비하여는 14조 3,000억 원의 초과세수실적을 거양하였다.

국세청의 세수징수실적이 호황을 누리는 것은 정부의 재정건전성측면에는 일단은 파란불이다. 하지만 초과세수의 원인이 어디에 있는가를 분석해 보는 것은 반드시 필요한 작업이다. 왜냐하면 이러한 초과세수가 지속가능하냐에 대한 판단을 하기 위해서다. 일반적으로 초과세수는 국세수입예산대비 초과세수를 말하므로 만약 국세수입예산이 너무 보수적으로 책정되었다면 초과세수현상은 벌어질 수밖에 없다. 그러므로 세수예산에 비하여 세수가 초과 징수되었는 지, 결손인지에 대한 판단은 합리적인 방법에 의하여 산출된 세수추계가 선결문제이다.

2017년 국세청이 징수한 265조 4,000억 원을 세부적으로 들여다보면 소득세 75조 1,000억 원, 부가가치세 67조 1,000억 원, 법인세 59조 2,000억 원, 상속세 및 증여세 6조 8,000억 원으로 구성되어 있다.

2017년 세수예산안 251조 1,000억 원에 비하여 초과징수한 세액은 14조 3,000억 원으로서 소득세가 5조 5,000억 원, 부가가치세가 4조 5,000억 원, 법인세가 1조 9,000억 원, 상속세 및 증여세가 8,000억 원, 종합부동산세가 3,000억 원 초과징수 되었다.

세수 초과징수의 원인은 몇 가지로 분석할 수 있다.

첫째, 2017년 초과세수실적은 전반적인 경기호황이 그 직접적인 원인이다. 2014년 GDP 성장률이 3.3%를 시현한 이래 2년간 계속 2.8%를 보이다가 2017년에 다시 3.1%의 GDP성장률을 보임으로써 3%대 경제성장률에 진입하였다. 이러한 경기호전은 기업의 실적개선, 근로소득자의 임금상승, 부동산 및 자본시장의 호황을 가져왔고 이로 인한 세수의 증가는 법인세, 근로소득세, 부가가치세의 징수액 증가로 나타났다.

둘째, 소득세의 초과세수 5조 5,000억 원 중에는 양도소득세가 3,000억 원을 차지하고 있는데 예산대비 초과징수율이 25%로서 초과징수율기준으로는 단연 선두이며 종합부동산세의 초과징수액 3,000억 원도 초과징수율이 16.8%나 된다. 이러한 현상은 최근 2~3년 간의 부동산 활황으로 인한 양도소득세 징수액 증가와 부동산 가격의 상승이 가져온 종합부동산세 징수액 증가라고 설명할 수 있다.

셋째, 상속세 및 증여세의 초과징수액은 8,000억 원으로서 초과징수율이 13.3%나 된다. 이는 신고세액공제율이 2016년 12월 31일 이전의 10%에서 7%, 5%, 2019년 1월 1일 이후 3%로 계속 낮아지고 있는 상황에서 어차피 증여를 할 바에야 미리해서 세액을 줄이겠다는 납세자의 심리가 반영된 결과라고 보아야 한다.

넷째, 하지만 이러한 세수의 초과징수가 일반적인 경기호황, 부동산경기, 신고세액공제율의 인하 등에만 그 이유를 찾을 수 있는 것은 아니다. 왜냐하면 정부의 2017년도 세수예산은 GDP 성장률 2.6% 하에서 예측한 것이기 때문이다. 2.6% 하에서 예측한 세수추계가 결과적으로 3.1%의 경제성장률로 나타난 것도 초과징수의 한 원인이 된다.

위에서 살펴본 것처럼, 세수예산대비 초과징수현상은 전반적인 경기호황, 부동산특수, 신고세액공제율이 낮아지는 등의 세법개정에 대응하려는 납세자의 심리, 세수추계문제가 혼재된 결과라고 보아야 한다. 세수의 초과징수는 일선에서 징수업무를 전담하고 있는 과세관청은 물론이고 큰 틀에서 국가재정을 책임져야 할 정부입장에서도 반가운 일이다. 하지만 초과세수의 내용이 세수추계에 문제가 있다거나 안정적인 경제성장에서 오는 것이 아니라면 지속가능할 수 없다. 그리고 초과세수의 원인이 정부의 정책 방향과 일치하지 않는다면 그러한 초과세수도 지속가능하지 않을 것이다. 2017년 초과세수에 지대한 공헌을 한 양도소득세는 부동산투기를 막으려는 정부정책이 시장에 잘 먹혀든다면 당연히 감소할 것이기 때문이다.

(2018.4.10. 국가미래연구원)

16 세수호황 끝나가나?

세수실적이 심상치 않다. 기획재정부의 월간재정동향 5월호 자료에 의하면 올해 1분기 국세수입이 78조 원으로 작년 동기대비 0.8조 원 감소했다. 세수진도율은 26.4%로서 이것도 작년 동기 29.4%에 비해서 3%나 떨어졌다. 올해 1분기 세수감소의 원인을 살펴보면 지방소비세율이 11%에서 15%로 인상됨에 따라 부가가치세에서 0.6조 원 감소하였고 유류세 인하로 인하여 교통세가 0.4조 원 감소, 수입감소로 인하여 관세 0.4조 원이 감소된 것이 주된 원인이었다. 법인세는 반도체경기 호조로 인하여 1.4조 원 증가했다. 결국 법인세수의 증가에도 불구하고 부가가치세, 교통세, 관세 등의 감소로 인하여 0.8조 원의 세수감소로 이어진 것이다.

명목적으로 1분기 실적만을 보면 그리 암울한 분위기는 아니다. 왜냐하면 부가가치세의 경우 세율이 4% 인상되어 지방소비세 전환분이 증가함에 따라 0.6조 원 줄었고, 교통세는 정부의 일시적인 인하로 0.4조 원이 감소하였기 때문에 그 요인만을 환원하더라도 올해 0.8조 원 감소한 것보다 0.2조 원 증가로 돌아서기 때문이다.

하지만 현재 세수의 상황 그 자체보다는 현재의 세수상황을 통하여 미래 세수가 어떤 양상을 보일지를 예측하는 것이 중요하다. 이런 측면에서 본다면 이번 분기에 감소한 부가가치세나 교통세의 문제보다는 현재 드러나지 않은 법인세의 문제가 더 크다. 3개월 누적하여 법인세는 1.4조 원이 작년 동기에 비해 더 걷혔다. 법인세수의 증가에도 불구하고 법인세가 걱정되는 이유는 이번 증가의 원인이 지난해 반도체의 호황과 법인세 최고세율의 합작품이

라고 하는데 있다. 지속가능성에 의문이 제기된다는 의미이다. 반도체경기에 적신호가 들어왔다. 반도체는 우리나라 전체 수출의 20%를 차지할 만큼 우리 경제에 미치는 영향이 크다. 반도체 경기의 불황은 우리나라 반도체 대표기업인 삼상전자와 SK하이닉스의 실적으로 바로 반영되고 있다. 올해 1분기의 삼성전자 영업이익은 6.2조 원이고, SK하이닉스는 1.4조 원이였다. 삼성전자의 실적은 2016년 3분기 이후 최저치이고, SK하이닉스는 작년 동기대비 68.7% 하락한 수치다. 이러한 상황에서 우리나라 법인세율 인상정책은 결국 마이너스 시너지(minus synergy)를 유발할 가능성이 높다.

소득세의 경우 일반적으로 순조로운 상승추세를 보이는 것이 일반적이라고 볼 때, 올해 1분기의 실적이 작년 당기의 실적과 거의 동일하다고 해서 안심할 상황은 아니다. 작년 소득세의 증가요인으로 작용하였던 양도소득세의 증가가 이제는 부동산경기의 하락으로 그 효과를 보기 어렵게 되었기 때문이다.

관세의 감소는 수입의 감소와 연결된다. 수입의 감소는 무역수지에 도움이 된다. 하지만 현재의 상황처럼 수출과 수입이 모두 감소하는 상황에서 수출의 감소보다 수입의 감소가 더 커져서 흑자를 보이는 불황형 흑자는 강력한 경기둔화 신호로 보아야 한다. 최근 기획재정부에 따르면 4월 경상수지가 적자로 돌아서서 이제는 불황형 흑자도 옛말이 되었다는 얘기가 나온다. 이에 대한 한국은행의 해명은 외국인 투자자들의 배당금인출로 인한 일시적인 현상이라고도 한다. 불황형흑자이든 적자이든 모두 바람직한 상황은 아니다. 수출 감소의 주원인이 반도체이고 수입감소의 주원인이 석유제품, 기계류라는 것을 보면 현재상황의 걱정이 그냥 기우(杞憂)만은 아니라는 생각이 든다.

1분기 세수실적이 작년동기에 비하여 0.8억 원 하락하고 세수진도율도 3% 떨어졌다고 걱정들이 많다. 하지만 엄밀히 말하면 세수진도율보다는 세수실적이 문제이고 그것도 일시적인 상황인지 아니면 이 추세가 계속될 지에 대한 판단이 중요하다. 세수진도율은 세수추계를 어떻게 하느냐에 따라 들쑥날쑥 할 수 있어서 세수추계의 합리성에 의존하고 있다. 하지만 세수실적은 실제 징수된 결과치라 이 수치의 중요성을 과소평가하기 힘들다. 추세의 문제에서 가장 걱정이 되는 세목은 법인세이다. 법인세는 우리나라 경제상황에 직접 연동되는 세금이다. 그렇기에 올해 1분기의 1.4조 원의 증가는 그리 안심할 상황이 아니라는 것은 분명하다. 왜냐하면 법인세에 영향을 주는 환경의 변화가 진전되고 있기 때문이다. 반도체경기의 하락, 무역수지분야에서 불황형흑자 또는 적자 추세가 나타나는 등을 종합적으로 고려하건데 현재의 법인세율 인상정책이 정부가 의도했던 법인세수 증가의 결과로 나타나지 않을 가능성이 높아졌다.

조세를 통하여 직접적으로 경기를 조절할 수는 없다. 하지만 조세가 경기부양에 간접적으로 도움을 줄 수 있고 경기하강 시에 잘못된 조세정책이 경기하강을 더욱 증폭시킬 수는 있다. 정부는 현재 선택한 조세정책이 현재의 상황에서 적합한지 심사숙고할 시기다.

(2019.6.11. 국가미래연구원)

17 세수걱정은 안 해도 되나?

2020년 세수예측의 첫 단추는 경제성장률 전망이다. 경제성장률 전망은 예측기관마다 들쭉날쭉이다. 2019년도의 경우, 정부는 2018년 12월 17일 '2019년 경제정책방향'을 발표하였는데 경제성장률 전망치를 2.6~2.7%의 구간으로 예측했고, 이후 2.4~2.5%로 낮추었다. 한국은행의 경우는 2019년 전망치에 대하여 2.5%에서 2.2%로 수정치를 제시하면서 조정하였으나 실제경제성장률은 2.0%대로 보고되고 있다.

경제성장률이 하락하는 상황에서 세수가 증대하는 것을 기대하는 것은 힘들다.

2020년 경제성장률은 정부가 2.4%, 한국은행이 2.3%를 제시함으로써 올해 2.0%에서 바닥을 치고 반등할 것이라는 전망을 하고 있다.

국회예산정책처(NABO)의 2020년 총괄분석 전망에 따르면 국내경제는 내수부진이 완화되고 수출증가세가 소폭확대 되면서 경제성장률이 2.3%를 기록할 것으로 전망되었다.

국세수입은 2019년에 비하여 1.8조 원 적은 288.8조 원으로 예측하였는데 정부측 제출안 292조 원에 비하여 3.2조 원 적은 수치이다. 이는 2020년에 대한 경제전망의 차이를 포함한 국세수입전망의 전제가 다름에서 나온 결과로 보인다.

법인세는 64.3조 원으로 2019년 대비 8.7조 원이 줄어들 것으로 예측되었고 부가가치세도 1.9조 원 감소할 것으로 예측되고 있다. 법인세는 법인의 과세소득이 줄어들 것으로 예측된 것이고 부가가치세의 감소는 지방소비세율이 15%에서 21%로 증가됨에 따라 5.1조 원이 감소한 것으로 이 부분을 제외한다면 3.2조 원 증가한 것이다. 종합부동산세의 경우 내년에도 공정시장가액비율이 5% 증가하고 공시가액도 상승하여 2019년 대비 0.5조 원이 증가하

는 것으로 전망된다.

NABO의 2020년 세수전망을 요약해 소개하면 다음과 같다.

"법인세가 전년대비 8.7조 원 감소할 것으로 추정된다. 부가가치세는 전년대비 1.9조 원 감소할 것으로 예측되지만 지방세 이양분 5.1조 원을 제외하면 3.2조 원의 증가이다. 상속세 및 증여세와 개별소비세, 교통에너지환경세, 관세, 종합부동산세에서 0.4조 원, 0.1조 원, 0.6조 원, 0.5조 원이 증가하는 것으로 예측되고, 국세외수입에서 8.1조 원이 증가하여 전체로 6.2조 증가하는 것으로 예측되었다. 2019년 NABO의 예측에서는 증권거래세를 제외한 거의 모든 세목이 증가할 것으로 예측되었는데 2020년의 예측에서는 법인세와 부가가치세의 주요세목이 감소할 것으로 예측되고 있다."

이러한 NABO의 2020년 세수전망은 몇 가지 주요한 암시를 던져주고 있다. 첫째는 국세수입의 증가 또는 감소의 방향성이다. 국세통계연보에 의하면 국세청 세수는 실적기준으로 2014년부터 2019년까지 5년 동안 195조 원, 208조 원, 233조 원, 255조 원, 283조 원으로 계속 증가해 왔고, 2019년에는 정부추계기준 294.8조 원으로 꾸준히 성장해왔다. 하지만 2020년에는 NABO와 정부가 공히 국세수입의 감소를 예측하고 있다. 이는 경제성장률을 전제로 한 우리의 국세징수환경이 어려워지고 있다는 것을 말해준다.

둘째로, 우리가 눈여겨 볼 부분은 법인세 8.7조 원의 감소이다. 국세청이 발간한 국세통계연보에 따르면 우리나라의 법인세수는 2014년 이래 2019년까지 2014년: 42.6조 원(실제치) 2015년: 45조 원(실제치) 2016년: 52.1조 원(실제치) 2017년: 59.1조 원(실제치) 2018년: 70.9조 원(실제치) 2019년: 73조 원(예측치)으로 줄곧 성장세를 지속해왔다.

최근 5년 이래 법인세수의 증가는 계속적으로 성장해왔으며 2018년과 2019년은 법인세의 최고세율이 25% 인상되는 효과까지 겹쳐서 세수증가가 이루어져 왔다. 하지만 2020년 법인세수 8.7조 원의 감소는 법인세율 인상에도 불구하고 법인세수의 감소가 처음으로 나타났다는 점에서 우리경제의 경제주체 중에서 가장 중요한 기능을 하고 있는 기업경제 환경에 적신호가 들어왔다고 보아야 한다.

정부나 NABO의 예측스타일상 미리부터 세수가 감소하는 것으로 예측하는 경우는 그리 흔치않다. 하지만 경제성장률이 하락하는 상황에서 국세수입의 감소는 일반적이다. 그것도 법인세수의 감소는 그 심각성을 더해주는 부분이다. 경제성장률이 하락하여 국세수입의 감소로 이어지며 법인세율을 인상하였음에도 법인세수의 감소가 이루어지는 상황은 어떻게 설명할 것인가.

필자의 생각으로는 민간주도의 혁신산업에 대해 정부차원의 지원이 효율적으로 이루어짐으로써 미래 우리 경제의 먹거리산업의 창출에 기업과 정부가 꾸준히 노력해야 한다는 것이 중요하다고 본다. 또 현재 재정지출의 많은 부분을 차지하고 있는 복지지출수준에 대한 전면적 재검토와 함께 현재 주어진 환경에서 국가의 재정건전성을 유지하기 위한 증세가 필연적이라면 넓은 세원, 낮은 세율의 대원칙을 지켜야 한다는 것이다.

(2020.1.29. 국가미래연구원/2020전망)

18 2021년 국세 초과세수 61.4조 원의 본질적 문제점

최근 기획재정부는 세수추계개선대책을 내놓았다. 지난해 60조 원에 이르는 막대한 세수추계오차가 발생했기 때문이다. 2021년의 본예산 당시 국세수입추계금액은 282.7조 원이었고 2차 추가경정예산시에는 314.4조 원이었다. 그러나 세입세출이 마감된 후의 국세수입은 344.1조 원으로 본예산과 비교하면 61.4조 원의 초과세수가 발생하였고 2차 추경예산과 비교해도 29.7조 원이 더 들어온 셈이다. 이번 세수오차는 본예산 기준으로 오차율이 21.7%로서 세수관련 통계를 전산화한 1990년 이후 최대 오차율이다.

예산의 편성과 집행 후 결산을 했을 때 초과세수나 적자세수의 상황은 어찌보면 자연스러운 측면도 있다. 왜냐하면 예측과 실제상황은 항상 다를 수밖에 없기 때문이다. 문제는 그 예측오차가 얼마나 크며 예측오차의 원인이 어디에 있느냐는 것이다. 예측오차의 금액이 너무 크거나 그 원인이 합리적인 가정을 수립하지 못한 데 있었다면 그 원인을 밝혀 대책을 세워야 한다.

초과세수를 적자세수보다 바람직하다고 보는 시각이 있다면 세수추계를 보수적으로 잡아도 초과세수 상황은 일어난다. 세수추계를 합리적인 가정하에서 했더라도 전혀 예상하지 못한 경제적 상황으로 초과 또는 적자세수는 발생할 수 있다. 최근 60조 원에 달하는 세수오차의 원인 중 가장 눈에 띄는 것은 부동산 관련 세목이다. 특히 양도소득세는 예측오차율이 100%를 넘어 예상보다 13.1조 원이 더 걷혔고 상속증여세가 4.6조 원, 종부세가 2.5조 원 더 걷혔으며, 주식거래로 인한 증권거래세도 1.5조 원 더 들어왔다. 이외 법인세의 증가

14.9조 원이나 부가가치세 2.7조 원, 근로소득세 6.3조 원의 증가는 최근까지 경제를 세계 짓눌렀던 코로나19 경제상황이 조금씩 나아지면서 나타난 경제회복과 관련이 있다.

그러므로 이번 초과세수의 주된 이유는 정부의 부동산시장에 대한 잘못된 예측이라고 할 수 있다.

부동산 문제는 문재인 정부의 가장 큰 실책으로 꼽힌다. 현 정부는 28번의 부동산 관련 정책을 구사하면서도 정부가 의도한 집값 안정이라는 목표는 달성하지 못했다. 정부는 집값을 잡으려고 했으나 시장은 정부정책이 의도한 방향으로 진행되지 않았다는 것이다.

부동산과 관련한 세금인 양도소득세, 종부세를 잘못 운용하였고 사용하지 않아야 할 취득세도 조세정책수단으로 잘못 사용하였다. 물론 부동산 가격의 상승이 꼭 현 정부의 정책 잘못으로만 이루어졌다고는 할 수 없다. 하지만 분명한 것은 조세를 포함한 여러 가지 부동산 관련 정책이 정부의 의도와는 다르게 부동산 가격상승을 부추긴 것은 분명하다. 다주택자에 대한 과도한 양도소득세 부담은 공급물량을 줄이는 데 기여했고, 정말 유례없는 과도한 종부세는 위헌논란과 이러한 현상이 일시적일 것이라는 생각으로 시장에 매물을 내놓는 것보다는 임차인에게 월세인상을 부추겨 임차인에게 조차도 부담스러운 상황을 만들어 주었다. 보유세도 올리고 양도소득세도 올려서 주택소유자 입장에서는 보유도 처분도 어려운 상황을 만들었고 취득세 세율을 12%까지 인상하여 주택수요를 줄여 가격안정을 시키겠다는 것은 잘못된 생각이었다. 공급도 줄이면서 수요도 줄이려는 정책은 결국 공급만 줄여 부동산가격안정에 전혀 도움이 되지 않았다.

하여튼 이러한 정책에 시장은 주택가격의 상승으로 반응했다. 정부의 주택가격안정의 예측은 빗나갔고 주택가격의 상승이 될 것이라는 일반 국민의 심리적 기대는 결국 시장에 매물을 쏟아내기는 커녕 증여라는 과정을 통하여 실질적인 공급물량을 줄였다.

2021년 역대 최대의 세수추계오차는 부동산가격의 안정에 대한 정부의 생각과 시장의 생각이 완전히 달랐다는데 기인하고 있다. 이번 예측오차의 발생은 결국은 정책효과에 대한 정부의 잘못된 믿음에 있었다. 시장은 잘못된 정책으로 가격이 올라갈 것이라는 예측을 할 때 정부는 주택가격이 잡혔다는 잘못된 믿음을 가진 것이 이번 세수오차의 본질적 문제다. 기획재정부의 세수추계에 대한 추가적인 대책수립에 앞서 이러한 본질적 문제에 대한 깊은 고려가 있어야 향후에도 같은 잘못을 하지 않을 것이라는 생각을 해 본다.

(2022.2.21. 국가미래연구원)

Part **7**

세법개정안 평가

2015년 세법개정(안) 소회(所懷)

8월 6일 기획재정부 세제발전심의위원회를 통하여 윤곽을 들어낸 2015년 세법개정(안)은 "청년 일자리와 근로자 재산을 늘리겠습니다"라는 목표 아래 저성장 탈피와 청년 고용절벽 완화 등을 위해 경제활력 제고와 민생안정에 역점을 두면서 공평과세와 조세제도 합리화 추진이라는 기본방향을 제시하고 있다. 세법개정(안)의 내용에 있어서 목표와 기본방향은 개정의 큰 흐름이 어느 쪽으로 가는지를 가늠하는 척도이기 때문에 중요한 요소이기는 하지만, 실제 그 구체적 개정내용을 분석함으로써 제시한 방향의 합리성과 구체적 실현 가능성을 엿볼 수 있다고 생각한다.

개정세법의 목표로 청년일자리와 근로자의 재산을 늘리겠다는 것을 걸고 있는 것만 보더라도 현재 시점에서 정부가 청년실업에 대하여 얼마나 심각하게 생각하고 있으며, 대부분의 서민이 속해 있는 근로자의 재산을 늘려 소비증가를 통한 경기활성화를 꾀하려고 하는 것을 느낄 수 있다. 하지만 정부가 조세정책을 통하여 간절히 희망하고 있는 상황이 세법개정(안)을 통하여 달성될 수 있을지에 대하여는 한번 신중하게 짚어봐야 한다고 생각한다. 한 예로 청년 고용절벽을 해소하기 위하여 도입된 청년고용증대세제는 청년 정규직 근로자 수가 증가한 기업에 대해 1인당 대기업은 250만 원, 대기업이 아닌 기업은 500만 원의 세액공제를 신설하여 3년간 시행하겠다는 내용을 담고 있다. 이 제도는 금액에 차등을 두고 있기는 하지만 대기업도 지원하며, 비정규직은 지원 대상에서 제외하고 있다. 이 규정을 통하여 정부가 기대하는 정책목적은 당연히 미루어 짐작할 수 있다. 하지만 이러한 규정의 신설을 통하여 기업들이 청년고용을 늘릴 것이라고 기대하기는 어렵다. 왜냐하면 기업입장에서 1인당 250만 원이나 500만 원의 세액공제의 혜택이 있다고 하여 청년 정규직 근로자를 채용하는 것은 그 후에 기업이 짊어질 무거운 부담과 비교할 때 선뜻 의사결정을 하기가 쉽지 않을 것이기 때문이다. 결국 기업이 청년 정규직 근로자를 채용할 것인가 말 것인가의 문제는 몇 백만 원의 세액공제에 달려있지 않고 기업이 예상하는 경기 동향에 의존한다. 즉, 매출이 증가하고 이익이 늘어나서 추가적인 근로자가 자연스럽게 필요한 상황에서는 아무런 혜택을 주지 않더라도 기업이 자진해서 젊은 정규직 근로자를 채용할 것이기 때문이다. 구체적인 세법개정을 통하여 기대하는 상황을 조성하려고 할 수도 있고 조성될 수도 있다. 하지만 구조적인 문제점을 해결하지 못하는 정책의 구사는 그 효과가 일시적이며 미미할 수밖에 없다. 그러므로 조세정책은 구조적인 체질을 바꾸는 문제에 대하여 더욱 관심을 가

저야 한다. 현재 기업이 신규채용을 줄여 우리사회의 희망인 젊은 세대에게 일자리가 가지 않는 것은 기업이 미래를 불확실하게 보기 때문이다. 기업이 사내유보금을 쌓아 놓고도 투자에 적극적이지 않은 것도 같은 맥락이다. 청년고용의 문제를 구조적인 문제에서 접근하지 않고 기업에게 세제적인 인센티브를 부여함으로써 해결하려는 것은 그 문제의 시급함을 인정하더라도 아쉬운 점이다.

업무용 승용차 과세합리화가 세법개정(안)에 포함된 것은 업무용 승용차를 사적으로 사용하는 것을 제한하는 것이 당연한 것이나 아직까지 과세현실화하지 못했던 부분이 현실화되는 것이라는 점에서, 개인종합자산관리계좌(ISA) 도입과 이에 대한 세제지원은 저금리시대에 투자대상의 합리적 변화를 유도하고 근로자나 자영업자의 재산형성을 지원한다는 측면에서 긍정적으로 평가할만하다.

다음으로 주식에 대한 양도세 강화를 위하여 상장법인의 대주주범위를 확대하고, 중소기업의 대주주 주식 양도세율을 대기업의 대주주의 양도세율인 20%로 개정하고자 하는 것은 장기적으로 주식의 양도차익 과세기반을 확충한다는 측면에서 바람직하며 다만, 자본시장이 충격을 흡수할 수 있을 정도의 범위에서 점진적으로 넓혀가는 것이 중요하다고 생각한다.

기업 간 주식교환 시 주식의 양도차익에 대하여 교환으로 취득한 주식 처분 시까지 과세를 이연하고 증권거래세를 면제하는 등의 세법개정(안)은 기업의 경쟁력 강화를 위한 선제적 구조조정을 촉진한다는 점에서 그 도입이 바람직하다고 할 수 있다.

이번 개정(안)에서 많은 관심을 받고 있는 부분은 종교인 과세와 관련된 부분이다. 종교인 과세는 1968년부터 계속 추진했으나 여태껏 과세되지 못하고 연기와 연기를 거듭해왔다. 최근 소득세법 시행령에서 기타소득 중 사례금으로 분류되어 필요경비를 80%로 인정하려고 했으나 시행되지 못하고 다시 2015년 개정(안)에서 시행령이 아닌 모법에서 규정하고 필요경비는 소득수준에 따라 80%에서 20%까지 차등 적용하는 안을 제시하고 있다. 종교인 과세의 문제는 오랜 기간 추진해 왔지만 아직까지 그 결실을 보지 못하였는데 박근혜 정부 들어서 그 결실을 맺기를 기대해 본다.

이번 개정(안) 중에서 몇 가지 중요하고 그 의미를 반추해 볼 필요가 있는 항목에 대하여 검토해 보았다. 세법은 세법을 제외한 기타법과 달리 매년 반복적으로 그 개정이 이루어진다. 혹자(或者)는 너무 잦은 개정이 조세법의 큰 흐름을 유지하는데 방해가 된다고 주장하기도 한다. 하지만 세법의 성격을 볼 때 그러한 주장이 반드시 정당하다고 볼 수도 없다. 빠르게 변화하는 경제환경에 세법이 적응하는 과정이라고 볼 수도 있기 때문이다. 하지만 매년 반복적으로 이루어지는 세법개정에 있어서 중요한 원칙은 있어야 한다. 매년 세법을 개정한다고 하더라도 그 큰 흐름은 유지되어야 한다.

세법개정안이 담아야 할 큰 화두는 현재의 시점에서 세수를 어느 정도 확보해야 하는가의 문제와 어느 세목을 통하여 할 것인가의 문제를 신중히 결정해야 한다. 이러한 문제를 결정함에 있어서 기업의 경쟁력 강화, 납세자들 간의 공평과세, 일시적으로 효력을 발휘하는 조세정책을 택하기보다는 경제체질을 강화하는 측면에서 구조적인 문제점을 개선할 수 있는 조세정책의 선택 등은 필수적으로 고려할 요소이다. 이러한 원칙은 매년 조세법이 개정된다고 하더라도 변하지 않아야할 철칙(鐵則)이 되어야 한다.

(2015.8.9. 국가미래연구원)

2 2016년 세법개정(안) 유감(有感)

기획재정부가 올해 세제발전심의위원회를 통하여 공개한 2016년 세법개정(안)에서 가장 돋보이는 점은 신산업투자에 대한 지원이다. 정부는 성장산업 R&D 세액공제를 11대 신산업기술 중심으로 전면 개편하고 중견기업이나 대기업의 경우 매출액 대비 신성장산업 R&D 투자가 많을수록 높은 공제율을 적용하여 최대 30%까지 소득세·법인세에서 세액공제해 주는 내용으로 개정했다. 국가경쟁력의 초석인 기업의 경쟁력은 미래의 신산업을 이끌어갈 원천기술에서 나오는 것이므로 신산업의 원천기술에 대한 지원은 계속되는 것이 바람직하다. 그리고 월세 세액공제율을 10%에서 12%로 2%p 인상한 것은 전세에서 월세로 빠르게 변화하고 있는 한국의 부동산시장의 상황을 감안할 때 서민의 주거안정을 위한다는 점에서 환영할 만한 개정이다. 과세되는 상장법인 대주주의 범위를 확장한 것도 자본소득과세의 기반을 확충하는 우리 세제가 반드시 걸어가야 할 궁극적인 방향과 일치한다는 점에서 바람직한 개정으로 평가할 수 있다.

그러나 올해 세법개정(안)을 보면서 위에서 언급한 바람직한 개정내용만 보이는 것은 아니다. 첫 번째로 근로소득세 과세미달자 비율 48.1%에 대한 대책이 전혀 없다. 근로소득세 과세미달자 비율은 2005년 48.7%에서 2013년 32.4%로 꾸준히 개선되어 왔으나 2014년 연말정산 파동 이후 그 비율이 48.1%로 폭등하였다. 근로소득자 2명 중 1명꼴로 세금을 한

푼도 안내는 기이한 구조를 보이고 있는 것이다. 과세미달자 비율을 낮추는 것이 국민각자가 국가재정에 대하여 책임의식을 가지게 하는 것이므로 지나친 면세자의 비율은 적정하게 낮추어야 한다. 국민개세주의(國民皆稅主義)를 실현할 수 있도록 서민들에게 큰 부담을 주지 않는 한도 내에서 법인세법에서 운용하고 있는 최저한세 도입을 고려해 보아야 한다.

둘째, 현 정부가 지향하는 비과세, 공제, 감면 등 조세지출을 줄여서 명목세율을 인상하지 않고도 증세효과를 보겠다는 큰 흐름에 역행하는 개정(안)이라고 할 수 있다. 개정(안) 자료에 따르면 2016년에 일몰시기가 도래한 25개 조세지출항목 중 완전히 종료된 항목은 4개에 불과하고 21개 항목이 연장되었다. 조세지출에 관한 내용은 세법에 한번 들어오게 되면 기존 이해관계자들의 저항으로 좀처럼 폐지하기가 쉽지 않다. 그리고 유권자인 납세자의 반응에 민감한 정치권에서는 한번 도입한 조세혜택을 줄이는 것이 선거에 불리한 상황이 된다고 생각한다. 세법개정에 정치논리를 개입하면 조세지출을 줄이는 것은 요원하다. 만약 세율을 올리기 힘든 상황이라 조세지출을 줄이기로 정책방향을 잡았다면 일몰시기가 도래하였을 때 그 제도의 입법취지가 달성되었는지에 초점을 맞추어 제로베이스에서 연장의 필요성을 판단해야 한다. 입법취지가 달성된 상황이라면 과감하게 폐지하는 정책 실현의지가 필요해 보인다. 한 예로 일몰기간을 연장한 "신용카드 등 사용금액에 대한 소득공제"는 1993년 도입 당시 신용카드 사용을 통한 투명한 세제환경의 구축이 그 이유였다. 하지만 이러한 목적은 여러 번의 일몰기간 연장으로 충분히 달성되었다고 평가된다. 현재 상황에서는 일몰기간을 연장하지 않는 것이 합당하다. 현재 연장하는 이유는 처음 도입할 때의 목적이 아니고 근로자 세부담을 경감하겠다는 취지라고 한다. 그런 목적이라면 "신용카드 등 사용금액에 대한 소득공제"를 통해서가 아니라 다른 방법을 고안해야 할 것이다. 특정목적으로 도입된 조세지출이 그 목적이 달성되고 나서도 다른 목적을 표방하면서 일몰기한을 연장하는 것은 포퓰리즘(populism)에 기인한다고 오해 받을 여지가 충분히 있다.

셋째, "출산육아에 대한 세제지원"등을 확대하는 것은 바람직하지 못하다.

왜냐하면 최근 한국에서의 저출산 문제는 두 자녀나 세 자녀의 출산 시 세액 공제금액을 20만 원, 40만 원 늘려줌으로써 해결될 문제가 아니다. 물론 정부의 정책이 현실적으로 바로 영향을 못준다고 정책의 효과가 없는 것은 아니다.

정부가 국민들에게 출산을 장려한다는 신호를 보낸다는 차원에서 분명히 그 의미는 있다. 하지만 출산 시 기존에 부여하던 조세혜택은 정부의 정책방향을 제시하는데 모자라지 않다. 기존의 혜택에 추가적인 혜택을 주어서 출산율을 높여 보겠다는 것은 정책의 실효성

측면에서 미약할 것이라는 생각이다. 구조적인 문제를 해결하려는 방법을 찾기보다는 작은 세제혜택을 줌으로써 문제를 해결해 보겠다는 것은 잘못된 판단이다. 이러한 정책은 세수만 줄일 뿐이지 실제 기대하는 효과는 나타나지 않을 가능성이 크다.

넷째, 2015년부터 3년간 한시적으로 도입한 기업소득 환류세제는 기업의 사내유보금에 대한 잘못된 이해에서 나온 세제로서 이에 대한 사소한 내용의 수정으로 그 근본적인 문제점을 치유할 수 없다. 기존의 기업소득환류세제는 (소득×80％－투자・임금증가・배당)×10％로 과세하는 투자포함형과 (소득×30％－임금증가・배당)×10％로 과세하는 투자제외형으로 구분되는데 한번 선택하면 3년간 변경이 불가능했다. 개정(안)은 법인의 투자유도를 위해 투자제외형에서 투자포함형으로의 전환을 허용하고 기업소득이 배당 보다는 임금증가와 투자로 환류될 수 있도록 임금증가나 배당에 대한 가중치를 투자:임금증가:배당이 1:1:1이던 것을 1:1.5:0.8로 개정하였다. 기획재정부가 12월 결산법인의 지난해분 환류세 신고실적을 분석한 결과 2845개 법인이 투자에 100조 8,000억 원, 배당에 33조 8,000억 원, 임금증가에 4조 8,000억 원 사용하여 임금증가액보다 투자가 21배, 배당이 7배 많았다. 세제로서 투자, 임금, 배당을 늘여보겠다는 것은 근본적으로 잘못된 생각이다. 그나마 배당이 그 영향을 받을 수는 있다. 배당을 하지 않음으로 해서 법인세를 추가로 부담할 바에야 배당률을 높이자는 생각이 있을 수 있기 때문이다. 하지만 투자나 임금의 증가는 세제로 영향을 주기가 매우 어려운 항목이다. 왜냐하면 작은 세제혜택을 누리기 위하여 마땅한 투자처가 없는데도 불구하고 큰 위험을 무릅쓰는 투자를 하기 힘들 것이고, 한번 올리면 내리기 힘든 임금의 하방경직성으로 말미암아 세금을 줄이기 위하여 임금을 올리는 것은 기업으로서 쉽지 않은 의사결정이기 때문이다. 기업소득 환류세제는 인과관계를 잘못 분석하여 정책목적은 달성하지 못하고 기업에 부담만 주는 세제이다. 그러므로 내용의 개정 보다는 폐지하는 것을 고려해야 한다.

우리나라 세법은 너무 자주 바뀐다는 비판을 받는다. 경제환경이 격변하다 보니 그럴 수밖에 없다고 하기도 한다. 양쪽의 논리 중 어느 한 쪽이 반드시 옳다고 할 수는 없다. 하지만 중요한 것은 매년 바뀌더라도 세법개정의 큰 맥락은 지켜져야 한다는 것이다. 원칙이 없는 개정은 누더기 개정이 되며 매년 고생해서 나온 개정(안)에서 바라는 목적도 달성할수가 없다. 세법개정이 정치적 고려에서 벗어나 포퓰리즘에 시달리지 않기 위해서는 합리적 증세를 받아들이는 유권자의 합리적인 판단이 전제되어야 함은 물론이다.

(2016.9.18. 국가미래연구원)

03 2017년 세법개정(안) 단상(斷想)

2017년 세법개정(안)의 윤곽이 드러났다. 새로운 정부가 들어선 후 첫 번째 세법개정은 새 정부의 조세정책의 방향을 가늠할 수 있어 세간의 관심이 지대하다. 문재인 정부가 지향하는 경제정책의 최상위목표는 '사람중심경제'다. 그러므로 2017년 세법개정(안)의 성격을 이해하려면 '사람중심경제'에 대한 이해가 선행되어야 한다. 문재인 대통령의 후보시절 공약에서 처음 등장한 '사람중심경제'는 헌법 제10조, 제32조, 제34조, 제119조에 기초하고 있다. 하지만 이러한 헌법조문을 찾아가 보더라도 개념의 이해가 쉽지 않다. '사람중심경제'를 처음 언급한 올해 4월의 발표내용은 다음과 같은 내용을 담고 있다. "그간의 경제정책이 기업에게 사회적 지원을 몰아주는 것이었다면 이제는 사람에게 투자해 국가의 경쟁력을 살리는 사람중심의 경제성장구조로 바꾸겠다"는 말이 그것이다. 즉, 사람중심경제는 정부가 지원하는 우선순위가 기업 또는 물적 자산이 아니고 사람이라는 의미이므로 소득수준과 관계없이 인간다운 생활을 유지하기 위한 교육, 보육, 요양, 안전, 환경과 같은 분야는 소득수준에 의한 차별을 줄일 수 있도록 정부가 과감히 지원하겠다는 것이다. 그리고 을(乙)의 지위에 있는 저소득층, 중소기업의 배려를 통하여 소득 양극화를 해소하겠다는 의미를 담고 있다.

이러한 '사람중심경제'의 경제정책 방향은 새 정부의 향후 5년간 그 방향성을 유지할 것이라고 생각한다. 그렇다면 2017년 세법개정(안)에는 어떻게 반영되고 있는지를 살펴보려고 한다. 2017년 세법개정(안)의 구체적 내용 중 근로·자녀 장려금 지급확대, 월세세액공제율 인상, 의료비 세액공제 대상 확대, 보편적 아동수당과 자녀 지원세제 최대한 중복 적용, 영세 음식업자에 대한 부가가치세 의제매입세액공제율 확대 등은 소득수준에 관계없이 인간다운 생활을 유지하기 위한 교육, 보육, 요양 등의 분야를 정부가 지원하는 내용이라고 볼 수 있다.

그리고 일자리와 관련하여 일자리 창출, 질 향상, 기반확충의 내용이 포함되어 있다. 투자와 관계없이 고용을 직접 지원하는 '고용증대세제' 신설은 일자리창출과 관련되며, 비정규직 근로자를 정규직으로 전환한 중소기업의 세액공제액을 확대한 것, 그리고 기존의 기업소득환류세제를 변형하여 투자·상생협력세제를 신설한 것은 일자리의 질을 높이기 위한 세제지원이다. 창업, 벤처기업육성을 지원하는 세제는 일자리의 기반확충을 지원하는 세제이다. 다음으로 세제의 소득재분배 기능을 강화하기 위하여 개정세법은 초고소득자(Super rich)와 초고소득법인에 대하여 최고세율을 인상하는 개정(안)을 내놓았다. 개인 중에서 종합소득세 과세표준 5억 원 초과의 초고소득자와 법인 중 과세표준 2,000억 원을 초과하는 초고소득법인에 대하여 최고세율을 각각 2%p와 3%p씩 인상한 것이다. 소위 '핀셋증세'이다. 정부 및 여당이 핀셋증세를 하려고 하는 이유는 재원이 부족하여 증세를 해야 한다면 개인과 법인 중에 초고소득자나, 초고소득법인에 대하여 증세를 하는 것이 증세의 순서상 조세정의에 적합하고, 해당 개인소득자나 법인소득자의 비율이 높지 않아 조세저항이 적다는 정치적 고려도 한 몫 했다고 생각한다.

올해 세법개정(안)을 쭉 살펴보다가 언뜻 눈에 띄는 두 가지를 언급하고자 한다.

첫째는 일반적으로 80%의 필요경비가 인정되는 강연료, 자문료, 원고료, 인세 등의 기타소득에 대해서 사업소득과의 과세형평을 제고하기 위해 2018년에는 70%, 2019년 이후에는 60%로 그 필요경비를 낮추겠다는 내용이다. 사업소득과 기타소득은 그 본질적 성격상 필요경비율에 차이가 날 수밖에 없다. 구체적으로 말하면 사업소득에 비하여 그 소득의 발생빈도가 낮은 기타소득의 경우 사업소득에 비하여 필요경비가 많이 발생할 수밖에 없으며 강연이나 자문을 했다고 해도 그 빈도에 따라 경상적, 반복적인 사업적인 성격이 있다면 현재도 사업소득으로 과세하고 있다. 실무적으로 사업소득과 기타소득의 구별에 잦은 분쟁이 있다고 해서 기타소득을 사업소득에 포함시켜 과세할 수는 없듯이 그 소득의 성격이 상이하여 소득세법상 구분하고 있는 사업소득과 기타소득의 필요경비율을 맞추겠다고 하는 것도 어불성설이다.

겉으로 보기에 동일한 소득창출행위라 하더라도 그 소득의 발생빈도에 따라 사업소득과 기타소득으로 구분되는 점을 고려한다면 세법개정(안)에 담긴 기타소득의 필요경비율을 사업소득과의 과세형평을 고려하여 필요경비율을 낮추는 것은 그 절대적인 비율이 합당한지에 대한 논의는 별개로 논리적 전개과정이 합당하지 않다.

둘째, 8년 자영한 어업용 토지에 대한 양도소득세 감면을 신설한 내용이다. 신설된 규정은 8년 자경농지에 대한 양도소득세 감면과의 형평 등을 감안하여 어업인 경영지원 차원에서 신설되었다고 한다. 본 규정 자체에 대한 내용을 지적하고 싶은 것이 아니다. 현 조세특례제한법 제69조에 있는 '자경농지에 대한 양도소득세의 감면'은 거주자가 그 소유농지에서 농작업의 2분의 1 이상을 자기의 노동력에 의하여 경작 또는 재배하는 등의 애매모호한 요건으로 인하여 8년 자경을 하였는지에 대하여 관찰가능하지 않은 과세권자가 사실관계에 대한 신념을 가지고 과세하는 측면이 있어 우스갯소리로 CCTV를 부착해야 확실한 사실관계를 할 수 있다고 할 정도로 그 판단이 쉽지 않다. 8년 자경 사실을 객관적 문서로

확인하기 힘든 상황에서 납세자의 8년 자경 사실주장과 과세관청의 감면요건 불비 주장 중 그 어느 쪽에도 합리적 의심을 제거할 만한 요소를 찾아보기 힘들다. 이러한 성격의 조세감면 조항은 실무에서 그 조항의 적용을 받는 납세자나 과세관청 모두 불편한 상황을 만들고 있다.

이러한 내용을 농업인과의 형평을 맞추기 위하여 어업분야에 또 하나 신설하는 것은 개선이 아니라 개악을 하고 있다는 생각이 든다. 조세특례제한법상 8년 자경농지에 대한 기존 감면조항을 농작업의 2분의 1 이상을 자기의 노동력에 의하여 경작 또는 재배하는 등의 애매모호한 표현을 사용하여 불필요한 분쟁을 일으킬 것이 아니라 객관적인 입증서류가 있다면 감면을 해주든지, 아니면 감면조항을 폐지하는 것이 맞다. 이런 측면에서 본다면 8년 자영한 어업용 토지에 대한 양도소득세 감면신설은 조세불복을 담당하는 기관이나 납세자에게 불필요한 또 하나의 분쟁거리를 만들었다는 측면에서 걱정부터 앞선다.

앞에서 언급한 기타소득의 필요경비, 8년 자영 어업용토지에 대한 양도소득세감면의 두 가지 문제점은 2017년 세법개정의 큰 흐름과는 무관한 문제이다. '사람중심경제'를 지향하고 있는 2017년 세법개정(안)의 키워드(Key word)는 사회적 약자인 저소득층 및 중소기업의 배려, 일자리, 소득재분배, 대·중소기업간 상생이다. 누군가의 갑(甲)은 어느 누구에게는 을(乙)이 될 수 있다. 어떤 누구도 영원한 갑(甲)이 될 수 없는 이유다. 그러므로 을(乙)에 대한 배려는 우리 모두에 대한 배려 즉, 사람에 대한 배려다. 고로 '사람중심경제'를 지향하는 2017년 세법개정(안)의 화두는 을(乙)에 대한 배려다.

(2017.8.10. 국가미래연구원)

04 '2019년 세법개정(안)'을 보면서

7월 25일 발표된 올해 세법개정(안)이 큰 수정없이 8월 27일 정부(안)으로 확정되었다.

올해 개정(안)에서는 "함께 잘 사는 혁신적 표용국가"가 비전으로 제시되었고 그 아래 기본방향으로는 ▲경제활력 회복·혁신성장지원 ▲경제·사회의 포용성·공정성 강화 ▲조세제도 합리화·세입기반확충을 두고 있다.

최근 우리나라 경제는 미·중 무역분쟁으로 인한 시장위험의 증가, 정치적 문제에서 발생하여 경제문제로 비화한 대일관계 등 대외적 문제와 저출산, 고령화, 주력산업의 글로벌 경쟁심화 등 대내외적 경제환경이 매우 어려운 상황이다.

올해 세법개정(안)은 이러한 경제환경을 고려하여 기업의 투자활력을 제고하고 현재 우리산업에서 중요한 위치를 점하고 있는 생명공학분야의 바이오베터기술, 시스템반도체 설계·제조 기술 등 신성장, 원천기술에 대한 세제지원을 확대한 것이 특징이다.

올해 세법개정(안)도 예년과 같이 많은 분량의 개정내용을 담고 있어 별 특징이 없는 부분은 생략하고 필자가 보기에 바람직한 부분과 미흡한 부분이라고 생각되는 것으로 나누어 언급하려고 한다.

올해 개정에서 바람직한 개정이라고 생각되는 부분은 다음과 같다.

첫째, 경제활력회복 및 혁신성장지원 세제를 강화한 점이다. 시스템 반도체, 바이오·헬스 등 혁신성장 분야의 R&D 활동에 대한 지원을 확대하기 위하여 신성장·원천기술 R&D 비용 세액공제에 대상기술 등을 추가하고 혁신성장시설등의 투자세액공제율을 인상한 점이다.

둘째, 상속세 연부연납특례 대상을 확대한 점이다. 상속세의 연부연납제도는 가업상속공제의 사각지대를 보완하고 궁극적으로 과세이연제도로 가기 전 과도기적 제도로서 납세자의 어려움을 고려한 입법으로 보인다.

셋째, 기한 후 신고에 대하여도 수정신고나 경정청구를 가능하게 한 것은 바람직한 개정으로 생각된다. 법정신고기한까지 과세표준신고서를 제출하지 못하였다고 하여 수정신고나 경정청구를 허용하지 않는 것은 자기시정의 기회를 부여하지 않는다는 점에서 합리적이지 않다.

넷째, 복수사업장을 가진 사업자의 가산세 부담완화의 내용이다. 부가가치세법의 형식성 위배로 인한 패널티성격에 대한 경감으로서 바람직한 방향으로 보인다. 향후에도 부가가치세법상 형식성을 너무 강조하여 정부의 세수일실이 없는 납세자의 경미한 착오나 실수에 대해 부과제척기간, 가산세, 매입세액불공제 측면에서 납세자의 부담을 경감시켜주는 세법개정이 필요하다고 생각한다.

다섯째, 국세청 통계자료 공개 및 과세정보 공유 확대는 바람직한 방향의 개정이며 일반연구자까지도 확대할 필요가 있다.

하지만 이렇게 바람직한 방향의 개정과 함께 실제 효과면에서 미흡하거나 바람직하지 않은 방향의 개정도 보인다.

첫째, 투자활력제고를 위하여 현행 대기업 1%, 중견기업 3%, 중소기업 7%인 생산성향상시설 투자세액공제율을 2020년 1년간 대기업은 2%, 중견기업은 5%, 중소기업은 10%로 상향조정하고 설비투자자산 가속상각 특례 적용기한을 연장한 내용은 기업의 투자를 촉진한다는 측면에서 바람직하지만 그 기간을 1년 또는 6개월 등으로 한시적으로 규정한 것은 그 투자시기를 너무 짧게 주어 투자활력을 제고한다는 효과면에서는 미흡할 것으로 생각된다.

둘째, 주세의 경우 종가세에서 종량세로의 개정은 고도수(高度數), 고세율의 원칙, 사회적 비용의 적정부담이라는 죄악세 본질의 문제에 적합하다는 생각에서 긍정적이지만 맥주와 탁주에 대하여는 종량세를 적용하고, 기타주에 대하여는 종전의 종가세를 그대로 유지하는 정책은 수입맥주에 대한 시장점유율의 저지, 서민술인 소주에 대하여는 종가세를 유지함으로써 서민증세의 비난을 피하려는 일관성없는 정책적 판단으로 보여서 모든 종류의 술에 대하여 종량세로의 개정이 필요할 것으로 생각된다.

셋째, 최근에 세간의 관심이 집중되었던 상증세법상 가업상속공제의 경우 사후관리기간을 가업승계지원관련 증여세와 동일하게 7년으로 개정하고, 업종과 고용유지 요건을 완화한 것은 바람직한 개정의 방향이라고 생각된다.

하지만 업종의 경우 중분류 내 업종변경을 허용하고 중분류외 변경은 전문가위원회를 거친다 라는 내용은 기업이 생존하기 위하여 업종의 변경이 필요한 상황에서 기업의 살기 위한 활동을 가업(家業)이라는 폐쇄적 의미로 옥죄겠다는 것으로 하루빨리 풀어야 할 규제로 보인다.

고용유지의 문제도 중견기업의 경우 근로자수의 120%에서 100%로 조정한 것도 방향성은 맞지만 인건비총액기준으로 하는 독일의 사례를 도입하여 선택할 수 있게 하는 것이 변화하는 환경에 효율적으로 대응하는 합리적 조세정책이라고 생각한다.

그리고 새로 도입하려는 탈세·회계부정 기업인의 가업상속 혜택 배제는 그 취지는 이해하지만 탈세나 회계부정이 그에 상응하는 관련법의 처벌이 규정되어 있는 상태에서 직접 관련없는 가업상속공제와 연관시키는 것은 규제를 풀어주면서 또 다른 규제를 신설하는 형태로 바람직하다고 볼 수 없다.

넷째, 명의신탁 증여의제는 그 성격상 과태료 등으로 그 정책적 목적을 달성할 수 있음에도 불구하고 증여세로 과세하는 불합리한 과세형태로서 실무상 많은 문제를 야기하고 있다. 하지만, 이에 대한 근본적인 문제는 해결하지 않고 부분적인 개정으로 그 명맥을 유지하고 있다.

올해 개정에 명의신탁증여의제를 부과제척기간의 특례대상에 포함하여 명의신탁이 있음을 안 날부터 1년이라는 내용을 포함시킨 것은 제척기간이 부과권에 대한 법률관계를 조속히 안정시킴으로서 납세의무자의 법적안정성을 보장한다는 취지에 위배되고 특히 이러한 내용을 점점 약화시켜야 하는 명의신탁증여의제조항에 신설하는 것은 더욱 문제가 있다.

다섯째, 상속세 및 증여세 최고세율을 소득세율과 비교하여 낮게 설정하는 세법개정이 필요하다. 가업상속공제나 최대주주 할증률의 문제는 부분적으로 손질을 하였으나 더욱 근본적인 문제인 상속세의 세율인하는 전혀 세법개정에 반영되어 있지 않다. 향후 세율의 인하 조정이 필요하다고 생각한다.

여섯째, 그 취지는 좋으나 실제 효과를 보기 힘든 생색내기용 개정(안)은 향후에는 지양되어야 한다. 대표적인 내용으로 경력단절여성 재취업에 대한 세제지원에서 경력단절인정 사유에 결혼과 자녀교육을 추가하였는데 개정전 규정에서 임신/출산/육아가 있었으므로 결혼을 통하여 임신이나 출산, 육아를 하지 않는 경력단절여성을 포함시킨 것은 성평등이라는 관점에서 논리상 문제가 있다.

하지만 세제로 경력단절여성의 재취업을 촉진하겠다는 점은 그 효과가 미미할 것으로 보인다.

마지막으로 소기의 목적을 달성한 후에도 조세지출항목을 폐지하지 않는 것은 명분이 없는 포퓰리즘적 조세정책이다. 대표적으로 신용카드등 사용금액 소득공제 적용기한 연장이다. 신용카드 소득공제는 신용카드의 사용률이 저조한 시기에 신용카드 사용률을 높여서 사업자의 세원투명성을 높이자는 취지에서 도입된 제도이다.

이제 그 목적이 달성되었다고 보는 정부가 아직도 이 제도를 폐지하지 못하는 것은 포퓰리즘적 조세정책의 전형적인 사례이며 재정건전성만 해칠 뿐이다.

(2019.8.28. 조세일보/오문성의 Tax Issue)

05 2020년 세법개정(안) 무엇을 담고 있나?

오늘 2020년 세법개정(안)이 나왔다. 코로나19의 영향으로 올해 개정(안)의 목표에는 경제위기 조기극복이 들어가 있다. 올해 초부터 고생한 기업과 국민의 경제활력을 제고하기 위해서다.

이외에도 주택가격의 상승을 억제하기 위한 부동산세제의 강화, 금융투자 활성화를 위한 주식양도차익의 과세, 가상자산(암호자산)의 과세제도 도입이 주요 내용이다.

이번 개정(안)에서 기업환경 개선을 위한 세제개편 일환으로 각종 이월공제기간을 연장하였다. 조세특례제한법상 대부분의 세액공제기간이 5~10년이었는데 코로나19로 인하여 경영실적이 악화된 것을 반영하여 10년으로 연장하였고 오랜 기간 인색하였던 결손금 이월공제기간을 10년에서 과감하게 15년으로 연장하였다. 소비위축을 만회하기 위하여 신용카드 소득공제 한도를 한시적으로 각 단계에서 30만 원씩 인상하고 기업접대비 손금 산입한도를 상향 조정하였다.

이번 개정에서 세간의 관심이 제일 높은 분야는 누가 뭐라 해도 주식양도차익과세와 종합부동산세율의 인상일 것이다. 주식양도차익은 여태껏 미루어왔던 몇 안 되는 중요한 세원(稅源)이다. 주식양도차익과세는 이익이 다년간 누적되어 발생하고 금융투자의 손실가능성이 큰 것을 고려하여 종합소득과 별도로 구분하여 "금융투자소득"으로 분류과세하게 된다. 기본공제는 국내 상장주식과 공모 주식형 펀드를 합산하여 5,000만 원으로 하고 기타 금융소득의 경우는 250만 원으로 하였다. 금융투자소득에 대하여 손실이 발생했을 경우 이월공제기간은 5년으로 적용하고 과세방법은 금융회사를 통하는 경우는 반기별 원천징수로, 금융회사를 통하지 않은 경우는 반기별 예정신고를 하게 된다.

이번에 나온 주식양도차익에 대한 과세안은 한 달 전 비상경제중앙대책본부가 내놓은 안에 비하여는 납세자의 부담을 조금은 줄여주었다. 한 달 전에 나왔을 때는 기본공제금액이 2,000만 원이었고 주식형펀드의 경우에는 아예 공제대상에 포함되지도 않았다. 이월공제기간은 3년이었고 금융기관을 통하는 거래는 반기별이 아닌 월별 원천징수여서 원천징수하는 금융기관 업무의 가중함과 이익을 다시 재투자하여 이익을 내는 기회를 박탈한다는 비판이 있었다.

이러한 형태의 과세에 개미투자들의 저항 여론이 있자 청와대가 이에 대한 우려를 표명하면서 일부 조정이 이루어졌다. 주식양도차익과세는 "소득이 있는 곳에 과세 있다"는 논리에 따르자면 딱히 반대할 명분도 없다.

하지만 이 분야의 실질적 문제는 양도차익에 대하여 과세한다면 양도차손도 과세소득의 차감항목으로 반영시켜 주어야 한다는 것이다. 주식투자를 하는 투자자치고 이득을 본 사람보다는 손실을 본 사람이 훨씬 많으며 주식투자를 장기간 하면 결국은 손해를 본다는 말이 있다.

이처럼 주식투자는 다른 소득발생분야에 비하여 위험한 분야이다. 이러한 상황은 양도차익에 대하여 과세하는 것이 발생한 소득에 과세한다는 점에서 아무 문제가 없지만 결국 양도차손을 모두 반영하다 보면 세수의 감소가 발생할 수도 있다는 것을 감안하여야 한다.

이번 개정(안)이 결손금의 이월공제기간을 3년에서 5년으로 연장하여 그나마 다행이라고 생각하지만 실은 이는 5년을 이월공제할 것이 아니라 미국이나 영국처럼 무제한 차감해 주는 것이 맞다. 이러한 무제한 이월공제를 허용한다면 주식양도차익과세를 통하여 세수가 증가될지는 미지수이다.

우리 정부가 주식양도차익과세를 전면적으로 도입하면서도 증권거래세 완전 폐지에 미온적인 태도를 보이고 있는 것은 증권거래세로 인한 확실한 세수요인의 감소와 주식양도차익과세의 도입으로 인한 불확실한 세수증가의 순 효과가 궁극적으로 세수증가로 이어질지에 대한 확신을 갖기 어려운 측면도 있다.

다음으로 중요한 관심사는 부동산관련 세제이다. 이번 개정을 요약하자면 다주택자에 대한 종합부동산세의 징벌적 과세이다. 정부는 다주택자가 보유한 1주택 초과 주택이 현 주택가격 폭등의 주된 요인으로 파악하고 3주택 이상과 조정대상지역 2주택의 경우 종합부동산세율을 최고 3.2%에서 6%로 파격적으로 인상했다. 그리고 1주택의 부담 경감을 위해서 1세대 1주택을 보유하고 있는 고령자의 경우 세액공제율을 각 단계별로 10%p 인상해 주어 당장 현금수입이 없는 고령자를 고려하였다.

그리고 주택 단기 보유자의 투기를 방지하기 위하여 2년 미만 보유 주택을 양도하는 경우 1년 미만의 경우는 세율을 40%에서 70%로 인상하고 1년 이상 2년 미만의 경우는 기본세율에서 60%의 세율로 인상했다.

이것 이외에도 조정대상지역 다주택자의 경우 양도소득세 중과세율을 10%p씩 인상하였고 1세대 1주택자 중 고가주택(실거래가 9억 원 초과)소유자는 양도소득세 과세대상임을 고

려하여 장기보유특별공제에 거주기간요건을 추가하였다.

다 언급할 수 없지만 이번 세법개정(안) 중 부동산 관련세제는 다주택자의 경우 다주택을 보유하는 것 때문에 엄청난 세금부담의 압박을 받게끔 하여 1세대 1주택을 초과하는 주택을 시장에 내어놓게 하려는 정부의 의지를 보이고 있다.

다음으로 언급할 수 있는 부분은 최근에 논란이 많았던 가상자산(암호자산)의 양도차익에 대한 과세이다. 이번 개정(안)에서는 거주자에 대하여는 가상자산에 대한 국제회계기준 분류 등을 감안하여 기타소득으로 과세하기로 하였다. 가상자산을 기타소득으로 과세하기로 한 것은 무형자산에서 발생한 소득에 대하여 우리소득세법이 기타소득으로 과세하는 것을 원용하였다고 할 수 있다. 과세표준은 시가를 양도대가로 하여 취득가액 등(취득가액에 취득부대비용 가산)을 차감하여 계산하고 소득금액은 연간 손익을 통산하기로 하였다. 가상자산 소득금액의 과세최저한은 250만 원이며 과세방법은 분리과세의 방법을 택하며 세율은 20%를 적용하여 연 1회 신고납부하게 하였다.

이외에도 종합소득 기본세율의 최고세율을 과세표준이 10억 원을 초과하는 경우를 신설하여 42%에서 45%로 인상하고, 최대주주 및 특수관계자가 80% 이상의 지분을 보유하고 있는 개인유사법인의 경우 초과유보소득에 대하여 배당으로 간주하여 배당소득세를 과세하는 내용을 신설한 것과 공익법인의 과세체계를 정비한 것 등이 이번 개정의 주요 내용이다.

▶▶ 주식양도차액과세 "신중해야", 주택 양도세 강화 "제고해야"

요약하자면 2020 세법개정(안)의 주요 내용은 주식의 양도차익과세와 부동산 관련 세제의 강화라고 할 수 있다. 주식의 양도차익과세는 '소득이 있는 곳에 과세 있다'는 기본 전제하에 언젠가는 과세를 할 수밖에 없었다. 하지만 이 분야의 과세는 이익에 대하여 과세하게 되면 손실을 어떻게 반영할 수 있는지가 관건이고 그 시행시기를 잘못 맞추면 시장에 찬물을 끼얹어 대만의 사례처럼 실패할 수도 있다는 점에서 우려되는 바 크다. 이러한 점을 고려하여 최종(안)은 양도차익 2,000만 원을 5,000만 원으로 변경하고 손실이월공제기간을 3년에서 5년으로 하였으나 이월공제기간은 무제한으로 해주는 것이 당연하다는 생각에서 다시 한 번 제도의 도입을 신중하게 고려해야 한다.

그리고 부동산투기를 막자는 의도에서 파격적으로 그 내용을 손본 종합부동산세와 양도세의 문제, 심지어는 취득세 인상까지 생각하는 정책방향은 다시 한 번 제고하여야 한다.

왜냐하면 다주택자의 매물출회를 통하여 현 부동산 가격폭등을 막으려면 보유세인 종합부동산세의 인상이라는 정책카드에 걸 맞는 조합은 양도소득세의 인하이기 때문이다. 부동산 정책이 확실하게 시장에 먹히려면 경과규정을 두고 경과규정이 지나기 전까지는 그 퇴로를 열어주는 것이 맞다. 보유세도 올리고 양도세도 올리고 취득세도 올리는 정책조합이 정부가 시장에 기대하는 움직임에 부합된다고 할 수 없기 때문이다.

(2020.7.22. 조세일보/오문성의 Tax Issue)

6 2023년 세법개정(안) 관망 포인트

2023 세법개정(안)이 지난 7월 27일에 나왔다. 매년 발표되는 세법개정(안)의 내용에는 개정의 기본방향으로 조세정책의 목표와 그 하위개념으로 추진전략의 내용이 담기게 된다. 작년 세법개정(안)에서는 "역동적 혁신성장을 통한 성장과 세수의 선순환"이 정책목표였고 그 아래 추진과제로 경제활력 제고, 민생안정, 추진기반으로 조세인프라 확충, 납세자 친화적 환경구축을 언급하고 있었다.

그러나 2023 올해 세법개정(안)에는 "경제활력·민생안정 및 구조적 위기 극복 역량강화"를 정책목표로 하고 작년에는 그 아래에 추진과제와 추진기반으로 나뉘어져 있던 것을 올해에는 추진전략으로 묶었다. 작년과 비교하여 세부 내용은 거의 대동소이하지만 미래를 대비한 인구·지역 등 구조적 위기를 극복하려는 내용에 결혼 및 출산, 양육 지원과 청년자산 형성 및 노후대비, 지역균형발전 내용이 들어가 있는 것이 눈에 띈다.

현재 우리나라는 전 세계에서 가장 인구감소의 속도가 빠른 나라로 알려져 있다. 통계청 자료에 의하면 2022년 합계출산율은 0.78명이고 2024년과 2025년은 각각 0.70명, 0.61명으로 추정하고 있다. 합계출산율은 한 여성이 평생 동안(일반적으로 가임기간인 15~49세) 낳을 것으로 예상되는 평균자녀수를 말한다. 참고로 합계출산율이 2.1명 정도일 때 현재의 인구규모를 유지할 수 있는 것으로 본다. 2020년 OECD 평균합계출산율이 1.59명으로 대략 보더라도 우리나라의 수치는 OECD 평균합계출산율의 절반에도 미치지 못한다. 이러한 상황에서 우리 세법이 미래를 대비하여 인구와 지역 등의 구조적 위기 극복을 위한 세제 방향을 한 꼭지로 포함시킨 것은 늦은 감은 있지만 다행스럽게 생각한다.

올해 세법개정(안)의 주요 내용을 살펴보자.

1. 최근 우리 경제에 활력을 불러일으키는 K－콘텐츠산업의 글로벌 경쟁력 확보를 위하여 세액공제율을 대폭 인상하였다. 현행 대기업 3%, 중견기업 7%, 중소기업 10%인 기본공제율을 각각 2%p, 3%p, 5%p 인상하여 대기업 5%, 중견기업 10%, 중소기업 15%로 인상하고 국내 제작비 비중이 일정비율 이상이어서 국내산업 파급효과가 큰 영상콘텐츠에 대하여는 대/ 중견/ 중소에 대하여 10%p/ 10%p/ 15%p를 추가로 공제하여 최대 15%/ 20%/ 30%가 공제되게 하였다. 콘텐츠산업은 그 시장규모가 크고 국가브랜드가치를 높일 수 있어 다른 산업에의 파급력이 매우높다. 특히 우리나라의 K 컨텐츠는 한류 확산으로 세제를 통한 지원효과는 매우 크다고 할 수 있다.

2. 바이오의약품 관련기술을 국가전략기술 사업화 시설에 포함하고 2023년 7월 1일부터 이루어지는 R&D지출과 시설투자에 대하여는 세액공제를 통한 세제지원을 하게 되었다. 바이오의약품기술에 있어서 신약개발은 고위험이지만 개발시 엄청난 이익을 가져온다는 점에서 정부가 R&D지출에 대하여 세제지원을 하는 것은 사실상 위험분담을 하는 의미가 있으며 바이오시밀러 제조업인 CMO 등은 거액의 시설투자가 요구되므로 시설투자에 대한 세제지원을 하기로 한 것은 적절한 지원이라고 생각한다.

3. 올해 세법개정(안)에는 해외진출 기업의 국내복귀, 즉 리쇼어링(Reshoring)에 대한 세제지원 강화책도 포함되어 있다. 감면의 크기와 기간을 확대하고 업종요건을 강화한 것이 핵심이다. 기존에 소득세나 법인세를 5년간 100%, 이후 2년간 50% 감면하던 것을 7년간 100%, 이후 3년간 50%를 감면함으로써 감면의 기간과 그 감면폭을 확대하고 국외사업장과 이전·복귀하는 국내사업장 간 세분류가 동일해야 한다는 종전 규정에서 「해외진출기업의 국내복귀 지원에 관한 법률」에 따른 국내복귀기업지원위원회에서 업종 유사성을 확인하면 가능하다는 내용을 추가하였다. 리쇼어링은 해외로 나간 자국기업을 본국으로 들어오게 하여 국내의 일자리를 창출하고 이에 따른 경기 부양효과를 기대한다는 점에서 우리나라 뿐만이 아니라 세계 각국이 총력을 기울이고 있다. 하지만 우리나라의 리쇼어링정책은 타국에 비하여 그리 강력한 인센티브를 제공하고 있지는 못하는 것 같다. 우리나라에서 해외로 오프쇼어링한 기업의 대부분은 우리나라의 임금수준이 상대적으로 높은 것이 큰 이유가 되었고, 이외에도 노조나 각종 규제도 원인이었을 수 있다. 이번 개정이 해외에 나갔던 기업의 국내복귀에 긍정적 요인으로 작용할 수는 있겠으나 조세혜택 뿐만 아니라 이전비용의 일부를 분담한다거나

법인세율을 인하하는 등의 유인조건을 제시하는 것도 고려해 봄직하다.

4. 원활한 가업승계지원을 위해 가업승계와 관련한 증여세 저율과세구간을 현행 증여재산가액 60억 원 이하에서 300억 원 이하까지 그 범위를 넓혔다. 가업상속공제 및 가업승계 증여세 과세특례 후 사후관리기간인 5년 동안 업종유지요건을 현행 표준산업분류상 중분류에서 대분류로 그 범위를 확대하였다. 그리고 연부연납기간도 가업상속관련 상속세의 경우 적용하는 기간인 20년을 가업상속관련 증여세에도 도입하였다. 생각해보면 가업승계라는 용어는 이제는 기업승계라는 용어로 바꾸어야 할 때가 되었다. 가업이라는 용어가 주고 있는 왜곡된 이미지로는 많은 일자리를 창출하는 기업에 대한 승계지원세제의 합당한 의미를 설명하기 힘들다. 원만한 기업승계를 지원하는 세제의 지원은 충분히 이루어져야 하며 이러한 개념에서 볼 때 대분류까지 많이 넓어지기는 했지만 기업이 생존하기 위하여 업종변경을 하는 것에 착안하면 업종제한은 폐지해야 한다고 생각한다.

5. 민생경제지원과 관련하여 서민 및 중산층, 소상공인과 중소기업을 지원하는 세제가 개정(안)에 포함되어 있다. 장기 주택저당 차입금 이자상환액에 대한 소득공제가 상환방식에 따라 연 한도가 300~1,800만 원이던 것을 연 600~2,000만 원으로 확대하였고 주택가격이 취득당시 기준시가로 5억 원 이하이던 것을 6억 원 이하로 상향 조정하였다. 이외에도 전통시장 및 문화비 사용분 신용카드 소득공제율을 10%p씩 한시적으로 상향조정하여 소득공제율이 전통시장의 경우 40%에서 50%로 문화비의 경우 30%에서 40%로 조정된다. 기부금에 대한 세제지원 강화나 100여개의 반려동물 다빈도 질병의 동물병원 진료영역에 대하여는 기존에 부가가치세법상 면세로 이미 적용하고 있었던 예방접종 등에 더하여 부가가치세를 면제하였다. 맥주와 탁주에 대한 주세 세율을 직전연도 세율에 소비자물가상승률(CPI)의 30%를 가감한 범위 내에서 매년 조정하던 것을 필요시 법정세율의 30% 범위 내에서 가감하는 비정기적 조정을 하는 것으로 개정하였다.

6. 미래를 대비하기 위한 결혼 및 출산, 양육지원을 위하여 혼인신고일 전후 각 2년 이내(총 4년간) 직계존속으로부터 증여받은 재산에 대하여 1억 원을 추가공제하기로 한 것은 결혼의 전제조건으로서 부부가 살 공간을 마련하는데 많은 자금이 필요하다는 생각에서다. 그러므로 이번 증여세 공제한도를 늘려주는 것은 결혼 적령기에 속하는 젊은층의 심리적 안정을 가져올 수 있는 이점이 있다. 하지만 이러한 제도를 만들더라도

실제로 경제력이 있는 부모를 둔 경우가 아니라면 세제지원의 실질적 효과가 없고 독립적으로 어렵게 자금을 마련하는 젊은층과의 형평성 문제가 대두될 수 있다. 그럼에도 불구하고 증여세 공제한도를 늘린 것은 현재와 같이 인구가 감소하는 상황에서 젊은 층의 결혼기피문화, 이전에도 사실상 과세권이 미치지 못하던 부분에 대한 양성화라는 차원에서 긍정적으로 평가할 수 있다.

7. 지역균형발전을 위한 기회발전특구(ODZ: opportunity & development zone)에 대한 신설도 미래에 대한 세제지원의 내용 중 하나이다. 기회발전특구는 윤석열 정부의 지역균형발전을 위한 대표적인 상품이다. 기회발전특구는 전례 없이 파격적인 세제지원을 통하여 일자리를 만드는 기업과 소비력이 있는 개인을 기회발전특구로 유인하고 기업에 참여하는 전문인력을 양성하고 참여하는 전문인력의 자녀가 믿고 교육받을 수 있는 교육기관, 지방정부가 요구하는 규제를 풀어주는 것이 그 원안이었다. 이번 세법개정(안)에는 기회발전특구의 내용 중 세제에 대한 부분인 이전단계, 운영단계, 투자단계에 대한 세제지원을 담고 있으나 아직 구체적인 내용은 나와 있지 않는 것 같다.

이상으로 올해 세법개정(안)의 주요내용을 한번 살펴보았다. 올해 세법개정(안)의 내용을 보면 예년의 개정에 비하여 상대적으로 특징이 있는 개정 내용이 많지는 않다. 순액법 기준으로 4,719억 원의 세수감소 효과를 보이는 올해 세법개정(안)은 작년 13.1조 원과 비교하면 거의 세수중립적인 세법개정이라고 말할 수 있다.

올해 세법개정(안)은 양적이나 질적인 측면 모두에서 큰 변화를 시도하지는 않았다. 다만, 현재 대한민국이 안고 있는 인구감소와 지역불균형의 문제를 세법개정(안)의 큰 꼭지로 포함시켰다는 점에서 의미가 있고, 현 정부와 여당이 세수펑크와 야당의 반대기류로 인하여 법인세와 부동산 관련 세제를 소신껏 추진하지 못한 점은 아쉬움이 있다고 할 수 있다.

(2023.8.9. 국가미래연구원)

Part 8

기타

01 차명거래금지의 딜레마

　최근 정부는 '금융실명거래 및 비밀보장에 관한 법률(이하 금융실명법이라 함)' 제3조 제3항부터 제7항까지의 규정을 신설하여 불법재산의 은닉, 자금세탁행위, 공중협박자금조달행위 및 강제집행의 면탈, 그 밖에 탈법행위를 목적으로 타인의 실명으로 금융거래를 하여서는 아니된다고 하여 금융거래에 있어서 차명거래를 전면금지하는 규정을 도입하였다. 1993년 8월 12일 김영삼대통령의 긴급명령으로 도입된 금융실명법은 동법 제1조(목적)에서 밝히고 있듯이 실지명의(實地名義)에 의한 금융거래를 실시하고 그 비밀을 보장하여 금융거래의 정상화를 꾀함으로써 경제정의를 실현하고 국민경제의 건전한 발전을 도모함이 그 목적이었다. 즉, 금융기관을 통하는 거래의 경우 금융실명법이 시행되기 이전의 가명(假名) 등을 사용하지 못하게 하여 금융거래의 투명성을 높이겠다는 취지로 시작된 것이다. 금융실명법하에서의 실지명의란 주민등록표상의 명의, 사업자등록증상의 명의 등을 말한다고 함으로써 금융기관 임직원이 금융거래를 하려고 하는 자가 자기의 실지명의로 거래를 하겠다는 것을 형식적으로 확인할 뿐이며 이후 후속된 거래의 실질적 당사자가 다른 사람이 되는 것까지를 확인하는 의무를 부여하는 것이 아니고 확인할 수도 없어 실소유자와 명의자가 합의하는 차명거래에 대하여는 사실상의 제재방법이 없었다고 할 수 있다.

　최근에 사회적으로 문제가 되었던 사회지도층의 재산은닉 목적의 차명계좌나 재벌그룹의 비자금조성을 위한 차명계좌는 정치권의 차명거래 금지 법안의 입법과정에 불을 당기게 되었다. 법원판결에 따른 재산권의 강제집행의 면탈, 탈세를 위한 비자금 조성의 경우 항상 차명계좌가 등장하여 이러한 차명거래의 악폐가 크게 대두된 것이 사실이다. 금융실명법이 도입되기 직전 검토단계에서 차명거래금지 법안을 검토하지 않았던 것은 아니었지만 검토한 결과 차명거래 중 악의의 차명거래와 선의의 차명거래를 구분하기 힘들고 금융기관의 직원이 차명여부를 인지하기 위해서는 자금의 출처까지 알아야 한다는 것이 불가능하다는 데 착안하여 차명거래금지 규정의 도입을 실제로는 하지 못했었다.

　실제로 대법원은 1997년 노태우 전 대통령의 비자금을 자신들의 명의로 실명전환해 업무방해죄로 기소된 정태수 한보그룹 총회장과 이경훈 ㈜대우 회장에게 무죄를 선고했다. 금융기관이 자금출처를 조사할 실질적 권한이 없으므로 금융기관은 거래자의 주민등록표상 실명여부만 확인할 수 있을 뿐 돈의 주인이 누구인지 확인할 의무가 없으며, 금융기관을 속인 행위도 업무방해에 해당되지 않는다는 것이 판단의 근거였다. 그 이후 특정금융거래

정보의 보고 및 이용 등에 관한 법률(일명 FIU법)이 제정되고 금융회사에 거래의 실제 당사자 여부 및 거래목적을 확인하는 의무를 부여하고 위반시 과태료를 부과하는 규정을 두게 되었다.

이처럼 최근에 개정된 금융실명법에 차명거래 전면금지규정이 도입되기 전에 범죄목적의 차명거래를 처벌할 수 있는 규정이 없었던 것은 아니다. 예를 들면 위의 FIU법이 금융거래를 이용한 자금세탁행위와 공중협박자금조달행위를 규제하는데 필요한 특정금융거래정보의 보고 및 이용등에 관한 사항을 규정함으로써 범죄행위를 예방하고 건전하고 투명한 금융거래 질서를 확립할 목적으로 제정되었고, 범죄수익은닉의 규제 및 처벌등에 관한 법률에서 범죄수익등의 은닉 및 가장과 관련하여 처벌규정을 두고 있으며 조세범처벌법도 차명거래자에 대한 처벌규정을 두고 있고, 상속세 및 증여세법에서도 차명거래에 관한 조세법적 제재 조항을 두고 있다. 이러한 규정을 가지고 있었음에도 일반적인 금융거래에 모두 적용되는 금융실명법에 차명거래 전면금지 규정을 두겠다는 입법취지는 무엇인가? 금융실명제법에 차명거래금지법안이 들어오기 전에도 위에서 언급한 여러 관련법을 통하여 그에 대한 제재를 할 수 있었으나 이에 대한 제재의 범위와 강도를 한층 강화하겠다는 의미로 받아들여야 한다. 현 정부는 차명거래가 지하경제의 온상으로 판단하고 이를 완전히 척결하는 것이 사회전체적 공평과세의 이념을 바로 세우는데 필요하다고 생각하고 있다. 이것은 분명히 옳은 생각임에는 틀림없다. 하지만 차명거래의 성격을 구분하지 않고 전면적으로 금지하는 것은 분명히 혼란스러운면이 있는 것은 사실이다. 우리사회에서 차명거래는 평범한 소시민의 경우에는 별다른 악의 없이 이루어지는 것이 일반적이다. 차명거래를 하는 유형은 말할 수 없을 만큼 다양할 수 있다. 각종 친목모임의 회비를 총무명으로 한다든지, 신용불량자가 생계를 유지하기 위해 타인의 실명으로 거래하는 경우 등도 차명거래를 하는 사례가 될 수 있다.

이번 차명거래 전면금지 규정의 도입은 선의의 차명거래의 경우 예외를 두어 혼란을 최소화 하겠다고 하지만 차명거래의 속성상 국민들 생활과 밀접하게 관련되어 있고 특정금융거래정보의 보고 및 이용 등에 관한 법률, 범죄수익은닉의 규제 및 처벌등에 관한 법률, 조세범처벌법, 상속세 및 증여세법 등 기존의 법체계하에서도 그 목적을 달성할 수 있는 점, 금융기관직원들에게 형식적인 실명거래의 확인이 아닌 자금출처의 문제에까지 접근하라는 부담을 주는 것 등은 실제 운용과정에서 일반국민과 금융기관 직원들에게 번거로움과 부담만 가중시키며 실제 법이 의도하고 있는 측면의 실효성이 있을 지에 대하여 생각해 보아야 한다.

차명거래를 할 때는 어떤 이유가 되었든 차명거래를 해야만 하는 이유가 존재한다. 이러한 이유는 반드시 금지규정이 의도하는 탈법이 아니라고 하더라도 공개적으로 남에게 밝히길 꺼리는 개인 사생활의 영역이 있을 수 있고 탈법이라하더라도 인지상정으로 그 어떤 누구도 그 상황에서 그렇게 하지 않으면 생존자체에 치명적인 경우도 있다. 차명거래의 금지는 합의된 차명거래까지를 규제대상으로 하여 지하경제 양성화와 경제정의에 기여하는 부분이 분명히 있겠으나 법이 규제의도가 없는 선의의 차명거래에 대하여도 그 논란의 중심에 서게 할 수 있고 법에서 예외적으로 제외하겠다는 선의의 차명거래를 이용한 악의의 차명거래도 출현할 수 있고 이의 구분이 사실상 어려울 수 있다는 점, 개인 사생활침해로 인하여 국민의 고통이 가중될 수 있다는 점 등을 생각한다면 이러한 부분이 시행령과 시행규칙의 제정과정에서 충분히 고려되어야 입법취지에 맞는 법의 적용이 가능할 것이라고 생각한다.

(2014.6.20. 국가미래연구원)

02 '사내유보금 과세'와 '기업인 가석방'

'사내유보금 과세'와 '기업인 가석방', 언뜻 보면 아무 관계없는 주제이다. 하지만 최근 제2기 경제팀은 이 두 주제를 경제활성화의 도구로 생각하고 있다. 사내유보금 과세는 「조세법」의 영역이며 가석방의 문제는 「형법」의 영역이다. 원칙론적으로 조세는 경제활성화의 도구로 사용할 수 있고 형법상 문제는 경제활성화와 아무 관련성이 없다. 우리 경제팀은 사내유보금을 많이 쌓아 놓고도 적정한 투자, 임금인상, 배당을 하지 않는 기업에 대하여 과세하게 되면, 투자나 임금, 배당에 사용하게 되어 기업 활성화가 된다는 것이고 구속되어 있는 기업인을 가석방하게 되면 현재 활발하게 이루어지지 않는 중요한 경영의사결정이 이루어지게 되어 경제 활성화에 도움이 된다는 것이다. 사내유보금 과세와 관련한 문제점에 대하여는 필자의 2014년 8월 11일 블로그 "이유 있는 겸연쩍음"에서 충분한 논의가 이루어졌으므로 이에 대한 언급은 생략하고 기업인 가석방에 대한 얘기를 하려고 한다.

기업인 가석방은 가석방의 문제이기 때문에 우리 「형법」상 가석방의 요건을 갖춘 자에게 해줄 수 있다. 우리 「형법」 제72조는 가석방의 요건을 "징역 또는 금고(禁錮)의 집행 중에 있는 자가 그 행장(行狀)이 양호하여 개전의 정이 현저한 때에는 무기에 있어서는 20년,

유기에 있어서는 형기의 3분의 1을 경과한 후 행정처분으로 가석방을 할 수 있으며 벌금 또는 과료의 병과가 있는 때에는 그 금액을 완납하여야 한다."라고 규정하고 있고 「형의 집행 및 수용자의 처우에 관한 법률」 제121조 제2항은 "위원회는 수형자의 나이, 범죄동기, 죄명, 형기, 교정성적, 건강상태, 가석방 후의 생계능력, 생활환경, 재범의 위험성, 그 밖에 필요한 사정을 고려하여 가석방의 적격 여부를 결정한다."라고 규정하고 있다.

당연한 말이지만 가석방의 요건에 기업인과 비기업인을 구별하고 있지 않으며 더욱이 경제 활성화가 가석방의 요건으로 적시되지도 않고 있다. 필자의 이러한 주장에 대하여 혹자(或者)는 참으로 순진한 접근방법이라고 말할지도 모른다. 그러한 요건이 「형법」에 당연히 언급되지 않고 있으나 현재의 상황으로는 기업인 가석방을 통하여 경제 활성화를 도모하는 것이 국민경제에 실질적으로 도움이 된다는 부연설명을 하면서까지 필자의 생각을 원칙론에 젖어 여유가 없는 답답한 생각으로 몰아칠 수도 있다. 하지만 이러한 혹자의 주장은 단연코 위험한 생각이다. 왜냐하면 법의 적용은, 특히 그중에서도 형법의 적용은 어떤 경우라도 법에서 정한 규정에 따라 엄격하게 해석하고 공정하게 집행되어야 한다. 이러한 성격은 어찌 보면 「조세법」과 「형법」이 많이 닮았다. 「조세법」의 '조세법률주의'와 「형법」의 '죄형법정주의'가 침해법적인 성격이 강한 조세법과 형법에 있어서 가지는 의미는 전혀 다르지 않다.

우리 「형법」 제72조의 가석방의 요건을 유기징역의 경우에 국한해서 보면 "그 행장이 양호하여 개전의 정이 현저한 때에는 유기에 있어서는 형기의 3분의 1을 경과한 후 행정처분으로 가석방을 할 수 있다"는 것 이외에 규정된 바 없으므로 기업인과 기업인이 아닌 자를 불문하고 이 요건 이외에 어떤 요건도 가석방의 요건으로는 사용할 수 없다. 그러므로 기업인을 가석방하기 위해서는 기업인의 수형생활이 모범적이어서 개전이 정이 현저하고 최소한 형기의 3분의 1을 경과하여야 가석방의 요건을 갖추게 되는데 실제 법무부 자료에 의하면 대부분이 형기의 70~80%를 경과한 상태에서 가석방이 이루어지고 이보다 적게 형기를 마친 경우의 가석방은 거의 없다. 법무부 교정본부 통계자료에 의하면 1999년부터 2013년까지 15년간 총 91,059명이 가석방되었는데 형의 집행률이 70% 미만에서 가석방된 경우는 0.6%에 불과하고 70% 이상에서 80% 미만이 9.9%, 80% 이상이 89.5% 이어서 총 99.4%의 가석방자가 형집행률 70% 이상에서 가석방되고 있음을 보여준다. 여기에서 형의 집행률이란 형집행기간을 선고형량으로 나눈 값으로 만약 수감자 A의 법원 선고형량이 10년인데 현재 5년의 형기를 마쳤다면 현시점에서의 형의 집행률은 50%가 된다. 만약 경제활성화를 이유로 기업인을 「형법」 제72조에서 정한 최소한의 형기요건만을 마쳤다고 하여 가석방 해준다면 위법하지는 않지만 법적용의 공정성 측면에서 기업인을 제외한 일반인보다 특혜를 준다는 비난을 면할 수는 없을 것이다.

법의 집행은 기업인이라고 하여 가혹하게 할 필요도 없으며 특혜를 줄 이유도 없다. 즉, 유전중죄(有錢重罪)도 안되며 유전무죄(有錢無罪)도 안된다는 얘기다. 법의 집행은 누구에게나 공정해야 한다는 것은 철칙(鐵則)이고 법집행에 법규정과 일반적인 법감정을 떠난 어떤 요인도 개입되면 그 집행은 국민들에게 납득될 수 없다.

경제활성화는 현 정부와 국민이 절실하게 바라는 사항이다. 하지만 경제활성화를 위해서 사내유보금에 대하여 과세하겠다는 것은 경제활성화와의 인과관계를 찾기 힘들며, 일반인과 다른 기준의 가석방요건을 기업인에게 적용하려고 하는 것은 법집행의 공정성에 치명적인 상처를 줘서 국민정서에서 납득하기 힘들다. 단기적으로 경제활성화에 도움이 된다고 사용한 정책이 구조적인 문제에 접근하지 못하고 단기적인 측면만 강조하다 보면 더욱 문제를 어렵게 만들 수 있다. 사내유보금 과세가 바로 투자에 연결될 것이라는 논리나 기업인 가석방이 경제활성화에 도움이 된다고 하여 법집행의 공정성을 저버리면서까지 무리하게 진행하는 것은 경제환경의 체질개선이라는 구조적인 면을 경시하고 단기적인 측면을 강조한 것이며 형법을 형해화(形骸化)시킴으로써 국민들로 하여금 유전무죄라는 법집행의 특혜시비를 불러일으키게 될 것이다.

사내유보금 과세와 기업인 가석방은 현 경제팀이 경제활성화를 신속하기 이루기 위하여 고안한 것이다. 하지만 사내유보금 과세가 존재한다고 하여 경제성을 바탕으로 한 합리적인 투자처가 없음에도 기업이 투자하지는 않을 것이고 형법 제72조에 규정되어 있는 최소한의 가석방요건을 만족하였다고 해서 일반적인 집행률 요건과 관계없이 경제활성화를 이유로 기업인을 가석방하는 것은 형법과 국민의 법 감정에서 볼 때 많은 문제점을 내포하고 있으므로 가볍게 결정할 일이 아니다.

기업인 가석방제도의 입법취지는 수감자의 사회 재적응을 위하여 잔여형기에 관계없이 범인성(犯人性)이 교정되었다고 판단되면 석방한다는 것이다. 가석방의 가장 객관적인 기준은 형 집행률이다. 국민 중 누구라도 일반적인 가석방의 형 집행률 미만에서 가석방이 이루어진다면 나름대로의 합당한 이유가 있어야 한다. 이것이 우리형법 제72조와 「형의 집행 및 수용자의 처우에 관한 법률」 제121조 제2항에서 규정하는 고려사항 이외에 경제활성화를 그 이유로 할 수는 없다는 것이다.

만약 경제활성화를 목적으로 기업인 가석방이 필요하여 집행률이 50% 이하에서라도 가

석방을 하고자 한다면 기업인만이 아니라 기업인이 아닌 일반인의 경우에도 같은 정도의 집행률 수준에서 가석방을 시행하는 것으로 사회적 공감대를 형성하여 그 추세를 바꾸어 보는 것이 일반인과의 법집행의 공정성을 지킬 수 있는 소박한 해결방법이 아닐까 하는 생각을 해본다.

(2015.2.26. 국가미래연구원)

03   김영란법의 재해석

부패방지법의 성격을 띠고 있는 「부정청탁 및 금품 등 수수의 금지에 관한 법률」(속칭 김영란법, 이하 김영란법이라 함)이 3월 초 국회 본회의를 통과하면서 대한변호사협회가 헌법소원을 제기하는 등 심각한 위헌 논란에 휩싸이고 있다. 김영란법은 김영란 전(前)대법관이 국민권익위원장으로 재직 중이던 2012년 8월 공직자비리 근절을 위해 「부정청탁금지 및 공직자의 이해충돌 방지법(안)」으로 입법예고 되었으나 법무부는 직무관련성이 없는 100만원 이상의 금품을 받은 공직자에 대하여 형사처벌 하겠다는 내용에 대하여 '과잉금지원칙'에 위배된다고 주장하면서 입법에 난색을 표명했었다. 2013년 7월에는 대가성이 없더라도 직무관련성이 있으면 형사처벌할 수 있다는 절충안으로 국무회의를 통과하여 8월 초에 국회에 제출되고 4개월 만에 정무위원회에 법안으로 상정되었다. 한동안 잠잠하던 김영란법의 입법관련 진행은 2014년 4월 세월호 참사를 계기로 공직자와 관련된 부패가 국민안전에 부정적인 영향을 주었다는 여론과 함께 국민들의 관심이 고조되었으며 2015년 1월 정무위에서는 2012년 8월 입법예고된 본래의 김영란법과는 다소 달라진 모습의 김영란법으로 3월 3일 국회본회의를 통과하게 되었다.

김영란법의 입법과 관련한 진행과정을 보면 처음에는 공직자를 대상으로 하고 주요내용은 크게 부정청탁금지, 금품수수방지, 이해충돌방지의 3가지 내용이 담겨 있었다. 그러나 3월 3일 통과된 김영란법은 원래의 김영란법과 몇 가지 중요한 점이 달라져 있다. 첫째는 공직자 등의 범위에 사립학교 교직원과 언론인을 포함시켰다는 것이고 둘째로는 공직자의 이해 충돌방지조항이 빠져 있다는 것이다.

현재 김영란법은 법전문가들 조차도 그 위헌성에 대하여 갑론을박하고 있어 많은 국민들이 혼란스러워 하고 있는 상황이다. 어떤 언론보도에 따르면 국민들의 70%가 김영란법을 지지한다는 여론조사도 있다. 김영란법이 많은 국민들의 지지를 받고 있고 이러한 지지는 우리사회의 부패를 줄여서 깨끗한 대한민국을 만들어보자는 국민들의 염원이 담겨 있다고 생각한다. 하지만 대다수 국민들의 지지를 받는다고 해서 그 법률이 헌법에 합치되는 것은 아니다. 어떤 법률이 위헌인지 아닌지의 판단은 헌법이념과 가치로 판단해야지 여론조사로 하는 것이 아닌 것은 너무나도 당연한 논리이다. 법은 그 법의 취지가 아무리 좋다고 하더라도 위헌요소를 내포하고 있다면 그 요소를 제거해야 법의 실질적인 정당성이 인정되는 것이다.

김영란법의 위헌요소는 크게 세 가지이다. 첫째는 김영란법의 곳곳에서 나타나고 있는 부정청탁의 개념이 불명확하다는 것이다. 일반국민이 어떤 행위가 부정청탁에 해당하는지 알기 어렵다는 점이다. 이는 헌법상 죄형법정주의의 명확성 원칙에 위배된다. 혹자(或者)는 김영란법 제5조 제1항에서 부정청탁의 유형을 15가지 열거하고 있고 제2항에서는 부정청탁에 해당하지 않는 7가지의 예외적인 경우를 적시하고 있으므로 명확성에 원칙에 위배되지 않는다는 주장도 하고 있지만 각 유형에서 표현하는 "법령을 위반하여"라는 표현의 애매모호함으로 인하여 명확성의 원칙에 위배되어 위헌적인 성격이 내포되어 있다고 볼 수 있다. 둘째는 자신의 배우자가 수수금지 금품 등을 받거나 요구하거나 제공받기로 약속한 사실을 알고도 신고하지 않은 공직자 등에 대하여 3년 이하의 징역이나 3천만 원 이하의 벌금에 처한다는 불고지죄(不告知罪)에 대한 규정은 헌법상 자기책임의 원리, 양심의 자유 및 행복추구권에 위배되는 것으로 판단할 수 있다. 셋째로는 김영란법의 규제대상에 언론사의 대표자와 그 임직원, 사립학교 교직원 및 학교법인의 임직원을 포함시킨 것은 여기에 포함시키지 않은 다른 공적인 영향력이 있는 직업군이 제외됨으로써 헌법상 평등권과 언론의 자유를 침해할 여지가 있어 위헌성을 내포하고 있다. 이상에서 언급한 3가지 요인이 김영란법이 내포하고 있는 대표적인 위헌적인 요소라고 볼 수 있다.

이 이외에도 공직자 등이 동일인으로부터 1회에 100만 원 또는 매 회계연도에 300만 원을 초과하는 금품을 받거나 또는 약속하는 경우에는 직무관련 여부 및 기부·후원·증여 등 그 명목에 관계없이 처벌하는 조항은 실질적인 순수한 증여가 처벌되는 문제가 발생되고, 벌칙규정인 김영란법 제22조 제1항과 제5항의 내용을 보면 직무관련성 없는 101만 원의 금품수수와 직무관련성 있는 99만 원의 금품수수에 있어서 전자가 더 중하게 처벌되는 문제점도 김영란법의 문제짐으로 지적할 수 있을 것이다.

현재의 입법논리라면 김영란법의 적용대상을 점점 더 넓히고, 아무리 적은 금품수수라도 직무관련성, 대가성과 무관하게 처벌한다면 한국이 더 깨끗해 진다고 생각할 수 있을까? 김영란법이 아니라도 부패를 방지하는 법규정은 형법, 특정범죄가중처벌법 등에서 규정하고 있다. 사립대학 교수와 국립대학교수가 직업이 같다고 하여 단순히 같은 법을 적용하는 것은 사적자치의 원칙에 비추어 볼 때 계약관계를 고려하지 않는 입법태도라고 할 수 있다. 사립대학교수의 경우 김영란법이 적용되지 않더라도 재단과의 계약관계나 복무규정, 형법상 배임수재죄 등을 통하여 처벌이 가능하다.

김영란법은 형법의 특별법이다. 대표적인 침해법인 형법과 조세법은 침해법의 성격으로 말미암아 형법에 있어서의 죄형법정주의, 조세법에 있어서의 조세법률주의는 그 성격이 비슷하다. 국민에게 형사적 처벌을 가하는 형법규정도, 국민에게 세금을 부담시키는 조세법 규정도 법률에 명확하게 규정하지 아니하고는 처벌하거나 조세를 부과할 수 없는 것이다. 그리고 실질적 죄형법정주의와 실질적 조세법률주의는 법에 단순히 규정했다고 하여 처벌하거나 과세할 수 있다는 개념을 뛰어넘어 그 내용이 헌법에 합치되는 것을 요구하고 있다.

김영란법의 입법취지 즉, 공무원의 부패를 척결하여 깨끗한 대한민국을 만듬으로써 장기적으로 대한민국의 경쟁력을 높이겠다는 생각에 동의하지 않는 국민은 많지 않을 것 같다. 하지만 김영란법이 안고 있는 위헌적인 요소를 제거하지 못하고 법의 시행에 들어갈 때 사회를 투명하게 만들어서 국가경쟁력을 제고하겠다는 법의취지와는 무색하게 법적용에 있어서 국민들의 예측가능성을 저하시키는 등의 문제를 발생시켜 결국은 법이 의도하는 실질적인 긍정적인 효과는 거두지 못하고 부질없는 국민들의 법리논쟁만 유발시킨 용두사미(龍頭蛇尾)법으로서 기억될까 걱정이다. 위헌여지가 있는 법규정에 대하여 입법자의 재량만을 운운하는 것은 올바른 입법태도가 아니다. 합헌을 예기할 때 국민들의 법의 지지율을 얘기하는 것도 잘못된 접근방법이다. 대한민국 공직자의 부패지수를 낮추어 투명한 대한민국, 국민이 행복한 대한민국, 경쟁력 있는 대한민국을 지향하는 것은 김영란법을 대하는 모든 국민들의 한결같은 마음일 것이다. 김영란법이 우리나라의 부패지수를 낮추는 실질적인 효과를 거둘 수 있는 법으로서 거듭 태어나기를 기대해 본다.

(2015.3.25. 국가미래연구원)

병역의무의 이행은 공직자의 필수요건이다

우리 헌법에서 규정하고 있는 국민의 4대 의무는 교육(제31조 제2항), 노동(제32조 제2항), 납세(제38조), 국방(제39조 제1항)이다. 4대 의무 중에서 교육과 노동은 의무인 동시에 권리이기도 하다. 이 중에서 납세와 국방은 국민에게 별다른 대가 없이 의무만을 부담시키므로 이를 위법한 방법으로 부담하지 않는 탈세와 병역기피는 공인(公人)의 위치에 있는 자들에게는 치명적 흠이 되곤 한다. 병역을 기피하여 아직까지 입국거부가 되어 있는 모 연예인으로부터, 탈세 때문에 승승장구하던 연예활동이 하루아침에 쇠락의 길로 들어선 연예인들까지 꽤 많은 사례가 있다. 병역을 통하여 실질적인 정치적 생명을 다한 정치인들도 있다. 청문회를 거쳐야 하는 공직자에게 가장 혹독하게 검증을 하는 부분도 탈세와 위법적 병역기피에 대한 부분이다.

병역에 대한 문제는 일반인들이 세금문제 보다도 더 크게 불공평하다고 생각하고 있는 것 같다. 왜냐하면 우리 사회고위층의 군 면제 비율이 사회평균 군 면제 비율보다 다섯 배이상 월등히 높기 때문이다. 소위 말하는 사회고위층의 군면제 비율이 높은 것은 그렇지 않은 일반인들이 생각할 때는 소위 말하는 배경(힘)이 없어서 군에 갔다 온건 아닌지 하는 의구심마저 들게 할 것이다. 이 글을 쓰면서 조심스러운 부분이 있다. 혹시라도 군에 입대하기 부적합한 건강상태를 유지하는 분들까지 모두 군에 가야 한다는 것을 주장하는 것으로 오해하지 않을까 하는 것이다. 하지만 그것을 주장하는 것은 결코 아니다. 건강이 안 좋아 군에 가지 않을 수 있고 시간이 지나서 객관적으로 증명이 되지 않으면 면제 받은 당사자의 양심만이 그 문제의 진실을 알 수 있을 뿐이다. 하지만 대한민국에서 정상적인 군복무를 한 대다수의 사람들이 최소한 피해의식을 가지지 않을 만큼의 병역의무의 형평성을 유지해서, 힘없어서 우리만 군대에 갔다 왔다는 식의 자조(自嘲)섞인 불만을 내뱉게 해서는 안 된다는 것이다.

이러한 점에서 싱가포르의 병역관련 제도를 눈여겨 볼 필요는 있다. 싱가포르의 경우는 군에 입대하기 위한 신체검사를 마친 후 체중미달이나 과체중, 기타 신체상의 문제가 있을 경우에는 두 달 동안 합숙시키면서 특별 관리를 하다가 다시 검사를 받고, 그때도 신체조건이 군입대하기에 미달인 경우에는 현역배치에서는 제외되지만 다른 공익근무부서로 배치하여 근무시키게 되는데 징상직인 사람은 24개월 복무하지만 두 달 특별 관리를 받은 사람의 근무기간은 특별 관리를 받은 기간만큼 순연(順延)되는 제도를 채택하고 있다. 최소한

이러한 제도하에서 병역제도가 운영된다면 모든 국민이 느끼기에 병역문제로 불공평한 대우를 받는다는 생각은 일정부분 사라질 것이라고 생각한다.

필자는 1986년에 공인회계사장교로 군에 입대하여 4개월의 훈련기간과 3년의 장교복무기간을 거쳐 총 40개월 동안 군복무를 하고 육군 중위로 만기 전역했다. 늦깎이 군 생활이였지만 대한민국의 장교단의 일원으로써 군복무를 마친 것에 무한한 자부심을 가지고 살아왔다. 이제는 아들이 군에 입대할 시기가 다가온다. 군대 갈 나이가 되어 이제 곧 집을 떠날 아들을 보고 있노라면 한편으로는 대견스럽기도 하지만 아버지로서 착잡할 때도 있다. 현재 대한민국에서 군에 보내는 적령기에 있는 아들을 가진 부모는 크게 3가지 유형으로 구분할 수 있을 것 같다. 건강하여 군에 입대하는 아들을 가진 부모, 건강이 실제로 안 좋아 군에 입대하지 못하는 아들을 가진 부모, 건강이 실제로는 좋은데도 어떻게든 군대에 안 보내고 싶어 하는 부모, 현재 필자의 상황에서 3가지 유형 중 앞의 두 유형의 부모마음은 너무나도 잘 이해되어진다. 보내는 부모와 건강 때문에 보내지 못하는 부모, 모두 마음이 그리 편할 리는 없다. 하지만 이 세유형의 부모 중에 최소한 세 번째 유형의 부모는 한국에 없었으면 하는 바램이다.

어제는 학교 앞 영화관에서 "연평해전"을 관람하고 나왔다. 자식을 잃은 부모의 마음을 백분 이해하며 눈물을 몰래 훔치며 나왔다. 모두 대한민국의 소중한 아들과 딸이다. 이렇게 조국과 민족을 위해 숭고하게 산화한 우리의 아들과 딸들이 죽으면서 병역에 대한 불공평함을 느끼게 하면 안 될 것이고, 그의 부모들도 부모가 힘이 없어서 군에 보내서 희생당했다는 죄책감을 추호(秋毫)도 느끼지 않게끔 병역시스템을 바꾸어 나가야 한다.

납세의무는 금전으로 그 의무를 치루는 것이 원칙이지만, 병역의무는 일정기간 자유를 제약당하고 최악의 경우는 생명을 담보한다는 점에서 납세의무보다 병역의무는 더욱더 국민으로 하여금 공정하게 느낄 수 있게 제도를 꾸려 나가야 한다. 우연인지 필연인지 우리사회 지도층의 군 면제 비율은 그렇지 않은 일반인에 비하여 매우 높다고 한다. 우리국민들의 의식에 납세와 병역의무는 가장 공평하게 느껴지게 해야 하고 병역의무는 더더욱 그런데도 말이다. 이에 필자가 생각하는 병역의무에 관한 몇 가지 제안을 하고자 한다.

첫째, 국민개병(皆兵)제하에서의 병역의무는 군대에 가지 못할 정도의 최악의 중병(重病)이 아닌 한 면제하면 안 된다. 중병이 아닌 한 싱가포르식으로 일정기간의 관찰기간을 통하여 그 상태가 호전되지 않으면 대체복무를 시켜야 하며 대체복무를 하는 자의 복무기간은 정상적인 복무기간보다 일정부분 더욱 길게 운용하여야 한다.

둘째, 중병이 아닌 상태에서 군복무를 기피한 것이 확인되면 이에 대한 법에서 정하는 직접적인 불이익을 주는 것과 별개로 최소한 공직에 취임하는 것을 금해야 한다. 공직은 국가에 봉사하는 직무를 행하는 자리이다. 이러한 자리에 위법하게 병역을 기피한 사람을 그 자리에 앉히는 것은 처음부터 이불성설이다. 정당한 병역의무의 수행은 공직자의 필수조건이다.

셋째, 양심적 병역거부문제는 대체복무로 해결해야 하며 복무기간은 정상적인 군복무기간에 비하여 상대적으로 많이 길어야 한다. 개인적인 생각으로는 두 배 정도가 적당하다는 생각을 가지고 있다. 양심적 병역거부는 인정할 수 있는 문제이지만 실제 운용에 있어서 양심적 병역거부와 양심적 병역거부를 빙자한 악의의 병역기피가 혼재될 수 있어서 이 부분을 구분할 수 있으려면 복무기간을 늘이는 것이 그 대안이 아닐까 하고 생각한다. 이렇게라도 하지 않으면 누가 최전방에서 또는 최전방이 아니라 하더라도 상대적으로 위험하고 힘든 군복무 생활을 하려고 하겠는가?

결론적으로 국민의 4대 의무 중 병역의무는 납세의무보다도 어떤 면에서는 훨씬 더 부담스러운 의무일수 있다. 개인적 경험으로는 전역한 후 군에서 쌓은 좋은 인연과 유익한 경험으로 이 나이가 되어서는 군복무한 것을 자랑스럽게 생각하고 있지만 솔직히 고백하자면 군입대하기 전날인 1986년 4월 18일은 다가올 다른 세상이 어떨지 몰라 두렵기도 했었다. 이제 군 입대를 기다리는 젊은이들의 생각도 필자의 개인적 경험에 비추어 볼 때 뭐가 그리 다르겠는가? 군복무는 국민으로서 반드시 수행해야 할 중요한 의무이기는 하지만 젊은 시절에 큰 기회비용을 발생시키는 것은 부인할 수 없다. 그러므로 자랑스러운 조국 대한민국에서 군복무를 하고 있고, 할 예정인 젊은이들에게 조국과 민족을 위하여 중요한 시간과 목숨을 바치더라도 아깝지 않을 생각이 들게 하는 공정한 병역제도의 개선이 시급하다는 생각은 단지 혼자만의 생각일까?

(2015.8.21. 국가미래연구원)

05 청년배당 갈등, 성남시는 위법인가?

최근에 청년배당, 무상 공공산후조리원, 무상 교복 등이 성남시와 보건복지부간의 심각한 갈등을 자아내고 있다. 갈등의 요점은 성남시 측에서는 각 지방자치단체가 독자적으로

시행하는 복지정책의 집행에 주무부처인 보건복지부가 개입하여 지방자치단체의 자치권을 훼손하고 있다는 것이고 보건복지부는 관련법규에서 요구하고 있는 적법 절차를 이행하지 않아 지방교부세를 삭감하겠다고 나선 것이다.

이러한 상황을 보고 있는 일반국민들은 상당히 혼란스러울 수 있다. 왜냐하면 알뜰히 예산을 아껴서 그 부분을 구성원들의 복지에 사용하겠다는 성남시의 주장과 적법한 절차를 이행하지 않았고, 지출할 재원이 충분하지 않은 지방자치단체의 선심성 복지지출이 재정지출의 우선순위에 적합하지 않으며, 지방자치단체 재정의 일부분을 담당하고 있는 중앙정부가 지방자치단체의 복지지출에 "협의"라고 하는 절차를 두는 것이 당연하다는 보건복지부의 주장의 가운데서 대체 어느 측의 주장이 합당한 지에 대하여 판단하는 문제가 그리 쉽지 않기 때문이다.

복지의 문제는 그 복지의 수혜자 입장에서는 대부분 반길 일이지만, 조금만 이성적으로 생각해 보면 지속가능한 복지, 복지정책의 우선순위, 우리나라의 지방자치단체가 중앙정부에 대하여 완전한 경제적 독립을 이루지 못하는 현실을 고려하면 본인에게 혜택이 오는 복지에 대하여 무조건적으로 환영할 만한 사안은 아니라고 생각한다.

그러므로 필자는 이 문제에 대하여 세 가지 관점에서 분석해 보려고 한다.

첫째, 지방자치단체가 집행하는 복지지출의 절차적 타당성을 현행법 하에서 검토해 본다. 왜냐하면 악법도 법이라 현행법이 위헌의 요소가 있다면 이에 대한 개정을 추진해야 하지만 개정하기 전까지는 지켜야 하기 때문이다. 절차적 타당성과 관련한 법규로는 사회보장기본법 제26조 제2항을 살펴볼 필요가 있다. 사회보장기본법 제26조 제2항은 "중앙행정기관의 장과 지방자치단체의 장은 사회보장제도를 신설하거나 변경할 경우 신설 또는 변경의 타당성, 기존 제도와의 관계, 사회보장 전달체계에 미치는 영향 및 운영방안 등에 대하여 대통령령으로 정하는 바에 따라 보건복지부장관과 협의하여야 한다."라고 규정하고 있어 지방자치단체가 청년배당 등 사회보장제도를 신설하는 경우에는 보건복지부장관과 협의하여야 한다. 성남시의 경우 보건복지부장관과의 협의사항을 협의하지 않은 것이 문제가 되었다.

이러한 상황에 대하여 지방자치법 제172조 제1항과 제7항은 "지방의회의 의결이 법령에 위반되거나 공익을 현저히 해친다고 판단되면 시·도에 대하여는 주무부장관이, 시·군 및 자치구에 대하여는 시·도지사가 재의를 요구하게 할 수 있고 지방의회의 의결이 법령에 위반된다고 판단되어 주무부장관이나 시·도지사로부터 재의 요구지시를 받은 지방자치단체의 장이 재의를 요구하지 아니하는 경우(법령에 위반되는 지방의회의 의결사항이 조례안인 경우로서 재의요구지시를 받기 전에 그 조례안을 공포한 경우를 포함한다)에는 주무부장관이나 시·도지사는 대법원에 직접 제소 및 집행정지결정을 신청할 수 있다"라고 규정하고 있다. 이 규정에 의하여 경기도지사가 성남시장에게 재의를 요구하였으나 불응하자 직접 대법원에 예산안의 위법성을 묻는 소송을 제기하게 된 것이다. 여기까지의 상황을 정리하면 성남시는 사회보장기본법 제26조 제2항을 위배했고 이에 대하여 지방자치법 제172조 제1항과 제7항에 의하여 경기도지사가 대법원에 제소한 것이 사건의 전말이다.

둘째, 첫째의 문제에서 살펴본 것처럼 현행법 하에서의 본 사안은 명백하게 성남시가 사회보장기본법 제26조 제2항을 위배한 것이다. 그러나 만약 현행법상 규정하고 있는 내용이 지방자치단체의 지방자치권을 침해하는 요소가 있는지 살펴보기로 한다. 지방자치단체는 사회보장기본법 제26조 제2항에서 규정하는 협의를 거치지 않은 경우, 협의·조정을 거치지 아니하거나 협의·조정 결과를 따르지 아니하고 지출한 금액 이내에서 교부세를 반환 또는 감액하는 지방교부세법 시행령 제12조 제9호와 관련하여 권한쟁의심판을 청구하였다.

헌법재판소의 판단은 추후 이루어지겠지만, 지방교부세법 시행령 제12조 제9호는 사회보장기본법 제26조 제2항의 실효성을 담보하기 위한 규정이라 사회보장기본법 제26조 제2항의 입법취지와 그 필요성을 검토해 보는 것이 우선이다. 지방자치단체는 본 조항이 지방자치단체의 자치권을 훼손하는 독소조항으로 보고 있고 중앙정부는 본 규정에서 나타내고 있듯이 "신설 또는 변경의 타당성, 기존 제도와의 관계, 사회보장 전달체계에 미치는 영향 및 운영방안"을 검토할 권한이 있어야 한다고 주장하고 있다. 우리나라의 경우 2014년 기준 지방자치단체의 재정자립도는 50.3%(성남시의 경우 54.16%)로서 지방자치단체 재정의 50% 정도를 중앙정부의 지원으로 꾸려나가고 있다. 그렇다면 지방자치단체의 재정지출 중 절반 정도를 중앙정부의 지원으로 충당하는 상황에서, 지방자치단체의 복지지출에 대하여 중앙정부와 "협의"라는 절차를 통하여 지방자치권을 일부 제한하고 있는 것은 당연한 일이다. 지방자치단체가 완전한 경제적 독립을 유지하더라도 지방자치단체 간 균형적 발전을 위하여 중앙정부가 개입하여 조정하는 것은 필요하다고 생각한다. 하물며 재정지원을 하고 있는 중앙정부 입장에서 재정지출을 수반하는 지방자치단체의 복지지출에 대하여 그 대상제도가 정책의 우선순위에 적합한지, 기존제도와 중복되지는 않는지, 타 지방자치단체에 미치는 파급성 등에 대하여 협의하는 것은 지극히 필요한 과정이다. 우리나라의 경우 현실적으로 지방자치단체가 재무적 곤경에 처하게 되면 중앙정부의 입장에서 방치하기는 힘들다. 만약 이러한 최소한의 통제절차 조차도 중앙정부가 가지지 못한다면 지방자치단체는 생색

만 내고 그 이후의 재정의 어려움은 결국 중앙정부가 책임을 지는 도덕적 해이현상이 나타날 수도 있다.

셋째, 선심성 복지지출이 지출의 우선순위를 왜곡시킨다는 점을 문제점으로 꼽을 수 있다. 복지지출의 우선순위도 주장하는 자에 따라 꼭 일치할 수는 없지만 지금 우리가 처한 경제상황에서는 중앙정부나 지방자치단체 공히 성격상 보편적 복지가 꼭 필요한 부문이 아니라면 선별적 복지가 합당하다고 생각한다. 이러한 관점에서 볼 때 복지혜택이 꼭 필요한 계층을 구분하지 않는 무차별적인 보편적 복지는 재정건전성을 악화시켜 정작 복지혜택이 필요한 부문의 복지지출을 할 수 없게 만든다.

이처럼 최근 성남시와 보건복지부의 복지지출관련 갈등은 현행법 하에서는 지방자치단체가 사회보장기본법 제26조 제2항을 준수하지 않는 데서 촉발되었고 지방교부세법 제12조 제9호에 대하여 성남시가 청구한 권한쟁의심판이 헌법재판소의 판단을 기다리고 있는 상태이다. 성남시에 3년 이상 주민등록을 하고 계속 거주한 만 24세 청년에게 취업유무에 관계없이 무차별적으로 지급하는 청년배당 등은 전형적인 복지포퓰리즘의 형태라고 할 수 있다. 지방자치단체의 선심성 복지지출은 포퓰리즘에 기인한 것이며 결국 복지포퓰리즘은 복지지출의 우선순위을 왜곡시키고 재정건전성에 치명적인 악영향을 끼치게 될 것이므로 지양하여야 한다.

(2016.3.6. 국가미래연구원)

6 국세청 50년, 그 빛과 그림자

국세청이 내달 3일로 개청 50주년을 맞이한다. 사람으로 따지면 하늘의 뜻을 안다는 지천명(知天命)의 나이가 된 것이다. 국세청이 생기기 전에도 현재의 국세청의 기능을 하고 있던 재무부 사세국(司稅局)이 있긴 했다. 하지만 당시 재무부의 외청으로 독립적인 정부조직으로서의 국세청이 탄생한 시기가 1966년 3월 3일이어서 이때부터 기산하면 올해 3월 3일이 50돌이 되는 셈이다. 발족당시의 국세청은 4국 13과, 양조시험소, 지방국세청 4곳, 세무서 77곳, 지서 2곳으로 이루어져 있었다. 국세청의 설립은 해외원조에 의존하던 한국경제가 독자적인 재정수입기반을 다지기 위해서는 미국의 국세청(IRS)같은 기능을 가진 독자적인 징세기관이 필요하다는 권고를 박정희 대통령이 받아들인 결과였다. 박대통령은 당시 대통령민원비서관이었던 이낙선씨를 초대 국세청장에 임명하고 첫해 세수목표를 700억 원으로 제시했다. 국세청이 개청되기 바로 직전해인 1965년도의 세수실적이 421억 원 이었던 것을 감안하면 무려 67.2%나 더 징수하여야 하는 무리한 목표였다. 지금이나 그때나 세금을 많이 걷는 것은 선거에 악영향을 주기 때문에 녹녹치 않았던 상황이었을 것은 미루어 짐작할 수 있는데도 말이다. 하지만 이청장은 700억 원이라는 세수목표를 달성하기 위하여 자동차 번호판을 "서울 관 1–700"으로 바꾸어 달고 다닐 만큼 열성을 보였고 결국 목표를 달성하게 된다.

탈세가 범죄가 아니고 세상 살아가는 기술로 여기고 세금을 꼬박꼬박 잘 내는 사람은 바보라는 말이 돌 정도였던 이 시기에, 세율인상을 하지 않고도 징수기관의 노력만으로 세수를 증가시킬 수 있다는 사실을 초기 국세청은 보여주고 있었던 것이다. 이처럼 국세청의 설립이 우리나라의 조세환경에 미친 결정적인 변화는 합리적인 조세징수시스템이 도입되었다는 데 있다고 할 수 있다.

이렇게 시작한 국세청은 국세의 안정적 확보라는 기능을 충실히 수행하여 한국이 해외원조에서 벗어나 경제적 자립에 도달하게 하는데 지대한 기여를 하였으며, 세수로 인한 경제적 자립은 여러 개발도상국들이 부러워하고 "한강의 기적"으로 불리우는 한국형 경제성장을 이루는데 결정적 원동력이 되었다.

국세청 자료에 의하면 설립 첫해인 1966년에 징수목표 700억 원에 징수실적 704억 원을 달성했던 국세청이 1980년 4.2조 원, 1990년 22.6조 원, 2000년 86.6조 원, 2010년 166조 원, 작년에는 208.1조 원의 징수실적을 시현함으로써 세수 200조 원 시대를 열었으며 2015년 기준으로 설립초기에 비해 징수액이 무려 2,971배 성장했다.

국세청은 개청 이래 1975년 종합소득세 도입, 1976년 부가가치세 도입, 1993년 금융실명제 조기정착지원, 1997년 IMF 구조조정지원, 1997년 국세통합시스템(TIS) 구축, 2002년 홈텍스 시스템 구축, 2005년 현금영수증제도 도입, 2006년 연말정산 간소화 시스템 구축, 2009년 근로장려세제(EITC) 도입 등을 통한 합리적이고 투명한 세정과 긴박한 경제환경에 대응하기 위한 발빠른 횡보를 통하여 국가경제에 막대한 기여를 한 것이 사실이다.

하지만 합리적 조세징수 시스템도입으로 세수를 증대시키고, 결과적으로 해외원조의 의존경제에서 재정자립을 이룩하고 경제발전의 원동력이 되었다는 지대한 공헌의 이면에는 어두운 그림자도 있었음을 우리는 부인할 수 없다. 성실납세를 독려하기 위한 국세청의 "세

무조사"는 당연히 필요한 일이지만 정치도구화 되어 권력에 밉보인 납세자가 그 대상이 되는 경우 국세청이 권력의 시녀라는 비난을 받기도 했고, 지금까지 역대(초대~20대) 국세청장 19명 중 8명의 청장이 비리 등에 연루되어 유죄판결을 받거나, 불명예 퇴진하는 아픔을 겪기도 했다.

최근 임환수 청장은 2016년 국세청 신년사에서 "세정 핵심가치인 '준법과 청렴'이 세정 전 분야에 확고히 뿌리 내려야 하고, 극소수의 일탈로 모든 성과가 일거에 무너지는 악순환을 이제는 끊어야 한다고 한다"라고 말하였다고 한다. 그만큼 준법과 청렴은 향후 국세청이 국민으로 하여금 신뢰를 받는데 있어서 가장 중요한 덕목인 것이다.

이제 50돌을 맞는 우리 국세청은 개청 초기에 가졌던 뜨거운 열정으로 납세자의 성실신고를 지원하고, 지하경제를 포함한 비정상적 탈세에는 총력을 기울여 엄단하는 기관의 본연의 업무에 충실한 정부기관으로 거듭나야 할 것이다. 이와 함께 세무조사라는 수단을 불편부당(不偏不黨)하게 사용하고, 국세공무원 개개인이 청렴한 태도를 견지한다면 존경받는 국가기관으로서 국세청의 위치는 한층 더 견고해 질 것이다. 이제 50돌 된 국세청의 향후 50년, 아니 100년의 무궁한 발전을 기대해 본다.

(2016.3.2. 국가미래연구원)

07 가족회사는 조세피난처인가?

최근에 신문지상에 가족회사라는 용어가 자주 등장한다. 그리고 절세와 탈세라는 용어도 같이 붙어 다닌다. 사회지도층이 가족회사를 이용하여 절세를 하는지 탈세를 하는지에 대한 국민적 관심이 지대하다. 가족회사라는 용어는 우리 법상의 용어가 아니다. 국립국어원 표준국어대사전에서 가족회사를 찾아보면 동족(同族)회사와 같은 의미라고 적혀있고, 다시 동족회사를 찾아보면 "회사의 주식이나 출자 금액의 일정 비율 이상을 친족이나 특수한 관계가 있는 사람들만이 소유한 회사"이며 가족회사와 유사하다는 의미로 "동족회사≒가족회사"라고 표기하고 있다. 동족회사라는 개념은 일본의 법인세법에서는 찾아볼 수 있는데 동족회사가 아닌 회사와의 차별적 과세(유보금 과세, 부당행위계산부인)를 유지하기 위하여 그 개념을 두고 있다.

필자는 우리 조세법상에는 규정하고 있지 않은 개념이지만 납세자 측면에서 절세 또는 탈세의 수단으로 이용하고 있는 가족회사에 관한 내용을 정리해 봄으로써 조세법적 측면에서 절세와 탈세의 기준이 무엇인지에 대하여 알아보고자 한다.

▶▶ 상황

본 사례는 가족회사의 설립을 통하여 세금절약이 이루어지는 과정을 보여주고 이 경우 절세와 탈세로 분류되는 기준을 제시하기 위한 것이다. 그러므로 실제 적용되는 세율이나 그 결과로 나온 세액 그 자체에 초점을 맞춘 것이 아니어서 구체적인 세액의 계산에는 상황에 따라 차이가 발생할 수 있음을 미리 밝혀둔다.

- 2008년 6월 피상속인이 사망하는 시점에 5인의 상속인(피상속인의 배우자 및 그 자녀)이 있었다. 상속재산인 ㈜S개발 지분 50%(시가 613억 원)를 상속인 5인이 10%씩 상속을 받게 된다.

- 2008년 8월 5인의 상속인은 ㈜D라는 회사를 설립한다. 이 회사의 자본금은 5,500만 원(액면가 @5,000원 × 11,000주)이며 5인의 상속인이 각각 2,200주씩 출자하였다.

- 5인의 상속인은 상속받은 ㈜S개발 지분 50%를 ㈜D에 613억 원에 매각(상속받은 가액으로 매각하여 주식 양도차익은 없음)하고 그 대금은 매년 나누어서 받기로 약정하였다. ㈜D의 장기미지급금이 2008년 말 613억 원에서 2015년 말 421억 원으로 줄어든 것을 보면 ㈜D는 ㈜S개발로부터 수령한 배당금 수익으로 1년에 평균 27.4억 원을 "장기미지급금" 상환재원으로 사용하였을 것으로 추정된다.

㈜D를 설립한 경우 ㈜D가 ㈜S개발로 받은 배당금수익에 대하여 법인세율 20%(지방소득세 제외)를 적용하게 되고 5인의 상속인이 ㈜D로부터 받는 현금은 장기미수금의 수령이 되므로 추가적인 소득세 부담을 하지 않는다.

하지만 ㈜D를 설립하지 않았을 경우에는 5인의 상속인이 ㈜S개발로부터 직접 수령하는 배당금은 종합소득세 최고세율 38%(지방소득세 제외)를 배당소득세로 부담하여야 하기 때문에 부담세율의 차이가 38%에서 20%를 차감한 18%가 된다. 2009년부터 2015년까지 받은 배당금 192억 원에 18%를 곱한 34.5억 원이 ㈜D를 설립함으로써 절약한 세금액이 되고, 향후 ㈜S개발이 이익이 순조롭게 발생하여 지금과 비슷한 상황의 배당을 한다고 가정하면 향후 받을 금액인 나머지 421억 원의 절세효과는 대략 75.7억 원 정도가 될 것으로 추정된다. 5인의 상속인이 ㈜D라는 회사를 통하여 받는 현금은 매도대금 631억 원을 다 받을 때까

지는 배당소득세를 내지 않아도 되고 631억 원의 대금을 다 받은 후에는 배당소득세를 납부해야 하므로 631억 원을 다 받을 때까지 총 110억 원 정도(지방소득세와 중소기업에 대한 세제혜택 등을 고려한 실효법인세율을 고려하면 이 차이는 더욱 커질 수 있으나 이에 대한 고려는 하지 않았다)의 세금을 절약하는 효과를 누릴 수 있다.

그렇다면 이 상황에서 ㈜D를 통하여 세금을 절약한 것을 절세로 봐야 하는지 탈세로 보아야 하는지에 대하여 검토해 보기로 한다. 결국 쟁점은 ㈜D가 세금을 줄일 목적으로만 설립된 회사인가, 아니면 세금을 줄이는 목적 이외의 목적을 가지고 있는가에 대한 판단문제로 귀착된다. 형식적인 문제로 보면 개인과 법인은 그 법인의 주주가 동일하더라도 그 실체는 다르다. 그러므로 5인의 상속인이 그 5인의 상속인이 주주로 있는 ㈜D를 설립하여 상속받은 ㈜S개발의 지분의 50%를 ㈜D에 양도해도 사법상 전혀 문제가 되지는 않는다. 하지만 조세법적 시각으로는 문제가 될 여지가 충분히 있다. 우리나라 국세기본법 제14조 【실질과세】 제3항은 "③ 제3자를 통한 간접적인 방법이나 둘 이상의 행위 또는 거래를 거치는 방법으로 이 법 또는 세법의 혜택을 부당하게 받기 위한 것으로 인정되는 경우에는 그 경제적 실질 내용에 따라 당사자가 직접 거래를 한 것으로 보거나 연속된 하나의 행위 또는 거래를 한 것으로 보아 이 법 또는 세법을 적용한다"고 하여 단계거래의 경우 실질과세의 적용을 규정하고 있다. 결국 절세냐 탈세냐의 판단은 ㈜S개발, ㈜D, 5명의 상속인으로 이어지는 일련의 거래에서 조세법적 측면에서 ㈜D의 법인격을 부인할 수 있느냐의 문제로 귀착된다. ㈜D는 사법상 법인격을 부인할 수는 없으나 국세기본법 제14조 제3항의 요건을 만족하는 경우로 판단되면 조세법상 법인격이 부인될 여지가 있다. 5명의 상속인이, 5명의 상속인이 주주로 되어 있는 ㈜D에게 ㈜S개발의 지분을 양도하고 ㈜D가 ㈜S개발로부터 배당을 받는 업무 이외의 다른 업무를 하지 않고 있다면 단지 세금을 줄이는 목적으로만 ㈜D가 활용되었다고 판단될 여지가 있다.

위의 사례에서 ㈜D라는 가족회사를 만든 것 자체가 조세법상 문제가 되는 것은 아니다. 문제의 핵심은 ㈜D의 설립목적이 세금을 줄이려는 데만 있느냐를 판단하는데 있다. 확실한 판단은 거래의 내용을 더욱 상세히 살펴보아야 하겠지만 만약 5명의 상속인이, 그들이 주주로 되어있는 ㈜D에 상속받은 지분을 양도하고 ㈜D가 단지 배당을 수령하여 그 장기미지급금을 상환하는 업무밖에 하지 않고 있다면 ㈜D의 설립목적이 세금을 줄이려는 데만 있다고 판단될 여지가 크다. 이를 바로 잡자는 조세법상의 규정이 단계거래에 대하여 실질과세원칙을 적용하자는 국세기본법 제14조 제3항인 것이다. 높은 소득세 부담을 피하려고 개인재산을 법인재산으로 편입시키기 위한 명목회사를 중간에 두는 것은 마치 높은 법인세율을 피하기 위해 조세피난처에 명목회사를 설립하는 것과 너무도 닮았다.

(2016.8.7. 국가미래연구원)

08 가계부채 문제, 데이터베이스(DB) 구축이 먼저다

2016년 3월 기준 가계부채가 1,224조 원을 기록하고 그 증가속도도 가파르다고 알려지고 있다. 가처분소득대비 가계부채의 규모가 2015년 1분기에 138%이던 것이 2015년 3분기에는 143%로 증가되고 제2금융권대출과 다중채무자의 숫자도 증가되어 가계부채의 총액뿐만 아니라 질적인 측면에서도 위험신호가 나타나고 있다.

정부는 2014년 2월 '경제혁신3개년계획'을 통하여 당시 134%이던 가처분소득 대비 가계부채의 규모를 3년 내 5% 줄이겠다고 했지만 상황이 쉽지 않게 보인다. 이러한 심각성 때문에 최근에는 가계부채가 시한폭탄이라는 말까지 나올 정도다.

하지만 정부는 가계부채의 70%를 소득 상위 20%의 고소득층이 부담하고 있고 주택담보대출 연체율이 1% 미만에서 움직이고 있으며 2006년부터 시행되어온 LTV(주택담보인정비율)과 DTI(총부채상환비율)의 적용, 최근 주택담보대출을 변동금리는 고정금리로 변경하고 일시상환을 원리금분할상환방식으로 바꾸는 등의 정책을 통하여 관리가능한 수준이라는 입장을 보이고 있다.

그렇다면 현재 우리가 안고 있는 가계부채의 문제점은 무엇인가?

첫째는 은행권과 제2금융권 가계부채 중 60%를 넘은 주택담보대출이 부동산 가격 폭락 시 담보가격 하락으로 인한 금융권의 부실을 가져올 가능성이 있다는 것이다.

둘째, 자영업자, 저소득자, 고령자의 대출과 관련한 위험성이다. 2014년 3월 말 기준 자영업자의 평균부채는 1.9억 원으로 전체가구 평균보다 2,800만 원 많으며, 가처분 소득대비 부채비율도 전체가구평균보다 30%나 높은 240%라고 한다. 그리고 저 소득자와 50세 이상의 고령자의 경우 경기가 호전되더라도 소득개선이 이루어지지 않는 계층이라는 공통적 문제점을 내포하고 있다.

셋째, 현재 한국은행의 기준금리는 1.25%이다. 사상 초유의 저금리라고 할 수 있다. 가계

부채의 증가는 역사상 경험해 보지 못한 초저금리에 힘입은 바 크다. 하지만 현재 상황에서 미국이 기준금리를 인상한다면 시기의 차이는 있을 수 있지만 우리의 금리도 인상되는 상황이 올 수 있다는 것은 당연히 예상할 수 있다. 금리가 인상되는 상황이 온다면 현재의 가계부채수준은 한국경제에 큰 위험요인으로 작용할 수밖에 없다.

그러나 이러한 문제점에도 불구하고 더욱 근본적인 문제점은 가계부채의 문제점을 파악하기 위한 데이터베이스(DB)구축이 아직까지 미흡하다고 하는 사실이다.

가계부채는 그 규모도 당연히 중요한 정보이지만 그 가계부채규모를 감당할 수 있는 소득과 자산에 대한 정보가 같이 주어졌을 때 그 문제점을 적나라하게 파악할 수 있다.

가계부채의 문제점을 정확히 파악하고 그 대책을 수립하기 위한 기초적인 데이터베이스가 아직 구축되지 않았다는 것이 위에서 지적한 몇 가지 문제점보다 더욱 근본적인 문제점이라고 할 수 있다.

(2016.8.19. 국가미래연구원)

09 　죄악세(Sin tax) 부과는 정당한가?

죄악세(罪惡稅)는 사회적으로 바람직하지 못한 대상에 대하여 규제하겠다는 목적으로 부과하는 조세를 일컫는 용어이다. 이러한 대상에는 담배, 술, 도박, 심지어는 청량음료까지 매우 다양하다. 죄악세를 직선적으로 정의하면 죄에는 벌이 따라야 하고 사회적으로 바람직하지 못한 행위를 하는 자는 죄를 지은 거고, 죄를 지은 자에게 벌을 주어야 하는데 이것이 세금이라는 것이다. 이렇게 단순하게 정의하고 나니, 죄악세란 용어가 더욱 어렵게 느껴진다. 담배를 피고, 술을 마시는 것이 죄라고? 그렇다면 애주가와 흡연자는 지금껏 숱한 죄를 지은 것이다. 이렇게 논리를 전개하다 보니 죄악세란 용어는 귀에 익숙해져 있기는 하지만 그 의미로 볼 때는 많이 과장되어 있다는 생각이 든다.

죄악세의 역사를 거슬러 올라가 보면 루터의 종교개혁의 단초를 제공한 16세기 로마교황청의 면죄부에서 시작하여, 제정러시아의 표트르대제(Peter the Great)는 턱수염을 기른 사람에게 세금을 부과하기도 했다. 초기의 죄악세로 분류되는 면죄부와 턱수염세는 결과적으로 증세의 목적 이외에 어떤 특별한 선의(善意)적 목적을 찾아보기 힘들다. 하지만 현대국가의 죄악세는 증세의 목적 이외에 국민의 건강증진 등, 사회적 비용의 분담이라는 목적을 추가로 가지고 있다고 보아야 한다.

2015년도 초에 이루어진 담배가격인상이 담배소비를 줄여서 국민의 건강증진이라는 목적을 달성했는지에 대하여는 상반되는 두 가지의 주장이 존재한다. 담배가격 인상 직후 뚜렷하게 감소한 담배반출량과 저소득층과 청소년층에서의 지속적인 담배소비량 감소현상은 긍정적인 효과가 있었다는 주장을 뒷받침하는 반면, 담배가격 인상 이후 일시 줄어들었던 담배반출량이 2016년에는 18.3% 증가함으로써 담배소비가 다시 살아나고 있어 담배가격인상이 담배소비를 줄인 효과는 실패했고 결국 정부가 세금만 많이 거두게 되었다는 것이 반대하는 측의 주장이다.

그렇다면 담배관련세금의 경우 세금을 올렸는데도 불구하고 담배소비가 줄어들지 않았다면 죄악세 부과는 부과의 목적을 달성하지 못한 것이므로 부과의 정당성이 훼손되는 것인가? 정부가 죄악세를 부과하는 이유는 무엇인지에 대하여 하나씩 나누어서 생각해 볼 필요가 있다.

첫째, 증세의 목적이다. 이 목적은 죄악세를 신설하는 순간 결과적으로 징수세액은 증가된다. 새로운 세목의 신설이나 세율의 인상은 정부가 증세목적 이외의 어떤 이유를 대더라도 증세의 목적은 부인할 수 없는 것이다. 면죄부는 교황 레오 10세(Pope Leo X)가 성베드로 성당의 재건축비용을 마련하기 위한 목적이 있었고, 박근혜 정부의 담배관련세금의 인상도 복지재원의 부족함을 형식적인 세율의 인상을 통하지 않는 "증세 없는 복지"의 큰 틀에서 이루려고 하는 목적이 있었던 것은 분명하다.

둘째, 국민의 건강을 증진하는 등 사회적 해악을 일으키는 악(惡)을 줄이겠다는 선의의 목적이다. 죄악세를 신설하는 정부가 가장 앞에 내세우는 목적이다. 담배, 술, 도박, 청량음료 등 국민의 육체적, 정신적 건강을 위협하는 요소에 대하여 세금을 부과함으로써 이러한 대상을 소비하는 소비자의 수요를 줄이겠다는 것이 죄악세의 도입목적이라는 것이다. 공급가격을 높이는 것은 일반적으로 수요를 감소시켜서 죄악세를 신설하는 목적이 달성될 수 있다. 하지만 위에 언급한 죄악세의 대상은 모두가 중독(中毒)이라는 문제를 수반하고 다닌다. 중독의 문제는 수요의 가격탄력성을 낮추는 요인이어서 가격을 인상하더라도 상대적으로 수요가 많이 줄지 않는 특성을 가지고 있다. 하지만 중독이라는 상황은 각 개인마다 다르다. 같은 소비자라도 중독이 된 자와 되지 않은 자는 그 대응상황이 다르기 때문에 이러한 현상에 대하여 일률적으로 예측하기는 쉽지 않다.

셋째, 죄악세의 도입목적 중 마지막은 사회적 비용의 분담문제이다. 담배를 예로 들면 흡연자가 비흡연자에 비하여 질병에 노출될 확률이 높고 이는 의료보험공단의 비용을 증대시키게 되므로 이에 대한 비용을 담배관련세금으로 부담하라는 논리이다. 사회적 비용을 원인제공자가 부담해야 한다는 것은 죄악세도입의 매우 강력한 논리로 작용한다.

첫 번째의 증세의 목적과 세 번째의 사회적 비용분담의 목적은 세수가 증대된다는 점에 착안한다는 공통점이 있지만 증세의 목적은 세금을 많이 징수한다는 측면에만 관심이 있고, 사회적비용의 분담문제는 많이 징수된 세금으로 실제적으로 흡연자의 흡연을 줄이기 위한 활동에 운선순위를 두고 지출을 해야 한다는 측면에서 차이점이 있다고 할 수 있다. 세 번째의 논리를 확장하다 보면 담배관련세금을 올려서 실제로 흡연율이 낮아지지 않았다고 해서 죄악세 도입의 논리적 정당성을 찾을 수 없는 것은 아니다.

위에서 제기한 죄악세 도입의 3가지 목적은 그 어느 하나도 중요하지 않은 것이 없어서 3가지 목적을 모두 달성하는 것이 가장 바람직하다. 하지만 현실적으로 납세자의 조세저항을 막기 위해서는 위의 3가지 목적 중 두 번째의 목적이 우선순위 측면에서 가장 앞으로 나와야 한다. 아이러니 한 것은 납세자를 설득하기 가장 좋은 두 번째의 목적이 현실적으로 가장 달성하기 어려워 결과적으로 비난의 여지가 많다는 것이다. 담배, 술과 관련된 세금을 올렸는데도 담배, 술의 소비가 줄지 않았을 경우 죄악세는 그 목적을 달성하지 못하고 있다는 비난 말이다.

죄악세 부과의 주된 목적은 사회적비용을 분담하는데 두어야 한다. 비용을 분담하는 과정에서 선의의 목적이 달성되기를 바라는 것이다. 그러므로 선의의 목적이 달성되지 못했다고 하여 죄악세의 부과 그 자체가 정당화되지 않는 것은 아니다.

헌법재판소의 탄핵결정이 어떻게 나든 간에 올해는 대선이 있을 예정이다. 대선공약에서 국민의 복지지출 증대에 따른 세수의 확보방법은 각 후보들의 공통적인 관심사이다. 죄악세의 소득역진적인 성격은 해당 세목의 도입, 또는 인상의 결정에 원초적인 걸림돌이 된다. 하지만, 죄악세의 도입이 증세의 목적 이외에 추가적인 선의의 목적이 있는 한 선의의 목적이 예상대로 이루어지지 않았다고 해서 부과의 정당성을 절대적으로 훼손하는 것은 아니다. 죄악세의 도입은 징수된 세금이 사회적 비용을 분담하는 과정에서 바람직하지 못한 행위의 확산방지와 소득불평등 완화에 기여한다면 부과의 정당성 측면에서 사회구성원의 충분한 지지를 이끌어 낼 수 있다고 본다.

(2017.3.15. 국가미래연구원)

21일 오전 10시 서울 여의도 국회의원 회관 2세미나실에서 "새정부의 공약실천을 위한 적정 조세부담률과 조세행정의 투명화"라는 주제로 정책토론회가 열렸다.

이번 정책토론회는 더불어민주당 국회의원 오제세·김두관 의원과 한국조세재정연구원의 주최로 개최됐다.

이날 발제자로 나선 오문성 한양여자대학교 세무회계과 교수는 "새정부의 조세정의 실현을 위한 국세행정 개혁방안"이라는 주제로 발제를 했다.

오 교수는 현재 국세청에서는 종합소득세, 사업장현황신고, 원천징수(연말정산)안내, 부가가치세, 법인세, 상속세, 증여세, 종합부동산세, 월별세무일정 등 18가지에 대한 성실신고 지원을 위한 서비스를 제공하고 있다고 말문을 열었다.

또한 국세청 보유자료, 외부기관 수집자료 등을 활용해 납세자의 성실신고에 도움이 되는 통합분석 정보를 제공하고 있으며, 부가가치세의 경우 78종 72만 사업자, 소득세 61종 60만명, 법인세 25종 15만 법인에 대한 분석정보를 제공하고 있다고 밝혔다.

오 교수는 성실신고를 독려할 수 있는 정보수집채널 및 통합분석에 대한 확대가 필요하고, 납세자 유형(대·중·소기업, 소득유형별, 영세·중소납세자 등)별로 차별화된 자료를 제공해 사전안내의 실효성이 제고되어야 한다고 주장했다.

오 교수는 2017년 2월 한국조세재정연구원이 발행한 '소득세 택스 갭(Tax Gap) 및 지하경제 규모추정' 보고서에 따르면 2015년 기준 한국의 지하경제 규모는 124조 7,000억 원으로, 2015년 GDP(1,558조 6,000억 원)의 8%에 달하는 것으로 조사된다고 말했다.

또한 지하경제는 마약, 도박과 같은 불법적 행위와 탈세, 조세회피와 같은 활동이 모두 포함되며, 직접세가 간접세보다 증가하면 지하경제규모가 증가하고, 전자결제제도의 확대는 지하경제 규모를 증가시키고, 특정계층이나 집단에 높은 세율을 적용하게 되면 지하경제규모가 증가되며, 금융실명제·현금영수증 의무발급 확대 등은 지하경제 감소에 기여한다고 밝혔다.

오 교수는 이에 대한 지하경제 양성화 대책으로 성실납세에 대한 의식고취, 도박·마약 등과 같은 불법행위에 대한 강력한 대응, FIU 금융정보 접근 강화, 부가가치세 간이과세제

도 폐지, 금융소득 과세체계 정비와 강화, 납세자가 신뢰할 수 있는 조세행정의 구현이 실시되고 있다고 언급했다.

오 교수는 모든 해외금융계좌에 대한 신고제도 도입과 빅데이터 분석, 인공지공, 디지털 포렌식 기법활용 등 최신의 데이터 분석 방법을 활용한 대응이 필요하고, 비과세·감면을 정비하고, 부가가치세 간이과세제도와 같은 약식 세무신고에 대한 재검토를 통해 지하경제를 양성화 할 수 있는 방안이 마련돼야 한다고 주장했다.

또한 국세행정에 대한 신뢰도 제고를 위해서는 정치적 중립, 과세공정성, 청렴의무의 이행, 전문성의 요소가 중요하고 이를 뒷받침 하려면 국세청법, 국세청장 임기보장, 국세청의 행정을 감독할 수 있는 위원회 설치가 필수라고 언급했다.

오 교수는 미국의 경우 별도의 국세청법이 없고, 세법에 규정돼 있다며 우리나라는 국세청의 정치적 독립성을 보장하기 위한 별도의 법이 필요하다고 말했다.

오 교수는 세무조사가 정치적으로 이용되지 않아야 하고, 일반적 공정성을 유지해야 하는 것이 국세청의 신뢰도 제고에 가장 중요한 요소라고 생각하지만, 역사적으로 국세청은 업무의 성격상 이 부분에 많은 의심을 받아왔고, 실제로 문제점을 노출한 적도 많이 있었다고 밝혔다.

이에 대한 신뢰도 회복을 위해 세무조사 대상기업 선정의 객관성 확보, 세무조사 담당 공무원의 불법행위 금지, 세무조사 기간 단축, 대상 축소 및 효율화 촉구, 영세 중소 납세자에 대한 비정기 세무조사의 축소 및 간편조사 업종 확대가 필요하다고 말했다.

오 교수는 과세정보 공개가 무엇보다도 중요하며, 현재 국세청은 개인식별이 가능한 개별과세정보를 제외하고 모든 자료를 공개하는 것을 원칙으로 하고 있으나, 사생활 침해 등의 문제가 발생할 수 있다고 밝혔다.

오 교수는 이에 대한 방안으로 개인정보가 식별되지 않는 범위 내에서 최대한 공개하는 것을 원칙으로 하되, 세원의 투명성, 국세행정의 신뢰증진 등 국세행정의 선진화에 기여할 수 있는 다양한 의견과 연구가 진행될 수 있도록 해야 한다고 밝혔다.

또한 과세정보의 경우 세법개정의 효과와 이에 대한 개선방안 등을 도출하는데 사용될 수 있으므로, 과세 후 통계정보 산출에 소요되는 시간을 단축할 수 있도록 과세정보 공개에 관련된 인원과 시스템의 확충이 필요하다고 주장했다.

(2017.6.21. 세정일보/토론회 기사)

11 경유세 인상하려면 객관적 분석이 우선

최근 경유세의 인상 움직임은 경유세를 인상함으로써 경유 소비를 줄이겠다는 취지에서 시작된 것이다. 경유 소비를 줄이겠다는 것은 경유가 미세먼지의 주범이라는 가정에서 시작한다. 미세먼지는 그 원인이 어디에 있는지 모르는 데서 불안함이 증폭되고 있다.

최근 정부의 경유세 인상과 관련된 움직임은 납세자와 업계를 혼란스럽게 하고 있다. 2017년 6월 26일 기획재정부는 경유세 인상 계획이 없다고 했고, 6월 29일 국정기획자문위원회는 국민적 합의를 통하여 경유세 인상을 추진한다고 하였고, 7월 6일 국정기획자문위원회는 경유 전체의 소비를 줄이기 위하여 경유의 가격을 휘발유와 같거나 높은 수준으로 단계적으로 인상한다고 하였으며, 7월 11일 기획재정부는 "현단계에서 인상계획은 없으나 그렇다고 완전히 확정된 것이라고 볼 수도 없다"는 등의 애매모호한 발언이 이어졌다.

경유세를 인상할 것인지 말 것인지의 문제에 대해 사전에 검토할 몇 가지 사안이 있다.

첫째, 경유 소비를 줄이려는 취지가 미세먼지 감축에서 출발한 환경적인 문제이기 때문에 경유가 미세먼지에 얼마나 영향을 미치는 지에 대한 객관적 분석이 선행되어야 한다.

우리나라 미세먼지의 구성이 중국에서 오는 황사, 우리나라 자동차의 배출가스 등 여러 부분으로 구성되어 있을진대, 미세먼지를 유발하는 원인의 종류와 그 비중도 모르거니와 어느 수치만큼 줄이면 사람의 인체에 어느 정도 영향을 미치는 건지에 대해 필자는 알 수가 없다. 경유가 미세먼지에 미치는 효과를 정확히 밝히는 것이 경유세 인상의 첫 단추이며, 이러한 효과는 미세먼지를 유발시키는 인자가 무엇이며 각 인자의 비중은 어느 정도 되는가에 대한 분석이 선행되어야 한다.

조세재정연구원이 7월 4일 경유세 인상 관련 공청회를 통하여 밝힌 연구결과는 현재 (2015년 평균 1510.4원) 휘발유 가격의 85% 수준인 경유의 가격을 휘발유 수준으로 올리더라도 미세먼지 감축률은 0.6%에 불과하고, 휘발유가격의 120% 수준인 1812.5원으로 인상해도 미세먼지 감축률은 1.3% 밖에 되지 않는다고 하였다.

이러한 결과를 통하여 기획재정부는 경유세를 인상하더라도 미세먼지 감소의 실효성이 떨어져 경유세 인상의 필요성에 대한 명분이 약함을 주장하고 있다.

둘째, 이러한 객관적 분석을 통하여 경유가 미세먼지에 미치는 영향이 미약하다면 미세먼지를 줄이겠다는 이유로 경유세를 인상하는 명분은 약해진다.

미세먼지에 미치는 영향이 미약한 경우임에도 경유세 인상을 추진한다면 경유세 인상의 목적은 증세의 목적이 주된 목적이 된다. 이 경우에는 경유세 인상의 주된 목적이 세수확보를 위한 것임을 솔직히 밝히고 경유세뿐만이 아니라 에너지와 관련한 세금을 같이 올릴 수도 있을 것이다.

셋째, 경유가 미세먼지에 미치는 영향이 중요하여 경유세 인상을 통하여 경유소비를 줄여야 한다는 정책방향이 정해진다면 그 다음으로 고려할 요인이 있다.

그것은 기존 경유 가격이 휘발유 가격보다 저렴하기 때문에 경유 차량을 구입한 납세자들이다. 이 그룹은 경유를 사용하는 신차의 가격이 고가임에도 불구하고 경유차를 구입하였다. 경유차를 구입하여 사업을 영위하는 영세사업자도 상황은 마찬가지다. 경유를 사용하는 차량은 휘발유를 사용하는 차량에 비하여 동일한 조건에서 차량가격이 고가이지만 유지비가 싸다는 점에서 구입하였을 것이고 영세사업자의 소형트럭은 경유차량이 대부분이라는 점도 국민의 신뢰를 배신한다는 것과 서민증세라는 비난을 면하기 힘든 점이다.

정책의 신뢰성은 국민들이 정부에 대하여 가지는 신뢰의 첫걸음이다. 국정기획자문위원회에서 서민들의 생계수단으로 사용되는 경유가격 인상에 대하여 보완대책을 강구하겠다고 말하고 있는 것도 이러한 점을 고려한 것이다.

그러므로 경유세 인상은 경유가 미세먼지에 미치는 영향이 있다고 하여 경유세를 올리는 것으로 간단히 끝날 문제가 아니다. 한때는 경유차 사용을 적극 장려하는 사회적 분위기가 있어서 경유차 구입이 증가되었던 시기가 있었다. 경유가 미세먼지에 악영향을 준다는 사실도 모르고 있었던 국민도 많았다.

세금 문제는 아무 이유도 없이 세금을 더 거두겠다고 하면 단순히 증세의 문제이며 이는 솔직하게 증세를 해야 할 이유를 설명하면 된다. 하지만 환경이나 건강 등 명분을 가지고 올리는 세금의 문제는 그 명분이 확실하지 않으면 국민들은 단순히 증세를 위한 꼼수라고 생각한다.

명분에서 시작된 세금인상은 명분이 없으면 올릴 수 없다. 경유세 인상의 명분은 미세먼지를 감축하여 국민건강을 보호하자는 것이었다.

하지만 최근 조세재정연구원의 용역결과에 의하면 그 명분이 미약하다. 그리고 전문가들 중 일부는 그러한 연구결과의 신뢰도에 의문을 제기하기도 한다. 국민들이 신뢰할 수 있는 더욱 객관적인 연구결과가 필요한 이유다.

(2017.7.17. 조세일보/오문성의 Tax Issue)

12 납세자의 완벽한 성실성을 기대하기 힘든 이유는?

세무조사와 관련하여 납세자와 과세관청의 바람직한 관계는 무엇일까? 납세자가 세금을 완벽히(?) 성실하게 납부하면 세무조사를 하더라도 추징세액이 나오지 않을 것이다. 이러한 상황이 세무조사를 하는 과세관청의 입장에서 가장 바람직하다고 생각하는 상황일까? 비현실적인 가정이기는 하지만 모든 납세자가 완벽한 성실성을 가지고 세금을 납부하게 되면 세무조사는 이 세상에서 없어질지도 모른다. 하지만 이러한 상황설정은 현실에서는 찾아 볼 수 없다. 왜냐하면 납세자에게 완벽한 성실성을 기대하기 힘들기 때문이다.

그렇다면 납세자에게 완벽한 성실성을 기대하기 힘든 이유는 무엇일까?

첫째 이유는 사회심리학의 인지부조화 이론으로 설명될 수 있다. 사회심리학에서 인지부조화이론(Theory of Cognitive Dissonance)의 공헌은 태도가 행동을 바꾼다는 일반적 논리에 맞서 행동이 태도를 변화시킨다는 점을 발견하였다는 데에 있다. 사람들은 행동과 태도에 대한 일관성을 유지하려는 동기가 있어서 만약 행동과 태도가 조화가 되지 않으면 조화로운 방향으로 그 태도를 변화시킨다. 인지부조화이론은 패스팅거(Festinger, 1957)에 의하여 주장된 이론으로서 사람들이 자신의 태도와 반대되는 행동을 할 때 예를 들면, 건강을 무엇보다 중요하게 생각하는 사람이 음주를 즐기고, 준법정신이 투철한 사람이 교통법규를 위반하는 경우 그 사람들은 부조화를 느끼지만 항상 행동에 맞추어 대상에 대한 태도를 변경하려고 하지는 않는다.

하지만 그러한 행동이 자기가 원해서 한 행동(행동에 대한 대가가 불충분한 경우)이고, 그 행동이 취소 불가능한 경우에는 사람들은 이미 저질러진 행동에 맞추어 태도를 변화시키려고 한다. 앞의 예에서 건강을 무엇보다 중요하게 생각하는 것(태도)에 맞는 행동은 건강에 나쁜 술을 먹지 않는 것이다. 그러므로 술을 먹는 것(행동)은 건강을 중요하게 생각하는 태도와 부조화관계에 있다. 조화롭지 못한 행동을 한 애주가는 이러한 행동에 맞추어서 그 태도를 변화시킨다. 즉, 음주는 스트레스를 줄일 수 있어 술이 건강에 긍정적인 효과를 미

친다고 생각하는 것이다. 이렇게 태도를 변경함으로써 부조화를 줄인다. 준법정신이 투철한 사람이 교통법규를 위반하는 경우도 마찬가지다. 이 경우의 예는 새벽시간 건널목에 보행자가 없어서 적신호를 무시하고 건널목을 통과하는 경우이다. 이 경우 신호를 지키지 않은 행동에 대하여 보행자가 없는 새벽시간 대에도 적색등을 일정시간 켜두어 교통의 흐름을 방해하는 법규의 비합리성을 문제 삼는 태도로 변경함으로써 부조화 상황을 줄이려는 경향이 있다.

그렇다면 납세자의 경우 어떠한 인지부조화의 사례를 찾아볼 수 있을까? 일반적인 납세자의 경우 성실하게 납세의무를 이행해야 한다는 태도를 가지고 있다. 하지만 실제행동을 함에 있어서 세금을 탈루하는 행동을 종종하기도 한다. 이러한 행동은 세금을 성실하게 내려고 하는 태도와 부조화관계에 서게 된다. 그렇다면 이러한 태도 하에서 이루어진 행동은 어떤 논리로 합리화 하여 조화를 이루려고 할까? "아무리 성실한 납세를 하더라도 세무조사단계에서 털어서 먼지 안나오는 경우가 있을까?"라고 생각하는 납세자가 있다면 완벽한 성실(?)보다는 세무조사했을 때 탈루세액이 조금 나와서 빈틈이 있는 것이 더 자연스럽다라는 태도를 가질 수 있다. 이러한 태도는 세금을 탈루하는 행동으로 나타나며 납세자에 있어서 행동이 태도를 변화시키는 인지부조화의 사례로 생각된다.

둘째는 세금의 납부와 징수는 전문적인 세법의 영역에 대한 판단과 해석에 의하기 때문에 납세자의 판단과 과세관청의 판단이 다를 수 있다. 조세불복사건 중 일부는 법문의 일반적인 해석기준에 따라 쉽게 어느 쪽의 손을 들어줄 수 있는 경우도 있지만 어떤 경우는 세법에 정통한 전문가들도 그 의견을 달리하는 경우가 있기 때문에 이 경우는 납세자의 불성실만을 탓할 수는 없다.

이처럼 성실하게 납세하려는 태도를 가진 납세자의 경우에도 결과적으로 완벽한 성실성은 기대하기는 힘들다. 앞에서 설명한 납세자의 인지부조화, 그리고 전문적인 판단의 영역에서 그 해석의 차이로 인한 세액의 차이, 단순한 실수로 인한 것 등이 결과적으로 불성실한 납세자의 모습을 만들어 낼 수 있다. 보기 드물겠지만 과세관청의 세무조사가 종료되고 나서도 성실한 납세자의 경우 추징세액이 없는 경우를 종종 볼 수 있고 이러한 경우에도 세무조사요원의 전문성과 성실성이 의심되지 않는다면, 납세자가 세금을 성실하게 납부하려는 태도는 지금보다 더욱 고양되지 않을까하는 생각을 해본다.

(2018.7.10. 국가미래연구원)

13 자격증 빌려 사업, 세금은 누가 내나?

어떤 특수한 업부는 반드시 법에서 정한 자격을 보유하고 있는 자만이 수행할 수 있다. 변호사, 공인회계사, 세무사, 의사 등이 그렇다. 이러한 전문자격은 특정업무수행에 그 자격 보유자체가 필수요소이기 때문에 자격이 없는 사람이 이러한 업무를 사실상 수행히려는 경우 불법이지만 자격증을 빌려 사업을 할 수밖에 없다.

자격증을 빌려 사업을 하는 경우 일단은 자격대여를 금지하는 법 규정에 저촉된다. 예를 들면 사무장이 변호사의 이름을 빌려 변호사업무를 수행하는 경우 일단은 변호사법 제34조 제3항에 위배되어 동법 제109조 제1호, 제111조 또는 제112조 제1호의 벌칙규정의 적용을 받게 된다. 변호사법 제34조(변호사가 아닌 자와의 동업 금지 등) 제3항은 변호사나 그 사무직원의 경우 제109조 제1호, 제111조 또는 제112조 제1호에 규정된 자로부터 법률사건이나 법률사무의 수임을 알선 받거나 이러한 자에게 자기의 명의를 이용하는 것을 금지하고 있기 때문이다. 전문자격사의 명의대여금지는 변호사의 경우만이 아니다. 공인회계사의 경우 공인회계사법 제22조(명의대여 등 금지) 제1항, 세무사의 경우 세무사법 제12조의 3(명의대여 등의 금지)에 의하여 금지되어 있고 이를 위반하는 경우 적용할 벌칙규정도 있다.

자격증을 빌려준 자(이후 A라고 함)와 빌려서 사업을 하는 자(이후 K라고 함)가 있는 경우 명의대여금지와 그 벌칙은 각각의 전문자격사법에서 규정된 대로 적용하면 된다. 그렇다면 명의대여사건과 관련한 제반 세금(소득세, 부가가치세 등)은 A와 K 중 누가 납부하여야 할까?

실제 사례를 보면 K사무장은 A변호사의 명의를 빌려 법률사무소를 운영하여 A변호사에게 명의대여에 대한 대가를 지불한 사건이다. 서울행정법원은 2018년 11월 30일 2018년 구합74303 부가가치세처분취소소송에서 명의대여자인 A변호사의 이름을 빌려 법무용역을 공급한 K사무직원의 수임료 631,000,000원이 법률사무소의 매출액에서 누락된 사실을 확인한 과세관청이 명의대여자인 변호사 A에게 부가가치세를 과세한 사건에서 행정법원은 원고인 A변호사가 K사무직원의 법무용역 공급과정에 전혀 관여하지 않았고, K사무직원으로부터 변호사 명의를 대여하는 대가로 명의대여료만 지급받았기 때문에 법무용역의 공급은 실질적으로 K가 한 것으로 소득의 실질귀속자 역시 K로 보아야 마땅하다는 판단을 하였다. 그러므로 부가가치세 납세의무자가 원고인 A를 전제로 하는 이 사건 처분은 실질과세원칙에 위배되어 부가가치세 처분을 취소해 달라는 원고 A의 청구를 받아들였다.

2018년구합74303 판례는 국세기본법 제14조 실질과세원칙의 측면에서 보면 너무나도 당연한 판례라는 생각이 들 것이다. 하지만 이에 대한 구체적인 사항을 검토해 보면 이문제가 그렇게 간단한 문제가 아니다. 왜냐하면 변호사A와 사무직원K의 업무형태에 따라 K가 명의를 빌려서 업무를 수행하는 자로 볼 수도 있고, A의 지휘·감독을 받는 이행보조자로 볼 수도 있기 때문이다.

대부분의 명의대여와 관련된 사건에서 형사재판에서는 변호사 A가 사무직원K를 지휘·감독하였기 때문에 A가 명의대여한 것이 아니고 K가 A의 이행보조자에 불과하다는 주장을 하다가 형사재판에서 명의대여로 판결이 나면 이와 관련된 조세소송(행정소송)에서는 형사재판의 판결을 근거로 A는 K의 법무용역공급과정에 전혀 관여한 적이 없다고 주장을 변경하여 실질과세원칙에 따라 K에게 부가가치세와 종합소득세를 과세해야 한다는 상반된 주장을 하기 시작한다. 이 경우 법원이 실질과세원칙을 원용하면 K에게 관련 세금을 부과하게 되는데 이 판결이 2018구합74303 판결인 것이다.

하지만 유사판결들을 검토해 보면 또 한 가지 고려하는 사항이 있다. 그것은 형사재판에서 확정된 추징금 납부 여부이다. 만약 추징금을 납부하여 위법소득에 내재되어 있는 경제적 이익의 상실가능성이 현실화 된 경우에는 국세기본법 제45조의 2 제2항 등이 규정한 후발적 경정청구를 통하여 납세의무에서 벗어날 수 있다. 하지만 추징금이 확정되었다고 하더라도 추징금을 납부하지 않은 경우는 위법소득의 상실가능성이 현실화되어 소득이 실현되지 아니하는 것으로 확정되었다고 보기 어렵다고 보고 A에게 부가가치세나 종합소득세를 과세하였다.

결론적으로 자격증을 빌려주고 빌린 정황이 확정된다면 일차적으로는 명의대여에 대한 형사법적인 책임을 묻고 이차적으로는 명의대여로 인한 소득세나 부가가치세를 실질과세원칙에 의하여 과세하기 때문에 만약 A가 K의 업무에 전혀 관여하지 않았다면 이름을 빌려준 대가로 받은 금원에 대하여는 과세되지만, 그 이외에 K의 소득에 대하여는 A에게 과세할 수는 없다는 것이 법원의 판단이다.

이러한 법원의 판단이 최종심은 아니지만 자격증대여에 대한 형사법적 처벌과 그로 인한 조세법에서의 판단은 별개라는 점에서 합리적이라는 생각이 든다. 하지만 이러한 판단 때문에 자격증을 대여한 A는 자격대여에 관한 형사재판에서는 자격증대여가 아니라는 주장을 하다가 조세소송에서는 자격증대여라는 주장을 부각시키는 모순된 행위를 함으로써 과세관청이나 세법을 입안하는 측에서는 "자격증대여를 하는 경우 자격증의 사회적 신뢰를 고려하여 실질과세원칙의 예외를 인정해야 한다"는 주장이 설득력을 얻을 수도 있겠다라는 생각이 머리를 스친다.

(2019.1.22. 국가미래연구원)

14 증권거래세 폐지와 주식양도소득세 확대가 쉽지 않은 이유

증권거래세는 주권 또는 지분의 양도에 대하여 과세하는 세목이다. 증권거래세법 제6조에서 규정하는 몇 가지 경우를 제외하고는 주권 등의 양도자는 증권거래세의 납세의무자가 된다. 현재 우리나라의 증권거래세율은 0.5%인데 증권시장에서 거래되는 주권에 한정하여 종목별로 동법 시행령 제5조에 의하여 낮추거나 영(零)으로 할 수 있는 탄력세율로 운용하고 있다. 그러므로 유가증권시장에서 양도되면 0.3%(농어촌특별세 0.15% 포함), 코스닥시장·코넥스시장·금융투자협회를 통하여 양도되는 경우는 0.3%, 앞의 경우에 포함되지 않는 비상장 주식의 경우는 0.5%의 세율이 적용된다.

현재 시점에서 거론되고 있는 증권거래세법 개정 논의는 증권시장활성화와 주식 등의 양도소득세 과세범위를 넓히자는 정책방향과 맞물려있다. 작년 주식시장의 침체는 증권거래세를 인하하거나 폐지하자는 주장이 설득력을 얻었고 "소득있는 곳에 과세있다"는 과세의 일반원칙하에서 주식 등의 양도로 인한 양도차익에 대하여 그 과세범위를 넓히고 있는 정부정책의 방향은 양도차손이 발생해도 과세되는 증권거래세율의 인하 또는 폐지와 같이 추진하는 것이 조세저항을 줄일 수 있다는 측면에서 합리적이다.

조세부과에서 소득이 발생한 곳에 과세한다는 것은 너무나도 당연한 철칙(鐵則)이다. 그럼에도 불구하고 주식 등의 양도에 대하여는 개인 투자자의 경우 그 과세를 극도로 자제해온 것은 이유가 있다.

첫 번째 이유는 자본시장의 도입 초기에 자본시장 육성이라는 명분이었다. 주식시장에서 벌어들인 양도차익에 대하여 과세하게 되면 과세하지 않는 것에 비하여 상대적으로 주식인구가 줄어들어 주식수요가 감소하면 주가에 부정적일 것이라는 생각이 겉으로 표방한 이유였다.

하지만 이 이유 이외에도 숨어있는 두 번째 이유는 양도차익에 대하여 과세하게 되면 양

도차손의 경우도 어떤 방법으로든 과세소득의 감소요인으로 반영해 주어야 하는데 반영된 후의 결과가 세수에 어느 정도의 영향을 줄 것인가가 예측하기 힘든 측면이 있기 때문이다. 엄밀히 얘기하면 양도차익에 대하여 과세한다면 양도차손도 과세소득에서 무기한 차감해 주는 것이 옳다. 주식시장은 기본적으로 제로섬(zero sum)게임이 이루어지는 곳이 아니다. 대부분의 시장참여자들이 손실을 볼 수도 있다. 이런 시장에서 차익에 대하여 과세하고 차손에 대하여 소득에서 무기한 차감해준다는 논리를 견지하면 세수손실을 감수해야 하는 경우가 생길 수 있는데 이러한 논리는 모든 주식투자자로 하여금 양도차익에 대하여 양도소득세를 과세한다는 것이 어려울 수밖에 없다. 하지만 세법은 놀부계산법 이어서 세무상 이익에 대하여는 모두 과세하려고 하지만 세무상 결손에 대하여는 제한적으로 반영해 주려고 한다. 이러한 행태는 주식거래에서도 유사하게 적용될 것이므로 양도차익에 대하여는 과세하고 양도차손에 대하여는 제한적으로 과세소득에서 차감할 것이라서 별문제가 없다고 생각할지 모르지만 사업으로 인한 결손금보다 주식거래의 양도차손으로 인한 결손금이 더 빈번하다고 생각되면 입법자가 선뜻 주식의 양도차익에 대한 과세를 추진하기가 힘들다고 생각했을 것이다.

세 번째로 양도소득세의 과세대상을 넓히는 시기를 잘못 선택하거나 너무 급격하게 추진하는 경우 이에 대한 부작용은 세수측면에서도 긍정적이지 못하고 시장에 충격만 줄 수 있다는 위험성을 내포하고 있다. 우리보다 먼저 주식의 양도소득에 대한 과세범위를 넓히려고 시도한 일본과 대만의 사례는 우리에게 좋은 정책적 시사점을 안겨준다. 일본의 경우 증권거래세와 양도소득세의 적절한 세목교환을 통하여 성공한 사례로 보고 있다. 일본은 1953년 주식의 양도소득세를 폐지하고 증권거래세를 도입하였으나 1989년 증권거래세율을 0.55%에서 0.3%로 낮추고 주식에 대한 양도소득세를 재도입하여 이후 10년간 증권거래세율을 0.3%, 0.21%, 0.1%로 점진적으로 낮추고 1999년 폐지함으로써 양도소득세를 같이 운용한 기간에 자본시장에 대한 충격측면에서 연착륙하였다는 평가를 받고 있다. 하지만 대만의 경우는 달랐다. 1988년 활황인 주식시장의 분위기에 편승하여 1999년부터 기존에 유지하고 있던 증권거래세에 추가하여 최대 50%의 양도소득세의 부과를 결정하게 된다. 이러한 결정은 대만 주식시장의 충격으로 이어져 이를 만회하기 위하여 1990년 양도소득세를 폐지하고 증권거래세를 0.6%로 인상하였다. 이후 대만은 2013년 양도소득세 법안을 다시 통과시키고 2018년까지 시행을 유예했지만 개인투자자의 반발로 결국 시행하지 못하고 2017년부터 시장상황의 호전을 위하여 증권거래세만 0.3%에서 0.15%로 인하함으로써 세수측면에서도 긍정적인 효과를 보지 못하였다.

증권거래세의 인하 또는 폐지는 자본시장의 활력을 도와주는 반면 세수의 감소가 이루어지고 양도소득세의 범위확대는 자본시장에 충격을 줄 수 있는 측면이 있고 세수의 측면에서는 증권거래세에 비하여 상대적으로 추계오류가 클 가능성이 있다.

최근 증권거래세의 인하 또는 폐지에 가장 소극적인 자세를 보여왔던 기획재정부는 증권거래세로 인한 확실한 세수의 감소에 양도소득세의 과세범위 확대로 인한 변동성이 큰 세수증가부분에 대하여 신중함을 보이고 있는 것이고 증권거래세 확대가 궁극적으로 자본시장에 미칠 영향측면에서 그 시기와 확대의 폭에 대하여 고민하고 있다고 보아야 한다.

증가되는 복지의무지출에 대응한 세원의 확보를 위하여 '낮은 세율 넓은 세원'이라는 측면에서 주식의 양도소득세의 범위를 확대하는 방향성에 대하여 비판하는 합리적인 이유를 찾기는 힘들다. 확대되는 양도소득세에 대응하여 증권거래세의 축소를 논의하는 방향성에 대하여도 양도소득세의 과세범위를 확대하는 상황에서 비판하기 힘들며, 아울러 이것 이외에도 증권거래세의 축소가 자본시장활성화와 타 국가들의 추세와 맞물려 그 추진동력에 힘이 더 실릴 수밖에 없다. 하지만 앞서 일본과 대만의 사례에서 본 것처럼 효율적인 조세정책의 구사는 우리가 바라는 시장상황측면에서 신중하게 이루어져야 한다. 우리가 바라는 시장상황은 납세자들이 수긍할 수 있는 조세공평이라는 절대적인 지향점 이외에도 자본시장의 충격최소화, 더 나아가 안정적인 세수확보로 이어져야 하기 때문이다.

필자가 생각건대 증권거래세의 축소와 양도소득세의 과세대상범위를 넓히는 문제는 신중하게 이루어져야 한다. 시장에 대한 충격을 최소화하는 것이 매우 중요한 문제이다. 제일 먼저 고려해야 할 것은 증권거래세의 점진적 인하 또는 폐지이다. 증권거래세의 축소는 침체된 시장분위기에 긍정적으로 작용할 것으로 생각된다. 다음으로 양도소득세의 과세대상을 넓히는 문제를 고려해야 한다. 두 번째 논의에서 언급이 되었지만 제로섬게임이 이루어지지 않는 주식시장의 특성상 양도차익과 양도차손에 대한 세무상 공평한 처리는 결국 세수손실로 이어질 가능성이 높아서 납세자의 조세저항을 일으키지 않으면서 적정한 양도소득세 과세체계를 디자인하는 것이 쉽지 않을 것이기 때문이다.

증권거래세의 폐지와 양도소득세의 확대는 시장에 미치는 영향이 상반되며, 확실한 세수감소로 이어지는 증권거래세의 인하 또는 폐지가 불확실한 세수증가와 관련된 양도소득세의 확대와 맞물려 있다는 것이 조세정책 입안자의 고민이라고 할 수 있다.

(2019.2.26. 국가미래연구원)

15 주세(酒稅)개편의 딜레마

정부가 주세개편을 시도하고 있다. 그 발단은 수입맥주의 시장점유율 확대로 국산맥주가 맥을 못 추고 있기 때문이다.

맥주를 좋아하는 애주가들은 국산맥주가 수입맥주에 비하여 가격과 품질을 함께 고려하는 소위 가성비(價性比)측면에서 경쟁력이 떨어진다고 생각한다. 이러한 이유로 수입맥주의 시장점유율이 2012년에 4%였던 것이 작년에 20%로 급성장하였다.

한국조세재정연구원은 이번 달 초에 주세개편에 관한 정부의 용역결과를 발표하면서 세 가지 방안을 내놓았다.

첫 번째 방안은 맥주만 종량세로 전환하고, 나머지 주종(酒種)은 연차별 일정을 세워서 중기적으로 전 주종을 종량세 체계로 개편하는 것이고 두 번째 방안은 맥주와 더불어 탁주(막걸리)도 종량세로 전환하는 것이다. 세 번째 방안은 전 주종을 종량세로 전환하되, 맥주와 탁주 외의 주종은 일정기간 시행시기를 유예하는 것이다.

우리나라 주세의 과세표준은 지난 50여 년간 주정(酒精)을 제외하고 종가세(從價稅) 체계를 유지해 왔다. 하지만 이번 주세개편은 술의 양이나 도수(度數)에 비례하는 종량세(從量稅)체계로의 개정내용을 담고 있다.

술에 부과하는 세금은 죄악세(罪惡稅)의 성격을 띠고 있다. 그러므로 술의 양이나 도수를 고려하여 과세하는 종량세가 술이 사회에 미치는 부정적인 영향에 비례하고 사회적 비용의 적정부담이라는 생각 때문에 종량세의 과세체계가 합리적인 것으로 알려져 있다.

주세개편방향은 이러한 점을 고려하였다고 할 수 있다.

하지만 세부적인 내용을 담고 있는 3가지 안을 보면서 주세개편에 대한 몇 가지 생각을 해본다.

첫째는 주세개편의 발단이 수입맥주에서 시작했다는 것이다. 주세의 과세표준은 주세법 제21조 제2항에 의하여 국산맥주의 경우 출고하는 때의 가격, 수입맥주의 경우는 수입신고를 하는 때의 가격이 된다.

국산맥주의 출고하는 때의 가격(A)은 생산 비용에 판매관리비와 적정 이윤을 포함한 반면, 수입맥주의 수입신고를 하는 때의 가격(B)은 수입신고가(輸入申告價)에 관세를 포함한 가격이므로 일반적으로 B가 A보다 낮다.

현재의 종가세 체계에서는 가격에 대하여 과세하는 구조이므로 낮은 수입맥주의 가격은 높은 국산맥주의 가격에 비하여 주세부담측면에서 유리하게 되고 이는 국산맥주의 시장경쟁력을 저하시킬 수 있다.

이점은 조세재정연구원이 제시한 3가지 안 모두 종량세시행의 우선대상으로 맥주를 거론하였고 주세개편의 배경으로 수입맥주의 시장 점유율을 들고 있는 것을 보면 알 수 있다. 하지만 이러한 종량세로의 주세법 개정이 수입맥주의 시장점유율에 어느 정도의 부정적인 영향을 미칠지는 미지수이다. 왜냐하면 수입맥주에 대한 소비자의 선호는 가격뿐만 아니라 그 품질에서도 영향을 받기 때문이다.

둘째, 종가세에서 종량세로의 개편은 근본적으로 고도수, 고세율의 원칙에 기반하고 있고 이러한 원칙은 알코올 도수가 높은 술이 낮은 술에 비하여 건강에 상대적으로 더 해롭고 이러한 이유로 사회적 비용을 더 많이 발생시키므로 고율의 세금을 부과한다는 논리다.

하지만 맥주와 탁주를 제외한 소주 등에 대하여 종량세 대상에서 제외한 것은 고도수, 고세율의 원칙에도 맞지 않아 마치 수입맥주의 시장점유율 확대를 견제하기 위한 주세개편으로만 보인다는 것이 이번 개편의 부담이다.

셋째, 조세는 그 세금을 부담하는 자의 각 개별상황을 고려하여 모두를 만족시키는 구조를 가질 수 없다. 사회 전체적인 측면에서 적합한 방향의 제시가 중요하다. 종가세에서 종량세로의 개정은 주세에 관한한 고도수, 고세율의 원칙, 사회적 비용의 적정부담이라는 죄악세 본질의 문제에 적합하다는 생각에서 긍정적이다.

하지만 맥주와 탁주에 대하여는 종량세를 적용하고, 기타주에 대하여는 종량세를 일정기간 연기하는 정책의 선택은 수입맥주에 대한 시장점유율의 저지, 서민술인 소주에 대하여는 종가세를 유지함으로써 서민증세의 비난을 피하려는 정책적 판단으로 정책입안자의 고뇌를 느낄 수 있을지언정 원칙적인 종량세의 방향성에 부합되지 않는다.

하지만 조세정책의 입안에 있어서 이런 식의 눈치 보기는 결코 바람직하지 못하다. 만약 주세의 개편방향이 합리적인 이유로 종가세에서 종량세로 정해졌다면 그 방향으로 가는 것이 옳다.

맥주사업자도 만족시키고 소주사업자 및 서민을 만족시키는 주세법 개정은 원칙이 없는

세법개정이 되고 주세개편의 딜레마에서 오는 입법자의 우유부단(優柔不斷)함으로 보여질 뿐이다.

(2019.6.24. 조세일보/오문성의 Tax Issue)

16 한국문화와 선글라스

본격적인 여름이다. 길을 걷다보면 선글라스(sunglasses)를 끼고 다니는 사람들이 종종 보인다. 하지만 필자가 여름에 호주를 여행했을 때 목격했던 현지인들의 선글라스를 끼고 다니는 숫자보다는 훨씬 못 미친다. 호주의 햇볕이 뜨거운 것도 그 이유 중의 하나일 것이다. 하지만 우리문화와도 관련이 있다는 생각을 해본다.

필자도 선글라스를 가지고 있다. 운전할 때 한 번씩 쓰기도 하지만 길가를 걸을 때는 쓰기가 머쓱하다. 한국에서 50여 년간 생활해 온 결과다.

선글라스의 역사를 찾아보면 맨 처음 중국에서 1430년경에 개발되었고, 렌즈에 색깔을 넣는 방법은 연기로 그을렸다고 한다. 우리가 예상하지 못했던 방법이라 흥미롭다. 처음 중국이 개발한 선글라스의 용도는 법정에서 판관들의 눈의 표정을 가리기 위해서 사용했다고 한다. 그러던 것이 1930년대 후반에 와서야 미국 육군항공대에서 조종사들의 시력을 보호하기 위해서 선글라스가 지급되었다고 한다. 그러므로 선글라스의 용도는 처음에는 판관들의 눈 가리기용 이었고, 근대에 와서는 조종사들의 시력보호용으로 사용되었다고 할 수 있다.

하지만 현대인들은 선글라스를 백내장이라는 안과질환을 예방하는 용도와 패션안경으로서 가장 많이 사용하고, 아주 드물게는 자기의 얼굴을 안보이게 하기 위하여 짙은 색 선글라스와 검은 마스크, 모자를 눌러쓰는 방법을 사용하기도 한다. 그런데 맨 처음 시작된 전통적인 판관의 눈 가리기 용도와는 세 번째 용도가 가장 흡사하다.

최근 의료인들이 눈 건강에 대하여 기고한 글들은 한 결 같이 백내장 예방법으로 선글라스의 착용을 꼽고 있다. 자외선이 백내장을 유발하고 만성적인 자외선 노출이 백내장을 악화시키므로 선글라스를 착용하는 것이 그 예방에 중요하다고 한다. 국민건강영양조사에 따르면 백내장은 우리나라 40세 이상 성인에서 42.3%, 65세 이상은 90%의 유병률을 보이고 있으며, 그중 40대의 백내장 유병률은 11.1%, 50대는 35.7%로 어느 누구도 쉽게 피해 갈

수 없는 눈 질환으로 알려져 있다.

노령화와 관련하여 발생빈도가 높은 질환의 하나인 백내장의 예방책이 선글라스 착용이니 국민건강을 위해서라면 보건복지부에서 선글라스 착용 캠페인이라도 벌여야 할 만큼 선글라스는 눈 건강과 밀접한 관련이 있다.

그럼에도 불구하고 우리나라에서 선글라스를 착용한 사람이 외국에 비하여 상대적으로 적은 이유는 무엇일까? 필자의 추측으로는 문화적 영향이 크다고 생각한다. 예절을 중시하고 남의 눈에 튀지 않으려는 생각이 우리 국민들의 마음속에 일반적으로 자리 잡고 있다. 이러한 생각을 선글라스에 대입하면 선글라스를 착용한 사람을 보는 시각이 눈을 보호한다는 생각보다는 겉멋이 들었다는 생각, 또는 예의가 없는 사람 정도로 치부하기 마련이다.

이런 시각을 부담스러워하는 사람들은 눈 건강을 위하여 필요하다는 생각이 있어도 선뜻 선글라스를 끼지 못하는 것이다. 어쨌든 그 나라에 오랜 기간 거주한 사람은 그 문화에 충실할 때 편안함을 느낀다. 한국 사람은 한국문화에 익숙할 수밖에 없다. 그러니 한국에서 선글라스를 착용하고 길거리를 활보하는 것도 조그만 용기가 필요하지는 않을까라는 생각을 해본다.

하지만 만약 그러한 문화적 편견이 부정적인 측면이 있다면 이를 타파(打破)할 필요가 있다. 선글라스를 착용하지 않는 것이 국민의 눈 건강을 위협한다면 선글라스에 대해 눈 보호 목적 이외의 편견을 가지는 문화는 결코 바람직하지 않다. 직접 선글라스 착용과 백내장 유병률의 인과관계를 통계적으로 조사해보지는 않았지만 대부분 의료인들의 주장을 받아들인다면 분명 선글라스 착용과 백내장 유병률과의 부적(負的) 상관관계는 미루어 짐작할 수 있다.

시간이 지날수록 필자의 생각이 점점 더 공고(鞏固)해지는 것이 하나 있다. 타인에게 피해를 주지 않는 행위는 눈치를 볼 필요가 없다는 것이다. 그러나 필자 역시 이렇게 선글라스 얘기를 장황하게 늘어놓으면서도 아직은 남들의 눈치를 의식하고 있는 자신의 모습에 당황스럽기만 하다. 오랜 기간 한국문화에 젖어있는 탓에 훌훌 털어버린다는 게 그만큼 어려운 일이 아닌가 생각한다. 이제는 남의 시선을 의식하기보다 눈 건강을 위해 우리 모두가 마음의 선글라스를 내려놓았으면 좋겠다.

(2019.8.5. 국가미래연구원)

17 코로나19, 우리 산업 미래에 어떤 영향을 줄 것인가?

코로나19가 가져온 여러 가지 변화는 우리가 상상하지 못했던 정도다. 대면(對面)접촉을 자제하는 사회적 분위기, IMF지원을 받던 시기 이후 유례가 없는 짧은 시간의 엄청난 주가하락, 교육기관이 대면강의를 못하고 강의를 미루다가 급기야는 사이버강의를 통하여 강의를 하게 되는 교육환경의 변화, 각국의 봉쇄로 인하여 국제교역 위축 뿐만 아니라 관광업계와 항공운송업계의 불황, 어느 하나도 쉽게 풀릴 것 같지 않아 사회적으로 우울한 분위기가 전 세계를 뒤덮고 있다. 이러한 변화는 정도의 차이는 있으나 세계 각국이 공통이다.

코로나19 감염병에 대한 백신개발이 한창이라고 하니 어느 시기가 되던 머지않은 시기에 현대의학의 힘으로 백신이 나와서 지금의 혼란보다는 훨씬 안정을 찾아가기는 할 것이라고 본다. 하지만 이번 코로나19의 세계적 유행은 백신이 나오고 감염병이 기세가 꺾이더라도 향후 우리 사회에 미치는 영향은 오래 갈 것이라고 생각한다.

이처럼 코로나19가 우리에게 가져다 줄 여러 가지 변화 중에서 우리산업에는 어떤 영향을 줄 것인지 조심스럽게 예측해 본다.

첫째, 최근까지도 그래왔지만 제약·바이오업계의 연구개발과 이에 대한 기술발전은 더욱 가속화 될 것이다. 제약·바이오업계는 그 산업의 특성상 고위험－고수익 업종으로 분류된다. 그러므로 초기의 연구개발이 무위(無爲)로 돌아갈 경우 엄청난 투자위험에 노출된다. 유수한 기업의 미래수종산업 포트폴리오에서 제약·바이오산업이 차지하는 비중이 높아질 것이며, 정부의 정책적인 지원도 증가할 것이라고 생각한다.

우리의 제약·바이오산업은 현재까지 우리의 경제를 지탱해왔던 반도체나 자동차산업 이상의 미래 먹거리산업이므로 제약·바이오산업의 육성과 관련한 정부의 지원도 과감하게 이루어져야 한다.

둘째, 비대면(非對面)산업의 성장도 불가피하다. 비대면산업의 성장은 코로나19 이전에도 꾸준히 성장해 오긴 했다. 대표적인 것이 홈쇼핑, 인터넷쇼핑 산업이다. 하지만 코로나19 이후 비대면산업의 성장은 그 이전과는 비교가 안 될 정도로 빠르게 성장할 것으로 보인다.

오프라인 영화관의 몰락과 온라인 푸드마켓, 배달중개 플랫폼의 추가적인 성장은 이러한 분위기에서 우연이라고 볼 수 없다. 정보통신과 금융업의 결합(핀테크)을 통한 금융플랫폼

(platform)분야의 성장이 어디까지 번질지 예측하기 힘들고, 보험·은행 등 금융기관의 비대면사업 분야의 성장이 이에 잘 맞설지도 가늠하기 어렵다. 어쨌거나 비대면사업의 성장은 불을 보듯 명확하다.

셋째, 코로나19 이후 교육 분야에서 온라인 강의의 비중이 높아지고 그 관련 산업의 기술발전 속도가 빨라질 것으로 기대된다. 소위 말하는 교육공학분야의 성장이다. IT기술의 발달은 교육 분야에서도 기존의 오프라인 교육의 단점을 보완하기 위하여 진화해왔다. 우리나라에서도 많은 숫자의 사이버대학이 생겼고 해외의 유수대학에서도 무크(MOOC: Massive Open Online Course)와 같은 온라인공개수업이 진행되고 있다.

이번 코로나19로 인한 교육환경의 변화는 기존의 온라인대학이 가지고 있던 시스템의 일반화가 촉진되고 이러한 환경에 깊은 고려를 하지 않았던 교육기관일수록 그 필요성을 크게 느껴 이 분야의 투자에 많은 관심을 가질 것으로 기대된다.

넷째, 요즘 언론은 매일 뉴스 전체가 '코로나 속보'이다. 우리나라 내부의 확진자수와 치유자수, 사망자수 그리고 해외 확진자수와 사망자수 통계 보도로 하루를 시작하고 있는 것이다. 그래도 우리나라의 의료수준과 국민들의 경계수준, 정부의 신속대응 등으로 해외국가들에 비하여 상대적으로 그 상태가 양호하여 정말 다행한 일이다.

하지만 여태껏 이러한 상황을 경험하지 못했던 국민들의 마음속에는 막연한 불안감이 자리 잡고 있고 성인보다 정보수집능력이나 판단능력이 떨어진 미성년자들은 기성세대의 공포심이 스며들어 어려운 시기를 보내고 있다. 사회적 불안과 공포의 치료방법으로서 의료분야의 정신과와 심리학분야에서 상담심리의 사회적 수요는 날로 커질 것으로 기대된다.

우리사회가 직면하고 있는 코로나19의 공포는 향후 많은 부분에 대한 변화를 가져올 것이다. 언제나 그랬던 것처럼 일정시기의 사회적 문제는 시간이 지나면 일정부분 완화되거나 우리의 지속적 긴장감으로 인한 피로로 인하여 긴장도가 떨어져 어떤 식으로든 적응하게 된다.

하지만 완화되거나 적응하더라도 그 이전과 이후는 다른 양상을 보일 가능성이 높다. 최근 코로나19는 예전에 사스(SARS)나 메르스(MERS)보다 전염성이 커서 그 후유증도 훨씬 클 것이다. 이후의 사회에는 산업계에서 제약·바이오산업의 비중이 높아지고, 비대면업종의 성장이 돋보이며, 교육계에서는 온라인 교육의 대중화와 그 관련 산업의 발전이 기대되고, 사람들의 정신적 외로움과 심리적인 근본적 문제를 해결하는 것을 도와줄 의료분야의

정신과와 심리분야의 상담심리의 사회적 수요가 폭증할 것으로 예측된다.

지금 이 시기의 불안함과 어려움을 우리 산업계와 우리 국민 모두가 잘 이겨내고 향후 우리의 횡보에 도움이 되는 방향으로 승화되기를 간절히 빌어본다.

(2020.4.8. 국가미래연구원)

18 납세자의 적정 세부담, 현금 동원 능력 고려해야

조세분야에서 "과세물건"이라는 용어는 과세대상을 의미한다. 그러므로 법인세의 경우 법인이 벌어들인 소득, 소득세의 경우 자연인이 벌어들인 소득이 과세물건이 된다. 과세물 건은 소득만 그 대상이 되는 것은 아니다. 부가가치세의 경우 재화 및 용역의 공급, 재화의 수입이 과세물건이 되고 상속세의 경우는 피상속인의 상속재산, 재산세나 종합부동산세의 경우는 보유세이므로 특정물건의 소유자체가 과세물건이 된다. 그리고 조세의 원칙 중 응능부담(ability to pay)의 원칙은 납세자의 세부담 능력에 맞게 과세하여야 한다는 원칙으로 이 원칙에 위배되는 과세는 납세자의 세부담 능력에 부합되지 않는 것으로 조세공평의 원칙, 더 나아가서는 조세정의에 어긋난다.

필자가 과세물건과 응능부담이라는 개념에 대하여 서술한 이유는 과세물건의 특성과 응능부담의 연관성 때문이다. 조세는 현금납부가 아닌 물납을 일부 허용하고 있지만 현금납부가 원칙이다. 그러므로 과세물건에 대하여 과세할 때 만약 해당하는 현금 창출이 이루어지지 않는다면 납세자 입장에서는 자금을 추가로 조달하여 세금을 납부하여야 한다. 과세물건이 소득인 경우 그 소득이 현금소득이라면 발생한 현금의 범위 내에서 과세할 수 있지만 만약 그 소득이 현금소득이 아니라면 현금소득에 맞추기 위하여 조정하는 것은 납세자의 현금동원능력에 대한 고려 때문이다. 이러한 예로는 법인세법에서 재무회계상 인정되는 평가이익이나 평가손실에 대하여 세무상 수익(익금)이나 비용(손금)으로 보지 않으려고 하는 것을 그 예로 들 수 있다. 하지만 소득세가 아닌 보유세의 경우는 소득의 발생과 관련이 없고 굳이 소득과 연관을 시킨다면 일정한 가액의 재산을 보유하고 있는 납세자는 그에 걸맞는 현금 동원능력이 있다고 보고 과세하는 것이라고 보면 된다.

납세자의 세금을 부담할 수 있는 능력에 대한 몇 가지 논의사항에 대하여 살펴보려고 한다.

첫째, 과세물건이 소득인 경우와 재산의 보유 그 자체인 경우는 그 부담능력과 관련하여 상황이 다르다. 소득에 대하여 과세하는 양도소득세와 재산의 보유에 대하여 과세하는 보유세에 대하여 살펴보면 양도소득세는 해당자산의 양도로 인하여 벌어들인 현금소득이 과세시기 전에 존재한다. 하지만 재산세와 종합부동산세(이하 종부세)의 경우는 해당자산의 보유만으로 과세가 이루어지기 때문에 관련된 현금의 유입이 없는 상태에서 과세가 이루어진다. 그러므로 양도소득에 대하여 높은 세액을 부과하면 과도하다는 비난을 받을지언정 발생된 양도차익의 범위 내에서 세금을 부담하게 되지만, 보유세의 경우 과세물건이 특정자산의 보유이기 때문에 그 자산을 보유한 자의 현금동원능력에 대하여는 정확히 알수 없고 만약 과도한 보유세의 과세가 이루어진다면 추가적인 자금을 조달하여 세금을 납부할 수밖에 없다. 정부가 납세자의 세부담이라는 측면에서 양도소득세보다 보유세에 대하여 상대적으로 더 고민해야 되는 이유다.

둘째, 상속세의 경우 상속세의 과세물건은 피상속인이 상속한 재산이다. 피상속인의 상속재산은 크게 세부류로 분류된다. 현금 및 현금성자산, 부동산, 기업지배 및 통제와 관련한 지분자산등이다. 현금 및 현금성자산의 경우 세금을 납부하는 데 별 어려움이 없다. 부동산의 경우 현금으로 환가하는 과정에서 급매로 인한 손실을 감수할 수 있으나 납세자에게 치명적인 손실이라고 볼 수는 없고 물납을 통하여 문제를 해결할 수도 있다. 하지만 경영권과 관련한 지분자산은 상속인이 관련 기업의 경영권을 포기하지 않는 한 상속세를 납부하는 시기까지 지분자산을 처분할 수 없을뿐더러 이후에도 처분하는 것은 경영권을 지속하는 상황에 위험을 초래할 수 있다. 상속세 및 증여세법(이하 상증세법)에서 가업상속공제 제도를 두고 있는 이유이다. 하지만 우리 상증세법상 가업상속공제는 중소기업이나 직전 3개 과세기간의 매출액의 평균금액이 3,000억 원 미만의 중견기업만이 그 대상이 되며 그 요건도 까다롭다. 하지만 대기업의 경우라 하더라도 경영권과 관련한 지분을 처분하지 않고 상속세를 납부하기 위하여는 추가적인 자금조달을 할 수밖에 없다. 그러므로 경영권과 관련한 지분에 대한 상속세는 과세이연을 통하여 그 과세시기를 처분시까지 늦추어 주는 것이 합리적이다.

셋째, 불로소득에 대하여는 그렇지 않은 소득에 비하여 차별적으로 높은 세액을 부담시키는 것이 합당하다는 주장에 대하여 검토해 본다.

불로소득의 사전적 의미는 노동하지 않고 발생한 소득을 말하고 이에 대한 예로 이자소득, 배당소득, 부동산 임대 소득 등을 들 수 있다. 그러니까 여기에서 "노"에는 주로 육체적 노동을 말하고 있는 것으로 생각된다. 하지만 노동에는 육체적 노동뿐만 아니라 정신적 노

동도 포함해야 하고 정신적 노동의 경우에도 당연히 육체적 노동이 포함되어 있고 육체적 노동이라 하더라도 정신적 노동이 전혀 없다고 할 수는 없으므로 블로라는 개념의 경계선이 모호해진다.

우리 소득세법은 예전에 종합소득 중 이자소득, 배당소득, 부동산임대소득을 자산소득이라고 부르면서 부부합산과세를 하고 있었다. 이른바 자산소득 합산과세제도이다. 이 시절에 유독 이자소득, 배당소득, 부동산임대소득에 대해서만 부부합산과세를 통하여 누진세율 구조에서 높은 세율의 적용을 받게 한 이유는 무엇일까? 다른 소득과 비교하여 힘들이지 않고 벌어들이는 불로소득으로 보았기 때문이다. 하지만 부부합산하는 과세형태에 대하여는 결혼을 하여 부부가 되는 경우 불이익을 준다는 점이 불합리하고 우리 소득세법이 부부라 하더라도 개인단위로 과세를 한다는 점에서 위헌판결을 받은 경우이다. 최근에는 불로소득이라는 용어보다는 수동적 소득(passive income)이라는 용어로 대체되어 사용하는 경향이 있다. 수동적 소득의 예로는 이자소득, 배당소득, 임대소득, 인세 등을 말한다. 이에 대응되는 능동적 소득(active income)은 노동력과 시간을 투자해서 벌어들이는 소득을 말한다. 수동적 소득이라 하더라도 수동적 소득을 창출하기 위한 자본의 축적이나, 인세를 받기 위한 이전의 정신적 노동, 자금을 조달하여 레버리지를 이용한다는 위험부담의 측면에서 이를 능동적 소득과 차별하여 과세하는 것은 현대국가의 과세형태에서 일반적으로 용인되는 것이 아니다.

세금은 납세자 입장에서 공평하다는 생각이 들어야 하고, 세액이 너무 부담스러워서는 안된다. 조세법에서의 평등은 기계적 평등이나 획일적인 평등을 말하는 것이 아니고 배분적평등 및 상대적인 평등을 말하므로 이는 개인소득세의 경우 누진세율 적용의 근거가 된다. 세액이 납세자의 입장에서 너무 부담스럽지 않게 위해서는 세부담의 수준을 정할 때 그와 관련한 현금동원능력을 고려하여 한다.

과세물건이 소득인 법인세와 소득세의 경우 소득이 발생하는 시기와 현금이 발생하는 시기가 일치하지 않는 경우 이를 일치시키는 것이 합리적이며, 상속재산의 경우 처분을 하게 되면 기업의 경영권승계가 어려운 지분자산의 경우에는 그 처분이 이루어지는 시기까지 과세이연을 해주는 것이 응능부담의 원칙에 부합된다. 마지막으로 불로소득이라는 용어에서의 노동은 육체노동과 정신노동 중 육체노동에 주안점을 둔 용어라서 그 정의가 현실적이지 않아 수동적 소득으로 대체하여 그 개념을 정립하는 것이 맞다. 수동적 소득과 능동적 소득을 분리하여 어떤 범주의 소득에 어떤 세율을 적용할 것인가는 조세정책으로 결정할 수 있다.

하지만 수동적 소득이라는 생각 때문에 자본소득 등에 세율을 높게 적용하기보다는 근로소득과 비교하여 상대적으로 이동가능성이 높아 자본소득에 적용하는 세율이 근로소득에 비하여 상대적으로 낮은 세율을 적용하는 이중소득세(dual income tax)의 사례를 볼 때 전통적인 불로소득에 세부담을 가중해야 한다는 생각은 이미 시대착오적인 과세논리가 되었다.

(2021.5.27. 국가미래연구원)

19   말뿐인 백신주권 제약사 조세지원 없인 어렵다

코로나19 팬데믹 사태를 계기로 '제약주권'의 중요성이 수면 위로 떠올랐다. 자체적으로 백신과 치료제를 개발하는 것만이 감염병 사태의 위기를 돌파할 해법으로 지목되고 있는 것이다.

하지만 국내 제약기업들의 글로벌 경쟁력은 턱없이 부족한 수준이다. 우리나라 대형 제약사들이 연 매출 1조 원만 달성해도 자화자찬에 빠져 있는 동안 글로벌 빅파마들은 R&D(연구개발) 투자에만 매년 수 십조 원 이상을 쏟아붓고 있는 게 현실이다.

실제로 한국제약바이오협회가 공개한 '2020 제약바이오산업 데이터북'에서 글로벌 상위 50대 제약사에 토종 기업은 전무했다. 반면 일본의 경우 톱50에 10곳의 제약사가 이름을 올렸으며 중국과 인도 역시 순위권에 포진해 있다. 한국 제약바이오산업의 글로벌 경쟁력을 여실히 보여주는 대목이다.

그렇다면 국내 제약바이오산업이 지금의 한계를 넘어설 수 있는 방법은 뭘까?

한국조세정책학회 오문성 회장은 우리나라 조세제도가 제약바이오산업의 경쟁력을 가로막았던 하나의 원인으로 지목했다. 〈메디코파마뉴스〉는 오 회장을 만나 국내 조세제도의 현주소를 짚어보고 지원 과제에 대해 들어봤다.

▶▶ **국내 제약기업에 대한 정부의 세제지원 수준을 선진국과 비교해 달라.**

최근 한국경제연구원이 한·미·일 법인세 공제·감면율을 분석한 결과가 있다. 공제·감면율이 높다는 것은 정부의 세금 지원이 많다는 것인데, 2019년 기준 일본 24.8%, 미국 18.6%(2018년 기준), 한국 8.4% 순으로 드러났다.

이는 세금 1억 원당 일본 기업이 2,480만 원의 세금 공제 혜택을 받은 반면 국내 기업은 840만 원 정도에 그쳤다는 것으로 풀이할 수 있다.

결국, 국내기업에 대한 정부의 세제지원 수준이 전반적으로 미국·일본 기업의 절반에도 못 미쳤다는 의미다.

이를 개선하기 위해선 법인세 공제·감면의 절반 이상을 차지하는 R&D에 대한 세액공제 확대가 필요하다고 본다.

실제로 미국과 일본의 경우 대기업에 R&D 비용의 최대 10%까지 세액공제를 허용하는 반면 우리나라는 일반적인 대기업이라면 당기 투자비용의 최대 2%에 불과하다.

때문에 R&D 투자가 핵심인 제약바이오산업의 특성상 글로벌 경쟁력 확보를 위해선 무엇보다 세제지원을 우선순위에 놓고 검토해야 한다.

▶▶ 백신을 '국가전략기술'로 최근 선정했다는데 어떤 내용인가?

코로나19 사태로 인해 '백신주권' 확보에 대한 필요성을 어느 때보다도 절감했다. 기업의 이익을 떠나 국민 생명의 위협이 걸린 사안인 만큼 백신 개발 분야에 대해 세제지원을 더 강화하자는 내용이다.

조세는 정부가 국가를 운영함에 있어 필요한 재원을 마련하기 위한 수단일 뿐 아니라 경제 활성화와 소득 불평등 해소 등 다양한 정책적 목적을 가지고 있다.

이러한 점을 고려한다면 IT산업에서 한계를 느낀 정부가 국내 제약바이오산업의 육성을 통해 미래를 대비한다는 측면에서 조세 지원은 그 당위성이 분명하다.

물론 무턱대고 제약산업에 대해 조세 지원을 하는 것은 바람직하지 않다. 국가 경쟁력을 감안해 합리적인 방법을 모색하지 않으면 타 업종과의 형평성 문제에 휘말릴 수 있기 때문이다.

그런데도 불구하고 올해 정부가 백신 분야를 국가 핵심전략기술로 선정해 연구개발이나 설비투자 시 추가적인 세액공제를 부여하도록 했다는 소식은 고무적이다. 백신을 개발하고 있는 국내 제약바이오기업에 분명 힘이 될 것으로 전망된다.

코로나19 사태를 통해 백신 대란을 경험했듯이 앞으로라도 백신 자주권을 확보해야 한다. 지난 2일 이를 반영한 조세특례제한법 개정안이 국회 본회의를 통과한 만큼 새로운 조세법이 내년에 반영될 것으로 보인다.

이 개정안은 국가안보 및 국민 경제에 중대한 영향을 미치는 국가전략기술에 대한 연구개발과 시설투자에 대해 2024년까지 현행 신성장·원천기술보다 높은 세액공제율을 적용하고, 신성장·원천기술 연구개발비 세액공제 적용 기한도 2024년까지 연장한다는 내용이다.

특히 제약바이오 시설투자에 대한 신성장·원천기술은 통합 세액공제를 통해 대기업은 투자 비용의 최대 3%, 중견기업 5%, 중소기업 12%까지 세액공제를 받을 수 있게 된다. 백신 분야는 이보다 더 상향 우대한다는 내용이라고 보면 된다. 이 조세 혜택은 백신뿐 아니라 향후 바이오 분야로 확대가 필요하다고 본다.

▶▶ 우리나라는 기업 규모별로 세제지원에 차이를 두고 있다. 해외는 어떤가?

업계에서 요구하는 사항 중 하나는 혁신형 제약기업의 기술대여 거래에 대한 조세 감면 도입이다.

제약산업의 기술거래 형태는 대학, 연구기관, 바이오벤처 등으로부터 물질도입 기술을 제약사가 이전받고 이를 추가 연구 개발해 다시 글로벌 제약사에 대여하는 형태가 일반적이다. 여기서 현행 기술대여 거래에 대해 세금을 25% 감면하는 제도는 중소기업에만 적용된다.

문제는 기술거래 계약의 주체 대부분(90%)이 대기업이라는 점이다. 제약산업육성 지원 특별법에 따른 '혁신형 제약기업'을 포함해 대형 제약사에게도 실제 혜택이 돌아가도록 하자는 목소리가 높아지는 이유인 것이다.

실제로 최근 상당수 해외 선진국들은 '기업 규모별 차등 지원'의 격차를 줄이고 있다.

대표적으로 중국의 경우 중소기업과 대기업 모두 R&D 공제율이 75%로 동일하게 적용하고 있으며 일본 역시 지난 2003년부터 대기업도 연구개발 세제지원 대상에 포함시키면서 중소기업(12%)과 대기업(6~16%)에 대한 정부의 R&D 세제지원 차이가 줄어들고 있다.

뉴질랜드, 그리스, 아이슬란드, 멕시코 등도 기업 규모별 차등 지원을 두지 않는 곳들이다. 영국의 경우 중소기업이 대기업보다 공제 수준은 높지만, 대신 대기업에 대해 공제와 환급의 상한 한도를 만들지 않아 형평성을 확보했다.

물론 중소 제약사에 대한 지원도 중요하다. 다만 글로벌 경쟁력을 키우기 위해선 동기부여가 될 수 있는 대형 제약사에 대한 실질적인 지원이 무엇보다도 필요하다는 의미다.

해외 사례에서도 영국, 스위스 등 유럽의 주요 국가들이 기술이전으로부터 얻은 소득과 대여이익에 대해 낮은 세율을 적용하는 이른바 '특허박스' 제도를 도입하고 있다.

우리나라에서도 지난 2일 통과된 조세특례제한법 개정안에 기술대여소득의 세액 감면 대상을 중견기업으로 확대하는 내용이 실렸다. 국내도 점차 규모별 차등 지원 격차가 줄어들고 있는 모습이다.

▶▶ 균형감 있는 조세 지원을 위해 추가적으로 고민해야 할 것이 있다면?

업계가 정부에 요구하는 것은 또 있다. 최근 바이오의약품의 CDMO(위탁개발생산)와 관련한 세제 혜택이다.

첨단 바이오의약품산업의 경쟁력 확보를 위한 세제 혜택은 이제 필수적이다. 앞서 더불어민주당 정일영 의원이 대표발의한 '수탁연구개발비에 대한 세액공제' 신설 조특법 개정안도 이 같은 추세를 대변한 것으로 알고 있다.

또한 혁신형 개량신약 및 바이오시밀러의 임상 역시 신성장 원천기술 분야에 포함시켜 수탁개발기관(CDO)과 임상시험수탁기관(CRO) 등에게도 세제지원이 돌아갈 수 있도록 해야 한다.

이는 우리나라가 신약개발 국가로 가는 과정에서 임상연구와 바이오시밀러 강국으로 함께 도약하는 중요한 계기가 될 것으로 판단되기 때문이다.

아울러 세액공제·감면 제도의 실효성을 높이기 위한 방법으로 '법인세 최저한세' 제도 폐지의 검토 역시 추후 고민해야 할 사안이기도 하다.

실제로 이는 해외 사례에서도 일부 적용되고 있다. 법인세 최저한세 제도는 기업이 납부해야 할 최소한의 법인세를 규정한 제도다. 미국의 경우 지난 2017년 말 법인세율 인하와 함께 최저한세 제도를 폐지했으며 일본 역시 해당 제도를 운영하지 않고 있다.

이처럼 기업에게 세제 혜택을 주는 것은 좋지만 여전히 짚고 넘어가야 할 문제도 산적하다. 대표적인 것이 일각에서 요구하는 'R&D 비용 초과공제액 환급제도' 도입이다.

바이오기업들이 이월 기간 확대에도 불구하고 사업 초기 결손금이 많다는 점을 감안할 때 실질적인 혜택이 돌아갈 수 있도록 세액공제 초과액 환급제도를 도입하자는 부분은 공감하지만 이는 아직까지 국내 법인세제 안에서 시행된 적이 없는 파격적인 제도인 만큼 충분한 준비 기간과 합리적 방안 모색이 선행돼야 한다.

(2021.12.21. 메디코마/ 인터뷰)

20 금융투자소득 과세 논란의 핵심은?

내년부터 시행하려고 했던 금융투자소득과세 때문에 여야가 격돌하고 있다. 논란의 내용은 이렇다. 야당인 민주당은 2020년 당시 합의한 대로 강행하자는 것이고 정부와 여당은 시장상황을 고려하여 시행시기를 2025년 1월 1일로 유예하자는 것이다.

금융투자소득세는 기존의 소득세가 종합소득, 퇴직소득, 양도소득의 3개로 분류되던 것에 금융투자소득이라는 새로운 범주의 분류를 추가하는 것이다. 기존에는 양도소득세로 과세되던 주식 등을 포함한 모든 금융투자소득에 대하여 새로운 분류체계로 과세하겠다는 것이다.

금융투자소득 과세의 원안은 주식양도차익에 대하여 공제한도를 5,000만 원으로 하고 투자손실에 대한 공제시한은 5년으로 되어 있다. 금융투자소득세의 주된 과세대상인 주식의 양도차익과세는 오래전부터 "소득 있는 곳에 과세있다"라는 기본원칙을 천명하며 정부가 과세를 하려고 해왔던 분야다. 하지만 이에 대한 과세가 차일피일 미루어진 것은 과세권자의 입장에서도 주식양도차익과세에 관한 여러 가지 어려움을 알고 있었기 때문이다.

주식투자는 제로섬(zero-sum)게임이 아니다. 하락장에서는 대부분의 투자자가 손실을 보며 투자기법에 익숙하지 않은 개미투자자들은 기관투자자에 비하여 손실을 볼 가능성이 높다. 이런 이유로 주식양도차익과세는 과세권자 입장에서 양도차익에 대하여만 과세하고 양도손실은 고려하지 않는 입장을 견지하면 모르겠지만 양도손실까지 고려한다면 과세권자의 속셈은 복잡해진다. 주식이라는 위험자산에 투자한 투자이익에 대하여 과세한다면 투자손실에 대하여도 기간이 얼마가 되던 투자이익에서 차감해 주는 것이 맞다. 소득이 있는 곳에 과세있다고 하면서 손실이 있는데도 빼주지 않는다면 말이 안된다.

주식시장에서 손실을 본 사람이 많다면 주식양도차익과세는 세수에 크게 도움이 안 될 수도 있다. 자본시장을 육성한다고 대부분의 주식양도차익과세를 연기 해오던 과세권자의 속내에 이러한 생각이 분명히 있었다. 그래서 증권거래세를 과세해 온 측면도 있다. 이익이 나든 손실이 나든 과세할 수 있는 증권거래세 과세가 이 상황에서는 적합한 세목이었다. 그러므로 금융투자소득세를 본격적으로 과세하기 시작한다면 대체적인 세목이었던 증권거래세는 폐지 또는 대폭 축소해야 한다.

주식의 양도차익에 대한 과세는 시행을 하더라도 그 시기를 잘 보아 시행해야 한다. 왜냐

하면 시행시기를 잘못 선택하면 시장에 안좋은 영향만 주고 세수에는 크게 도움이 안 될 수 있기 때문이다. 대표적인 사례로 대만사례를 꼽는다. 1988년 9월 대만의 셜리 쿠어 재무장관의 주식양도차익과세 발표는 그 시행시기는 1989년 1월 1일이었다. 발표 이후 대만 자취안지수는 9월 24일부터 10월 21일까지 36% 하락하였고, 그 이후 연도인 1989년에도 시장은 큰 상승동력이 나타나지 않았다. 이 사건으로 장관이 물러나고 1990년 1월 1일자로 주식양도차익 과세는 다시 폐지되는 상황까지 갔다.

이상의 문제를 종합적으로 고려하면 다음과 같은 생각을 하게 된다. 주식양도차익과세는 "소득이 있는 곳에 과세있다"라는 과세의 일반원칙하에서 반드시 이루어져야 한다. 하지만 '소득이 있는 곳에 과세가 있다'라는 원칙하에서는 주식양도손실에 대한 공제도 반드시 이루어져야 한다. 5년이라는 기간을 정하고 공제하는 것은 논리에 맞지 않다. 미국이나 영국, 독일 등도 그 기간을 정하지 않고 이월공제해 주는 것도 같은 맥락에서다.

그리고 증권거래세는 주식양도차익 과세를 한다면 폐지 또는 대폭 축소하는 것이 맞다. 지금까지의 증권거래세는 주식양도차익에 대한 과세를 하지 못하였기 때문에 과세해 온 측면이 있다. 이러한 논리적 기반은 지켜져야 한다. 하지만 정부입장에서는 세수문제를 생각하지 않을 수 없다. 확실한 증권거래세를 폐지하고 불확실한 주식양도차익 과세에 집중하는 것이 세수측면에서는 잘하는 것인지 판단해야 한다. 이러한 판단하에서도 주식양도차익 과세를 하기로 했다면 그 다음은 적절한 타이밍을 보아야 한다. 비행기도 악천후에서 이륙하면 순항하기 힘들다. 1988년 대만 같은 상황이 발생하게 해서는 안된다.

(2022.11.20. 국가미래연구원)

21 법인세 더 낮추고 종부세 없애야

"현재 추세라면 4년 만의 세수 결손은 불가피해 보인다. 정부는 세수 결손을 메우기 위해 경기 활성화에 더 신경을 써야 할 때다."

오문성 한국조세정책학회장(한양여대 세무회계과 교수)은 최근 이데일리와 만나 이같이 밝혔다. 올 1~2월 국세수입은 54조 2,000억 원으로 1년 전보다 15조 7,000억 원 줄었다. 3월 이후 지난해처럼 세금이 걷혀도 올해 세수는 세입 예산(400조 5,000억 원)보다 20조 3,000억 원 모자란다. 이에 2019년(－1,000억 원) 이후 4년 만에 세수 결손 가능성이 제기된다.

다만 그는 "최근 금리가 주춤한 상태에서 주식 시장이 안정적으로 우상향 흐름이고, 부동산 시장도 저가 매물이 소화되며 조금씩 살아나고 있다"며 "세수 상황은 하반기로 갈수록 나아질 것"이라고 부연했다.

세수확보 차원에서 신용카드 소득공제 폐지를 다시 검토해야 한다는 의견도 냈다. 오 학회장은 "과거 현금 거래가 많았던 시절 신용카드 사용을 늘리기 위한 제도였는데, 소기의 목적을 달성했으니 폐지가 마땅하다"며 "2025년 이후 더는 일몰이 연장되지 않도록 지금부터 폐지를 위한 군불을 지펴야 한다"고 강조했다.

그는 또 법인세와 관련해 "법인세율을 올리면 단기적으로는 세수가 늘어날 수 있지만, 기업이 활동하기 좋지 않은 환경이 조성돼 경쟁력을 상실할 수 있다는 측면에서는 세수가 오히려 줄어들 것"이라며 "장기적으로는 법인세 세율은 낮추는 게 좋다"고 강조했다.

근로장려금, 월세액에 대한 세액공제 등 정부가 심층평가를 진행하는 서민 대상 조세특례와 관련해서는 "서민 대상의 소득 지원 세제는 일종의 사회 안전망"이라며 "단순히 세수의 관점에서만 바라봐선 안 되며, 취약계층에 대해 미치는 영향을 고려해서 구조조정 여부를 결정해야 한다"고 언급했다.

다음은 오 학회장과의 일문일답이다.

▶▶ **연초 세수 결손이 큰 상황에서 서민 대상 조세특례들이 올해 정부의 심층평가를 받는데.**

△소득세법상 인정되는 저소득층 지원은 요건이 굉장히 까다롭다. 보통 사람들은 혜택을 보기 힘든 구조다. 적용 대상이 제한적이어서 비과세 규모도 크지 않다. 최근 전세사기 사태만 봐도 경기 불황으로 인한 사고 발생 시 피해는 가난한 사람들에게 집중된다. 서민을 보호하기 위한 세제 혜택은 세수의 관점이 아니라, 사회 안전망으로 봐야 한다.

▶▶ **정부가 세수 부족을 이유로 유류세 인하 단계적 폐지를 검토하다가 결국 연장을 결정했다.**

△유류세 인하 조치를 폐지할 여건이 조성되지 않았다. 최근 OPEC플러스의 감산 발표로 국제유가가 다시 상승할 가능성이 커진 상황에서 유류세 인하 폐지가 물가에 미치는 영향을 고려해야 할 시점이다. 정부가 옳은 판단을 했다고 본다.

▶▶ **2019년 이후 4년 만의 세수 펑크에 대한 우려가 큰데.**

△세수 결손은 불가피해 보인다. 다만 위험 신호가 연초에 나왔으니 정부가 세수 결손을

메우기 위해 경기 활성화에 보다 신경을 쓸 때다. 하지만 '상저하고' 경기 흐름으로 보기에 그렇게 세수를 비관적으로 생각하지는 않는다. 최근 금리가 주춤한 상태에서 주식 시장이 안정적으로 우상향 흐름이고, 부동산 시장도 저가 매물이 소화되며 조금씩 살아나고 있다. 증권거래세와 양도소득세가 작년보다 늘어날 것으로 본다. 세수 상황은 하반기로 갈수록 나아질 것이다.

▶▶ 지난해 법인세를 인하한 후 1~2월 법인세수도 7,000억 원이 줄었다.

△법인세율을 올리면 단기적으로는 세수가 늘어날 수 있다. 그러나 기업이 활동하기 좋지 않은 환경이 조성돼 경쟁력을 상실할 수 있다는 측면에서는 세수가 오히려 줄어든다. 결국 기업이 좋은 환경에서 활동할 수 있어야 개인의 일자리가 생기고 국가가 부강해진다. 법인세 인하가 '부자 감세'라는 건 정말 잘못된 프레임이다. 장기적으로는 법인세 세율은 낮춰가는 게 좋다.

▶▶ 법인세 제도는 궁극적으로 어떻게 가야 한다고 보나.

△우리처럼 법인세 세율이 4단계로 돼 있는 건 굉장히 드문 케이스다. 여기에 구간별로 고작 1%씩 낮춘 건 의미가 없다고 본다. 경제협력개발기구(OECD) 소속 대부분의 국가들처럼 우리도 1단계 세율로 가야 한다.(여야는 지난해 예산안에 합의하면서 법인세 과세표준 4개 구간별로 각 1%포인트씩 세율을 낮췄다. 이에 따라 영리법인 기준 과세표준 3,000억 원 초과 기업의 법인세 최고세율은 25%에서 24%로, 200억 원 초과~3,000억 원 이하는 22%에서 21%로, 2억 원 초과~200억 원 이하는 20%에서 19%로, 2억 원 이하는 10%에서 9%로 각각 낮아졌다.)

▶▶ 조세정책 분야에서 윤석열 정부에 바라는 점은.

△'넓은 세원, 낮은 세율'은 우리 세율 구조가 나아가야 하는 방향이다. 국민개세주의(모든 국민은 세금을 내야 한다) 원칙에 따라 소득세 면세자 비율 축소도 필요하다. 세수에 미치는 영향은 적을 것이다. 다만 부담이 되지 않는 선에서 소득이 적은 사람에게 적게라도 걷는다면, 그들로 하여금 국민으로서 할 도리를 하고 있다는 의식도 갖게 할 수 있다.

▶▶ 이번 세법개정안에 반영돼야 할 포인트는.

△상속세가 세수에서 차지하는 비중은 크지 않다. 기업이 장수하기 어려운 환경인 만큼 가업상속 공제를 더 풀어줘야 한다. 증여세에 대한 규제도 마찬가지다. 현금 증여가 자꾸 이뤄지면 경제 활성화에 도움이 되지 않는다. 예를 들어 증여세를 없애 그 자금으로 주식

투자를 한다면 거래세가 늘어 세입 여건도 한결 좋아질 것이다.

▶▶ 장기적으로 세수 기반 확충을 위해 개편돼야 할 부분은.

△새로운 세원을 어떻게 확보하느냐가 중요하다. 향후 유럽연합(EU)에서 탄소국경세를 시행하면 우리도 관세를 물게 된다. 금투세의 경우 조세 형평성을 고려하면 주식 소득 5,000만 원이라는 기준을 낮춰야 할 것이다. 블록체인, 메타버스, 인공지능(AI) 등 미래 수익이 큰 분야에는 조세특례제한법상 연구개발(R&D) 지원, 인력 관련 공제 등의 세제 혜택을 부여해 국가적 차원에서 집중 지원할 필요가 있다.

▶▶ 올해 학회 주요 일정과 임기 내에 이루고 싶은 일은.

△학회는 대부분의 행사를 국회에서 의원들과 함께 진행하며 입법화하기 위해 노력하고 있다. 그중에서도 암호자산, 토큰증권(STO) 등 아직 정책적으로 다뤄지지 않은 최근 이슈들을 선도하려고 한다.

(2023.4.26. 이데일리/전면인터뷰① 기사)

22 해외주식 절세 어떻게 해야 하나?

"해외주식"은 세법에서 사용하고 있는 용어는 아니다. 지금은 삭제되었지만 기존의 시행령에서는 해외주식의 의미로 "국외주식"이라는 용어를 사용하고 있었다. 우리 소득세법은 양도소득의 범위를 규정하면서 외국법인이 발행하였거나 외국에 있는 시장에 상장된 주식 등으로서 대통령령으로 정하는 것을 양도소득의 범위에 포함시킨다고 규정하고 있으므로 이 규정에 의하여 해외주식은 양도소득으로 과세된다.

국내주식의 경우 일반적으로 주식양도일이 속하는 연도의 직전연도 종료일 현재 보유주식 시가총액이 10억 원 이상인 경우에만 양도소득세를 부담하기 때문에 대부분의 투자자는 양도소득세를 신경 쓰지 않는다. 하지만 해외주식은 이러한 제한적인 과세기준을 적용하지 않기 때문에 국내주식에 비하여 세금측면에서 고려해야 할 요소가 더 많다.

세금측면이 아니더라도 해외주식은 국내주식보다 복잡하다. 국내주식은 싸게 사서 비싸

게 팔면 이익이 난다. 하지만 해외주식은 국내주식보다 환율이라는 요소를 추가로 고려해야 한다. 취득가액보다 매도가액이 높다면 이익이 나지만 동시에 취득 당시 환율보다 처분 당시 환율이 내려간 상태라면 이로 인한 환차손은 주식가격변동으로 인한 차익을 반납하게한다. 예를 들면 미국의 A주식 1,000주를 주당 $15에 취득하여 $18에 처분했다면 $3,000의 처분이익이 발생한다. 미국 투자자는 이것으로 거래가 종결된다. 국내투자자는 상황이다르다. 취득시점 환율이 1,300원/$이고 처분시점에 1,000원/$이라고 가정하면 취득시점에 19,500,000원(= $15 × 1,300원 × 1,000주)을 투자하여 18,000,000원(= $18 × 1,000원 × 1,000주)의 투자금이 회수되므로 결국 주식가격으로 인한 차익 3,000,000원보다 환율변동으로 인한차손 4,500,000원이 더 커서 이 투자로 인해서는 1,500,000원의 손실을 보게 되는 것이다. 일반적으로 특별한 상황이 아니라면 환율변동폭이 예를 든 상황보다는 작기 때문에 이 같은 상황이 빈번한 경우는 아니지만 이론적으로는 발생할 가능성이 있다는 점에서 해외주식투자자는 환율변동의 문제를 고려해야 한다.

여기에다가 해외주식의 경우 과세하는 방법이 달라 이것도 해외주식 투자의 변수다. 결론부터 말하면 국내주식에 비하여 불리하다. 복잡한 것은 국내주식에 투자한 투자자는 상장주식의 경우 시가총액 10억 원 미만이면 과세대상인 대주주에 포함되지 않아 일반적으로 세금을 내지않지만 외국주식에 투자한 투자자는 대주주가 아니라 하더라도 세금을 내야 한다.

해외주식 투자자는 다음과 같은 방법으로 과세된다. 첫째는 해외주식에 투자하여 발생한차익에 대하여는 차익이 발생한 다음 해 5월 31일 종합소득세 신고시 양도소득세를 신고납부하여야 한다. 해외주식에서 발생한 차익과 차손은 합산하여 순액으로 신고 납부한다. 해외주식에서 발생한 차손은 같은 연도에 해외주식에서 발생한 차익과 통산이 가능하기 때문이다. 양도소득세의 기본공제는 일반적인 양도자산의 경우와 같이 250만 원이고, 양도소득세율은 중소기업의 경우는 10%이고 그 밖의 주식은 20%이다.

그렇다면 해외주식의 경우에 양도소득세를 절세하려면 어떻게 해야 하나? 사실은 해외주식의 경우 국내주식과 비교하여 특별히 다른 뾰족한 수가 있는 건 아니다. 하지만 일반적인 다음과 같은 몇 가지를 생각해 볼 수 있다.

우선 차손과 차익을 상계하는 문제를 생각해야 한다. 이 문제는 근본적인 문제다. 하지만세법은 이 문제에 대하여 그리 관대하지 않다. 세법이 고려해 주는 부분이 있기는 하다. 하지만 같은 연도가 아닌 경우는 국내주식의 경우도 여태껏 이월공제를 해준 적이 없다. 다만, 2025년부터 시행되는 금융투자소득과세의 경우 5년간 이월공제를 해준다고 하지만 아직 시행이 된 것은 아니다.

해외주식의 경우도 현행 국내주식처럼 같은 해에 발생한 차손과 차익이 아니면 상계되지 않고 법상으로는 그해에 발생한 국내주식과도 상계해 준다고 하지만 상계의 대상이 되는 국내주식은 양도소득세의 대상이 되는 주식에 한정되므로 시가총액이 10억 이상이 되는 대주주 등이 아니라면 해당 사항이 없다.

그러므로 일반적인 투자자는 해외주식의 경우 그해에 발생한 해외주식에서 발생한 차손과의 상계를 통해서만 가능하다고 생각해도 된다. 그렇다면 이 부분에서 절세하는 방법은 연말에 손실이 난 주식을 처분하여 이익이 난 부분과 상계하여 세금을 줄여야 한다. 하지만 절세를 위하여 손실 난 종목을 처분하고 난 후 주가가 상승하는 것이 변수다. 그러므로 이 방법을 사용하려면 연말 처분시기와 연초 재취득시기 간의 간격을 최대한 줄여서 이 부분의 위험을 회피하는 것이 현명한 방법이다.

두 번째는 양도소득기본공제 금액이 1년 기준으로 250만 원이라서 주식을 분할매도하여 1년 기준 250만 원을 사용하라고 하는 것이 절세방법으로 제시될 수 있다.

마지막으로 배우자에게 증여하는 경우 6억 원까지는 증여세를 내지 않고 주식가액이 상승한 경우 상승한 가액이 취득가액으로 재산정된다는 점에서 합법적인 절세방법으로 생각된다. 하지만 이 방법에서 6억 원이라는 금액은 10년간 통산하여 6억 원이라는 점을 고려해야 한다.

어쨌든 이러한 단순한 방법으로라도 해외주식의 양도차익에 대한 조세부담액을 줄이는 것은 절세의 범주에 속한다. 납세의무는 헌법상 국민의 4대 의무라서 국민이라면 납세의무를 성실하게 이행해야 한다. 하지만 합법적으로 줄일 수 있는 부분이 있는데도 세법의 무지로 인하여 세금을 많이 내는 것을 애국행위로 볼 수는 없다.

그러므로 국내주식의 경우, 납세자가 과세대상 대주주 요건을 피하기 위해 전년도 말에 주식을 매도하고 연초에 주식을 다시 취득함으로써 올해의 주식매매차익에 대한 양도소득세를 피해가는 것은 납세자가 합법적인 절세를 한 것이지 불법적인 탈세를 한 것은 아니다.

(2023.5.3. 국가미래연구원)

23 횡재세 부과는 정당한가?

횡재세(windfall tax)는 횡재에 대하여 부과하는 세금이어서 그 이름이 횡재세다. 횡재란 예상치 못한 큰 재물을 얻는 경우에 그 재물을 의미하는 용어로 최근 횡재세가 자주 언론에 나오는 이유는 금융업과 정유업의 높은 이익에 대하여 이러한 이익을 얻은 이유가 금융업과 정유업이 특별히 잘해서가 아니라 금리가 급격하게 인상됨에 따라 예대마진이 커지고, 러시아와 사우디아라비아 등의 석유 감산으로 유가가 상승하고 정제마진이 대폭 커진 영향으로 발생한 이익의 성격을 횡재라는 개념에 포섭하였기 때문이다.

횡재세는 횡재의 상황을 맞이한 기업들에게 기존의 법인세에 추가하여 세금을 부과하겠다는 것이다. 이러한 횡재세의 성격을 도입한 국가도 있고, 현재 우리 야당이 추진하는 것처럼 부담금으로 도입하는 방법도 있지만 이러한 부담을 기업에게 주는 정당성에 대하여 짚고 넘어갈 필요는 있다.

영리를 추구하는 기업에게 횡재라는 상황이 생길 수 있는가? 횡재는 영어 표현 'windfall'에서 느낄 수 있는 것처럼 아무런 노력도 하지 않고 획득한 이익이라는 의미인데, 이러한 의미가 영리기업에게 적용될 수 있는지에 대한 생각부터 정리해 보자.

기업은 어떤 사업을 선택해서 그 선택된 사업을 잘 운영해 계속기업(going concern)으로서 가치를 유지하고 성장시켜 간다. 그러므로 어떤 사업을 할 것인지에 대한 선택할 단계부터 그 기업의 능력은 이미 발휘되고 있다고 보아야 한다. 금융업, 제조업, 건설업 등을 선택하고 제조업을 한다면 무엇을 제조할 것인지에 대한 결정을 해야 하는 것이 기업이다. 업종에 따라서는 정부의 인·허가를 받아야 하는 사업도 있고 그렇지 않은 사업도 있지만 사업이란 업종의 선택부터가 이미 사업의 영역에 속한다.

이러한 사업의 선택은 사업의 특성을 충분히 고려하여 사업의 외부환경이 급격히 변화하는 사업의 경우 그 사업을 택하는 것은 큰 위험을 감수하고 위험에 대응하는 큰 이익을 향유하겠다는 선택이며, 외부환경의 변화가 급격하지 않은 경우는 나름대로 그러한 사업의 특성을 고려하여 그 사업에 진출하는 것이다.

제약회사의 경우 신약개발에 투입되는 연구개발비 금액은 크고 그 성공 가능성은 낮아서 심한 경우 어마어마한 연구개발비를 투입하고도 신약개발에 성공하지 못한다면 사업이 망할 수도 있고 만약 성공한다면 기업가치를 엄청나게 높일 수도 있다는 특성을 고려하여 선택하는 것이다.

사업의 선택 그 자체가 그 기업의 능력이라고 본다면 그 이후에 벌어지는 모든 환경의 변화와 이에 대응하는 과정에서의 이익과 손실은 이러한 변화에 대응하는 기업의 운과 능력이 어우러진 종합적 결과라고 보아야 한다. 그러므로 기업에게 횡재라는 용어는 어울리지 않는다. 우연히 환경이 유리하게 형성되어 큰 이익을 보았더라도 이것은 횡재의 영역이라기 보다는 이러한 사업의 특성을 고려하여 그 업종을 선택하고 선택한 이후에 환경에 잘 대응한 그 기업의 능력으로 보는 것이 맞다.

하지만 특정업종의 경우 이에 반대되는 논리도 귀 기울여 볼 필요는 있다. 최근 타깃이 되고 있는 금융업과 정유업에 대한 일반적인 비판의 목소리는 충분히 일리가 있다. 기준금리가 올라가면 대출이자는 급격하게 올리면서도 예금금리는 그 수준과 속도로 올리지 않는 상황과 정유회사의 경우 원유가격이 상승할 때는 판매가격을 즉각적으로 올리면서 내릴 때는 천천히 내려 이익이 커지는 상황을 만들기 때문이다. 결국 이러한 성격의 마진을 이익으로 챙기는 업종이 금융업과 정유업이어서 공통점이 존재한다. 이러한 업종은 가격이 올라도 소비자 입장에서 그 소비를 줄이기가 어려워 수요의 가격탄력성이 낮고, 업종의 진입이 쉽지 않다는 공통점까지 고려하면 더욱 그렇다.

하지만 이러한 비판까지 고려하더라도 횡재세 부과의 정당성을 찾기는 쉽지 않다. 횡재세에 타깃이 되는 업종이 소위 말하는 '땅 짚고 헤엄치기'처럼 항상 이러한 이익이 발생하는 것도 아니며 손실이 발생하거나 어려워 도산하는 경우를 상정하지 못할 바 아니기 때문이다. 현재의 이익이 많으나 횡재세의 대상이 되고 있는 정유업의 경우 일정시기에는 경제 환경의 변화로 석유제품가격에서 원유가격과 수송비용 등을 차감한 정제 마진이 마이너스가 되는 어려운 시기가 있기 때문이다.

그러므로 횡재세의 부과는 반대의 경우 즉, 그 업종이 어려워질 경우 정부가 도움을 줄 수 있는가를 생각해 보고 정부가 지원할 수 없다면 업황이 좋을 때 횡재세를 부과하는 것도 어렵다는 생각을 할 수 있다.

최근 김성주 민주당 정책위 수석부의장은 '금융소비자보호법·보조금관리법 개정안'을 대표발의 했다. 이 개정안에는 금융회사의 순이자수익이 직전 5년 평균의 120%를 넘길 때, 초과이익의 최대 40%를 '상생 금융 기여금' 형태로 내는 안이 담겨져 있다. 일차적으로 금융업으로 그 업종을 제한하여 세금으로서 횡재세가 아닌 상생금융기여금이라는 분담금의 형태로 거두겠다는 것이다. 이름이 횡재세가 아니고 상생금융기여금이어도 그 성격에 있어

서 세금에 준하는 준조세임에는 분명하다.

　금융업종을 가장 먼저 언급한 것은 예대마진이 금융기관의 노력이 아니고 금융기관의 운영자체가 국가의 인허가라는 보호막에 의하여 움직이는 대표적인 업종으로 판단하였기 때문이다.

　횡재세의 본질은 특정 업종의 기업이 벌어들인 이익이 그 기업의 노력이라고 보이지 않고 외부 환경의 변화가 횡재라는 상황을 가져왔다는 것이다. 하지만 앞에서도 언급했듯이 기업의 능력은 이러한 업종을 선택한 것부터가 그 능력의 시작이고 이러한 업종을 선택하였더라도 항상 이익을 얻거나 엄청난 초과이익을 얻는다고 하는 것을 장담할 수는 없다. 다만 현재 타깃이 되고 있는 금융업이나 정유업이 생산하는 상품이 온 국민이 수요하고 있는 필수재이고, 그 업종에 포함된 기업들이 거의 과점상태로 움직인다는 사실에 착안하면 예대마진과 정제마진의 형성과정에서 여신금리의 인상과 수신금리의 인상이 그 폭과 조정시기의 신속성 측면에서 합리적으로 이루어져야 하고, 같은 논리로 기름 판매가격의 인상과 인하도 적절하게 대응될 수 있도록 그 시스템을 구축하는 것이 나름 중요한 의미를 가진다고 할 수 있다.

　횡재라는 이름으로 초과이윤에 대하여 기업에 부담을 비자발적으로 끌어내는 횡재세나 횡재부담금은 이런 제도가 해외에 있다 없다를 떠나서 결코 자유시장 논리에 적합하지 않다. 기업의 이익은 그 이익의 성격이 다르다고 판단될지라도 법인세를 내면 족하다. 법인세를 내고 난 나머지는 주주에게 배당을 하고 나머지는 사내유보하여 그 기업의 투자재원으로 대기하는 것이 바람직하다. 횡재라는 이름의 초과이윤에 대하여 비자발적 부담을 시키는 것은 그러한 부담을 하는 기업과 그렇지 않은 기업과의 과세 형평에도 어긋난다. 특정업종의 기업에 대하여 횡재세를 부담시키는 것은 그 기업에 투자한 개인투자자나 기관투자자 측면에서도 기업가치를 디스카운트하는 이유가 될 수 있다. 그러므로 비자발적인 횡재세를 부담시키는 방법보다는 과점구조의 혜택을 누리는 기업의 예대마진이나 정제마진 성격의 이익을 합리적으로 운용되게 그 시스템을 구축하는 것이 먼저다. 비자발적 부담은 그 불확실성으로 기업가치를 낮추는 것에 비하여 기업의 막대한 초과이윤의 일부를 자발적으로 환원하는 것은 기업이 ESG경영을 실천하는 것으로서 기업가치를 상승시킨다는 사회적 분위기가 자연스럽게 조성될 수 있다는 생각을 해본다.

(2023.11.21. 국가미래연구원)

24   부영그룹 출산장려금 1억, 어떻게 과세해야 하나?

통계청이 발표한 '2023년 인구동향조사 출생·사망통계'에 의하면 2021년 우리나라의 합계출산율(한명의 여성이 가임기간 중 낳을 것으로 기대되는 평균 출생아 수)은 0.81명이고 지난해 우리나라 합계출산율은 0.72명이다. 합계출산율이 2.1명일 때 현재 인구가 유지되는 수준인 점과 2021년 OECD 회원국의 평균 합계출산율이 1.58명이라는 것을 고려하면 0.72명이라는 숫자는 현재 대한민국의 인구감소 상황이 심각하다는 것을 말해준다.

정부도 출산율 하락을 심각하게 받아들여 대통령이 위원장을 맡고 장관급이 부위원장인 '저출산고령사회위원회'를 운영하고 있으나 출산율 하락은 우리사회의 종합적인 문제의 결과라서 이에 대한 묘책을 찾기는 쉽지 않다.

이러한 상황에서 최근 부영그룹이 2021년 이후 자녀를 출산한 직원에게 출산한 자녀 1명당 1억 원의 출산장려금을 지급하겠다고 나왔으나 이로 인한 세금 문제로 의견이 분분하다. 이에 어떻게 하면 주는 측(기업 측)의 좋은 의도를 살려서 출산장려금을 세무상 비용으로 최대한 인정해 주고 받는 측(근로자 측)은 받은 출산장려금에서 세금으로 징수되는 부분을 최소화하여 출산장려금의 효과를 극대화시킬 수 있을까가 현안문제로 부상했다.

세금문제가 저출산 문제를 해결할 근본적인 문제는 아니지만 일단 발등에 떨어진 불은 세금문제로 모아지고 있다. 이 문제는 크게 두 가지의 상황에서 검토해 볼 수 있다. 하나는 현행법 하에서 부과되는 세금문제를 검토해 보고 현행법이 인구감소에 대응하기 위한 기업과 근로자에 대한 지원이 미흡하다면 입법을 통해서 출산장려금의 효과를 높여 우리사회의 고질적인 문제인 저출산 분위기를 반전시키는 것이 절체절명의 과제다.

먼저 현행법 하에서 부영의 출산장려금 1억 원에 대한 주는 측(기업 측)과 받는 측(근로자 측)의 과세방법에 대하여 검토해 본다.

근로소득은 근로를 제공하고 받는 대가로서 고용주와의 관계에서 종속성을 그 특징으로 한다. 현행 소득세법 제20조와 동법 시행령 제38조에서 근로소득과 근로소득의 범위에 관하여 규정하고 있고 소득세법 제12조에서는 근로소득 중 비과세소득에 관한 내용을 규정하고 있다. 이번 부영의 출산장려금과 관련한 조항들을 모아보면 소득세법 제20조 제1항 제1호에서 '근로를 제공함으로써 받는 봉급·급료·보수·세비·임금·상여·수당과 이와 유사한 성질의 급여'를 근로소득으로 규정하고, 동법 시행령 제38조 제1항 제2호와 제3호에서

'종업원이 받는 공로금·위로금·개업축하금·학자금·장학금(종업원의 수학 중인 자녀가 사용자로부터 받는 학자금·장학금을 포함)과 기타 이와 유사한 성질의 급여와 근로수당·가족수당·전시수당·물가수당·출납수당·직무수당 기타 이와 유사한 성질의 급여'를 근로소득의 범위에 포함시키고 있다.

그리고 소득세법 제12조 제3호 머목에서는 '근로자 또는 그 배우자의 출산이나 6세 이하(해당 과세기간 개시일을 기준) 자녀의 보육과 관련하여 사용자로부터 받는 급여로서 월 20만 원 이내의 금액'은 비과세로 규정하고 있다. 전체적인 조문을 고려하면 부영의 출산장려금은 근로자 또는 그 배우자의 출산과 관련하여 사용자로부터 받는 급여로 볼 여지가 있다. 금액이 1억 원으로 상당히 큰 금액이기는 하지만 월 20만 원 이내의 금액을 비과세로 규정하고 있는 것을 보면 근로소득으로 포섭하여 과세하는데 별 문제는 없다고 생각한다. 즉, 현행 소득세법 제12조 제3호 머목에 의하면 출산장려금 1억 원에 대해 연간 240만 원을 비과세하고 나머지 9,760만 원을 근로소득 총수입금액으로 보겠다는 것이다.

둘째는 출산장려금에 대하여 주는 측(기업 측)을 증여자로, 받는 측(근로자 측)을 수증자로 보는 견해가 있다. 이 경우 부영이라는 기업이 증여자가 되고 근로자가 수증자가 된다는 논리이다. 하지만 첫 번째 논의에서 언급했지만 이 건은 현행법에 의하면 근로소득으로 과세할 수 있다. 그리고 상속세 및 증여세법 제4조의 2 제4항에서 "증여재산에 대하여 수증자에게 「소득세법」에 따른 소득세 또는 「법인세법」에 따른 법인세가 부과되는 경우에는 증여세를 부과하지 아니하고 소득세 또는 법인세가 「소득세법」, 「법인세법」 또는 다른 법률에 따라 비과세되거나 감면되는 경우에도 또한 같다"고 규정하고 있어 근로소득세로 과세되는 한 증여세를 과세할 여지는 없다고 생각한다.

셋째는 출산장려금에 대하여 주는 측(기업 측)에서는 기부금으로, 받는 측(근로자 측)에서는 기부금 수령자로 보는 견해도 있다. 하지만 결론부터 말하면 현행법 하에서는 기부금으로 볼 여지는 없다. 왜냐하면 공익성을 고려하여 일정 부분의 손금한도를 부여하는 기부금은 법인세법 제24조와 조세특례제한법 제88조의 4에서 규정하고 있는 것만을 기부금으로 보고 있는데 법인세법상 손금 인정이 되는 기부금은 특례기부금, 일반기부금(종전의 지정기부금)밖에 없고, 조세특례제한법상 손금 인정이 되는 기부금도 우리사주조합기부금밖에 없다. 즉 세법은 손금 인정이 되는 기부금의 범위에 출산장려금 성격의 기부금을 규정하고 있지 않다. 그러므로 기업이 출산장려금을 지급하는 것을 현행법 하에서는 세무상 일정부분을 손금으로 인정하는 기부금으로 볼 수는 없다.

우리 사회가 총력을 기울여 우리나라의 인구감소를 막아야 한다는 점에서 부영그룹의 출산장려금 지급은 정말 고마운 일이다. 결론적으로 이 상황을 지원할 바람직한 세제구조는 출산장려금을 지급하는 기업에 대해서는 출산장려금을 최대한 세무상 비용으로 인정해 주고 수령하는 근로자 측에게는 출산장려금에 부과하는 세금을 최소화하는 것이다. 왜냐하면 이러한 조건이 기업에게 출산장려금을 지원하려는 동기가 더욱 강해지게 하고 근로자도 출산에 대한 관심을 조금이라도 키울 수 있는 계기가 될 수 있기 때문이다. 앞에서 살펴본 것처럼 기업 입장에서는 인건비로 처리하는 것이 법인에게 가장 세금혜택을 많이 주는 방법이다. 왜냐하면 인건비는 일반적으로 전액을 손금으로 인정할 수 있기 때문이다. 이는 세금효과를 통하여 정부와 기업이 출산장려금을 실질적으로 분담하는 결과가 되므로 저출산 사회를 벗어나려는 정부의 시책에도 부합하는 것으로 보인다.

며칠 전인 2024년 2월 29일 법인세법 시행령 제19조 제3호의 2에 '임원 또는 직원의 출산 또는 양육 지원을 위해 해당 임원 또는 직원에게 공통적으로 적용되는 지급기준에 따라 지급하는 금액'을 손비의 범위에 포함시켜 정부도 이를 분명히 하였다. 필자가 생각하기에 이 규정을 신설하지 않더라도 소득세법 제12조 제3호 머목을 근거조항으로 하여 근로자에게 출산장려금을 근로소득으로 과세한다면 법인이 위 금액을 인건비로 손금처리하는 데 문제는 없지만 시행령에 이를 명확히 확인하는 규정을 신설하여 불필요한 논란을 제거했다는 점에서 그 의미가 있다.

다음으로는 출산장려금을 수령하는 근로자에 부과되는 세금을 최소화하는 방법을 생각해 본다. 앞에서 검토해 본 바와 같이 출산장려금을 지급하는 법인 측의 세금처리방법을 인건비로 확정시키면 일반적인 상황에서 근로자는 근로소득으로 과세될 수밖에 없다. 하지만 근로자 측은 출산장려금을 수령하게 되면 각 근로자의 근로소득 과세표준의 크기에 따라 다르겠지만 출산장려금을 수령한 해에 출산장려금을 제외한 총수입금액에 출산장려금을 수령한 금액이 가산된 상태에서 과세표준을 산출하여 누진세율이 적용되므로 현행 세율로는 대부분 15~38%의 세율이 적용될 개연성이 높다. 출산장려금으로 수령한 금액이 근로소득으로 분류되면 일정 부분에 대하여 근로소득으로 과세되어 실 수령액이 줄어드는 것에 대한 조정이 필요하다는 것이 정부가 고민하고 있는 부분이다. 이 부분에 대하여는 현행 소득세법 제12조에서 규정하고 있는 비과세소득의 금액을 상향조정하거나 조세특례제한법에 인구감소 문제에 대한 세제지원의 장을 신설하여 출산장려금을 전액 비과세하는 방안을 통해 근로자에 대한 실제 혜택을 늘려야 한다는 게 필자의 생각이다.

　현재 부영그룹의 1억 원에 대한 세제지원 문제에 대하여 갑론을박하는 것은 우리 사회가 우리나라의 인구감소 문제에 대하여 관심을 가지고 행하는 첫 번째 발돋움에 불과하다. 지금 우리의 인구문제에 대한 대책이 출산을 한 부모에게 한 자녀당 1억 원을 주고 세제를 통해 이 효과를 극대화하는 것만으로 다 되었다고 생각하면 오산이다. 우리의 인구감소 문제는 한 자녀 당 일정 금액의 출산장려금을 지원한다고 그 근본적인 문제가 해결될 수는 없다.

　저출산의 문제는 우리가 직면하고 있는 우리사회의 복합적인 문제(교육비를 포함한 육아비용의 부담, 높은 교육수준으로 인한 맞벌이 부부의 증가, 주택가격의 상승으로 인한 결혼비용의 증가, 치열한 경쟁을 전제로 하는 사회 분위기 등)로 인하여 발생한다. 그러므로 이러한 금전적지원과 함께 우리 사회 전체가 아이를 출산하는 현재의 기성세대와 우리의 후세가 이 사회에서 행복한 삶을 영위할 수 있으려면 생태계를 어떻게 조성하면 되는지 다각적으로 생각해 보고 그 합리적 방안을 꾸준히 실행에 옮기는 것이 근본적인 해결방법이라는 생각을 해야 한다.

(2024.3.3. 국가미래연구원)

Part 9

기회발전특구 및 재정분권

01 지역균형발전① 윤석열정부 지역균형발전, 사람이 핵심이다

지역균형발전이 국가정책에서 중요하게 자리매김한 시기는 노무현 정부부터다. 그 이후 역대 정부는 지역균형발전을 위해 나름대로 노력을 해오기는 했다.

하지만 근 20년이 다 돼가는 지금도 균형발전의 문제는 나아지기는커녕 악화일로로 치닫고 있다. 국토의 12%에 해당하는 수도권 지역이 인구, 지역내총생산(GRDP), 취업자 비중에서 50%를 넘고 있고 부동산 가격, 수도권 대학과 지방 대학의 격차가 날로 벌어지고 있는 것은 지역균형발전이 거꾸로 가고 있다는 방증이다.

지역균형발전이 정상적으로 이뤄지면 결국은 인구가 고르게 분산된다. 인구가 분산되게 하려면 우리 국민이 어디에 살든 균등한 기회를 누릴 수 있어야 한다. 어디에 살든지 균등한 기회를 누릴 수 있으려면 일자리기회, 교육기회, 주택가격의 상승, 정주 요건 등이 어느 정도 비슷해야 한다. 이것이 공간적 정의(spatial justice)다.

지금까지 지역균형발전에 대한 정부의 노력이 큰 효과를 보지 못한 이유는 지역균형발전의 문제를 종합적으로 보지 않고 단편적으로 봤고, 지방이 주도하지 않고 중앙정부가 주도한 데 기인한다. 지역균형발전의 문제는 단순히 중앙에 있는 공기관 하나를 지방에 이전시켰다고 해서 해결되지 않으며, 각 지방자치단체에 할당식 특구를 임의로 지정해서 운영했다고 끝날 일이 아니다.

지금까지의 지역균형발전이 결과적으로 성공하지 못한 부분에 대해, 지금까지의 방법으로 지역균형을 이루려고 한다면 결국 성공할 수 없다. 파격과 전례가 없는 정책 구사가 필요한 이유다.

지역균형발전의 문제는 선택이 아니라 필수다. 지역의 균형발전이 현재와 같은 상태로 머무른다면 대한민국의 미래는 없다는 절박감이 윤석열정부의 지역균형발전의 시작이다. 이를 위해 역대 어느 정부에서도 인수위 단계에서 고려하지 않았던 지역균형발전 특별위원회를 두게 된 배경이라고 할 수 있다.

앞에서도 언급했지만 지역균형발전의 문제는 사람의 문제다. 사람이 움직이게 해야 한다. 합리적 경제인을 움직이게 하기 위해서는 이동하기에 적합한 환경 조성이 먼저다. 소비력이 있는 개인과 법인을 움직이게 해야 하고, 움직인 개인과 법인이 선호하는 교육환경을

조성해야 하며, 비즈니스를 하는 개인과 법인 즉 기업이 활동하기에 용이하게 규제를 풀어 줘야 한다.

이러한 모든 것의 주체는 지방정부다. 즉 지방정부가 원하는 지역에 원하는 업종을, 그들이 원하는 규제를 풀어줘야 한다는 것이 윤석열정부의 지역균형발전의 요체다.

소비력이 있는 개인과 법인을 수도권이 아닌 일정 지역으로 이동하게 하려면 인센티브를 제공해야 한다. 그 중 가장 첫 번째로 고려해야 할 요소는 세제 요인이다. 세금을 줄여주는 것은 납세자의 행동을 변화시킬 수 있는 요인이다. 하지만 세금만으로 개인과 법인을 움직이게 할 수는 없다. 세금 이외에 결정적인 요소는 또 있다.

교육시스템이 또 하나의 결정적 요소다. 개인이 이동할 때 개인의 자녀들이 그 지역에서 양질의 교육을 받을 수 있느냐가 중요한 판단 요소다. 부모가 직장 문제로 지역을 옮길 때 옮긴 장소에서 자녀가 양질의 교육을 받을 수 있다면 부모들은 선뜻 자녀들과 함께 이동할 수 있다.

기업이 이전한 장소 근처에서 지속적으로 양질의 인력을 공급받을 수 있다면 기업들의 이전도 한결 용이할 수 있다. 여기에다가 비즈니스를 하는 기업들이 요구하는 규제를 풀어준다면 이는 지역균형발전의 주체가 지방정부가 되고, 중앙정부는 지방정부를 지원하는 윤석열표 지방균형발전의 모습이 완성된다.

윤석열정부는 인수위 시기에 공정과 자율 그리고 희망의 균형발전 3대 가치를 기반으로 지방정부가 주도하고 중앙정부가 지원하는 종합적인 지역균형발전 모델을 추진하고 있다. 균형발전의 동력이 톱다운(top-down)에서 바텀업(bottom-up)으로 바뀌고 고려 요소가 단편적이지 않고 종합적이라는 측면에서 그 성공 가능성이 높을 것으로 기대된다.

하지만 이것보다 더 강력하게 지역균형발전의 성공 가능성을 높이는 요소는 현재 보여지는 지역균형발전에 대한 대통령의 강력한 의지라고 할 수 있다.

(2022.6.4. 이데일리)

지역균형발전② 尹정부 기회발전특구는 파격적인 조세정책 시험장

기회발전특구(ODZ: Opportunity Development Zone)는 윤석열정부가 지향하는 지역균형발전의 핵심 정책수단이다. 혹자는 특구라는 용어 때문에 예전의 특구와는 무슨 차이가 나는지에 대한 의구심을 가지기도 한다. 하지만 기회발전특구는 기존의 특구와는 많이 다르다.

예전 특구와의 차이는 다음 번에 다루기로 하고, 먼저 기회발전특구는 어떻게 운영되는지 예를 들어 살펴보기로 한다. 서울 수도권에 거주하는 홍길동 씨는 다주택자로서 주택처분 시 발생하는 양도소득세가 너무 커서 처분하기도 겁이 난다. 하지만 최근 증가한 보유세의 가중함으로 인해 집을 계속 보유할 수도 없는 상황이 됐다. 이 상황에서 기회발전특구는 하나의 기회가 될 수 있다.

이 경우 만약 홍길동 씨가 비수도권 지역에 지방자치단체장이 지정하는 지역에 주택처분금액의 일정 부분(예를 들면 50% 이상)을 직접투자 또는 간접투자 하게 되면서 발생한 양도소득세의 일정 부분을 과세이연할 수 있다. 일정 기간 그 요건을 유지하면 과세이연된 세액을 영원히 면제도 해준다.

홍길동 씨가 주택을 40억 원에 양도해 10억 원의 양도소득세가 산출된 상황이라고 가정해 보자. 그가 기회발전특구로 이사해 20억 원을 직접투자 또는 간접투자하고 10년 이상 그 요건을 지속했다면 5억 원(10억 원이라는 양도소득세 중에서 양도가액 중 투자가액이 차지하는 비율)의 양도소득세를 과세이연했다가 면제해 준다는 것이다.

다만 이 부분에서 양도가액의 50% 이상의 투자나 10년 이상 요건 지속, 양도가액 중 투자금액이 양도가액에서 차지하는 비율 등은 아직 법으로 정해지지 않아 확실하게 정해진 것은 없다. 확실한 것은 이러한 조세 혜택을 기회발전특구로 이전한 자에게 주겠다는 것이다.

그것도 지금까지의 강도가 아닌 파격적이고 전례 없는 수준으로 하겠다는 정부 차원의 의지가 있다고 하는 것은 확실하다. 쉽게 설명하기 위해 개인의 경우를 들었지만, 실제로는 법인 기업의 경우가 기회발전특구 경제활성화의 동력이 될 것임은 의심할 여지가 없다.

기회발전특구는 중앙정부가 객관적인 통계 수치를 통해 지역의 균형발전이 필요한 지역에 대한 정보를 지방정부에 제공하는 것이 그 운영의 시작이다. 이러한 중앙정부의 역할 이외에 기회발전특구 지정, 기회발전특구에 어떤 산업을 일으키고 어떠한 규제를 풀어야

하는지에 대한 수요는 오롯이 지방정부의 몫이다.

지방정부의 자율성을 중시하는 기회발전특구는 공통으로 조세 혜택을 부여하는 점, 특구의 성공을 위해 필수적인 인적 자원을 공급하기 위한 교육 제도를 합리화하는 점, 지방정부가 요구하는 규제철폐에 가능한 지원을 아끼지 않아 기회발전특구에서 시도되는 경제활성화 방안이 반드시 성공하도록 하겠다는 점이 현 정부의 생각이다.

앞에서도 예를 들었지만 기회발전특구에서 지원되는 조세지원은 과히 파격적이라고 할 수 있다. 양도소득세의 이연으로 급기야는 면제로 가는 방법은 여태껏 한 번도 우리나라에서 시행된 적이 없는 정책이다.

양도소득세뿐만이 아니다. 간접투자 이자소득과 배당소득에 대해서도 일정부분 감면해 준다. 심지어는 기회발전특구에서 일정 기간이라는 요건을 충족한 직접투자나 간접투자의 투자금을 회수하는 단계에서도 세금을 감면받게 된다.

투자자금을 마련하기 위한 단계, 투자 단계, 투자금을 회수하는 단계 모두 파격적인 세제 혜택을 주는 것이다. 이를 통해 기회발전특구로의 자금의 유입과 유입된 자금이 산업자본으로 활용돼 지역의 경제활성화에 기여하겠다는 것이다. 그 지역을 기폭제로 해 인근 지역까지 경제활성화가 파급되게 하겠다는 것이다.

그러므로 기회발전특구는 이러한 파격적인 조세지원의 긍정적 효과를 테스트하는 시험장으로서의 역할도 하게 된다. 우리 세법의 상속세 분야는 그 세율이 너무 높다는 문제가 있다. 이외에도 기업승계의 성격을 지니고 있는 가업상속공제의 경우 많은 기업가나 학자들이 오래 전부터 그 문제점을 지적해왔던 것이 사실이다.

세법을 전공하는 학자나 정부 입법을 관장하는 정부 부처들은 상속세의 세율을 낮추거나 가업상속공제의 요건을 완화하는 게 바람직한 방향이라는데 어느 정도 공감하고 있다.

그럼에도 정치권은 국민 정서의 문제를 고려해 상속세의 세율을 낮추거나 가업상속공제의 요건을 완화하는 세법개정에 대해 난색을 표해왔다. 이에 기회발전특구는 이러한 문제를 과감하게 정책에 반영해 그 정책의 효과를 시험할 수 있는 하나의 장으로서 역할을 할 수 있다.

비록 우리나라의 전 지역에 바로 시행하지는 못하더라도 지역균형발전이라는 절대적 선(善)을 전제하고 시행을 해보는 것이다. 우리 국토의 일정지역에 파격적인 조세정책을 시행해 보자. 그 정책의 효과가 바람직하게 간다는 것을 본다면 이것보다 더 효율적인 대국민

설득 방법은 없을 것이다.

(2022.6.11. 이데일리)

3 지역균형발전③ 윤석열정부 기회발전특구는 文정부와 다르다

윤석열정부의 기회발전특구(ODZ · Opportunity Development Zone)는 특구라는 용어가 붙어 있어서 기존의 특구와 유사하다고 생각하기 쉽다. 하지만 그 구체적 내용을 살펴보면 완전히 다르다.

특구라는 이름으로 묶어서 부르는 기존의 특구는 실제로는 '특구', '클러스터', '지구', '지역', '구역', '단지', '도시'처럼 그 이름이 다양하다. 그 이름이 다양한 만큼 관련부처나 관련 법률도 다양하고 특구의 종류도 많고, 전국에 다수의 특구가 지정돼 있는 상황이다.

기존의 특구 제도와 새 정부의 기회발전특구 제도는 몇 가지 점에서 확연한 차이를 보인다.

첫째, 기회발전특구는 기존의 특구 제도가 고려하지 않았던 지역균형발전에 있어서 종합적인 관점을 견지한다. 기존의 특구가 특정산업의 육성을 주안점으로 뒀다면, 기회발전특구는 지역균형발전의 최종판단 기준인 평균적인 인구밀도의 분산을 추구하는데 필요한 플랫폼을 제공한다.

지역균형발전이 효율적으로 이뤄진 결과는 전 국토의 인구가 소수의 지역으로의 쏠림 현상이 일어나지 않고 골고루 퍼지는 것이다. 인구가 골고루 퍼지게 하는 것은 강제적으로는 할 수 없다. 골고루 퍼지는 환경을 조성해야 한다.

이렇게 사람의 이동이라는 종합적인 고려를 하기 위해서는 소비력이 있는 개인과 법인이 기회발전특구로 이동함으로써 경제활성화의 동력을 제공해야 한다. 이러한 개인과 법인이 이동하기에 적합하도록 교육시스템을 개선하고, 활동하기에 적합하도록 규제를 풀어줘야 한다. 이러한 종합적인 관점은 기존의 특구 제도가 고려하지 못했던 기회발전특구의 특징이다.

둘째, 기회발전특구의 기본적인 운영은 전적으로 상향식(바텀업 · bottom-up)이다. 노무현 정부 이래 각 정부는 지역균형발전을 노력해왔다. 하지만 결과적으로 현 상황처럼 서울

및 수도권의 인구밀집 현상이 더 심해졌다. 이는 기존의 지역균형발전 정책의 실패를 의미한다고 할 수 있다.

이러한 실패의 주원인 중 하나는 정부 주도의 하향식(톱다운·top-down) 정책 추진이다. 기회발전특구의 운영에서 중앙정부의 역할은 거의 없다고 해도 과언이 아니다. 중앙정부는 기회발전특구를 지정할 때 고려해야 하는 객관적 자료를 제공하고, 지방정부가 추진하는 산업의 중복에 대한 교통정리 등 최소한의 기능만을 수행한다.

중앙정부는 지방정부가 지정을 요구하는 기회발전특구에 지방정부가 요구하는 교육 시스템의 개선, 지방정부가 요구하는 규제완화 역할만을 수행한다. 이러한 철저한 지방정부의 자율성이 기회발전특구가 자라나는 토양이다.

셋째, 기회발전특구는 기존의 특구에서 보기 힘든 파격적이고 전례가 없는 세제 혜택, 교육 시스템 지원, 규제 타파라는 정책 수단을 사용한다. 기존의 특구에서도 각종 세제지원 등의 지원이 있기는 했지만, 결국 보이는 결과는 우리가 기대했던 것에 미치지 못했던 것이 사실이다.

이러한 현실을 극복하기 위해서는 기존의 방법으로, 기존의 강도로는 역부족이다. 파격적이고 전례가 없는 강도로 이를 극복해야 한다는 것이 기회발전특구가 가지는 특징이다. 세수 측면에서 보면 단기적인 세수 감소는 감수해야 한다. 단기적인 세수 감소는 지역균형발전의 효과가 서서히 나타난다면 세수 증가로 이뤄질 수 있다.

넷째, 두 번째 이데일리 기고문에서도 밝혔듯이 여러 이유로 시행해 보지 못한 합리적 세제 개편의 시험장으로서의 기능을 수행하는 것도 예전의 특구가 전혀 고려하지 못했던 기회발전특구만의 기능이라고 할 수 있다.(참조 6월 11일자 〈尹정부 기회발전특구는 파격적인 조세정책 시험장〉)

다섯째, 기존의 특구 제도는 복잡하게 운영돼 명확한 컨트롤타워가 없다. 기존 제도는 12개 소관부처, 44개의 법률로 규정된 50개 종류의 특구로 구성돼 있다. 그리고 전국에 750여 개가 지정돼 있다.

하지만 기회발전특구는 이렇게 복잡하게 운영되지 않는다. 기회발전특구는 지역균형발전을 관장하는 하나의 위원회를 컨트롤타워로 한다. 또한 한 개의 법률로 움직이게 돼 복잡한 특구제도의 운영을 지역균형발전이라는 단일목적 하에 단일한 운영체계를 가질 것이다.

그리고 이외에도 기회발전특구에 대한 세간의 오해가 있다. 그 중 하나는 기회발전특구가 낙후지역에만 적용된다는 오해다. 이는 전혀 아니다. 기회발전특구의 지정은 전적으로 광역지방자치단체와 기초지방자치단체 간의 소통에 의해 광역지방자치단체장이 지정하는 성격이라 그 지정을 전적으로 지방정부가 자율적으로 결정한다.

낙후지역에 투자하게 되면 그렇지 않은 지역에 비해 에너지의 소비가 훨씬 많을 것이라는 주장이 나오지만, 이와 별개로 지방정부가 주도하는 기회발전특구의 모든 운영은 전적으로 지방정부가 결정하고 중앙정부는 이를 지원하는 것이 기회발전특구의 지향점이다.

결론적으로 기회발전특구는 모든 운영체제가 상향식으로 이뤄져 지방정부의 자율성을 철저하게 보장한다. 조세 인센티브를 공통적 요소로 개인이나 기업이 그 지역에 들어가기 위한 전제 조건인 교육시스템 등 기타 인프라를 고려하고 지방정부가 원하는 규제를 풀어주는 종합적 관점을 견지한다는 점에서 기존의 특구와는 확연하게 다르다.

(2022.6.18. 이데일리)

04 지역균형발전④ 윤석열정부 기회발전특구는 지방정부가 주인이다

윤석열정부의 기회발전특구(ODZ · Opportunity Development Zone)와 기존 특구와의 관계는 어떻게 설정되는가.

기회발전특구를 추진하면서 짚고 넘어가야 할 문제는 기존의 특구와의 관계 설정이다. 전국에 750여개나 존재하는 기존의 특구가 기회발전특구를 추진하는 과정에서 어떻게 변화할 것인지는 매우 중요한 체크 포인트다.

기존의 특구 중 관광특구를 예로 들어 설명해 보고자 한다. 관광특구는 문화체육관광부 소관의 특구로서 관광 여건을 조성하고 관광 자원을 개발하며, 관광 사업을 육성해 관광 진흥에 이바지하는 것을 목적으로 운영된다.

작년 기준 13개 시도에 33개 관광특구가 지정돼 있다. 관광진흥법 제2조 제11호는 관광특구에 관해 이렇게 규정한다. '외국인 관광객의 유치 촉진 등을 위해 관광 활동과 관련된 관계 법령의 적용이 배제되거나 완화되고, 관광 활동과 관련된 서비스·안내 체계 및 홍보 등 관광 여건을 집중적으로 조성할 필요가 있는 지역으로, 이 법에 따라 지정된 곳'으로 규

정하고 있다.

관광특구로 지정되기 위한 조건은 이렇다. '외국인 관광객 수가 10만명(서울특별시는 50만명) 이상, 문화체육관광부령으로 정하는 바에 따라 관광안내시설·공공편익시설 및 숙박시설 등이 갖춰져 외국인 관광객의 관광 수요를 충족시킬 수 있는 지역, 임야·농지·공업용지 또는 택지 등 관광활동과 직접적인 관련성이 없는 토지의 비율이 10%를 초과하지 않을 것, 상기한 조건을 갖춘 지역이 서로 분리되어 있지 않을 것이라는 조건을 만족하는 지역' 중에서 시장, 군수, 구청장의 신청에 따라 시·도지사가 지정하는 것이다.

기회발전특구에 관한 특례법(가칭)이 발효돼 진행되는 과정에서 기존의 관광특구는 여러 가지 선택안을 가질 수 있다. 첫째는 기존관광특구가 관광진흥법상 규정하고 있는 관광특구의 혜택을 그대로 누리면서 잔존하는 방법이다.

둘째는 기존 특구의 혜택이 새로 시행되는 기회발전특구로 지정돼 받을 수 있는 조세 인센티브, 개선되는 교육 시스템의 도입, 규제 프리 등 여러 가지 혜택보다 적다면 기존의 관광특구가 관광업을 주산업으로 하는 기회발전특구로 탈바꿈하는 것이다.

셋째는 기회발전특구의 시행을 하나의 전환점으로 보고 기존의 관광특구가 효율적으로 이뤄지지 않아 새로운 다른 기회를 모색할 수 있다면, 다른 분야 기회발전특구로 전환하는 것도 생각해 볼 수 있다. 지방정부의 판단으로 다른 지역에 비해 기회발전특구로 가야 할 필요성이 우선 순위에서 밀린다면, 기회발전특구로 가지 않고도 다른 효율적인 방안을 모색하는 방법을 찾을 수도 있다.

중요한 것은 이러한 의사결정은 오롯이 지방정부가 주체가 돼야 한다는 것이다. 지역균형발전은 지방정부가 바라고 지방정부에 이익이 되는 방향으로 움직여야 한다. 중앙정부는 지방정부가 움직이는 방향에 대해 지원하는 것이 기회발전특구를 통한 지역균형발전의 큰 그림이다.

만약 기존의 관광특구가 효율적으로 운영돼 관광특구의 기능을 잘 살리는 것이 지방정부의 판단일 수 있다. 이런 경우 지방정부는 두 번째 방법인 기존 특구를 기회발전특구로 전환해 지정되기를 원할 것이다. 왜냐하면 기회발전특구로 지정되는 것이 기존의 관광진흥법 하에서의 관광특구로 잔존하는 것보다 여러 가지 혜택이 많을 것이기 때문이다. 그러므로 이런 상황에서 첫 번째의 방법을 선택하기는 쉽지 않을 것이다.

다만 광역지방자치단체의 모든 지역이 기회발전특구로 지정받을 수는 없다. 이 때문에 기존의 관광특구와 별개로 추가로 관광특구를 지정받고 싶은 경우에는 기존의 특구를 존치하고, 기회발전특구를 지정해 추가로 관광산업을 추진하는 것도 생각해 볼 수는 있다.

세 번째의 방법은 기존의 관광특구가 유명무실한 상태인 경우다. 이 경우 해당 지역을 다른 산업을 추진하는 기회발전특구로 전환하는 것을 생각해 볼 수 있다. 기회발전특구로의 전환이 쉽지 않다면 기회발전특구 지정과는 별개로 해당 지역의 효율성을 높이는 다른 방법도 가능하다.

결론적으로 기회발전특구를 향후 진행하는 과정에서 기존 특구의 선택은 아무런 제약 없이 모두 열려 있다. 기존의 특구가 잘 운영된 상황이라면 기회발전특구가 지원할 더 많은 혜택을 누리기 위해 기회발전특구로 전환하는 것이 가능하다.

기존의 특구가 효율적으로 운영된 상황이 아니지만 다른 종류의 특구로 남는 것이 지방정부에 유리하다고 생각되면, 다른 종류의 기회발전특구로 전환하는 것도 가능하다. 이런 상황에도 맞지 않는다면 또 다른 방법을 생각하는 등 기존 특구의 선택지에는 어떠한 제약도 없다.

(2022.6.25. 이데일리)

05 지역균형발전⑤ 윤석열정부 기회발전특구 관련 몇 가지 오해

최근에 새 정부의 기회발전특구(ODZ·Opportunity Development Zone)와 관련해 몇 차례 강의와 발제를 하는 기회를 가졌다. 강의 및 발제 이후에 많은 질문과 토론 과정을 통해 자주 접하는 오해에 대하여는 지면을 빌어 풀어야 겠다는 생각을 하고 있었다. 이번 기고문은 이러한 내용을 담고 있다.

첫째, 가장 근본적인 질문이다. 우리나라는 지금까지 지역균형발전을 위해 사용 가능한 정책을 역대 정권이 모두 사용하였음에도 지역균형발전이 잘 이뤄지지 않았다는 것과 새 정부의 지역균형발전정책도 역대 정권에서 사용했던 방법과 거의 동일한 것은 아닌가를 묻는 질문이다. 이러한 질문은 '지역균형발전과 관련된 모든 정책을 모두 사용해 봤으므로, 예전의 방법과 별 차이가 없는 정책을 사용해 봤자 별 효과가 없다'는 주장과 다름 아니다.

하지만 이러한 주장은 새 정부의 지역균형발전 철학이 사람의 이동에 맞춰 있고 이러한 철학에서 탄생한 기회발전특구의 기본개념인 파격적인 조세 지원, 교육 시스템, 규제 혁파라는 3개의 큰 축을 종합적으로 고려한다는 것을 간과한 결과이다.

역대 어느 정부에서 현 정부가 추진하려고 하는 파격적인 조세지원 정책을 구사한 적이 있는가. 기회발전특구에 진입하는 개인과 법인의 욕구에 부합하는 교육시스템을 고려해 본 적이 있는가. 진정으로 기업이 활동하기에 좋은 환경을 조성하기 위해 기업이 요구하는 규제 개혁에 대해 귀를 기울이고 신속하게 풀어준 적이 있는지를 반문하고 싶다.

둘째, 기회발전특구에서 공통으로 적용되는 조세지원 제도로 인해 세수 부족이 발생하는 것을 많이 걱정한다. 이러한 걱정은 결국 국세의 경우 대한민국 전 지역에 동일하게 적용돼야 할 조세 시스템인데도 불구하고 특정지역에 대해 다르게 적용하게 되는 불합리성을 문제 삼는다.

하지만 이러한 주장은 두 가지 관점에서 그 명분이 약해진다. 전 지역에 동일하게 적용해야 하는 것을 특정 지역에 대해 달리 적용할 수 있는 명분은 '지역균형발전'이라는 대전제를 상위 목표에 두고 있기 때문에 가능하다.

만약 지역균형발전이라는 목표를 상위 목표로 두지 않는다면 특정 지역에 다른 조세 시스템을 적용함으로써 차별화를 시도하는 것의 명분이 약해진다. 그리고 세수 부족의 문제는 단기적으로는 맞는 말이지만 중·장기적으로 지역균형발전이 순조롭게 이뤄진다면 이후 세수 증가로 해결될 문제이다.

셋째, 기회발전특구는 주타겟을 낙후지역으로 하고 있는데 낙후지역의 경우 정책이 바라고 있는 소비력 있는 개인과 법인이 이동하지 않을 것이라는 주장이 있다. 결론부터 말하자면 앞의 기고문에서도 언급했지만 기회발전특구의 주타겟이 낙후지역이라는 주장은 틀렸다.

기회발전특구는 지방정부의 요청에 의한 지역으로 지방정부가 특별히 낙후지역을 기회발전특구로 지정해 달라는 요구가 있지 않는 한 중앙정부가 특정 지역을 기회발전특구로 지정할 수는 없다. 낙후지역의 경우 상대적으로 그렇지 않은 지역에 비해 경제를 활성화하는 전초 기지로 사용하기에 더 많은 에너지가 필요하다. 이 때문에 지방정부의 입장에서 기회발전특구로 지정해 달라는 수요가 많지 않을 것이다. 지방정부가 요구하지 않는데 중앙정부가 지정하지 않는 것은 당연한 것이다.

넷째, 기회발전특구의 지정과 관련해 지정의 단위와 관련해 많이 궁금해 한다. 합리적으로 생각해 보면 기회발전특구의 지정이 광역지방자치단체 전체에 이뤄질 수는 없다. 기회발전특구는 광역지방자치단체에 속해 있는 기초지방자치단체의 수준에서 이뤄진다. 그것도 기초지방단체와 광역지방자치단체 간의 소통에 의해 지방정부에서 정해 기회발전특구의 지정을 요구하게 된다.

다섯째, 기회발전특구에서 이뤄지는 산업의 업종은 제조업과 일정 업종으로 제한된다는 편견이다. 기회발전특구에서 이뤄지는 산업의 업종은 사회에 심히 유해하다고 생각되는 업종을 제외하고는 그 어떠한 제한도 없다. 그것이 제조업이든 서비스업이든 지방정부가 판단하기에 적합한 업종이라면 관계없다. 이러한 생각의 뿌리에도 지방정부의 판단에 의한 상향식 사고가 녹아 있다.

여섯째, 조세 인센티브만 부여한다고 개인이나 법인이 기회발전특구로 이동하지 않는다는 주장이다. 여러 번 언급되었고 누차 강조됐지만 기회발전특구는 조세 인센티브만 적용되는 시스템이 아니다. 조세 인센티브만으로만 소기의 정책 목적을 달성할 수 없다. 부동산 문제가 그랬고 저출산 문제를 조세 문제로 풀려고 하는 것도 말이 안 된다. 기회발전특구는 조세 인센티브로만 운용되지 않고 교육 시스템과 규제를 풀어주는 문제도 함께 고려하는 종합적인 관점을 견지한다. 다시 한번 강조하고 싶다.

(2022.7.2. 이데일리)

06 지역균형발전⑥ 윤석열정부 기회발전특구, 이렇게 해야 성공한다

지난주까지 5번에 걸쳐 윤석열정부의 지역균형발전 철학과 기회발전특구(ODZ·Opportunity Development Zone)의 개념에 대한 기고문을 실었다. 하지만 아직 기회발전특구의 구체적 법령이 확정되지 않은 상태에서 추가적인 논의를 전개하기는 쉽지 않다는 판단을 하게 됐다. 그러므로 추가적인 논의는 법령이 제정되는 시점에서 추후 다시 논의하기로 하고, 이번 기고문에는 기회발전특구가 어떻게 해야 성공할 수 있는지를 담으려고 한다.

첫째, 새 정부의 대통령직 인수위에서 활동했던 지역균형발전특위가 구상했던 국정과제를 수행할 거버넌스가 조속한 시일 내에 만들어져 활동을 시작해야 한다. 특위는 인수위가 해체된 이후 유사한 기능을 수행해왔던 국가균형발전위원회와 자치분권위원회의와의 원활한 업

무 승계가 되지 않아 업무 추진에 어려움을 겪고 있다. 조속한 시일 내에 거버넌스 문제가 정리돼야 한다. 새로운 거버넌스가 만들어지는 것이 지역균형발전 업무의 시발점이다.

둘째, 중앙정부는 기회발전특구에 들어가야 할 공통적인 내용인 조세 혜택에 대해 파격적이고 전례 없는 내용을 담아 시장에 내놓아야 한다. 기존특구에 존재했던 조세지원의 내용과 대동소이한 내용으로는 기회발전특구가 실패한다. 지금까지 특위에서 정책안으로 제시했던 것처럼 재원의 펀딩 단계, 지속 단계, 출구 단계의 모든 단계에서 개인과 법인이 기회발전특구로 이동을 시작할 수 있을 정도의 강력한 조세지원책을 내놓아야 한다.

바람직한 세법개정 방향이면서도 국민의 공감대 형성이 어려웠던 내용도 기회발전특구 내에서는 과감하게 사용해 보아야 한다. 아직도 세제 지원책이 법으로 확정되지 않은 상태에서 특위에서 안으로 내놓은 정도의 강력한 세제지원책이 나올 수 있을지 회의적인 분위기가 있다. 이를 불식시켜서 새 정부가 기회발전특구에 대한 강력한 의지가 있음을 보여줘야 한다.

셋째, 기회발전특구는 중앙정부가 주도하지 않고 지방정부가 주도하는 시스템이다. 그러므로 지방정부의 적극적인 참여가 제도의 성패를 좌우한다. 지방정부가 기존의 하향식 행정에 길들어 있다면 제도의 운영에 문제가 생긴다. 하나에서 열까지 지방정부의 자율적인 의사결정을 필요로 하는 기회발전특구는 지방정부의 적극적인 참여 없이 성공할 수 없다.

어느 지역을 기회발전특구로 선정하는 것이 지역경제 활성화에 가장 효율적인지, 지역에 적합한 산업은 무엇인지, 선정된 산업을 집중적으로 유치하기 위해서는 어떤 기업을 유치해야 하는지, 이러한 기업의 유치를 위해서는 지역교육 기관의 체질을 어떻게 개선해야 하는지, 필요하다면 어떠한 교육기관의 유치가 필요한지, 중앙정부에 요구해야 할 풀어야 할 규제는 어떠한 것인지에 대한 세밀한 검토를 전제로 한 강력한 요구가 지방정부가 해야 할 일이다.

넷째, 기회발전특구에 이동해 특구가 있는 지역에 참여할 개인(비사업자 및 사업자), 법인의 참여도 특구의 핵심적인 성공 요인이다. 중앙정부가 제공하는 파격적인 제도에 편승할 개인과 법인의 적극적인 참여가 필수적이다. 특히 기업의 참여는 성공에 지대한 영향을 미친다.

다만 두 번째 언급한 중앙정부의 파격적인 제도가 개인과 법인의 이동에 절대적 선결과제이기는 하다. 하지만 지역균형발전이라는 정책 화두가 정말 우리나라 경제발전에 선택이 아닌 필수적인 요소라는 공감대를 가져야 한다. 또한 이 프로세스에 참여할 개인과 법인의 참여도 반드시 필요한 요소임을 부인할 수는 없다.

다섯째, 지역균형발전과 기회발전특구에 대한 새 정부의 지속적인 관심이다. 역대 어느 정부에서도 인수위 차원에서 지역균형발전과 관련한 위원회를 독립적으로 운영한 적은 없다. 인수위 조직에 지역균형발전특위를 둔 것 자체가 새 정부가 지역균형발전에 대한 지대한 관심을 보여주는 징표라고 할 수 있다.

하지만 이러한 에너지가 새 정부 내내 이어지지 않고 초기에 반짝하는 것이라면 지역균형발전은 성공할 수 없다. 대통령 중심제 국가에서 대통령의 지속적인 관심보다 더 강력한 정책추진의 원동력은 없다. 역대 어느 정부에서도 한 번도 시행해 보지 못했던 강력한 지역균형발전 정책인 기회발전특구에 대한 대통령의 지속적인 관심은 성공의 핵심적 요소임을 강조하지 않을 수 없다.

결론적으로 새 정부의 지역균형발전의 주요한 수단인 기회발전특구가 성공하기 위해서는 정책수단을 밀고 나갈 수 있는 강력한 거버넌스의 형성이 가장 조속하게 이뤄져야 할 과제이며, 이후 추진될 가칭 기회발전특구특례법에 담길 조세지원 대책은 기존에 존재하던 형태보다 훨씬 파격적인 형태가 아니라면 성공하기 힘들다.

이 제도에 주도적으로 참여할 지방정부의 능동적인 참여, 효율적 운영에 대한 모색, 개인과 법인의 지역균형발전에 대한 의식고취 등이 중요한 성공 요소이다. 중앙정부는 이러한 의식을 자극할 만한 강력한 제도적 유인을 제공해야 한다. 이 정부가 계속돼 가는 동안 행정부의 수반인 대통령의 지속적인 관심도 결정적인 성공 요소이다.

새 정부는 지역균형발전에 대한 새로운 개념으로, 새로운 방법으로, 새로운 강한 의지로 정책 추진을 꾀하려고 준비 중이다. 역대 정부에서 한 번도 시도해 보지 않은 일이다. 지역균형발전과 관련해서는 여야의 첨예한 대립도 있을 수 없다. 기회발전특구의 기본적인 방향이 맞다면 정권과 관계없이 새 정부의 새 정책이 시행되는 2022년이 지역균형발전 100년 대계의 원년이 되기를 간절히 희망한다.

(2022.7.9. 이데일리)

07 지역균형발전⑦ 尹 재정분권 성공하려면 책임 - 재원 같이 줘야

엄밀한 의미에서 지방정부의 재정분권은 재정수입과 재정지출에 대한 완벽한 통제권을 지방정부가 가지는 것을 의미한다.

하지만 연방제가 아닌 우리나라의 지방자치시스템은 지방정부의 재정파탄을 중앙정부 입장에서 완전히 모른척할 수 없다. 지역균형발전의 측면에서 지방정부가 재정수입과 재정 지출에 대한 완벽한 통제권을 가지는 것이 바람직하다고도 할 수 없다.

그렇다면 지방정부가 어느 정도 수준의 재정수입과 재정지출에 대한 통제권을 가지는 것 이 바람직할까. 이러한 논의를 시작하기 위해서는 지방정부의 재정수입을 구성하는 각 항 목의 성격을 살펴볼 필요가 있다.

지방정부의 재정수입은 자체수입인 지방세 및 세외수입, 중앙정부에서 지원하는 지방교 부세와 국고보조금 등으로 크게 나눠진다. 자체수입인 지방세는 지방정부의 고유의 수입이 다. 지출에도 특별히 제한이 없지만 과세 요건 등에 대해 지방정부는 탄력세율 등 극히 제 한적인 결정권만 가지고 있다.

의존 재원인 지방교부세는 보통교부세의 경우 국세(일부 국세 제외)의 19.24%를 징수해 각 지방정부의 재원 부족분에 대해 나눠주는 방식이다. 이 때문에 독자적인 재원으로 보기 어렵다. 보조금은 중앙정부의 수요에 의한 사무에 대해 지급하지만, 전액을 주는 것이 아니 라 지방정부도 일정부분 부담을 해야 하는 상황이다.

지방재정과 관련해 국세와 지방세의 비중을 8대 2에서 7대 3으로 변경하고 장기적으로 6대 4까지 지방재정을 확충해 지방정부의 재정자립도를 늘여야 한다는 주장이 있다. 하지 만 이런 주장은 의존재원인 지방교부세와 국고보조금이 존재하는 한 부분적인 논의일 뿐이 다. 왜냐하면 지방세 수입은 지방정부의 재정수입의 일부이고, 의존재원의 문제점을 전혀 반영하고 있지 않기 때문이다.

하지만 재정분권이 중앙정부에서 지방정부로 재정책임을 나눠준다는 개념이라는 점에 착안하면, 재정분권 개념 하에서의 재정확충은 단순히 국고보조금 등 사용 가능한 재원이 증가되는 것만을 기준으로 판단할 게 아니다. 중앙에서 지방으로 사무가 이양되는 업무와 매칭돼 있다는 것을 간과해서는 안 된다. 책임에 맞는 재원의 이전이 필요하다는 의미이다.

한 예를 들어보자. 대학생인 A씨는 매달 부모로부터 50만 원의 용돈을 받아서 생활하고 있다. A씨는 용돈으로 한 달동안 교통비와 외식비 등에 사용하고 있고, 학원비 20만 원은 용돈 외에 따로 받아 사용하고 있다.

그런데 이번 달부터 A씨 부모가 용돈을 60만 원으로 인상해 주겠다고 한다. A씨는 용돈이 늘어서 생활이 조금 풍족해질 것으로 기대하고 있었다. 하지만 부모는 이제부터는 학원비는 용돈 중에서 사용하라고 했다. 이 경우에 A씨의 재정상태는 개선됐는가.

A씨는 이번 달부터 용돈이 50만 원에서 60만 원으로 10만 원 늘었지만, 여태껏 따로 지원되던 학원비 20만 원을 용돈에서 사용해야 하기 때문에 실질적인 용돈은 50만 원에서 40만 원으로 줄어들었다.

이러한 상황이 중앙정부와 지방정부 간에 종종 발생한다. 이 때문에 중앙정부의 지원금이 늘었다고 해서 반드시 지방정부가 재정 측면에서 확충됐다고 할 수는 없는 것이다. 다시 말하면 중앙정부가 명목상으로 지방재정을 확충해 줬다고 하더라도 확충된 지원금보다 더 큰 지출을 수반하는 사무를 지방으로 이양했다면 이는 지방정부의 재정분권에는 악영향을 끼친 것이다.

그러므로 지방정부의 재정분권은 중앙정부가 지방정부에게 지원금을 늘려준다고만 해결되는 것이 아니다. 늘려준 지원금보다 더 많은 재원이 소요되는 사무를 이양한다면 이는 실질적인 지원금을 줄인 것이다.

결론적으로 중앙정부와의 관계에서 지방정부의 재정분권이 합리적으로 형성되려면 중앙정부와 지방정부의 역할 분담에 대한 분석이 먼저다. 어떤 업무는 중앙정부에서 하는 것이 효율적이고 어떤 업무는 지방정부가 하는 것이 효율적인지에 대하여 분석해야 한다. 중앙정부가 하는 업무 중 지방정부가 하는 것이 더 효율적인 경우는 지방정부에 이양해 줘야 하고 이에 대한 재원도 같이 넘겨야 한다.

국세와 지방세의 비율을 어느 정도로 가져가는 것이 바람직한지에 대한 논의에 앞서 중앙정부와 지방정부가 잘 할 수 있는 업무를 합리적으로 배분해야 한다. 이러한 업무에 소요되는 금액에 대한 추계를 통한 지방교부세와 지원금 등의 의존재원의 규모를 정해야 하는 것이 지방재정의 운영에 무엇보다 중요하다.

(2022.8.13. 이데일리)

08 지역균형발전⑧ 尹정부 지방교부세 개혁, 이렇게 가야 성공한다

지방교부세는 각 지방정부의 재정수입이 재정수요에 미치지 못하는 부분을 중앙정부가 보충해 주는 일반보조금이다. 하지만 현행 지방교부세 중 특별교부세나 소방안전교부세는 지출내용에 대한 조건이 붙어 있어 일반보조금의 성격이 아님에도 지방교부세에 포함돼 있기는 하다.

지방교부세법 제1조는 "이 법은 지방자치단체의 행정 운영에 필요한 재원(財源)을 교부하여 그 재정을 조정함으로써 지방행정을 건전하게 발전시키도록 함을 목적으로 한다"라고 다소 두루뭉술하게 표현하고 있다.

하지만 "재정의 조정"과 "지방행정의 건전한 발전"이라는 문구는 각 지방정부의 재정수입과 재정수요가 다른 상황에서 중앙정부가 이를 방기하지 않고 모자라는 부분을 채워줌으로써 지방재정의 균형을 맞추겠다는 의미를 담고 있다.

현행 지방교부세법상 지방교부세의 종류는 보통교부세·특별교부세·부동산교부세 및 소방안전교부세로 4가지로 구성된다. 각각의 교부세에는 정산액이 포함되기는 하지만 대략의 재원구성은 다음과 같이 이뤄진다.

보통교부세의 재원은 해당연도 내국세(목적세 및 종합부동산세, 담배에 부과하는 개별소비세 총액의 100분의 45 및 다른 법률에 따라 특별회계의 재원으로 사용되는 세목의 해당 금액은 제외)의 19.24%에 해당하는 금액의 97%이고 나머지 3%는 특별교부세가 된다.

부동산교부세의 재원은 종합부동산세 총액이고 소방교부세의 재원은 담배에 부과하는 개별소비세 총액의 100분의 45에 해당하는 금액이다. 지방교부세의 종류 중 보통교부세가 지방교부세의 일반보조금 성격에 가장 부합한다. 특별교부세나 소방안전교부세는 일반보조금 성격은 아니다. 부동산교부세는 원래 지방세의 성격인 재산세를 국세로 전환해 국세로 징수한 후 다시 100% 지방세의 재원으로 사용한다는 점에서 그 성격이 다르다.

그렇다면 현행 지방교부세는 어떠한 문제점을 내포하고 있으며 어떤 방향으로 개선돼야 하는가. 지방교부세와 관련한 문제는 두 가지로 나눠 볼 수 있다. 이는 △현행 지방교부세의 존치를 전제로 하는 내부적인 문제점 △지방교부세를 지방정부가 사용하는 재원으로서 지방세와의 관계에서 바라보는 문제점이다. 전자는 단기적인 개선사항이고, 후자는 장기적으로 해결해야 하는 과제다.

먼저 현행 지방교부세의 존치를 전제로 하는 문제점을 보자. 지방교부세는 지방정부의 재정수입이 재정수요에 미치지 못하는 부분을 중앙정부가 보충해 주는 일반보조금이다. 그럼에도 이러한 성격이 아닌 특별교부세나 소방안전교부세가 혼재돼 있다. 이것은 지방교부세가 지방재정을 조정한다는 본질적인 성격을 훼손시킨다.

특별교부세나 소방안전교부세는 그 성격상 중앙정부나 지방정부가 해야 할 성격으로 분리해야 한다. 중앙정부가 해야 할 업무면 중앙정부가 국세로 충당하고, 지방정부가 해야 할 업무면 지방정부의 지방세와 보통교부세를 재원으로 추진하면 되는 것이다. 특별교부세나 소방안전교부세를 지방교부세의 범주에 포함하는 것은 바람직하지 않다.

지방세 성격인 종합부동산세는 재산세로 편입하면 자연스럽게 지방교부세에서 제외돼 지방세로 옮겨간다. 현행 특별교부세가 담당하는 역할도 중앙정부와 지방정부가 합리적으로 나눠서 지방정부가 독자적으로 해야 할 업무라면 지방정부의 독자적인 판단하에 지방정부의 재원 안에서 이뤄지는 것이 바람직하다.

지방교부세와 관련해 장기적으로 해결해야 할 문제점은 의존재원의 성격인 지방교부세를 자주 재원화 시키는 것이다. 지방교부세는 중앙정부의 입장에서는 지방정부에 대한 지원금으로 보고 있지만, 지방정부의 입장에서는 본래 지방세부분을 중앙정부가 지방정부를 대신하여 징수해 넘겨주는 것으로 생각한다.

장기적으로 지방교부세 부분을 지방세화시켜서 지방정부의 자주재원 부분을 명확하게 하는 것이 중앙정부와 지방정부 간 책임을 명확하게 하는 것이다. 바람직한 재정분권은 중앙정부와 지방정부가 각각 해야 할 업무를 합리적으로 구분하는 것에서 시작한다.

업무의 성격상 중앙정부가 꼭 해야 할 업무가 아니라면 그 업무는 지방정부의 몫이다. 이러한 개념에서 지방정부가 해야 할 업무는 지방정부의 자주재원으로 충당할 수 있도록 시스템을 재정비해야 한다.

(2022.8.27. 이데일리)

09 지역균형발전⑨ 尹정부 지방시대, 국가균형발전특별회계 전면 개혁해야

국가균형발전특별법(균특법) 제2조 제1호에는 국가균형발전에 대해 "지역 간 발전의 기회균등을 촉진하고, 지역의 자립적 발전역량을 증진함으로써 삶의 질을 향상하고, 지속가능한 발전을 도모하여 전국이 개성 있게 골고루 잘 사는 사회를 구현하는 것을 말한다"고 정의하고 있다.

중앙정부는 이 정의에서 말하는 국가균형발전 관련 사업을 효율적으로 추진하기 위해 국가균형발전특별회계(균특회계)를 2005년 이래 설치해 운용하고 있다. 균특회계의 이름은 이명박정부에서는 광역・지역발전특별회계, 박근혜정부 시절에는 지역발전특별회계로 불리었지만, 문재인정부때에는 균특회계라는 이름으로 돌아왔다.

이름이 무엇으로 불리든 현행 균특회계는 지역 간의 균형적인 발전을 도모하고 재정 격차를 줄이기 위한 용도로 사용하는 특별회계로 운영됐던 것은 차이가 없다.

균특회계는 균특법 제32조에 의해 지역자율계정, 지역지원계정, 제주특별자치도계정 및 세종특별자치시계정으로 구분된다. 지역자율계정(자율계정)은 지방정부가 자율적으로 예산을 편성해 지방정부의 자율성이 보장되는 계정이다. 지역지원계정(지원계정)은 중앙정부가 직접 예산을 편성해 지방정부의 자율권이 배제된다.

제주특별자치도 계정과 세종특별자치시 계정은 지역적으로 획정해 자율계정과 지원계정을 포함하고 있다. 이 때문에 그 분류의 성격이 엄격히 말하면 자율계정과 지원계정과는 다른 차원이다.

이러한 균특회계가 현재 균특회계 본연의 목적에 충실하게 잘 운용되고 있는지에 대해 이하에서 검토해 보기로 한다. 첫째, 균특회계총액은 2005년 5조 4,000억 원에서 시작했다. 2009년에 9조 6,000억 원으로 증가했으나 이후 약 10년이 지난 지금까지도 10조 원 수준에 멈추고 있다.

우리나라 전체 예산은 본예산 기준으로 2005년 208조 원, 2022년 604조 원으로 거의 2.9배 증가했다. 이것을 보면 균특회계는 대략 계산해도 16조 원 정도는 돼야 한다. 그런데 현재의 10조 원 정도의 수준은 훨씬 못 미치는 수준임을 알 수 있다.

둘째, 최근 기획재정부 자료에 의하면 지방정부의 자율편성권이 보장되는 자율계정에 비해 지원계정의 비율이 높아지고 있다. 2015년부터 2019년까지 균특회계 총액에서 자율계정 총액이 차지하는 비중은 대략 40%에서 50%를 유지했다. 이후 2020년도에는 25% 수준으로 떨어졌고 2022년인 올해에는 22% 수준으로 떨어졌다.

균특회계는 지역의 균형발전을 위해 설정된 특별회계로서 지방을 잘 알고 있는 지방이 주도해 그 지출 용도를 정하는 것이 타당하다. 지출의 목적을 중앙이 주도하고 있는 지원계정의 비중이 최근 높아지고 있는 것은 이러한 방향과는 역행하는 것이다. 중앙정부가 이러한 취지에 공감하고 있는데도 불구하고 자율계정 총액의 거의 4배에 해당하는 지원계정 총액 구조는 잘못된 것이다.

셋째, 지역 간 재정의 격차를 줄이려는 균특회계가 수도권과 비수도권의 양극화가 날로 심해지고 있는 상황에서 보조금의 수도권 배분 비중이 비수도권에 비해 점점 증가하고 있는 것도 이해하기 힘든 일이다. 나라살림연구소 자료에 의하면 2008년에 9.3%였던 수도권 비중은 2015년 12.9%, 2022년 16.8%로 증가했다.

시기별로 수도권과 비수도권에 배분된 총액 차원에서 비교해 보면, 수도권 배분액은 2008년 8,221억 원에서 2022년 1조 5,233억 원으로 85.3% 증가했다. 반면 비수도권은 2008년 8조 131억 원에서 2022년 7조 5,416억 원으로 5.9% 감소했다. 균특회계가 중앙정부가 주도한 수도권 인프라 사업에 치중했던 것이 그 이유다. 이러한 사실은 균특회계가 지역균형발전이라는 본연의 기능에 충실하지 않았음을 여실히 보여준다.

현행 균특회계는 절대적 총액에서 증가한 예산의 폭만큼 따라오지 못했다. 그리고 상대적으로 낙후된 비수도권에 치중해야 할 목적으로 설정된 특별회계가 위에서 본 것처럼 수도권에 치중했다. 자율계정의 비중을 높여야 균형발전의 기능을 충실히 수행할 수 있음에도 지원계정의 비중이 더 높아 균형보다는 불균형에 방점을 찍고 있다.

결론적으로 현행 균특회계는 지역균형발전 기능을 효율적으로 수행할 수 있게 개편이 필요하다. 절대적으로 부족한 균특회계 총액을 예산의 증가 수준을 고려해 증가시켜야 한다. 자율계정의 비중을 최대한 높이며 비수도권의 배분 비중을 증가시키는 것이 균특회계 본연의 기능에 충실한 운영이라고 생각한다.

(2022.9.3. 이데일리)

10 지역균형발전⑩ 학생수 줄어드는데…尹정부 교육교부금 전면 개혁해야

지방교육재정교부금(교육교부금)은 교육의 균형발전을 위해 지방정부가 사용할 교육 재원을 중앙정부가 지원하는 것이다.

교육교부금의 재원은 (A)해당 연도 내국세(목적세 및 종합부동산세 등 일부 내국세 제외) 총액의 20.79% (B)해당 연도 교육세법에 따른 교육세 세입액 중 유아교육지원특별회계법에 의해 일반회계에서 특별회계로 전입되는 부분을 제외한 금액이 재원이 된다. 보통교육교부금(보통교부금)은 A의 97%와 B를 합한 금액이고, 특별교육교부금(특별교부금)은 A의 3%가 그 재원이 된다.

보통교부금은 기준재정수입액이 기준재정수요액에 미치지 못하는 지방자치단체에 그 부족한 금액을 기준으로 총액으로 교부한다. 특별교부금은 교육 관련 국가시책 사업으로 따로 재정지원 계획을 수립해 지원해야 할 특별한 재정 수요가 있거나, 지방교육행정 및 지방교육재정의 운용 실적이 우수한 지방자치단체에 재정 지원이 필요할 때 교부한다.

이때는 특별교부금 재원의 100분의 60을, 기준재정수요액의 산정 방법으로 파악할 수 없는 특별한 지역교육 현안에 대한 재정 수요가 있을 때에는 특별교부금 재원의 100분의 30을, 보통교부금의 산정 기일 후에 발생한 재해로 인해 특별한 재정 수요가 생기거나 재정 수입이 감소하였을 때 또는 재해를 예방하기 위한 특별한 재정 수요가 있는 때는 100분의 10을 교부한다.

보통교부금과 보통교부세, 특별교부금과 특별교부세는 그 기능이 같다. 즉, 교육교부금은 교육 분야의 지방교부세라고 할 수 있다.

그렇다면 현행 교육교부금은 어떠한 문제점을 지니고 있을까. 교육교부금은 지방교부세처럼 내국세의 일정 비율을 그 재원으로 한다. 지방교부세는 19.24%이고 교육교부금은 20.79%이다. 하지만 다른 점이 있다. 지출 측면에서 지방교부세는 경제 성장에 따른 일반 수요의 증가로 재원이 증가해도 지출 대응에 별문제가 없다.

반면 교육교부금은 교육의 수요자인 학령인구가 감소하는 데도 재원은 계속 증가해 재원의 증가와 수요의 감소라는 비합리적 대응 구조를 가지고 있다. 그것도 교육교부금의 경우 유치원과 초중등 교육에만 사용하게 돼 있어 고등교육에는 사용하지도 못한다.

여기에서 문제가 시작된다. 내국세의 20.79%로 규정돼 있는 교육교부금은 경제성장에 따른 일반적 현상으로 세수가 증가하는 부분의 20.79%만큼 계속 증가하지만, 인구 감소에 따른 학령인구는 계속 감소한다는 것이다.

꾸준한 학령인구의 감소는 교육교부금에 대한 개편 필요성을 제기하고 있다. 여기에다가 유치원 및 초중등 교육에 비해 상대적으로 열악한 대학재정 개선에 남아도는 교육교부금을 사용해야 한다는 주장도 설득력을 얻고 있다.

최근 한 발표자료에 의하면 경제협력개발기구(OECD)의 1인당 국내총생산(GDP) 대비 학생 1인당 교육비 지출액은 초중등 학교의 경우 우리나라가 1위였다. 반면 고등교육기관인 대학교에서는 우리나라가 32위였다.

한국개발연구원(KDI)과 통계청에 따르면 만 6세에서 17세의 학령인구가 2020년 546만명에서 2060년 302만명으로 45% 줄어든다. 반면 교육교부금 총액은 2020년 54조 4,000억 원에서 2060년 164조 5,000억 원으로 202% 증가할 것으로 예측됐다. 이를 보면 재원과 지출의 비대칭에 따른 문제의 심각성을 알 수 있다.

지방교부세와 교육교부금은 분야는 다르지만, 지역의 균형발전을 위해서 중앙정부가 지방정부에 일반보조금을 준다는 점에서는 그 성격이 유사하다. 하지만 교육교부금은 그 지출 측면에서 중요한 변수인 학령인구가 꾸준히 감소하고 있다는 것이 지방교부세의 상황과 다르다. 확실하게 상황이 변했는데도 기존의 시스템을 고수하는 것은 합리적이지 않다.

교육교부금 재원을 마련하기 위해서 내국세의 20.79%라는 경직화된 수치를 고집하는 것은 타당하지 않다. 재정수요와는 관련 없는 수치를 이용해 수요보다 넘치는 많은 예산을 교부할 필요가 없다. 열악한 대학 재정에 교육교부금을 사용할 수 없다는 비합리적 칸막이 예산을 고집할 필요도 없다.

현행 교육교부금의 재원 마련에 대해 제로베이스(원점)에서 그 기준을 재설정해야 한다. 만약 그 개선 과정에 시간이 많이 소요된다면 징수된 교육교부금의 지출에 유치원, 초중등 교육이라는 칸막이를 제거해야 한다. 이를 통해 대학과 평생교육 분야에 그 재원을 사용할 수 있게 해야 한다.

다만 이러한 방법은 과도기적 미봉책에 불과하다. 교육교부금의 진정한 개혁은 경직화된 내국세 연동제를 폐지하는 것이다. 아울러 학령인구와 교육의 질 등 교육 지출에 영향을 미치는 합리적 변수를 동시에 고려해 제로베이스에서 판을 다시 짜야 하는 것이다.

(2022.9.11. 이데일리)

오 문 성 (한양여대 세무회계학과 교수)

▌ **학력**
- 서강대 경영학과 졸업(경영학사)
- 서울대 대학원 경영학과(회계학 전공) 졸업(경영학석사)
- 가톨릭대 상담심리대학원 상담학과 졸업(상담심리학석사)
- 서강대 대학원 경제학과(재정학 전공) 박사과정 재학
- 서강대 정보통신대학원(블록체인 전공) 석사과정 재학
- 성균관대 국정전문대학원 행정학과(정책학 전공) 박사과정 수료
- 고려대 대학원 경영학과(회계학 전공) 졸업(경영학박사)
- 고려대 대학원 법학과(행정법/조세법 전공) 졸업(법학박사)

▌ **경력**
- 1984년 공인회계사 제2차 시험합격
- 1987년 공인회계사 제3차 시험합격(공인회계사/세무사 등록)
- 육군 공인회계사장교(국방부 조달본부 재무분석장교) 전역
- 회계법인 성지 대표공인회계사
- 기획재정부 세제발전심의위원회 위원
- 기획재정부 국세예규심 위원
- 서울지방국세청 국세심사위원
- 국세청 국세심사위원
- 국세청 국세행정개혁위원회 본위원
- 국세청 국세정보공개심의위원회 위원장
- 공기업평가위원(준정부기관/비계량)
- 공인회계사시험, 세무사시험, 관세사시험, 7급공무원시험 출제위원
- 제20대 대통령직 인수위원회 지역균형발전특위 상근수석자문위원
- 국가미래연구원 감사
- 조세일보 조세정책연구소장
- 한반도선진화재단 조세재정연구회 회장
- 조세심판원 비상임 심판관
- 한국납세자연합회 명예회장
- 한국조세정책학회 회장